21世纪高等院校教材

营销策划原理与实务
(第三版)

董丛文　易加斌　编著

黑龙江省第三产业重点学科群建设规划项目
黑龙江省高等教育强省建设规划
——特色高水平大学建设一期项目
资助

科学出版社
北　京

内 容 简 介

作为管理咨询行业中的一个重要分支，营销策划的作用已经获得企业的高度认可。如何在动态变化、充满机遇与挑战的市场环境下提升营销策划的科学性、系统性，成为企业能否取胜的关键。

本书系统性地阐述了营销策划的行业属性、原理、程序、方法与创意思维，基于企业营销发展的构成体系，从战略到战术、从宏观到微观的视角完整地呈现营销策划的内容体系，并对电子商务营销等最新、最前沿的营销策划理论与方法进行了专题介绍，构建了系统性的电子商务营销策划理论与方法体系。

本书既适合作为大专院校市场营销、工商管理及其他相关专业的教材，也可作为企业运营者和营销策划人员的培训、自学用书。

图书在版编目（CIP）数据

营销策划原理与实务 / 董丛文，易加斌编著．—3 版．—北京：科学出版社，2014.3

21 世纪高等院校教材

ISBN 978-7-03-039829-1

Ⅰ.①营… Ⅱ.①董…②易… Ⅲ.①市场营销学－高等学校－教材 Ⅳ.①F713.50

中国版本图书馆 CIP 数据核字（2014）第 032204 号

责任编辑：张 宁 江 薇 / 责任校对：吴美艳
责任印制：赵 博 / 封面设计：蓝正设计

科学出版社 出版
北京东黄城根北街 16 号
邮政编码：100717
http://www.sciencep.com
北京凌奇印刷有限责任公司印刷
科学出版社发行 各地新华书店经销

*

2004 年 8 月第 一 版 开本：787×1092 1/16
2008 年 6 月第 二 版 印张：22
2014 年 3 月第 三 版 字数：524 000
2025 年 1 月第十九次印刷

定价：58.00 元

（如有印装质量问题，我社负责调换）

第三版序

本书从 2004 年第一版出版、2008 年第二版出版到现在，已经将近 10 年时间。近 10 年时间里，中国经济改革与社会转型向着纵深方向持续推进，经济总量已经跃居世界第二位；人民生活水平不断提升，消费能力不断增强；企业发展面临的外部环境从“机会型市场”向“战略型市场”转型；网络经济快速发展，移动互联网时代已经到来。同时，全球经济在危机、调整、反弹、下行、再调整的轨道上蹒跚前行。不确定性的市场环境给中国企业营销发展提供了机遇，也带来了巨大的挑战。如何在一个动态变化、充满机遇与挑战的市场环境下提升营销策划的科学性、系统性，就成为企业能否取胜的关键。正是在此背景下，过去 10 年也成为中国管理咨询行业快速发展的 10 年。目前，全球知名的跨国咨询公司如麦肯锡、德勤、安达信、波士顿等都进入中国市场并且牢牢占据着中国管理咨询市场的高端客户领域。我国也涌现出如北大纵横、新华信、王志纲工作室等知名的综合型管理咨询公司。作为管理咨询行业中的一个重要分支，营销咨询（策划）领域也出现了如叶茂中营销策划机构、深圳市采纳品牌营销顾问有限公司等知名的营销咨询公司。但目前我国的营销策划公司主要还是处于依靠创始人个人品牌拉动公司发展的初级阶段，专业化、科学化程度还较低，有待进一步提升。

基于上述市场动态发展带来的新变化和我国营销策划发展提升科学性、专业性的要求，鉴于科学出版社对本书的建议，我们从 2012 年下半年开始，对本书的第二版进行修订和完善，借此希望能够适应当前市场新变化给营销策划理论与方法带来新要求的发展趋势，从而使本书的内容体系更加丰富和完善，为市场营销学科核心课程的建设提供支撑，也对从事企业营销策划的行业精英在营销实践上提供理论与方法的支持。

与第二版相比，本书（第三版）首先在结构上做了小幅的调整，将第二版中的“营销策划的价值关联原理”一章从“营销策划基础”篇调整到“营销策划方法”篇，并将原来的“营销策划方法”篇调整为“营销策划原理与方法”篇。其次，在章节调整上，本书总体编排依然为 18 章，但在章节内容上有所调整。其中，增加了“营销策划的行业属性”和“电子商务营销策划”两章；将第二版中“销售促进策划”一章中的部分内容分散到其他各个章节进行介绍；由于公共关系在市场营销专业课程中，常常作为一门专门的课程进行讲授，因此本书删除了第二版的“公共关系策划”一章。再次，本书重点对第二版“产品策划”、“价格策划”、“分销渠道策划”、“广告策划”四章中的内容进行了大幅度修改，在遵循结构完整、内容充实的原则下，重点加入了企业实际营销策划实践中的操作性内容，删除了和市场营销学原理相重复的一些内容，从而使得本书“营销策略（战术营销）策划”篇的内容更贴近营销策划的操作实践。除此之外，基于时代性、发展性的要求，本书还对第二版中已经过时的数据、案例和观点进行了更新、修正和完善。

修订后的第三版，既保留了第二版体系与内容的完整性，又与时俱进地增加了营销策划发展的前沿理论与方法，顺应了管理咨询行业快速发展、大数据时代下移动互联网和电子商务发展等对营销策划科学性、系统性提出新要求的行业特征和发展趋势，更具有时代感。例如，新增加的“营销策划的行业属性”一章，从源头上对营销策划所归属的学理范畴和对应的行业属性进行了分析，从而使读者对营销策划的本质属性有了科学的认识和界定；基于互联网时代下电子商务快速发展对进行科学性和系统性的电子商务营销策划提出的迫切要求，在“电子商务营销策划”一章（第十六章）中，对电子商务营销策划的内容和程序进行了设计，并对目前新型的电子商务营销模式——O2O电子商务营销的策划进行了专题介绍，从而构建了系统性的电子商务营销策划理论与方法体系。

本书的成果，主要来自编著者多年教学、科研和营销策划实践的总结。全书由董丛文和易加斌统筹编著，本书的具体分工为：董丛文负责全书大纲的拟定、审查，以及全书内容的统筹与审定；易加斌负责第一章至第五章、第七章至第九章、第十一章、第十六章、第十八章的编著工作；魏巍负责第十二章至第十五章的编著工作；郭砚负责第十七章的编著工作；李佳俐负责第六章、第十章的编著工作。

最后，借本书第三版出版之际，再次向一直支持我们的科学出版社、哈尔滨商业大学管理学院致以诚挚的感谢。同时，本书在编著过程中，参考和引用了国内外学者的相关研究成果，在此一并表示感谢。

董丛文
2014年1月30日

第二版序

本书第一版自2004年出版发行以来，受到许多读者朋友的肯定，也被许多兄弟院校同行用为营销策划课教材。随着时间的推移，市场情况发生了诸多变化，对策划的理论与方法提出了更多的要求，企业在实际的策划运作中也积累了一些新的经验和感悟。作为营销学科最重要的核心课程之一，营销策划课的内容也要跟上市场经济发展的步伐，不断更新和提升。鉴于科学出版社本书责任编辑王伟娟女士和胡志强先生的建议，也基于我们自己在使用本书进行教学过程中对原书许多内容感觉过时和不深刻的缘故，我们于2007年下半年开始，对本书进行了较大篇幅的修订重写，希望能适应新形势下市场运作的要求，无论对学生的培养抑或对企业营销策划人员的应用都能有更实在的帮助。

修订后的这一版本首先从理性思考方面力求更深一些，如加写的第三章营销策划价值关联原理从市场的“变”与“不变”、企业生态价值系统的“变”与“不变”和消费者需求要素的“变”与“不变”三对范畴的分析中得出了“策划的核心在于建立市场价值系统与消费者需求要素之间的关联”的结论，从而为营销策划的科学方法理论做出了哲学的解释，并以此为基础构建了营销策划的核心原理。其次，本书还特别强调了在策划各环节对营销分析的各种方法的应用，突出了营销策划的方法性，提高了本书所讲策划原理的普遍指导性意义。最后，本书在重写过程中还将第一版中已经不能适应市场发展要求和策划要求的观点进行更新，并根据市场形势的发展，对第一版中比较陈旧的案例进行更新，对说明性案例做了替换，使本书所述原理与方法更贴近目前的市场发展状况，读者阅读起来也更多了一些时代感和亲切感。

具体而言，与第一版相比，修订后的这一版本在结构和章节内容上都做了较大幅度的调整。在结构调整方面，将原书共三大篇调整为五大篇，即由原书的营销策划基础篇、营销战略管理策划篇、营销策略策划篇调整为营销策划基础篇、营销策划方法篇、营销战略策划篇、营销策略策划篇、策划书与策划人五大篇。在章节内容上，本书在营销策划基础篇部分，增加了“营销策划的常见误区”、“营销策划的价值关联原理”两章。将原书第二章“市场营销方法论”提出来，调整为“营销策划方法篇”，并在此部分增加“营销策划的八步流程”、“营销策划的创意方法”、“营销策划的各类模型”三章内容。增加“营销策划人”一章，并将原书第三章“市场营销策划书”从“营销策划基础篇”提出来，和“营销策划人”一起构成第五篇“策划书与策划人”。

修订后的本书，在保留原书特色的基础上，结构体系更加完整、内容更加丰富；紧密结合营销策划理论与实践的最新研究成果与发展趋势，更加注重对营销策划基本理论、前沿思想、策划操作方法的介绍，率先提出了“营销策划的价值关联原理”、“营销策划的八步操作流程”等最新研究成果；更加强化对策划人创意思维的培养和策划能力的提升。因此，本书作为教材，对缩短学生从理论到实践的磨合时间，提高学生毕业后的工作适应力具有很好的促进作用。同时，本书的内容还能应用于企业的经营策划和策划咨询行业，对从事营销策划行业的企业人士的策划实践工作也具有很好的指导作用。

本书是编著者在多年教学成果、科学研究以及企业策划实践的基础上，借鉴营销策划的相关成果编著的营销策划学教材。虽经反复修改，付出巨大的努力，但难免仍会有疏漏之处，诚恳地希望专家学者和企业界的朋友们批评指正以进一步完善。如有指教，请随时与我们联系，邮箱地址是：dongcongwen@yahoo. com. cn。

最后，借本书再版之际，谨向一贯支持我们的科学出版社、哈尔滨商业大学工商管理学院，特别是科学出版社的王伟娟女士和胡志强先生，致以诚挚的谢意。同时，本书在编著过程中，参考和引用了国内外学者的相关研究成果，在此一并表示感谢。

董丛文

2008 年 4 月 29 日

第一版序

策划自古便有之，最早开始于军事领域，在古希腊神话和我国古代的军事战例中，就有了策划的雏形，如战国时期的“完璧归赵”、汉初时的“鸿门宴”等。诸葛亮高瞻远瞩、审时度势，为刘备策划的“取西蜀、图中原、连吴抗魏并最终形成三国鼎立局面”更是运用策划规划战略、谋划策略的典范。在现代，军事策划日趋成熟，第二次世界大战中的诺曼底登陆，就是一则成功的军事策划的著名范例。而毛泽东对辽沈战役中通过先攻打锦州并形成对国民党军队关门打狗之势取得战役胜利的策划，同样是对势、时、术精确把握后的经典策划案例。

策划运用到营销领域是伴随着经济的发展和市场竞争越来越激烈的过程而逐渐发展起来的。

在国外，自 20 世纪 70 年代以来，随着营销理论的日渐成熟和市场竞争的日趋激烈，营销策划在国外开始受到重视，在 80 年代成为许多企业关注的热点。美国营销专家艾尔·里斯和杰克·屈劳特所著的《市场营销战》一书，阐述了将军事原理应用于营销策划的方法和途径。而素有现代营销学之父之称的菲利普·科特勒在其权威著作《营销管理》新版中，也加入了军事理论用于营销策划的内容。

我国引入并重视营销策划，始于 20 世纪 80 年代中期，健力宝借助 1984 年奥运会一举成名，可算作是“借势”策划在我国运用的雏形，而 1990 年由王力策划的郑州亚细亚的成功，开创了我国个人策划介入营销的先河。从那以后，各种各样的点子公司、策划公司、咨询公司如雨后春笋般地在各处涌现。广州、深圳、上海、北京等地，也相继出现专职的市场营销策划公司。

20 世纪 90 年代以后，伴随着我国经济的不断发展和市场环境的变化，中国营销策划业经历了一个由点子、创意到专业化操作并最终走向产业化发展的历程。目前，营销策划已经为越来越多的企业所关注，许多企业成立了专门的策划部门或借助于专业的策划公司为企业的经营出谋划策。中国营销策划业已经初步形成了一个系统的运作体系，并向着产业化的方向迈进。

营销策划的实践活动，带动了营销策划理论的发展，许多学者投身于对营销策划理论、方法、技巧的研究，各种各样的营销策划原理也不断涌现，有关营销策划的书籍成为管理类书籍的市场热点。很多高校的市场营销专业也开设了营销策划课，但一个明显的缺陷是学校的老师很多并没有真正做过营销策划的实践工作，而在营销策划实践上有一定建树的人却没有机会走上教学一线，二者之间没有建立一套沟通、交流机制。其结果是，营销策划的理论与实践严重脱节，反映在教学上则是营销策划仅仅是对营销理论简单、机械的运用，不注重对学生操作技能、综合能力的培养。有关营销策划的教材往往也只是对营销原理的翻版，没有突出对策划原理、方法的介绍，不注重对学生技能的训练，严格地说，这都不能算是成熟的市场营销策划教材。

从企业和毕业后进入企业从事策划工作的学生反馈的情况也清楚地表明这种培养模式的弊端。学生走出校门，进入公司从事营销策划工作时，发现在学校学的那些理论、原则与现在的工作怎么也联系不上，找不到理论与工作的切合点，无从下手。而企业通过学校招聘进来的学生，迟迟不能进入工作状态，不能为企业带来实实在在的效益，企业付出了成本但产生不了人才效益，企业也很不满意。

营销策划是一门建立在扎实理论基础之上的注重应用能力、实际操作的学科。很显然，现行“营销策划”课程的教学方式、教材都不能适应这种要求，急需对现行的教学模式、教材体系改革创新。

哈尔滨商业大学工商管理学院的市场营销专业作为省级重点学科，目前已经形成了完整的教学体系，强调扎实的理论知识与全面的综合技能并重的培养模式。“营销策划”作为市场营销专业的核心课程之一，我院在多年的课程开设中已经积累了丰富的经验，取得了良好的教学业绩。董丛文教授作为“营销策划”课的主讲老师，一直潜心于营销策划理论、方法的研究，取得了丰富的成果。特别是他本身身兼策划公司的总经理一职，在多年为广大企业的实际营销策划运作中，积累了大量的策划经验和成功案例。这为丰富营销策划理论，对学生策划技能、综合能力的全面培养提供了前提和基础。也使得我院开设的“营销策划”课程受到了同学们的热烈欢迎和社会的一致好评，我院在“营销策划”课程的教学改革上也走在了其他院校的前面。

因此，基于现实的情况和教学的需要，董丛文教授总结多年在营销策划理论研究和实际策划运作的经验，编著了该书。

该书摒弃了一般营销策划教材对营销理论的简单翻版，而是在介绍营销理论的基础上，着重强调对营销理论的实际运用，注重对策划原理与方法的讨论，体现出与一般教材不同的新特色。

（1）该书更具系统性。该书体系完整，逻辑严密，内容全面。其在整体构架上，该书由三篇 13 章构成，包括营销策划基础篇、营销战略管理篇、营销策略篇。它由营销策划总论、营销策划方法论、市场营销策划书、市场营销调研策划；营销战略策划、营销管理策划；产品、价格、分销渠道、广告、销售促进、公共关系策划以及由服务营销、网络营销、关系营销构成的专题策划共 13 章构成。它在每一章的谋篇布局上，按照策划原理、策划方法、策略设计的脉络，由理论到技能，由技能到实践，为学生全面掌握营销策划艺术提供了一本既有理论体系又有实践指导的教材。

（2）该书更具前沿性。该书在介绍传统营销理论与方法、谋略的基础上，紧密结合营销策划理论与实践的最新研究成果与发展趋势。同时，该书对现代营销中比较新型的服务营销、网络营销，以及关系营销的营销理论、策划思路、技巧、谋略做了研究和系统讲解。

(3) 该书更具实用性。该书坚持操作导向的原则，在阐述原理、介绍方法的基础上，设计出规范的营销程序和操作步骤，并注重实践讲解，很多策划思路、技巧都来自于作者工作实践的案例总结。每章末尾还给出了大量习题，可以帮助学生吃透策划原理，深入理解和全面掌握营销策划的理论、技巧与方法。这些对学生操作能力的培养都会产生有效的促进作用。

营销策划是一门实践性很强的学科。该书区别于其他营销策划类教材的显著特色正是基于扎实营销理论基础之上的对学生应用能力、操作技能的全面培养与训练。

21 世纪的市场经济是知识经济时代背景下的经济全球化和竞争国际化的市场经济。企业所处的外部营销环境的不确定性日益增多，中国加入 WTO 使得国际国内市场一体化、跨国公司在中国的本土化竞争渐入佳境，E 化消费者不断增加，顾客的差异化需求、个性化消费日益增强，市场竞争变得越来越激烈。这对 21 世纪的营销人才提出了更高的要求，具有合理的知识结构、掌握扎实的营销理论、了解中西文化、善于学习、反应迅速的营销人才特别是营销策划人才，将会受到更多企业的青睐。

该书的出版，是适应这种趋势的要求，也希望能对我国现行的"营销策划"课程的教学改革起到抛砖引玉的作用，并引导策划界、理论界与我们一起思考、探索营销策划理论与实践发展中的问题，为我国策划事业的发展共同出谋划策，促进我国企业营销水平的不断提升和营销理论的不断发展。

哈尔滨商业大学工商管理学院院长、教授
孙东生 博士
2004 年 4 月

目录

第一篇　营销策划基础

第二篇　营销策划原理与方法

第一篇

营销策划基础

◇ 第一章　营销策划总论
◇ 第二章　营销策划的常见误区
◇ 第三章　营销策划的行业属性

第一章

第一章

营销策划总论

本章学习指引

内容提要

☆ 营销策划的含义与特点

☆ 营销策划的研究对象

☆ 市场营销策划的主要内容

☆ 营销策划的学习方法

思路和主线

本章从策划的历史渊源和营销策划在中国市场的发展历程、发展必要性入手，在介绍市场营销策划的概念、特点、功能的基础上，介绍市场营销策划学的研究对象和主要内容，并从总体上介绍营销策划的学习方法。

学习目标

通过对本章的学习，了解策划产生的历史渊源、发展过程和营销策划在中国市场经济条件下发展的必要性和可行性；掌握营销策划的含义、特点和内容；明晰营销策划的学科特点、研究对象，并能对营销策划的学习方法有一个正确的认识。

策划是集中了古今中外理论家和实践家的聪明智慧，跨学科、跨领域的一门博大精深的学科，是现代社会最常见的经济活动之一。从理论上讲，策划是指人们为了实现某种预期的目标，借助科学方法、系统方法和创造性思维，对策划对象的环境因素进行分析，对资源进行重新组合和优化配置，而进行的调查、分析、创意、设计并制订行动方案的行为。

一个成功的策划涉及三个运作要素，即策划主体、策划客体和策划环境。一项策划运作的策划者，称为策划主体，策划主体可分为社会主体（如一个国家、一个地区），单位、组织主体（如一个企业、学校、协会和咨询策划公司等）以及个人。策划所指向的对象称为策划客体，如企业形象、企业营销战略和策略、广告、公关等。策划的条件称为策划环境，策划环境分为内部环境和外部环境，内部环境是指策划客体本身的条件；外部环境包括自然环境和社会环境。

策划的内容极为丰富，依据不同的标准，可分为不同的种类。它涉及现代社会活动中的诸多方面，如政治策划、外交策划、军事策划、文化策划、区域经济发展战略策划以及市场营销策划等。本书主要就市场营销策划的有关理论与实践问题进行介绍与分析。

第一节　揭开策划的神秘面纱

一提到策划，很多人就会想到那是高人所为，大师所作，与自己有着天然的鸿沟，无法跨越，于是对它敬而远之，将其束之高阁。其实，策划并不高深，也并不神秘，只是太多太多自诩为“策划人”的人为它穿上了朦胧的外衣，戴上了神秘的面纱，拉开了它和普通人生活、人生、事业的距离。也只有让策划变得“高深莫测”，这些人才能得到“万人膜拜”的“尊贵体验”。

所以，揭开策划的神秘面纱，还策划一个本来面目，就成为我们开篇的要义。为的是，让无处不在、无时不有的策划科学回到它应有的本原状态，为更多的人成就自己的人生、职业和事业而提供朴实、科学的策划方法和技巧；让策划不再成为所谓“策划大师”、“十大策划人”、“资深策划家”们“扬名立万”、“曲高和寡”的专利，而变成我们每一个人生活与工作的一部分，为我所用，为工作所用，为职业定位所用，为事业发展所用，为塑造完美人生所用。

一、策划自古有之

历史的发展总是以一个王朝的倾覆与另一个王朝的崛起为主线，但最终留下的，是以长矛、刺刀、马蹄下的冤魂为代价沉淀下来的智慧与思想；策划的智慧光芒，早在中国先古开天辟地的疆土拓展和能人志士的纵横游说中就得到了淋漓尽致的体现。

《说文解字》对“策”的解释，一为“赶马的鞭子”，由此延伸出“策动”、“策论”、“策士”等含义；一为筹划，并作为一种计量的工具，由此延伸出“策筹”、“策划”、“计策”等含义。

《辞源》对“策”的解释更为宽泛，作名词用的有“马鞭”、“杖”、“简”、“策书”、“一种文体”、“占卜用的蓍草”等；作动词用的有“以鞭击马”等含义。“策”与“划”联系起来，则解释为筹谋、谋略、计策等含义。

概括而言，古之策划，一方面来自于军事领域，指如何利用有利的形势、计谋、策略占据战场上的主动权，达到“不战而屈人之兵”，典型的代表是《孙子兵法》与《三十六计》；另一方面来自于政治领域，指策士、政客们如何通过合纵、连横的方式游说统治者开拓城池、号令天下苍生。

总之，古代策划集中体现为权谋、谋略之争，并为中国权谋文化的诞生奠定了基础。随着历史的演绎和政治与经济的发展，古代的权谋策划思想逐渐演变分化，一方面沉淀为中国的文化，潜移默化地影响着今天中国的营销环境和我们生活的方方面面；另一方面向政治、外交、经济、文化、体育、教育、营销等方面扩展，发展成为众多领域、众多行业交汇的策划产业，其中，营销策划已经成为其中一个重要的分支领域，影响着企业的营销推广与拓展。

二、策划无处不在

策划自古有之，同样，策划无处不在。上至古代的王朝建立、国家稳固、社稷安抚，如赵国平原君的食客“毛遂自荐”，秦国吕不韦门下之客甘罗用“连横”“伐燕”，苏秦与张仪的“合纵、连横”，以及昭君出塞、武则天夺权等；下至当今国家形象的树立，外交事务的斡旋，企业产品的推广，个人的职业定位、事业发展与人生规划等。这些无不体现出策划的智慧和思想，不同的只是策划的水平和影响的大小而已。

在原始社会，人们为了生存，在猎取食物时，总要考虑捕食的方法，如在野兽经常出没的地方挖陷阱、设埋伏等。在居住方面，人们先洞穴而居，后搭盖茅草棚等简易居所，再后发展到长期性的宽敞住宅。这些都是人类有意识、有目的地改造自然与环境的实践活动，并从中产生了人类策划思想的萌芽。随后在社会的进步与发展过程中，我国历史上涌现出众多博学多才、足智多谋的思想家、政治家、军事家，他们在许多领域留下了不胜枚举的经典策划思想与策划活动，如战国时期的“完璧归赵”、汉初的“鸿门宴”等。三国时期的赤壁之战，更是运用策划、智谋制胜的典型战例。《孙子兵法》是中国最早的军事名著，也是对策划思想影响最为深远的典范之一。

在中华民族以外的世界历史舞台上，也演绎过很多精彩的策划思想和策划活动，创造了一个又一个的奇迹。例如，工程浩大的世界七大奇迹之一的古埃及金字塔，不仅外观壮观雄伟，而且巨石之间叠砌的角度、线条的设计等都经过了周密的策划；法兰西第一帝国的创立者拿破仑·波拿巴，凭借在军事、政治上出色的策划思想，纵横驰骋欧洲战场二十多年，他常常奇计迭出，以少胜多，以弱胜强，多次战胜反法联盟。

三、中国的营销环境更需要策划

(一) 卖方市场已经完成向买方市场的转变

经过改革开放三十多年的发展，中国已经告别了以粮票经济、配额经济、排队经济为时代特征的短缺经济时代，取而代之的是市场经济条件下丰富多彩的商品经济时代，中国市场已从卖方市场过渡到买方市场。

在卖方市场条件下，卖什么、什么时候卖、以什么价格卖、通过什么渠道卖，是由生产商品或提供服务的卖方说了算，消费者则处于被动地位，企业只要生产出产品，就不愁没销路。而在买方市场条件下，情况正好相反，买多少、什么时间买、在哪儿买、以什么方式买，如是否分期付款、是否异地购买等，都是买方说了算，企业就算生产出适销对路的产品，都不一定卖得出去，更别提那些在市场上盲目生产的企业。因此，从供不应求的卖方市场向供大于求的买方市场的转变，使得企业面临的营销环境发生了巨大变化，传统的“酒香不怕巷子深”的市场环境已经终结，客观上更需要企业进行周密的策划与运作。

(二) 国际竞争已经转移到国内

随着中国加入世界贸易组织（World Trade Organization，WTO）后各种保护政策、优惠措施的结束，中国将成为完全开放条件下国际竞争的一个重要组成部分。各个行业的跨国公司在前期探索、适应中国市场以后，将在中国开始进行全面的品牌布局和全方位的市场运作。这从2005年中央电视台黄金时段广告招标上，以宝洁、联合利华、高露洁、本田、NEC等为代表的跨国公司抢占强势时段，就可见一斑。而这与以前历届央视招标会上，跨国公司都作为看客的情况形成了鲜明对比，其中宝洁更是以3.8515亿元成为2005年的新标王。这也表明未来的市场竞争是在中国本土展开全方位的国际竞争，企业要生存，就必须创造新的、更高的竞争优势。而如何创造竞争优势，将成为中国本土企业营销的重要命题，也将成为中国营销策划界的一个重要使命。

（三）中国营销环境的“良莠不齐”为策划提供了现实土壤

一方面，来自于在WTO框架下，在经济全球化和竞争国际化为特征的知识经济时代背景下，中国企业与全球的跨国企业、某个领域内的最优秀企业同台表演，同台争斗；另一方面，中国五千年历史沉淀下来的文化传统和建立在“小农思想”基础上的权谋思想根深蒂固。二者的结合，加之不同地区、不同省份、不同行业、不同人群差异化的现实状况，造就了中国“良莠不齐”的特殊营销环境，这种特殊的营销环境，为策划的盛行提供了土壤和温床。

例如，王志纲以“碧桂园”神话在中国特殊的房地产市场环境中，完成从记者到策划人的转变，继而大手笔地完成了云南昆明世界园艺博览会的策划；叶茂中通过“寻找小雨点”的创意成为1994年的策划红人，也为以后的广告人与策划人生涯铺上了通往“成功之路”的红地毯；陈放通过“大红鹰全民健身万里行，支持申奥大签名”活动，使大红鹰在四个月内，达到利税20亿元的“申奥效应”；朱玉童，一个学理起家的科研者，偶然的机会“误入策途”，在“南中国”创造了“让老虎飞起来”的策划版图。

中国20世纪的经济改革与社会转轨历程，造就了一个又一个的“策划之星”，21世纪的中国，在科学与混沌、理智与情感、规范与投机、市场化与政治化、制度化与权谋化等诸多因素并存的特殊环境下，还会创造出一批又一批的“策划明日之星”。

四、营销策划——撬起企业腾飞之支点

从1978年改革开放到今天，中国从计划经济向市场经济转轨，已经走过了30多年的发展历程。在这30多年的历史进程中，中国经历了改革开放一段时间内“姓资姓社”的纠缠和彷徨，经历了特区跨越式发展的狂喜。中国人见证了浦东新区以其特有的发展模式日新月异地融入国际社会的脉搏，集全中华民族之力量如火如荼进行的“西部大开发”、“东北老工业基地改造”和“中部崛起”伟大战略的实施。每一个中国人开始体验中国逐渐强大带来的物质生活、精神生活乃至民族尊严的改善与提升。

在这样一个开天辟地的民族发展复兴过程中，中国先知先觉的企业家和成千上万的营销人，一如邓小平先生所倡导的“摸着石头过河”的精神，用他们的汗水、智慧进行了30多年深入一线的市场探索，创造了一个又一个的营销奇迹。可以说，中国改革开放的30多年，就是中国营销走完了欧美近100年发展的历程。在今天经济全球化和竞争国际化的知识经济时代背景下，在“知本”成为21世纪经济发展的一个重要资源的条件下，我们不敢不、不能不迅速走完这样一个历程。因为全球化，因为加入WTO后

中国市场的完全开放和国际规则的约束和要求，因为全世界的竞争对手都来到了中国市场，使得中国市场就是国际市场的现实状况，我们的企业和营销人不得不面临更加严峻的挑战，尽管改革开放中我们已经取得了举世瞩目的巨大成就。

一方面，我们获得了几乎是与跨国公司可以自由进入中国市场对等的可以自由进入国际市场的客观条件和机会，经济的发展也给人民生活水平的提高带来了实实在在的福利；另一方面，国际市场的潜在规则、先进国家各种隐蔽的贸易保护主义手段对中国企业的国际市场开拓形成了实质意义上的阻隔。如果说改革开放30多年中的前20年“遍地是黄金”的话，那30多年中的后10年已经是“地上既有黄金，也有铜、铁、木柴，而且还有陷阱”。显然，未来10年，“地上的黄金会越来越少，而陷阱会越来越多”。陷阱的背后，是对企业运作能力的考验，是对企业规范化运作、科学化发展的考验，是对企业建立国际化视野、全球化思维、智慧化运作能力的考验。而在国际咨询业、策划业大力进入中国市场的条件下，中国企业要在国际化与民族化共存与交织的环境下发展，对营销策划的科学运用就成为企业能否找到“通向罗马的条条大路中最近的一条”的关键要素。作为承载智慧产业、“知本”产业发展的无形资源，营销策划犹如一把利剑，为企业的智慧性发展披荆斩棘，使企业砥砺前行。

从这个意义上说，营销策划成为撬起企业腾飞的支点，在过去、现在，更在未来影响着中国企业的发展轨迹和发展速度。更重要的意义还在于，在经济全球化和WTO统一框架要求与约束下的越来越规范化的竞争平台上，尽管中国的营销环境以及相伴而生的营销策划在相当长一段时期之内还会受到很多“非科学”、“边缘科学”的腐蚀和影响，但营销策划对企业规范化发展、制度化发展、战略化发展的作用以及相伴而生的对营销策划本身科学化、规范化的要求，变得越来越急迫、理性、务实和科学。所带来的结果必然是一场营销策划理念、知识、技能、方法的普及化传播与应用，营销策划有关的理论、方法、技巧与模板融入到企业营销人员、管理者的内化知识系统和组织操作界面，成为推动企业或组织发展的基本力量。

第二节 营销策划的含义与特点

一、营销策划的含义

迄今为止，在各种经济类、管理类、政治类、军事类词条中，尚没有把“策划”当做一个专用术语列为词目。国外管理学家对策划的理解也各不相同，有事前行为说、思维程序说、选择决定说、管理行为说等多种阐述。对营销策划的含义，不同的学者同样有不同的界定。

本书认为，市场营销策划，就是企业的策划人员根据企业现有的资源状况，在充分调查、分析市场营销环境的基础上，激发创意，制定出有目标并能保证实现的一套策略规划。它包括市场营销目标、市场机会分析、市场营销定位、营销战略及策略、营销评估等内容。

简单地说，营销策划就是在市场营销中为某一企业或某一商品或某一活动做出的策略谋划和计划安排。它包括六个基本要点：

第一，营销策划的对象可以是某一个企业整体，也可以是某一种（项）商品或服务，还可以是一次活动。

第二，营销策划的范围往往要涉及企业的各个部门，甚至包括本企业以外的企业或个人。

第三，营销策划要立足于企业的营销现状和营销目标这两个前提。

第四，营销策划需要设计和运用一系列计谋，这是市场营销策划的核心和关键。

第五，营销策划需要制订周密的计划、做出精心的安排，以保证计谋运用的成功。

第六，营销策划的表现形式是文字报告——营销策划方案，其结构由市场环境分析和营销活动设定两大块组成。

二、营销策划学的主要特点

营销策划是一门复合型的学科，它是由多门学科知识综合、交叉形成的新的应用知识体系。它既是一门科学，也是一门艺术。其特点主要表现为以下几个方面。

（一）营销策划学是创新思维的学科

营销策划实质上是一种经营哲学，是市场营销的方法论，因而是一门创新思维的学科。市场营销策划作为创新思维的学科，特别强调将简单线性思维转变为复合性思维，将封闭的思维转变为发散思维，将孤立的、静止的思维转变为辩证的、动态的思维，将具有深厚的小农经济色彩的“量入为出”的思维转变为“量出为入”的市场经济思维。

（二）营销策划学是市场营销工程设计学科

营销策划实质上是利用企业市场营销过程中所拥有资源的一个新的营销系统工程，并对这个系统中的各个方面根据新的经营哲学和经营理念设计进行轻、重、缓、急的排列组合。在这个市场营销系统工程的设计中，经营理念的设计始终处于核心和首要的地位。

（三）营销策划学是具有可操作性的实践学科

营销策划学是一门实践性非常强的学科。营销策划不是空洞的理论说教，它不仅要回答企业在现实的市场营销活动中出现各种疑难的原因，而且要回答如何解决这些问题。这就要求在创新思维的指导下，为企业的市场营销拟订具有现实可操作性的市场营销策划方案，提出开拓市场的时间、地点、步骤及系统性的策略和措施，而且还必须具有特定资源约束条件下的高度可行性。

（四）营销策划学是系统分析的学科

营销策划的主要任务是帮助企业利用开放经济中丰富的资源，包括区域性资源、国内资源和全球资源、显性资源和隐性资源、可控资源和不可控资源等，用系统的方法将其进行新的融合，使其在市场营销过程中产生巨大的“核裂变”效应。市场营销策划是用科学、周密、有序的系统分析方法，对企业的市场营销活动进行分析、创意、设计和整合，系统地形成目标、手段、策略和行动的高度统一的逻辑思维过程和行动方案。

三、营销策划的主要原则

没有规矩不成方圆，营销策划虽然是一门新兴的交叉综合性应用学科，但也有它本身的思维原则与操作规律。总体上，营销策划要坚持以下基本原则（张利庠，2004）。

（一）创新性原则

创新是营销策划的生命和灵魂。一个策划方案如果没有创新性的思维与内容，就会变成一堆毫无价值的文字垃圾而无法在同质化的竞争中脱颖而出。

所谓创新就是指策划人借助系统的观点，利用新思维、新技术、新方法，创造一种新的更有效的资源整合配置方式，以促进策划项目或企业管理系统综合效益的不断提高，达到以尽可能少的投入获得尽可能多的产出目的的具有动态反馈机制的经营管理活动。由此可见，创新性原则就是面对新经济、混沌环境和可持续发展的要求，营销策划要用新的观点、新的方法，领先一步将企业的有限资源与动荡复杂的环境实现联动优化。

营销策划的创新性原则具有五个特点：第一，相对最优化与全动态反馈。营销策划在实施创新原则时是一个不断连续的优化过程，每一次的创新优化可能是相对的优化，通过每一次不断连续的优化，最后达到优化的结果。第二，过程动态化与全过程。由于创新是企业机遇与风险联动优化的过程，创新必然面临风险，当风险突然爆发，创新性的营销策划活动就会呈现波动性态势而发生跳跃式的变动，因此，创新不是一个稳定的过程，而是一个比较动荡的过程。第三，创新组织化与全员性。创新的过程需要通过不断地发现新的机遇来防范风险。发现机遇和防范风险都是十分复杂的创造性工作，创新性的营销策划需要企业有目的地组织专家和全体员工参与，有计划、有步骤、有控制地通过企业系统来进行。所以彼得·杜拉克（Peter F. Drucker）认为，创新是“一种可以组织，并需要组织的系统工作”。第四，效果渐进化与全方位效益。由于企业的环境是复杂动荡的，创新行为也要与企业环境实现联动优化，随着环境的不断变化而进行相应的改变，创新一直处于不断地调整完善之中，其结果也表现出逐步完善的渐进性质。第五，行为柔性化与灵活适应性。由于创新是事先进行的营销策划行为，在执行的过程中可以根据不同的环境状态，改变创新行动中的某些关键细节和要素结构，方便灵活地实现功能重构，而且转换的代价也较小，使超前创新的行为带有较强的转换变通能力（即行为柔性化），其适应面就变得相对较宽，适应的灵活性增强。

（二）科学性与艺术性相融合原则

科学性与艺术性相融合原则就是在营销策划的过程中要实现科学性和艺术性两种方法的联动优化，也是营销策划科学性和社会性统一的一种反映。

企业营销内容的复杂性和营销环境的迅速变化性使营销策划人不可能再像以前那样依靠“拍脑袋”式的灵感闪现和经验判断；中国营销环境从“机会成长型”向“战略发展型”的过渡决定了营销策划靠一个点子拯救一个企业的“点子策划”时代的结束，取而代之的应是通过科学系统的营销规划与战略策划来促进企业的可持续发展；信息时代背景下大量的信息处理和策划时效性的要求，使得营销策划不使用计算机辅助工作几乎是不可能的。这些变化都要求当今的营销策划首先要科学化，即要求营销策划原则、方法、程序、内容以及决策的科学化、程序化和系统化。营销策划的科学性主要体现在两大层面：一是营销策划思路、方案以及创意等营销策划内容方面的科学性；二是营销策划方法的科学性，包括营销策划使用的数量分析模型方法、思维科学规律和计算机辅助应用等技术性的方法和手段。

所谓“艺术性”，就是营销策划的灵活性，更多地表现为策划的技巧、经验和艺术，这是策划人的知识、灵感、经验、分析能力、洞察能力、判断能力和应变能力的综合体现，目的是在企业策划中闪现创意的新奇亮点和应时而变的灵活性，以做到出其不意和策划方案便于贯彻执行。营销策划艺术性的具体内容相对比较宽泛，难以具体表述和总结，有点“只可意会不可言传”的味道。但是，“艺术性”贯穿整个营销策划活动的始终，笼统地说，表现为以下 10 个方面：营销策划开始前，策划方与委托方相互了解、彼此沟通的艺术；营销策划制定目标、把握企业家心态的分析能力；营销策划项目整体思路和原则制定时的悟性和预测能力；市场调查和企业诊断过程的分析、整理、归纳、提炼的综合能力；营销策划创意形成阶段的胆量、灵感、野性、情绪等；使用数量分析模型和计算机工具所依靠的人的知识、经验、悟性、分析能力、判断能力、洞察能力等的总和；制订营销策划方案阶段的各种包装、制式、宣传等手段；营销策划互动团队的组织、沟通、协调、激发、愉悦等所需要的掌控艺术；营销策划整体方案执行阶段的调整、应变、总结等需要的专业经验和职业素质；营销策划完成以后“售后服务阶段”的沟通、服务、提供超越期望的知识供应的各种艺术等。

科学性与艺术性相融合就要实现营销策划科学性和艺术性的联动优化，要求营销策划方案既要有科学的设计、系统的规划和方便的执行力，还要有一定的艺术魅力，像一幅优美的画卷能吸引策划方案的委托者和消费者。

（三）综合集成性原则

随着社会的不断发展，营销策划学逐步从系统分析、多角度分析发展到综合集成。综合（synthesize）就是把各种不同类别的资源或方法组合在一起；集成（integration）是指将各类事物中好的方面、精华部分集中起来组合在一起。营销策划的综合集成就是要通过科学而巧妙地创造性思维，从新的角度和层面来联动各种营销资源要素，拓展营销的视野和疆域，提高各项营销要素的交融度，以利于优化和增强营销对象的有序性。在具体的营销策划行为中，要综合运用各种不同的方法、手段、工具，促进各项要素、功能和优势之间的互补、匹配，使其产生“1＋1＞2”的效果，从而为企业创造出更大的竞争优势。

营销策划的综合集成性原则具有整体优化性、动态开放性、模糊性和协同性四个特点。第一，整体优化性。综合集成是一种整合性的营销策划创新，它的目标是提高企业营销系统的整体功能，重视系统的集成，如销售、市场、广告过程的集成。第二，动态开放性。动态性是指企业资源与企业环境的联动，在综合集成过程中必须时刻关注企业内外营销环境要素的变化，并且及时调整相关的营销参量，以保证营销系统的运行适应外界的变化要求。开放性是指综合集成的运行态势是全方位开放的，营销系统可以随时和外界发生能量、物质、信息、知识的交换。正是由于综合集成系统是开放的，外界各种负熵流才可能流入，从而使营销系统能够有效地运转。第三，模糊性。由于综合集成系统的内涵和外延都比传统管理要复杂得多，营销策划系统内部出现了许多难以精确定量描述的要素。另外，营销策划打破了传统营销系统的边界，从而使诸多问题的边界难以准确确定，即很多问题已不是传统意义上的“非此即彼”的关系，而是“亦此亦彼”的中间状态。第四，协同性。协同性是指综合集成中各种营销要素、对象、手段乃至营销策划双方主体之间形成的一种超乎寻常的和谐、协调的状态。正是综合集成的协同性，才使企业营销策划系统能够取得聚变放大的优化效果。

由此可见，综合集成实际就是联动各种营销策划的要素、优化成为整体功能更强的新系统的一种原则和方法。综合集成就是要调动一切可以调动的各种资源中的优势因素共同为营销策划工作服务，真正做到系统集合，把企业各种营销要素综合集成并转化为企业竞争优势的强大武器，为企业营销目标的实现做出营销策划的积极贡献。

第三节 营销策划的研究对象和主要内容

一、营销策划的研究对象

总体上，营销策划是一门涉及多种学科的综合性科学，其研究对象是营销策划过程中的市场进入障碍分析、营销资源的配置、营销创意、营销理念设计和制订市场策划方案等的基本方法、技巧及其一般规律。

具体而言，营销策划是在现代市场营销观念的指导下，以市场营销管理为土壤，从市场需求入手，深入市场调查研究，认真分析市场营销环境、竞争对手、企业市场竞争条件，以及使目标市场顾客群达到满意状态的条件，因时、因地、因人制宜地提出“创意—构架—行动”的系统过程。虽然，各个具体的市场营销策划方案千差万别，各有其创新的特色和营销要素融合的技巧，但不论是哪种性质的市场营销策划、哪种层次的市场营销策划或哪个行业的市场营销策划，其策划的过程、基本方法、基本技巧都具有一定的规律性和特点，只是因时间、地点、行为和产品的差异而各有侧重。例如，每一个成功的市场营销策划都是以顾客满意为出发点，其最终目标或结果必然是顾客满意的实现和达到企业盈利的最大化的“双赢规则”；每一个市场营销策划都必须坚持“1＋1＞2”的资源投入产出优化配置；等等。研究市场营销策划，不仅要学习和掌握市场营销策划的方法和技巧，更重要的是认识和掌握市场营销策划的一般规律性，并以创新思维为灵魂，遵循市场经济的客观规律，更好地开展市场营销策划的实践活动。

二、营销策划的内容划分

营销策划的内容相当广泛和丰富，依据不同的分类标准可以划分为不同的类别，以下是三种常见的划分方法。

第一，以策划的对象为标准可以分为企业策划、产品策划和服务策划等。

企业策划是对企业整体进行的策划，是综合性的策划，主要目的在于树立良好的企业形象，提高企业的综合实力和竞争能力；产品策划是对产品的开发和销售等活动进行的策划，主要目的在于售出新产品和扩大销路；服务策划是从更好地满足顾客需要出发而进行的策划，主要目的在于提高企业的信誉。

第二，以市场发展程序为标准可以分为市场选择策划、市场进入策划、市场渗透策划、市场扩展策划、市场对抗策划、市场防守策划、市场撤退策划等。

市场选择策划是对如何有效地选择目标市场所做的策划；市场进入策划是为产品成功地进入市场所做的策划；市场渗透策划是为争取现有市场、增加购买所做的策划；市场扩展策划是为扩大现有产品的市场面、开拓新市场而做的策划；市场对抗策划是关于怎样与主要竞争对手相抗衡的策划；市场防守策划是指怎样抵制竞争产品、巩固现有市场的策划；市场撤退策划是指怎样有计划地退出现有市场的策划。

第三，以营销的不同层次为标准可以分为营销基础策划与营销运行策划。

营销基础策划包括营销战略及营销管理策划。营销战略策划是市场营销人员依据经营战略的要求进行的整体营销战略选择、营销竞争战略设计、市场机会研究、市场细分、目标市场选择和市场定位的策划。营销管理策划主要是对市场营销和销售管理的方法与技巧进行的策划。

营销运行策划主要表现为各种营销策略策划。营销策略策划是市场营销人员在市场营销战略策划的基础上，对企业的产品、价格、分销以及促销，即市场营销手段，所进行的组合策划和个别策划，属于战术性策划，其目的在于把市场营销战略策划所规定的任务落实到实处。

本书采用的是第三种划分方法，即以市场营销的不同层次为标准，在讲述营销策划总论和营销策划方法的基础上，将营销策划分为营销战略策划、营销策略（战术营销）策划、市场营销管理策划等主要内容。

第四节　营销策划的学习方法

无论是广义的策划领域，如政治策划、军事策划、人生策划、事业策划、文化策划，还是我们本书重点讨论的营销策划，在总体构成上，无非为两大板块：一部分是与策划项目有关的基本观念、理论、方法与操作程序等，它们是策划项目中的规律性部分，我们称它为策划科学；另一部分是为解决策划项目中涉及的问题、难点而需要的各种营销策略、策划方案等，我们称它为策划创意。

策划科学为策划建立起一套系统的理论体系与操作框架；策划创意则作为策划项目中最具挑战性、最具灵活性的构成部分，为策划增添了无穷的乐趣和艺术感。围绕营销策划创意，运用策划科学，解决策划问题，实现策划目的，这也正是一个营销策划项目的总体运作脉络。

正如我们从小就开始接受学校教育、学习系统的科学知识一样，营销策划科学的系统了解和掌握，可以通过我们学习的途径加以解决。而为了使对策划科学的学习不至于变得枯燥、教条，本书所构建的学习体系和学习途径，本着应用性的原则，更为简洁、直接和实际，通过策划观念、策划原理、策划方法、策划工具、策划模型等方面的学习，建立起以操作应用导向为基础的营销策划科学体系。

对营销策划创意能力的培养和锻造，一方面需要学习，即学习各种创意原理、创意方法、创意规律和创意技巧；另一方面更需要在学习过程中和学习后的领悟，即领悟各种创意方法与技巧，同时，从历史、地理、天文、人文、社会等各个方面，在学习的基础上去领悟与策划有关的各种灵感和创意的构成要素，这也是作为一个营销策划人应具备的基本素质。

所以，营销策划并不神秘，也并不高深，营销策划能力的培育来自于领悟与学习，来自于在正确认识和学习基础上的不断实践、不断应用。

基于策划能力提高的营销策划学习与领悟内容及途径如图 1-1 所示。

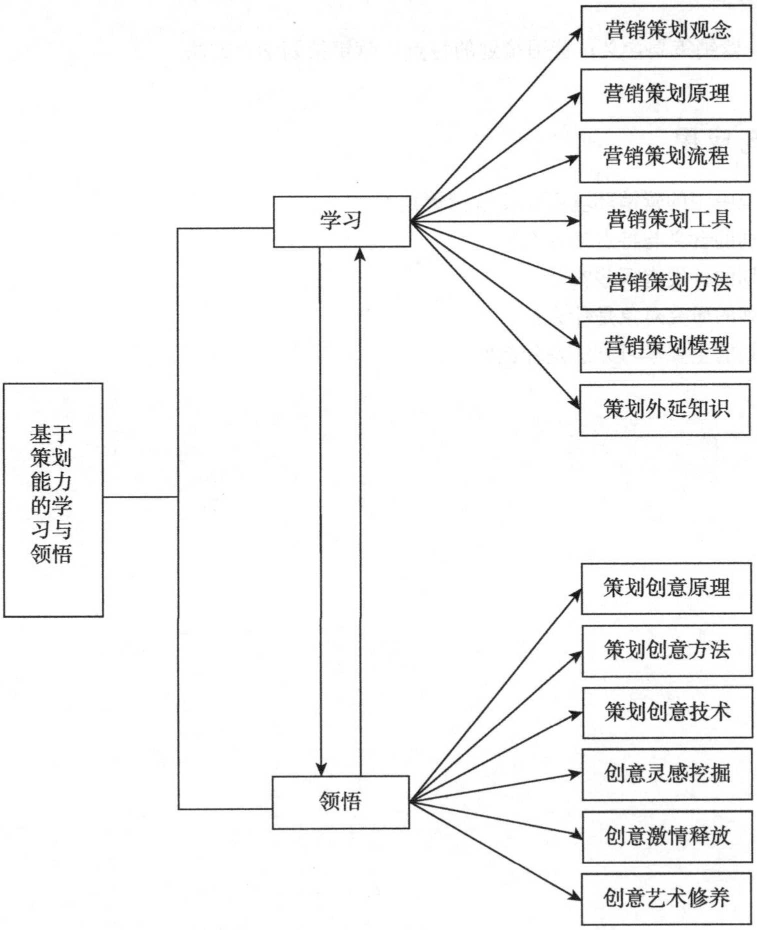

图 1-1　基于策划学习与领悟的营销策划学习方法

本章小结

本章系统地阐述了策划的历史渊源，营销策划在中国市场经济发展中的必要性，营销策划的含义、特点，营销策划的研究对象和主要内容，营销策划的学习方法。

营销策划是企业的营销策划人员根据企业现有的资源状况，在充分调查、分析市场营销环境的基础上，激发创意，制定出有目标并能保证实现的一套策略规划。

营销策划是创新思维的学科，是市场营销工程设计学科，是具有可操作性的实践学科，是系统分析的学科。

营销策划的研究对象是市场营销策划过程中的市场进入障碍分析、营销资源的配置、营销创意、营销理念设计和制订市场策划方案等的基本方法、技巧及其一般规律。

营销策划的内容是相当广泛和丰富的，依据不同的分类标准可以划分为不同的类别。

营销策划的学习者主要通过学习和领悟的方法，来掌握营销策划的原理与技巧。

关键概念

营销策划；营销策划含义；营销策划的特点；营销策划学习方法

问题与应用

1. 为什么说中国的营销环境更需要营销策划？
2. 营销策划的含义与特点是什么？
3. 营销策划的种类有哪些？
4. 营销策划的研究对象是什么？
5. 营销策划的主要学习方法是什么？

第二章

营销策划的常见误区

本章学习指引

内容提要

☆营销策划在观念上存在的误区

☆营销策划在操作中存在的误区

☆营销策划在执行中存在的误区

思路和主线

本章从营销策划观念、营销策划操作和营销策划执行三大层面，介绍了策划与建议、策划与点子、策划与计划、策划与决策、策划与策划书、策划方案与沟通等方面的常见误区。

学习目标

通过本章对营销策划常见误区的学习，明确营销策划不等于营销计划、营销策划不等于营销决策、营销策划不等于点子，营销策划仅仅是营销策划书，营销策划的成功还有待于持续的沟通。通过学习与了解这些误区产生的原因和危害，在以后实际的营销策划活动中有效避免这些误区的产生，以提高营销策划的科学性。

既然营销策划并不神秘，既然营销策划对企业如此重要，既然营销策划的要领可以通过学习与领悟来获取，那么，是不是营销策划的原理、方法、技术，每个人都能不费工夫地正确掌握呢？

事实并非如此简单。原因在于，在学习与领悟的过程中、在实际的操作过程中，原有的思维禁锢依然存在，陈旧的观念意识还在所谓“资深策划师”们的操控下制约着我们的方向感，使有兴趣且愿意在策划道路上探索与奋进的人陷入了各种有关策划观念上、操作中、执行过程中的误区。

方向错，路径就会错；路径偏颇，结果就会南辕北辙。所以，尽管策划并不神秘，但要学习与领悟其精髓，除了爱好、兴趣、勤奋、刻苦、方法、技巧之外，还要摆脱来自观念上、执行上、操作上的各种误区，理清视线，明确方向。

第一节 来自营销策划观念上的误区

一、策划不等于建议

在国有企业里常有这样一种风气，就是提倡民主管理，提倡大家畅所欲言，提出好的发展建议。但问题是，建议如何实现，通过什么样的方式实现，能不能得到有效实现，则往往是很多建议者没有考虑的，也是很多决策者在采纳建议时没有考虑到的。而策划不仅要有好的建议，更重要的是要对建议的可行性进行彻底的论证，并切合营销目标和市场实际的要求，制订出清晰的、可操作的实现方案。因此，策划不等于建议。

案例：老鼠给猫带铃铛的蹩脚建议

一群老鼠聚在一起，商量怎么样才能对付猫，提前知道猫的到来，然后好采取针对性的措施。它们的鼠王要求大家都要给出好的建议，于是一群老鼠开始唧唧喳喳地讨论起来。不久，一个看上去很有经验的老老鼠自告奋勇地站起来，说："告诉大家，我想到了一个很好的主意，那就是我们给猫的脖子上戴上一个铃铛，只要猫一行动，铃铛就会响个不停，我们就可以提前逃走了呀！"讲完，众老鼠反应热烈，都说是个好主意。突然，一个发音还很蹩脚的小老鼠带着它那还很幼稚的声音说道："可是，你们中间该派谁去把这个铃铛戴在猫的脖子上呢？反正我是不会去的。"顿时，众老鼠"鸦雀无声"。是呀，谁能去给猫戴上铃铛呀！众老鼠面面相觑，重归垂头丧气。

启示：好的而且是可执行的建议往往是策划所必需的，但很多看上去很理想的建议却是空的建议、泡沫似的建议，没有考虑到执行过程中时间与空间等各种条件的限制。策划需要建议，但策划更需要在建议基础上的、实际的、系统性的操作方案。

二、策划绝不是点子

20世纪90年代，何阳的一个点子卖了40万元，得到了大量的媒体追捧和众多营销者的炒作，使得社会上认为策划就等于点子。当年郑州亚细亚的成功很大程度上依赖于点子，但最终还是归于失败，企业并没有得到长远发展。何阳的意义在于向那个时代的营销者们提供了一种思路、一种营销上的借鉴。要系统地取得营销的成功，决非点子所能解决的。尤其是在目前经济全球化和竞争国际化的知识经济时代背景下，精细化营销、整合营销成为新的营销思想与方法论指导的条件下，系统化的、精耕细作的全方位营销策划才是企业运筹帷幄、决胜千里的重要保证。但反过来说，优秀的策划必然需要好的点子，也就是好的创意，它是策划中不可缺少的，是具有创新意义的重要部分。然而问题是，没有整体上的策划思路和方案设计，再优秀的点子也只能如水中花、镜中月一般，正所谓皮之不存，毛将焉附。因此，我们说，策划绝不等于点子，点子只是策划中的一个组成部分。如果缺少这点认识，营销策划学也就失去了它作为一门独立学科的研究价值和教学意义，相伴而生的策划实践在企业的实际操作过程中也就失去了坚实的基石，而成为建在沙漠里的摩天大楼，风一吹就会倒塌。

案例："会告诉客人家里没有人的门铃"策划点子

一位加工门铃的生产商，由于产品技术的老化和市场开发的不力，市场份额不断下降，企业处于破产的边缘。于是这位生产商找到了一位善于出奇创新的、颇有知名度的当地"策划人"，让他为产品把把脉，提出一些新的建议和方法。这位"策划人"实地考察一番后，开始高谈阔论地献计献策。他说，既然你的产品技术老化，而且门铃的市场创新空间不够，因此我的策划是，你要从技术上寻求差异化，并在技术差异化的基础上找出市场差异化、消费差异化的卖点，所以我建议你开发一种全新的门铃产品，这种产品与其他产品最大的不同在于其功能独特，那就是：只要主人不在家，主人点一下设置按钮，客人来按门铃的时候，门铃就会自动发声告诉客人，主人现在不在家。这样的产品功能先进，一定会很好卖。

那位加工门铃的生产商听完，头也不回地就走了，剩下那位"策划人"独自发愣。

启示：会告诉客人家里没有人的门铃同样也会告诉小偷家里没有人。策划不仅仅需要差异化的点子，还需要遵循市场现实，尊重市场客观规律，充分研究消费者消费心理和消费行为。

三、策划不等于"冥思苦想"的修炼

一提到策划，就一定有人嗤之以鼻，尤其是那些在市场一线摸爬滚打且在某个方面小有成绩的实干营销人，在他们眼里，策划要么就是那些满腹经纶的学府书院里的教授们念叨的西方理论的翻版，要么就是打着策划幌子的策划高手们招摇过市的标旗。客观地说，是策划市场的良莠不齐造成了今天策划界或策划市场的尴尬，这种尴尬也恰恰折射出今天中国策划界的投机性和功利性。其所带来的一个危害就是，策划科学被带有严重功利性的"策划大师"们蒙上了神秘性而过度地滥发，使策划科学失去了本来的面目。

正是在这样一种情况下，策划本应该来自于实践又回到实践，在此基础上总结实践规律形成系统并指导实践，进一步以最小化的投入获得最大化产出的这样一条策划科学与规律的发展道路，却变得异常艰难和曲折。正因为如此，我们就不难理解，那些本应该利用策划科学指导营销实践并从营销实践中去发展策划规律的真正的策划人却反而远离了策划，或者说只是在零星地摸索运用策划去开拓市场。所以，要让策划理念得到普及，我们就要回归策划原理与方法产生的本来路径，从实践中来，到实践中去，最后又超越实践。这就需要从事策划工作的策划人排除策划只要自己通过"冥思苦想"想出几个好的点子、好的主意就能解决问题的误区。策划需要"冥思苦想"的修炼，但同时需要来自于对市场的观察、对消费者需求和心理的研究等摸爬滚打的一线工作，要有业务员躬耕的精神和孜孜以求的奋进过程，只有二者有机结合，策划才能做到完美而无漏洞，营销才能做到从高空中来，又能顺利"软着陆"。

第二节　来自营销策划操作中的误区

一、策划不是做决策

管理学上有一种单职能学说，认为所有的管理职能就是决策，把管理等同于决策。

相应地在营销策划上，也有人将策划过程等同于做决策。而事实上，策划不是决策，策划是前提调研、多方案设计、筛选并最终选择的系统过程，决策只是其中一个环节。打个比方，策划层就好比军队中的总参谋部，为军事部署、调兵遣将提供周密的策略安排，在企业里承担这一职能的是营销部或营销策划部；而决策层就好比是军队中的司令员，根据参谋部提交的选择方案就如何作战进行最终的定夺，在企业里承担这一角色的是企业的董事会决策层或经理决策层。因此，单单把策划等同于决策是错误的。

二、策划不等于做计划

人们常常把策划和计划不加区分地混为一谈，认为策划和计划没有什么区别，或者说，策划就是计划。其实，这是对策划与计划各自的概念、内涵、外延以及它们之间的相互关系，没有一个清晰的了解和认识所产生的偏差。在一定程度上，策划包含计划，策划的有效执行离不开一个详细安排、分工明确的计划来加以支撑。例如，在一个“关于商场五一黄金周的促销策划”中，整个策划包括五一黄金周促销的市场环境分析、竞争对手分析、促销主题设计、促销概念传播、促销策略与方式设计、促销计划安排、费用预算、效果预估、组织保障等内容，其中，促销计划安排作为整个策划方案的一个重要组成部分，对促销时间、地点、区域、人员、礼品等都做了详细计划和安排，与策划方案的其他部分相配合，共同保证本次促销活动的顺利进行和策划目标的实现。从这个意义上说，策划离不开计划。

但同时，计划只是策划的一个组成部分，离开策划，计划就没有任何价值和作用。在本例中，如果离开了促销主题设计、促销概念传播、促销策略与方式设计等策划的关键要素，其促销计划安排就将成为无根之树、无源之水，失去意义和价值。用西方科学的理论术语来讲，策划相当于英文“strategy＋plan”，而计划仅仅相当于英文的“plan”。

因此，策划不等于做计划，策划与计划之间的联系和区别，如表 2-1 所示。

表 2-1 策划与计划的联系和区别

项目	策划	计划
联系	策划中包含计划；策划的有效执行离不开一个详细安排、分工明确的计划	计划是策划的一个组成部分；计划的详细与否对策划的执行到位具有重要的支撑作用
区别	具有整体性、系统性	部分性
	侧重于策略安排，要求有创意表现	侧重于计划安排，无须创意表现
	控制事件的方向与原则	注重细节与程序
	策划在执行过程中要随着环境、消费者、竞争对手的变化而不断调整与完善，具有灵活性	计划制订完毕，要按部就班地严格执行
	策划能力的获得与提高需要一定的专业素养和较长时期的训练	计划能力的获得与提高，可以在短时期内完成

第三节 来自营销策划执行中的误区

一、策划不止步于策划书的完稿

策划书是策划成果的最终体现，是策划创意、策划主题、策划策略、策划方案、策划计划等策划要素的书面表达，一个定位准确、逻辑清晰、表达流畅、语言犀利、整洁美观的营销策划书就像导演手里的剧本一样，对导演能否拍好戏、能否取得好的票房成绩具有重要的作用。因此，策划书就是“策划导演”手里的一张王牌，是策划成功临门一脚的杀手锏，是“江湖刀客”手中的“无影剑”。然而，纵然“策划导演”手里有了这张王牌，也未必能够保证整个策划最终功成名就，因为“策划导演”还要为演好策划这出戏选出能够理解策划剧本的策划演员、搭建策划演员精彩演出的舞台，更需要“策划导演”自己亲身指导。

具体而言，策划是一个包括界定问题、明确目标、收集信息、制订策划方案、方案沟通、执行方案、调整方案、反馈方案、继续策划的复杂化、动态化的过程。同样，策划书的制定，是一个各种材料收集、整理、汇总并成文的较简单化、程序化的过程。而一旦策划书制定完毕，就处于相对静止的状态，策划书完成以后，还需要“策划导演”同策划演出的投资商（委托策划者或企业决策层）进行不厌其烦、反复的沟通与营销，以便他们支持“策划剧本”，从而为策划演出亮起绿灯；策划书完成以后，还需要“策划导演”为策划的演出配备合适的演员，搭建适合演员演出的表演舞台，同时需要向消费者观众证明其价值，以便消费者为策划演出心甘情愿地买单。

所以，策划并不止步于策划书的完稿，而是要在拿到策划书这个“演出剧本后”进行精彩的演出，只有作为观众的消费者和作为投资者的企业（委托方）认可了，策划才能实现其价值和作用。

二、策划的成功需要持续的沟通

正如前文所述，策划并不止步于策划书的完稿，还需要向投资者、决策者、消费者进行具体的“策划演出”，而在整个“演出”过程中，能否取得成功，其中一个很重要的因素就在于是否采取了正确的方法、合适的渠道、合适的时机与消费者、决策者、投资者进行沟通。然而，在现实的策划过程中，策划人尤其是策划方案的制作者们常常有这样一种认识，那就是策划书完成后，整个策划工作就算完成，然而事实远非如此，这是一个需要策划人摆脱的误区。

事实上，策划成功的过程，本身就是一个持续沟通的过程，从策划项目的启动、资料的收集与整理、方案的讨论与写作、策划书的交付、策划方案的执行与推进，每一个过程都需要进行不断的沟通与反馈。

（1）策划项目的获得或者一个策划项目能够得到领导者、投资者、决策者的立项，需要策划人与项目投资方就策划项目产生的背景、原因，实施的可行性，实施的效果等进行沟通。

（2）在策划项目进入创意操作阶段之前，项目组在策划的内部诊断和外部调研阶段，需要和企业内部管理层人员、基层干部、员工和企业外部的消费者、供应商，乃至竞争者进行沟通，以便发现问题、界定问题和获得信息，确立策划目标。

（3）在策划方案的制订过程中，需要策划项目小组内部就创意方案、策略设计、传播定位等策划要素，进行反复的讨论、沟通与论证；同时还需要策划项目小组与企业就出现的问题或遇到的疑问进行及时、充分的沟通。

（4）策划方案制订完毕，通常要向策划委托方或企业决策者讲解、汇报，阐明策划思路与策略表现，说服委托方或企业决策者认同、接受本方案，在此基础上，动员有关部门和人员积极参与策划的执行。要完成这项关键性的工作，需要策划人充分发挥自己的沟通能力。

（5）在策划方案付诸实施的过程中，就策划方案执行过程本身而言，其实际上就是与消费者建立沟通，通过与消费者的沟通去影响消费者的消费心理和消费行为；同时，在执行过程中，遇到市场环境的突变或临时性的问题需要解决时，也需要策划人及时有效地进行沟通。

三、策划的成果不仅仅体现于方案的执行完毕

既然说，策划人在策划的执行过程中，要认识到策划不止步于策划书、策划的成功需要持续的沟通；那么，是不是说，摆脱了这两个执行误区，通过贯彻沟通的技巧，执行完策划方案以后，策划的成果就完全实现了呢？其实不然，到这里，策划的成果仅仅体现在显性的、静止的点的效果上，还需要把这个点的静态成果上升到面的动态的扩散化成果上来，以实现“把策划作为撬起市场支点”的价值。

怎么样做到这一点？本书认为应严格按照下面的方法来执行。

（1）在策划目标的确立、策划创意表现的提炼、策略的设计等方面，坚持“预留管线”原理。“预留管线”原理，就是要求策划人在做当前的策划项目、解决当前的问题时，要立足长远，为下一步的策划推进留下能够引爆的管线，使本次策划与下次策划能够有机地衔接起来，这样就能使本次策划的成果成为下一次策划的基础条件，并为下一次策划的成功提供支持，达到策划成果动态化延续的目的。

（2）坚持社会性衍生的基本策划原则。畅销书《联想为什么》的作者陈惠湘在谈到策划的误区时指出：“企业在做策划时很容易犯一个大忌，那就是主观强调自己的兴奋点。今天一个新闻发布感到挺来劲，明天一个开业大典，觉得是件挺大的事儿。其实站到一个社会的角度，一个公司的开张就和一个孩子出生一样天天有，并非什么大新闻。因此，优秀企业的策划都比较善于把握时代脉搏，巧抓社会的热点，适应公众的需要。做一个有益于社会，振兴民族发展的市场策划，代表时代的精神，代表着国家的思考，社会自然会支持你，政府会支持你，老百姓更会支持你。因为谋求社会关心，政府支持，百姓喜爱，媒体热衷的新闻点才是策划的诉求点，其它也无非是一些技巧、技术问题。”因此，策划的真谛是将企业的最值得社会借鉴的东西提供给社会，并与社会资源有效整合，从而达到实现策划价值的目的。这说明，一个优秀的策划方案的价值，不仅仅体现于策划方案执行完毕后给企业带来的经济价值，还在于策划方案执行完毕后能给社会留下些什么。

（3）策划方案执行完毕之后，总结、反馈得出的结论同样是策划成果的体现。策划在某个时点上成功并不代表在另一个时点上就一定会成功，在21世纪以互联网为标志的新技术，正在使任何商业体的生存疆域显得动荡而不可测的条件下，一个优秀的策划人一定要善于总结，如本次策划的得失所在、对不同时点上本次策划的作用所在等，所得出的结论也必然会成为策划的成果之一，指导本项目的后续运作和以后项目的策划。

本章小结

本章从营销策划观念、营销策划操作和营销策划执行三大层面，介绍了策划与建议、策划与点子、策划与计划、策划与决策、策划与策划书、策划方案与沟通等方面的常见误区。

策划不等于建议。策划需要建议，但策划更需要在建议基础上制订具有实践性的、系统性的操作方案。

策划不等于点子。没有整体上的策划思路和方案设计，再优秀的点子也只能如水中花、镜中月一般，正所谓皮之不存，毛将焉附。

策划不等于“冥思苦想”的修炼。策划需要“冥思苦想”的修炼，但同时需要对市场的观察、对消费者需求和心理的研究等摸爬滚打的一线工作，要有业务员躬耕的精神和孜孜以求的奋进过程。

策划不是决策。策划是前提调研、多方案设计、筛选并最终选择的系统过程，决策只是其中的一个环节。

策划不等于做计划。计划只是策划的一个组成部分，离开策划，计划就没有任何价值和作用。

策划并不止步于策划书的完稿，还要在拿到策划书这个“演出剧本”后进行精彩的演出，只有作为观众的消费者和作为投资者的企业（委托方）认可了，策划才能实现其价值和作用。同时，策划成功的过程，是一个持续沟通的过程，从项目的启动、资料的收集与整理、方案的讨论与写作、策划书的交付、策划方案的执行与推进，每一个过程都需要进行不断的沟通和反馈。

策划的成果不仅仅体现于方案的执行完毕，还要把静态成果上升到面的动态的扩散化成果上来，以实现“把策划作为撬起市场支点”的价值。

关键概念

策划与建议；策划与计划；策划与点子；策划与决策

问题与应用

1. 为什么说策划不等于建议？
2. 为什么说策划不等于点子？
3. 为什么说策划不等于“冥思苦想”的修炼？
4. 为什么说策划不等于决策？
5. 为什么说策划不等于计划？
6. 为什么说策划不止步于策划书的完稿？
7. 为什么说策划不仅仅体现于方案的执行完毕？

第三章

营销策划的行业属性

本章学习指引

内容提要

☆管理咨询的含义与特征

☆管理咨询业务的分类

☆管理咨询与营销策划之间的内在关系

☆国外管理咨询业的发展历程与现状

☆我国本土管理咨询业的发展历程与现状

思路和主线

本章从营销策划所属的行业——管理咨询业入手，对管理咨询的含义与特征、管理咨询的业务分类及其与营销策划的关系、管理咨询业的国内外发展历程与现状等方面，对管理咨询与管理咨询行业进行了系统的介绍。

学习目标

通过对本章的学习，明确营销策划属于管理咨询行业中的一个分支，隶属于管理咨询行业。从本质上而言，市场营销咨询业务是属于企业技术运作层面中的管理类咨询业务。在此基础上，对管理咨询业务的分类、管理咨询业的国内外发展过程有一个清晰的认知和了解。

营销策划并不是舶来品，而是来自于中国市场环境和中国文化背景下的特殊称谓，对应的是西方学者界定的营销计划（marketing planning），但加上中国文化的智谋，就成为具有中国特色的称谓——营销策划。因此，要了解营销策划的内涵和外延，就必须从源头上对营销策划所归属的学理范畴和对应的行业属性进行分析，从而使我们对营销策划有一个科学的认识和界定。从学理归属来讲，营销策划属于管理咨询（management consulting）范畴下的营销咨询。自然地，从行业属性来讲，营销策划属于管理咨询行业的一个分支，隶属于管理咨询行业。而管理咨询行业又属于第三产业服务中的一个重要行业——服务业，并且属于服务业中的高端部分——知识资本与创意产业。从经济学视角来看，基于营销策划的创新性特征，营销策划属于创意经济的一个重要分支。相应地，营销策划行业就成为文化创意产业的重要组成部分之一。

在过去的几十年尤其是进入知识经济时代以来，管理咨询以每年超过20%的速度在全球快速发展。我国的管理咨询行业伴随着中国改革开放的进程也得到了快速发展并且正处于行业整合的关键发展时期。在这一过程中，目前全球知名的跨国咨询公司如麦肯锡公司（McKinsey & Company）、德勤、安达信、波士顿咨询公司（The Boston Consulting Group，BCG）等都进入中国市场并且牢牢占据着中国管理咨询市场的高端客户领域。我国也涌现出如北大纵横、新华信、王志纲工作室等知名的综合型管理咨询公司，在营销咨询领域也出现了如叶茂中营销策划机构、深圳市采纳品牌营销顾问有限公司等知名的营销咨询公司。但目前我国的管理咨询公司主要还处于依靠创始人个人品牌拉动公司发展的初期阶段，专业化、科学化程度还较低。许多中小咨询公司混迹于市场，客户对本土咨询公司的认可和评价还比较低。

可以预见，在未来中国经济从“制造型大国”向“创造型大国”和中国企业创新驱动发展的转型背景下，包含营销咨询（策划）业务在内的中国管理咨询行业还将呈现出快速增长的势头，这既给中国本土营销策划机构提供了广阔的市场机遇，同时在跨国公司凭借其品牌优势、专业优势已经占据高端客户市场的背景下，也为中国本土营销策划机构的专业化、团队化、科学化发展带来了严峻的压力和挑战。中国本土营销策划机构需要顺应市场竞争和客户的要求，完成从“个人品牌与机会主义导向”发展模式向“企业品牌与专业化导向”发展模式的转型。

第一节 管理咨询的含义与特征

一、管理咨询的含义

基于不同的民族文化、国家制度以及管理咨询发展的阶段，不同机构、不同学者对管理咨询概念的表述也各不相同。

美国哈佛大学出版社出版的《企业管理百科全书》中对管理咨询的定义：“管理咨询是咨询者对现营的事业实行确实的诊断，进而针对经营环境的变化，确立现行事业的基本方针与有关未来的事业结构的方针，然后根据方针来制定计划并切实执行。”美国咨询管理工程师协会（American Consulting Management Engineers，ACME）将管理咨询定义为：“管理咨询是由训练有素和经验丰富的人们所提供的一种专业服务，帮助主管人员（经理）辨识和解决社会中各类单位的管理和作业问题；对这些问题提供和推荐切实可行的解决方案；并在必要时帮助实施。这一专业服务聚焦于改进这些单位的管理、作业和经济实绩。”英国管理咨询研究将管理咨询定义为：“管理咨询是由独立的合格的个人或多数人在鉴别与调查关于政策、机构、程序和方法中所提供的一项服务工作，他们提出采取适当的行动的建议和措施，并协助执行这些建议与措施。”赵康（2001）认为：“管理咨询是一个刻意产生变化的活动，卷入管理顾问和客户有意识地建立一个志愿的短期关系以进入一个相互作用的过程；在此过程中，管理顾问使用咨询知识将管理知识带给客户，通过一定的行为明晰而帮助他/她/它解决与管理工作有关的问题以使双方达成新的现实。客户可以是个人（咨询人），也可以是组织。初始形态的管理咨询成果以顾问/管理顾问提供的咨询报告出现，而其最终形态则以客户增长的管理知识和才能，管理顾问增加的经验，以及客户按管理推荐方案实施后达成新的现实所产生的经济和社会效益来表达。”

本书采用罗龙保（2003）的观点，将管理咨询定义为：管理咨询是咨询者（可以是个人或咨询机构）基于客观的第三方视角，帮助企业和企业家，通过解决管理和经营问题，鉴别和抓住新机会，强化学习和实施变革以实现企业目标的一种独立的、专业性咨询服务。管理咨询的过程是由具有丰富经营管理知识和经验的专家，深入到企业现场，与企业管理人员密切配合，运用各种科学方法，找出经营管理上存在的主要问题，进行定量及定性分析，查明产生问题的原因，提出切实可行的改善方案并指导实施，以谋求企业坚实发展的一种改善企业经营管理的服务活动。管理咨询的任务和作用主要包括：第一，帮助企业发现生产经营管理上的主要问题，找出原因，制订切实可行的改善方案；第二，指导改善方案的实施；第三，向企业传递经营管理的先进理论与科学方法，培训企业各级管理干部，从根本上提高企业的素质和能力。

二、管理咨询的特征

管理咨询属于服务性行业，是专门为各类组织，包括企业、政府、公共非营利组织等提供管理咨询服务的行业。本书所提到的管理咨询及其业务划分主要是指为企业提供的管理咨询业务。提供业务的管理咨询机构主要是营利性的组织机构，即管理咨询公司。基于上述管理咨询的定义可以看出，管理咨询包含管理咨询主体（管理咨询公司或管理咨询者）、管理咨询客体（接受管理咨询业务的企业）、管理咨询需求（为对方提供的管理咨询内容或者业务体系）三大要素。三者缺一不可，共同构成完整的管理咨询业务体系。基于管理咨询的三大构成要素，管理咨询的特征主要体现为如下几个方面（武杰，2006）。

（1）管理咨询是含管理咨询主体即咨询顾问与管理咨询客体即接受管理咨询业务的企业共同完成的专业性工作。管理咨询并非咨询顾问单方面的工作，而是一项由咨询顾问同企业管理人员共同完成的工作。与其他服务性行业不同，管理咨询的成功与否在很大程度上取决于管理咨询客体即接受管理咨询业务的企业能否很好地参与到管理咨询工作当中去，如保证管理咨询业务推进所需要的时间、为管理咨询顾问提供充分的信息等。没有管理咨询客体的配合，管理咨询主体即咨询顾问单方面无法把管理咨询项目做好。

（2）管理咨询的直接目的是解决企业的管理问题，最终体现为企业效益的提升。管理咨询通过规范管理，提升成员士气，让组织内部信息流畅，建立和维持积极向上的氛围，最终体现在企业经济效益的提高或者公共组织社会服务质量的提高。因此，只有最后证明能提高企业经济效益或公共服务质量的管理咨询才是有效的。当然，经济效益的体现不一定就是直接的经济指标的提高，更多的时候是企业长远的稳定发展和企业发展过程中的自我完善。

（3）管理咨询的服务成果具有无形性。管理咨询的成果是无形的，集中体现为基于解决企业管理问题的知识性成果。咨询企业是以自己的知识、智慧和长期积累的经验帮助别人成功。它的产品不同于实物形态的产品，客户付款后和咨询报告的提交并不等于交换完成。咨询企业还要跟踪服务，有时根据企业需求共同实施咨询方案。咨询公司和客户共同解决问题，而非“替”客户解决问题。很多组织在评价管理咨询工作的成效时，非常看重报告的厚度、报告的种类。其实管理咨询工作的效果更多体现在通过管理咨询过程，让组织全体成员认识到组织面临的问题，咨询过程中不断给组织成员灌输的管理理念、管理技巧、方法等知识方面。可以这么说，企业需要管理咨询，就是需要知识，管理咨询属于知识消费，所消费的产品是无形的。

第二节 管理咨询业务分类及其与营销策划的关系

一、管理咨询的业务分类

基于企业运营过程中不同层面的需求，可以把管理咨询划分为不同的类型。武杰（2006）按照企业运营的基础层面和技术运作层面，将管理咨询划分为基础咨询和技术层面的运作咨询两大体系共计 9 小类。

（一）基础层面的管理咨询业务类型

企业的基础层面主要是从企业战略构建到组织设计再到文化培育。相应地，基础层面的管理咨询主要包括战略管理咨询、组织设计与管理咨询和企业文化咨询。

(1) 战略管理咨询。从计划经济到市场经济，从粗放的管理模式到集约精益管理模式，从国内市场走向全球市场，越来越多的中国企业都面临着发展方向的问题，是专一化还是多元化？这些问题困扰着企业的管理者。战略咨询的目的在于帮助企业明确未来的发展方向。目前中国企业面临的战略问题主要包括如何进行投资业务管理、多元化还是专业化、多元化投资方向的选择、企业的竞争战略问题，如何做公共关系战略等。战略咨询的内容有战略分析、战略制定、战略选择、战略规划、战略实施等。战略咨询中也包含了营销战略的设计与实施，本书将在第三篇第九章整体营销战略策划中专门分析企业营销战略策划的理论与方法。

(2) 组织设计与管理咨询。好的组织设计与管理能将组织的资源分配到最需要的地方，最大限度地提高组织运行的效率。组织设计与管理包括部门设置、职权职能设置、纵向管理程序设计、横向业务流程设计、岗位设计、制度制定、表单体系等。组织设计与管理咨询由于其结果会对组织中每个人的权力、位置产生影响，因此比较容易受到干扰。在这个过程中，咨询顾问最大的挑战来自于如何设计符合企业管理者意志的组织结构。本书在将第三篇第十一章营销管理策划一章中从营销管理的角度介绍营销组织设计与管理制度策划的理论与方法。

(3) 企业文化咨询。企业文化是有形与无形的结合，有形在于企业文化通过企业的各种规章制度、行为方式、标识等方面体现出来。无形在于企业文化能够起到规章制度、物质激励等有形的管理起不到的作用。企业文化咨询内容包括观察分析企业现有的软硬件环境，设计确定符合企业未来发展的价值观，挖掘、发现并树立企业英雄人物典型，规范企业礼节礼仪，完善企业内部文化传递渠道，并将其体现在规章制度、行为规范、标识之中。

(二)技术运作层面的管理咨询业务类型

企业技术运作主要是在企业战略框架下，按照企业运营活动的构成和管理职能的分解，来形成企业的运作要素。具体的管理咨询业务包括生产运作咨询、市场营销咨询、供应链管理咨询、人力资源管理咨询、财务管理咨询、电子商务咨询等。

(1)生产运作咨询。生产运作咨询的内容比较广泛，包括生产计划咨询、车间管理咨询、现场管理咨询、质量管理咨询、研发管理咨询等方面。生产运作咨询相对于财务管理和供应链管理咨询而言，更具有专业性。在开展生产运作咨询的过程中，咨询方和被咨询方通常需要密切配合才能完成。

(2)市场营销咨询。市场营销咨询正是本书从营销策划层面讨论的内容。市场营销策划包括战略层面的整体营销战略设计咨询、STP(segmentation，targeting，position)营销战略规划咨询；营销管理层面的营销管理模式设计与组织制度制定咨询、销售过程管理咨询、销售团队管理咨询；营销战术层面的产品策略设计咨询、价格策略设计咨询、分销渠道策略设计咨询、促销策略设计咨询；专题层面的整合营销传播咨询、企业形象识别系统(corporate identity system，CIS)设计咨询、危机营销与公关咨询等。

(3)供应链管理咨询。供应链管理咨询的内容包括供应商管理咨询、采购管理咨询、库房管理咨询、物资管理咨询等。在供应链管理咨询业务的开展过程中，需要咨询顾问在全面调研企业的基础上，提出有效的方案，帮助企业建立高效可靠的供应链、稳定的供应渠道，从而降低企业库存，提升企业供应链运作的协同效应和整合效应。

(4)人力资源管理咨询。按照企业人力资源管理的构成要件，人力资源管理咨询的内容包括培训、招聘、绩效考核、职业生涯规划、薪资福利咨询、劳动卫生健康安全等。人力资源管理咨询主要集中在帮助企业建立完善的人力资源运作体系。人力资源管理咨询的理论和方法涉及管理学、心理学、组织行为学、系统工程以及信息管理多门学科，要求管理咨询顾问具有相关的科学知识。

(5)财务管理咨询。财务管理咨询是企业管理咨询业务中的重要组成部分之一，包括预算管理咨询、资金管理咨询、成本管理咨询、应收应付管理咨询、财务分析与规划咨询等。除此之外，很多专业的财务管理咨询公司还为企业提供日常的财务审计、会计账目处理等咨询内容。

(6)电子商务咨询。电子商务咨询是随着信息技术在管理实践领域的广泛应用而产生的，并且在当前技术快速变革的背景下有望成为未来管理咨询业务领域的重要分支。电子商务咨询主要包括技术层面的信息化咨询和管理层面的电子商务规划等，当然，二者是密不可分的。在当前电子商务业务快速发展(B2B、B2C、C2C、O2O)、移动互联网快速崛起并改变人们生活方式的背景下，未来电子商务咨询将成为企业主要的咨询需求之一。

二、管理咨询与营销策划的关系

总结上述企业运营的基础层面和技术运作层面的管理咨询的构成体系，如图 3-1 所示。

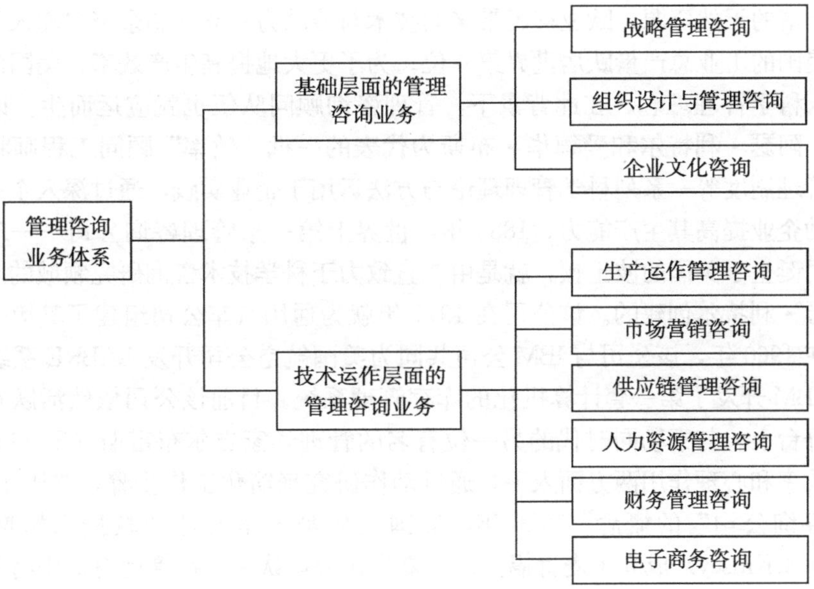

图 3-1 管理咨询业务体系的构成

从图 3-1 可以看出，市场营销咨询业务是管理咨询业务体系中一个重要的组成部分，从本质上而言，市场营销咨询业务是属于企业技术运作层面中的管理类咨询业务。从管理咨询行业属性而言，市场营销咨询也就成为管理咨询行业的一个构成部分。在国际跨国咨询公司中，市场营销咨询也是其管理咨询业务体系中的一个部分。当然，本书所探讨的营销策划，本质而言就是通常的市场营销咨询业务。在实际的咨询业务运作过程中，市场营销作为企业技术运营的一个部分，需要和战略设计、组织设计、人力资源、财务管理等密切结合，因此市场营销不是孤立进行的，需要和其他咨询业务相互配合来完成。因此，厘清管理咨询与营销策划的关系，对于科学界定营销策划的内涵和外延具有重要的作用。本书主要是从营销战略层面、营销管理层面、营销战术层面以及营销专题运作层面四大层面，来对营销策划中所涉及的咨询业务进行具体探讨。

第三节 管理咨询业的发展历程与现状

一、国外管理咨询业的发展历程与现状

咨询是伴随着人类文明发展而不断发展的旨在出谋划策、帮助解决疑难问题的智力交流活动，经历了从简单到复杂，由个体到群体的过程。在 19 世纪以后，随着管理科学、系统科学、组织行为学、计算机科学、信息科学的产生和发展，专业性的咨询机构应运而生。咨询行业也成为一个国家经济发展的重要产业，并呈现出全球化和国际化的发展态势。

作为咨询业的一个重要组成部分，管理咨询业产生于 19 世纪末的美国，最开始是为了解决生产管理中的一些常见问题。在这段时期，由于第二次工业革命的爆发、垄断组织

的崛起、丰富的天然资源、欧亚移民带来的技术与劳动力和欧洲剩余资本涌入等因素的综合影响，美国的工业总产量跃居世界第一位。为了更大地提高生产效率，美国的企业界迫切需要引入科学管理理念。在此背景下，管理咨询顾问队伍也就应运而生。以弗雷德里克·泰勒、阿瑟·利特尔和爱德华·布斯为代表的一批“效率”顾问工程师将标准化制度、例外管理制度等一系列科学管理理论与方法运用于企业实践，通过深入企业生产组织领域，帮助企业提高其生产能力。1886 年，世界上第一家管理咨询公司——理特管理顾问有限公司诞生于美国的波士顿，就是由一直致力于科学技术咨询研究领域的麻省理工学院教授阿瑟·利特尔创建的。该公司在 1911 年就为通用汽车公司组建了其第一个技术研发中心；在 1960 年，该公司与 IBM 公司共同为美国航空公司开发 SABRE 系统；在 1962 年，其为 IBM 开发了第一套计算机化的库存管理系统。目前该公司依然活跃在专业性咨询服务的舞台上。与泰勒同时代的另一位有名的管理学家吉尔布雷斯（F. Gilbreth），主要从工作效率和心理作用两方面入手，通过动作研究来简化工作步骤，并于 1912 年首次提出了“咨询公司”的概念。1926 年，美国芝加哥大学会计学教授詹姆斯·麦肯锡（James O. McKinsey）成立了麦肯锡公司，麦肯锡公司认为，在管理咨询中将会计技术和管理公司结合起来会较大程度地提升管理效率。为此，该公司在管理咨询业务中充分发挥会计的决策参考作用，并成为真正意义上第一家为企业全面经营管理提供咨询服务的公司。上述美国咨询业发展初期具有里程碑意义的人物和事件，为管理咨询业在全球范围内的发展和在世界范围的推广奠定了坚实的基础（何燕芳，2012）。

第二次世界大战以前，管理咨询业主要是围绕着企业的具体生产过程提供服务，侧重于生产、现场管理，目的主要是尽可能降低能耗和物耗，减少企业的生产成本。从第二次世界大战后到 20 世纪 50 年代末，管理咨询业的咨询重心开始转向现代科学管理方法的推广和应用上，尤其是通过预算计划、存货分类管理等方式有效地提升了企业经营管理的效率。到 20 世纪 60 年代后，管理咨询业开始注重市场对企业经营活动的影响，将视角生产管理、目标管理进一步发展到市场营销管理、企业策划、经营战略管理等方面。其中，放眼于未来决策的战略管理咨询业务开始迅速发展，其典型代表就是波士顿咨询公司。作为第一家真正意义上的战略咨询公司，波士顿咨询公司不断推出新的理论、模型，经验曲线和波士顿矩阵等是其在这一时期的杰作，波士顿咨询公司在战略管理咨询领域的实践引领了管理咨询领域的一系列概念变革和模型再造。

进入到 20 世纪 80 年代，企业并购浪潮从美国开始席卷全球，由此带来对管理咨询的新需求。在此背景下，管理咨询业开始从单纯的管理咨询逐步转移到投资咨询和管理咨询相互结合的综合型咨询业务发展。由此，管理咨询业开始向跨国并购引发的并购前评估，并购后的重组、再造、联盟、组织架构调整、组织文化再造等发展。管理咨询的职能开始从过去的方案性、基础性为主变为以实施性和操作性为主，帮助客户把管理战略和变革的愿望实施到位成为管理咨询公司的主要工作内容。伴随着 20 世纪 90 年代全球跨国并购的发展和国际化与全球化时代的到来，管理咨询业开始走向全球，很多老牌管理咨询公司开始向其他欧洲、亚洲、拉丁美洲国家进军。以美国的科尔尼咨询公司为例，在成立的最初 35 年内该公司的业务一直集中在芝加哥，直到 1961 年才成立分支机构。三年后，该公司在杜塞尔多夫开设了首个美国以外的办事处，并陆续在欧洲的其他地区、北美、南美、亚洲和非洲等地设立分支机构。当前，管理咨询业的发展已经呈现出跨国化的发展模式，在全球化经济中占据着重要地位。目前美国拥有大型管理咨询公司已超过3500家，其中智囊团类型的综合咨询研究机构约400～500家，年营业额在300亿美元以上，从业人员约4万人。德国有15 000个比较规范的咨询公司协会。在入会公司中，前四十位公司实力强大，尽管从业人员仅占入会总人数的1%，但营业额却高达6.5亿欧元。目前，世界500强的企业中有50%左右的公司拥有自己长期合作的国际著名咨询公司。例如，美国的AT&T公司有1000多家咨询公司为其进行全方位、多层面咨询，每年投入的咨询费用高达3亿多美元。世界著名的大公司如通用汽车、通用电气、宝洁、AT&T、IBM、奔驰、雀巢等，都成为安达信、麦肯锡、罗兰·贝格等大咨询公司的长期客户（何燕芳，2012）。

二、我国本土管理咨询业的发展历程与现状

我国管理咨询业的发展是在我国经济体制从计划经济向市场经济转型的背景下，基于市场需求借鉴和引进欧美国家管理咨询的理论、方法和经验基础上产生并发展起来的。从20世纪80年代初到21世纪，我国管理咨询业经历了培育发展、自由发展、提升和整合发展三个阶段（何燕芳，2012）。

（一）我国本土管理咨询业的兴起与培育时期

我国本土管理咨询业的兴起与培育时期是从20世纪70年代末到80年代末，其主要特征是在国家以及相关的行业层面开展。1979年，中国企业家协会率先从日本引进了企业诊断的理论与方法。各地企业家协会也纷纷成立“企业诊断部”或者“科技咨询服务部（公司）”。尤其是1981年成立的中国国际经济咨询公司（中国中信集团的全资子公司）和1982年成立的中国工程国际咨询公司（隶属于国务院国有资产监督管理委员会，简称国资委）是中国咨询业成立的标志。1982年，中国企业家协会将“企业诊断”一词明确为“企业管理咨询”。20世纪80年代末期，国家经济贸易委员会（简称国家经贸委）批准成立了“中国企业管理咨询公司”，并在世界银行注册，该公司主要从事的是咨询、培训、信息和理论研究工作。可以看出，这一阶段我国咨询业的主要范围集中在投资、工程、财务会计领域，这与当时的时代背景是一致的。改革开放初期，国家迫切需要突破产业发展瓶颈，建立合理的价格体系，而科技成果转化、投资分析与决策、工程建设与管理、会计报告的真实客观就是其中的关键问题。咨询业的工作与政府机构的任务紧密相关，那么当时咨询机构的“官办”身份就不难理解了。例如，原国家计划委员会（简称国家计委，现为国家发展和改革委员会）负责建立投资咨询和建设工程咨询公司；原国家科学技术委员会负责扶持科技咨询企业；国家财政系统负责创办会计师事务所；等等。

（二）我国本土管理咨询业的自由发展时期

进入20世纪90年代以来，我国管理咨询业进入了快速成长时期。在国家实行政企分开、转变政府职能的形势下，原来许多官办咨询机构逐步与原挂靠单位脱钩改制。与此同时，成立咨询机构的门槛也逐渐降低，只要有一定的办公条件和必要的资本金就可

以成立。在此背景下，各类咨询机构不断涌现，其中不乏民营咨询机构。到1991年年底，咨询机构数量达到34 415个，从业人员达到67 994人。从机构总量和机构平均人数上来看，这个阶段咨询公司数量较多，但规模偏小。这一时期，咨询公司的业务范围更为广泛，从原来的工程技术、投资、会计咨询扩展到信息调查、股份制改造、资产或债务重组、组织变革、战略管理等多个领域。和君咨询、新华信、北大纵横、远卓咨询等日后中国本土咨询业的领军企业正是在这个时期创办的。以北大纵横为例，该公司成立于1996年7月，由北京大学控股、北京大学光华管理学院兴办，是咨询机构中典型的学院派，当时的咨询业务主要是为企业提供国际引资、海外投资以及离岸金融等咨询服务，从20世纪90年代后期则转为各类企业，特别是为高科技企业收购、兼并等业务提供咨询服务。与此同时，中国企业开始关注市场信息对于经营管理决策的直接影响。市场信息调查类咨询服务一度非常火爆，以盖普洛咨询为例，该公司通过建立大型电话采访中心等方式开展全国消费者生活方式和态度调查，为客户提供进行营销决策的可靠依据和咨询建议。

（三）我国本土管理咨询业的提升与整合发展时期

进入21世纪以来，伴随着中国经济的快速发展和加入WTO后全球化的推进，跨国咨询公司如麦肯锡、德勤、安达信、波士顿等开始大举进入中国市场。在此背景下，为了和跨国咨询公司竞争，我国的本土咨询公司开始有意识地从咨询内容和服务范围上提升自己，服务内容也开始与国际接轨，其专业化、团队化和科学化的水平也得以逐步提升。以北大纵横为例，经过十余年的努力，其已经由一个提供投资、财务咨询为主的校办企业成长为一个拥有近千人的综合咨询公司。其核心业务涉及企业发展战略、组织设计、人力资源管理、营销管理、财务管理、资产并购重组及企业改制、企业文化、业务流程重组、企业信息化等方面。业务领域涉及房地产、石油石化、连锁经营、消费品及零售行业、运输物流、煤炭、电力、冶金等上百个行业。在与国际管理咨询业不断接轨的过程中，为了提升在研发、服务、营销等领域的协同效应以及获取战略性资源，我国本土管理咨询行业的内部并购整合力度也不断加大。以北大纵横为例，它通过一系列的并购行为在21世纪之初成长成为一个集团公司，不仅拥有管理咨询公司、纵横财务顾问公司（深圳）、纵横投资顾问公司（新加坡），还成功地运营着著名的北大商学网和北大财富网。

当前，我国管理咨询业的发展既面临着来自国际的知名跨国咨询公司在中国本土市场的严峻挑战，也面临着自身从“个人品牌与机会主义导向”发展模式向“企业品牌与专业化导向”发展模式转型的压力，并且在发展中还存在执业行为不规范、从业人员素质良莠不齐、行业管理协会的发展滞后等诸多问题。以管理咨询业发展的行业协会为例，当前突出的问题表现在：未形成独立的管理咨询业协会；官办色彩浓，缺乏独立性；内部治理机制不完善，尤其是协会会员成分复杂、协会内部专职人员少、缺乏内部监督机制；协会的功能不健全，在行业内缺乏号召力，入会的机构中知名管理咨询公司的比例较小。

本章小结

本章从营销策划所属的行业——管理咨询业入手，对管理咨询的含义与特征、管理咨询的业务分类及其与营销策划的关系、管理咨询业的国内外发展历程与现状等方面，对管理咨询与管理咨询行业进行了系统的介绍。

管理咨询是咨询者（可以是个人或咨询机构）基于客观的第三方视角，帮助企业和企业家通过解决管理和经营问题，鉴别和抓住新机会，强化学习和实施变革以实现企业目标的一种独立的、专业性的咨询服务。管理咨询包含管理咨询主体（管理咨询公司或管理咨询者）、管理咨询客体（接受管理咨询业务的企业）、管理咨询需求（为对方提供的管理咨询内容或者业务体系）三大要素。

按照企业运营的基础层面和技术运作层面，将管理咨询划分为基础咨询和技术运作层面的咨询两大体系共计 9 类。营销咨询业务是管理咨询业务体系中的一个重要组成部分，从本质上而言，市场营销咨询业务是属于企业技术运作层面中的管理类咨询业务。从管理咨询行业属性而言，市场营销咨询也就成为管理咨询行业的一个构成部分。

现代管理咨询业产生于 19 世纪末的美国。我国管理咨询业的发展是在我国经济体制从计划经济向市场经济转型的背景下，基于市场需求借鉴和引进欧美国家管理咨询的理论、方法和经验基础上产生并发展起来的。从 20 世纪 80 年代初到 21 世纪，我国管理咨询业经历了培育发展、自由发展、提升和整合发展三个阶段。

关键概念

管理咨询；管理咨询业务分类；管理咨询业发展现状

问题与应用

1. 管理咨询的含义与特征是什么？
2. 管理咨询业务的分类。
3. 管理咨询与营销策划之间的关系是什么？
4. 请梳理国外管理咨询业的发展历程与现状。
5. 请梳理我国本土管理咨询业的发展历程与现状。

第二篇

营销策划原理与方法

◇ 第四章　营销策划价值关联原理
◇ 第五章　遵循营销策划的八步流程
◇ 第六章　运用科学的营销策划方法
◇ 第七章　提高营销策划的创意能力
◇ 第八章　借助营销策划的各类模型

第二章

第四章

营销策划价值关联原理

本章学习指引

内容提要

☆市场的“变”与“不变”

☆企业生态价值系统的“变”与“不变”

☆消费者需求要素的“变”与“不变”

☆策划的核心在于建立市场价值系统与消费者需求要素之间的关联

思路和主线

本章在分析市场的“变”与“不变”、企业生态价值系统的“变”与“不变”、消费者需求要素的“变”与“不变”的基础上，提出了营销策划价值关联原理的核心思想，即在市场环境的变与不变和消费者的变与不变之间，一定存在着某种关联，策划者的任务就是寻求基于组织或企业生态系统的创意与策略，来实现市场的价值系统和消费者内在需求要素之间的关联。

学习目标

通过对本章的学习，在了解市场的“变”与“不变”、企业生态价值系统的“变”与“不变”、消费者需求要素的“变”与“不变”中的变与不变要素的基础上，深刻理解并领会营销策划价值观念原理的核心思想，并在以后的实际营销策划活动中将其作为一个最基本也是最核心的原理，来指导策划过程中对策划项目的构思、立意、策略设计等各个步骤。

任何策划活动都是基于一定的环境、并在环境的约束下针对一定的对象进行的。营销策划活动同样是基于与营销策划活动有关的市场环境、针对策划的对象——消费者来展开策划活动的，不管是个人消费者还是产业消费者均是如此。

在21世纪经济全球化和竞争国际化条件下的知识经济时代背景下，市场环境的一个最突出的特点就是变化，“唯一的不变就是变化”已经成为这个时代市场环境的真实写照，尤其是在中国处于转型社会、跳跃式市场发展的条件下更是如此。这种变化或不稳定性带来的另一个方面则是：基于市场环境的企业生态价值系统的构成也处于不断的变化和发展过程中。然而，不管市场环境和企业生态价值系统如何变幻莫测，变化的背后总会有不变的法则在支撑，这就是基于消费者某种需求的价值系统。

在一个动态变化的市场环境里，消费者的消费价值观和外在消费行为也处于动态的变化过程中。随着中国社会转型，二元化市场结构向一体化市场结构的漫长过渡，大量农村人口向城市迁徙带来的城镇化、工业化等内部因素与国际经济全球化和一体化等外部因素的交织发展，这种变化趋势还将不断发展并持续相当长的一段时期。然而，正如市场环境与企业生态价值系统的变与不变一样，如果从消费者的心理认知和价值认知层面来把握，消费者的消费心理与消费模式在变与不变之间呈现一个比较稳定的结构，而这个结构背后所体现出的是消费者内在的需求规律。

营销策划价值关联原理的核心思想就是：在市场环境的变与不变和消费者的变与不变之间，一定存在着某种关联，营销策划者的任务就是寻求到基于组织或企业生态系统的创意与策略，来实现市场的价值系统和消费者内在需求要素之间的关联。

营销策划的价值关联原理，将作为一个最基本也是最核心的原理，来指导策划人在策划过程中对策划项目的构思、立意、策略设计等各个步骤，从而成为贯穿整个策划过程的核心要素。

第一节　市场的“变”与“不变”

一、“变”是“不变”的法则——市场的动态性

一方面，中国市场在计划经济体制条件下所形成的典型的城市市场与农村市场的二元化市场结构，随着中国市场经济体制改革的深入和社会转型的发展，呈现出动态性的特征，相应的是中国消费者在消费观念、消费水平和消费行为上的动态性发展。

另一方面，在城市消费市场，中国消费者的消费结构开始发生变化，出现了一大批中产阶层。在整个城市消费结构里，呈现出两头小中间大的橄榄型结构，其中，最富裕层和最贫困层的比例是 7.2％和 9.9％；中间层、中上层和中下层的比例分别是 22％、17％、19％。

当把二元结构和橄榄型结构结合起来时，就构成了中国市场二元结构的特殊模型，这就是金字塔和橄榄型相叠加的模型，而这个模型其实正是近 20 年来中国市场结构动态性和跳跃性特征的重要基础。其主要特点体现为：二元结构是中国市场最基本的动力因素；二元结构决定了中国大众市场和分众市场将长期并存；金字塔和橄榄型结构的互动，组合出了丰富多彩的消费者整体迁移（吴晓波，2006）。

具体而言，中国市场的动态变化体现在以下几方面。

（1）在整体国际市场环境上，中国面临着加入 WTO 后在 WTO 框架下与美国、欧洲、日本等国家既合作又摩擦的贸易环境，这种环境处于一种力量此消彼长、利益牵制的博弈状态。

（2）在国内整体市场环境上，中国面临着农业社会向工业社会转型条件下的城镇化、工业化、信息化发展；计划经济向全面市场经济转轨；伴随着人口老龄化和中国中产阶级乃至超级富豪阶层崛起带来的消费结构转型等动态化发展要素。

(3) 在产业环境上，中国目前的产业环境具有极度的不平衡性，一小部分产业表现出高度的竞争力，甚至在国际产业分工中也占有非常重要的位置；而绝大多数产业则在国际产业分工中处于产业价值链的最低端。未来产业环境的动态性发展，集中体现为在WTO规则下的中国产业的整体突围并在此基础上实现均衡性发展。

(4) 在消费环境上，体现为：

第一，随着中国经济的持续强势增长和人均国内生产总值（GDP）的不断提高，市场整体的消费需求将得到不断提升。根据国家统计局公布的数字显示：2012年，中国GDP增长率为7.8%，经济总量达519 322亿元，人均达到6100美元，经济规模已经超过日本，仅次于美国，居世界第二位。

第二，传统消费方式与新型消费方式的交织发展。一方面，随着以互联网为代表的信息技术的快速发展和西方多元文化的冲击，消费者的消费方式不断发生转变，集中体现为消费方式从物质性消费向功能性消费转变，消费结构从实物性消费向象征性消费转变等，并催生出诸如“新新人类”、“80后一代”、“90后一代”等新的消费群体，从而拉动了市场转型，创造了需求和市场机会。但另一方面，传统消费也会在一定程度上得到继承和发展，尤其是传统消费习俗与新的消费方式结合起来所催生的市场价值，其“市场蛋糕”同样不可估量。

第三，人口结构的改变，带来消费结构的改变，催生出市场消费者需求的动态性变化。首先是人口老龄化带来了消费结构的变化。其次是我国每年有逾千万的农村人口迁移到城市和城镇，这种人口迁移和城市化进程将使城市中下层消费人口大量增加，他们将重复10年前城市人口的消费方式，并给城市的基础设施建设、公共医疗改革等带来压力，同时也为市场带来机会。这也是在空调、洗衣机、电视、冰箱等行业已经进入微利时代的白热化竞争状态后，还有许多新进入者的原因。

因此，在相当长的一段时期内，中国市场环境的外在特征就是处于动态性的变化之中。这种变化表现为中国市场的阶段式发展和分层式跳跃。抓住了每一次阶段式发展和分层式跳跃，策划者就抓住了企业发展的拐点并能通过策划的外部途径实现企业的成长。这也正体现了策划的魅力之处，那就是在变化的市场中去寻找策划的机会。

二、“不变”是“变”的本质——价值的稳定性

尽管整个市场环境，无论是宏观层面，还是微观要素，都呈现出显著的动态性变化特点，但透过这种变化，其背后所蕴涵的总是一种不变的稳定性要素，那就是由市场变化体现出来的市场自身在交易过程中和市场与企业产品要素结合在一起而为消费者提供的价值。这种价值，贯穿于市场变化的始终而处于稳定的状态，也是消费者所追求的要素，是策划人要在变化的市场条件下通过不同的策略与方式传达给消费者的要素。

具体而言，变化背后不变的价值系统表现在以下几个方面。

(1) 交易价值。作为一个企业与消费者完成交易的“交易场所”，其主要体现了市场的“交易价值”，这是其最基本的价值所在。

(2) 机会价值。千变万化中蕴涵的机会，谁发现机会并从中找到与消费者价值认知系统相吻合的关联时，谁就是变化市场中的弄潮儿，就是市场竞争中笑到最后的赢家。

这也正是跨国公司大举进入中国市场的动机所在。

（3）效用价值。一方面，市场本身蕴涵了无数的市场机会，而机会本身具有一定的效用，这种效用具有一定的价值。例如，针对市场信息收集、整理与分析的各种市场信息调查公司、市场研究公司，在视信息为财富的经济发达地区比比皆是。另一方面，企业基于市场环境条件下，针对消费者所提供的各种产品与服务，满足了消费者某种特定的需求，体现了其巨大的效用价值。

因此，市场的变化是外在的、表象的，它为策划人提供了策划的动力和源泉；不变则是本质的、内在的，它为策划人利用其价值系统建立与消费者需求之间的关联提供了基础和保障。

第二节　企业生态价值系统的“变”与“不变”

“物竞天择、适者生存”是生物界亘古不变的法则，就如任何生物都有自己的生态系统一样，企业作为社会分工与发展体系中的一个重要组成部分，也有着自己的生态价值系统。一方面，在宏观层面上，企业要受到社会经济、政治、文化等大环境的制约；另一方面，在微观层面上，企业要与相关的供应商、竞争者、通路成员（包括批发商、零售商、特许加盟商、连锁分店等）、消费者（产业客户）等产生交易式或合作式关系，并在宏观环境的制约下形成共存共荣的生态价值系统。同时，企业自身为了维护自己在整个生态系统中的有利地位，要在自身的管理等方面形成系统机制，并在营销等方面形成系统力，参与整个生态价值系统的分工与合作，从而形成企业营销的外部动力和各种营销理念、方式与策略，并随着市场环境和生态价值系统的变化而变化，表现出营销理论与实践的多样性演变过程。

一个基本的企业生态价值系统的构成如图 4-1 所示。

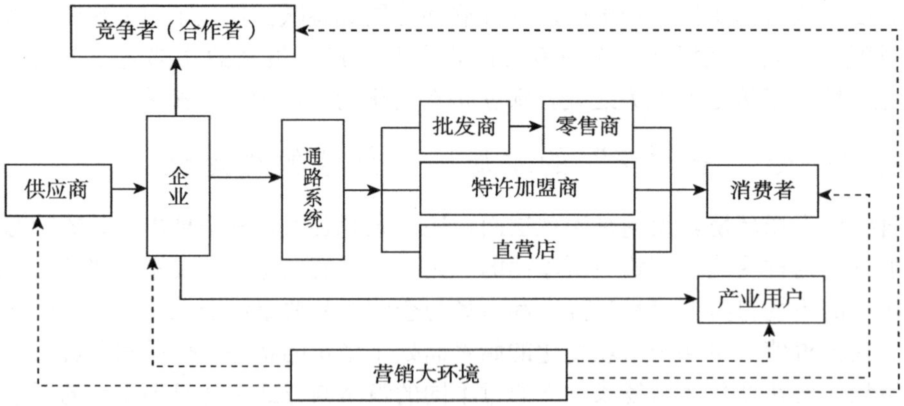

图 4-1　企业生态价值系统

企业生态价值系统与市场环境一样，处于动态的变化过程中，另外，其在变化的背后蕴涵了不变的价值系统。它和市场环境一道，构成了满足消费者需求的价值系统，为实现与消费者需求的关联起到了桥梁和指向作用。

一、"变"中求胜——动态化的要素博弈与多元化的营销趋势

企业生态价值系统明确了一个企业在价值链条上的作用，然而却没有明确企业究竟应该采用什么样的方式去运作市场，并在价值系统中占据主导位置，这为营销理论与方法的变化、发展提供了空间，也为策划人员大展宏图提供了条件，一个基本的特点就是营销理论、方法、趋势的多元化。

（一）企业所处生态系统各要素之间地位的动态化博弈

任何生物链上的构成要素之间都处于争取有利地位的动态化博弈过程中，企业生态价值系统从市场机制诞生的那一天起，这种博弈演变就没有停止过，所带来的结果便是各自力量和地位的此消彼长。

以企业与通路系统的动态化博弈为例，长虹 20 世纪 80 年代末 90 年代初依靠郑州百货等大的经销商经销其彩电并取得成功，然而，随着经销商实力的不断壮大，力量的天平开始倾向于经销商，经销商的突然倒戈使长虹受到了巨大的损失，不得不开始卧薪尝胆，自建渠道和发展其他渠道。商场如战场，同样受制于渠道困局的 TCL 在其彩电入市之始，就放弃了大的经销商渠道，而是自建分公司进行渠道的精耕细作，为自身节省了大量成本的同时取得了彩电入市的初战告捷。事实上，企业与通路系统的动态化博弈从来就没有停止过，当"通路为王"、"渠道下沉"、"娃哈哈非常可乐挑战可口可乐、百事可乐在农村市场赢在最后一公里"等名词和事件不断出现在公众视野的时候，正是国美、苏宁、沃尔玛、家乐福等超级终端与众多生产厂家在博弈中占据主动地位的时候，以至于在国家 2005 年年底明确规定要对各零售商、卖场向供应商收取进店费用、店庆费等不合理费用的行为进行清理、整顿面前，2006 年新年伊始依然有很多生产厂家为了能进入这些超级终端而忍气吞声地交纳着各种费用。

（二）营销理论与方法的多样化演变

在整个企业生态价值系统动态博弈的带动下，各种营销理论开始逐步发展，在不同的营销阶段表现出不同的代表性营销思想。

在它们中间，最著名的就是密歇根大学教授杰罗姆·麦卡锡于 1960 年提出的 4Ps 理论。4P 就是指产品（product）、价格（price）、渠道（place）和促销（promotion），4P 成为营销活动的基本要素，也成为策划人员建立与消费者关联的重要资源。后来 4P 有所发展，加入了权力（power）和公共关系（public relation），称为 6Ps 理论。

但随着消费者在整个生态价值系统博弈中所占据地位的上升，企业营销的重点开始定位于消费者的需求。在这种"需求中心论"的背景下，以舒尔茨为代表的营销学教授，基于顾客需要提出了 4C 组合理论，也就是 customer（顾客的需求和期望）、cost（顾客的费用）、convenience（顾客购买的方便性）、communication（顾客与企业的沟通）的营销组合。

而当人们还在津津乐道地谈论现代营销学奠基人菲利普·科特勒的《营销管理》为企业营销带来的观念与方法的变革时，里斯·特劳特的"定位理论"又一次带给营销界新的冲击和营销方式的革命，其后续提出的"营销战"思想对定位理论来说是如虎添

翼。尔后，2005 年菲利普·科特勒的《水平营销》再度带给营销界新的思想与讨论。

可以说，每一次西方营销理论的发展，都给企业在整个生态价值系统中的博弈提供了方法和策略选择，反映在营销观念上，则经历了从生产观念、产品观念、推销观念到营销观念、社会营销观念以及当前的绿色营销、网络营销、服务营销等的演变过程。

（三）营销趋势的多元化

以往，营销潮流引领着营销的方向，如今，代表营销方向的则是营销趋势（刘春雄，2006）。在营销潮流引领中国营销方向的时代，当企业没有能力发现营销方向的时候，只要跟上营销潮流就可以在整个生态价值系统中取得足够的生存机会，如我国手机行业在 2000～2003 年处于快速扩张期，只要拥有手机牌照，能够跟上消费者的感觉，就能捞上一桶金。然而，当显性的、易感知的潮流开始演变成隐性的、不易察觉的趋势时，在追赶西方发达国家若干年、市场环境变得更加透明和理性后，曾经喧嚣一时的策划制胜时代、战略制胜时代、品牌主导时代、“天上轰炸、地下铺设”的广告导向时代、“通路下沉、终端为王”时代渐渐远去，相应的法则渐渐失效，取而代之的是需要企业深刻洞察的多元化的营销趋势时代。

（1）由单一营销策略制胜向系统营销制胜趋势转变；

（2）由点子营销策划制胜向全方位营销策划制胜趋势转变；

（3）由营销就是提供产品或服务向营销是提供系统解决方案的趋势转变；

（4）由经验性营销法则向数据性、科学性和模式化、流程化营销法则的趋势转变；

（5）由单纯的价格竞争向价值竞争为主、价格竞争为辅的趋势转变；

（6）由发现并满足消费者需求的营销理念向发现、满足同时挖掘、引导消费者需求的趋势转变；等等。

营销趋势的多元化，给企业把握营销方向和消费者需求增添了不少难度，因为趋势较之潮流而言，总是渐进的、不易直接感知和察觉的；然而，营销趋势的多元化，又为建立市场价值与消费者需求要素之间的关联并选择多样化的策略提供了基本条件。

二、“不变”中求发展——基于消费者需求的稳定价值供给系统

无论企业生态价值系统构成要素之间如何动态化的博弈，无论营销理论和营销趋势、手段如何发展，在变化的背后，同样存在不变的核心要素，这个要素就是基于消费者需求的稳定价值供给系统。也就是说，在一个不断变化的市场条件下，在一个动态化博弈的生态系统里，企业要适应变化并从变化中找到机会、创造条件，运用科学的策划运作，为消费者提供与其需求相符合的价值要素。这实际上也是企业建立价值系统与消费者需求要素之间关联的过程。

例如，曾经红遍大江南北的“脑白金”，在让消费者既爱又恨的那句土得不能再土、直白得不能再直白的“送礼就送脑白金”广告语的撬动下，开始了在变化的市场条件下建立与消费者关联的过程。

脑白金是什么？脑白金是保健品，能改善中老年人睡眠的保健品。

保健品的市场情况又如何？保健品企业的神话一个一个破灭，消费者听闻保健品就“如临大敌”，保健品概念已经被卖烂，而在此路不通的时候脑白金要杀出一条血路来，

就必须重新建立关联。

于是，脑白金第一个明确把自己定位于“礼品”——以礼品定位来引领消费潮流，礼品定位改变了脑白金这个产品的命运，也成就了史玉柱的东山再起。尽管稍有常识的人都知道，中国是一个有着五千年文化积淀的礼仪之邦，然而，把礼仪演化为礼品并上升到营销的高度，脑白金却是第一家。

脑白金从保健品到礼品是一个策略性的变化，然而，千变万化中，不变的却是价值——建立在基于消费者深层次需求上的价值系统。无论是保健品，还是礼品，都蕴涵了价值，只是对价值的诉求点不同罢了。

具体而言，企业所能提供给消费者的价值系统主要体现在两大方面。

1. 效用价值

无论提供给消费者的产品与服务的形式怎么变化、内容怎么变化，其本质是一种效用（雷万里，2004）。按照现代产品的整体概念理论，整体产品包括三个层次，即核心产品、有形产品、附加产品，这三个层次形成了一个有机的整体产品，全方位地满足了消费者的需求，并代表了产品的三个不同层次的效用，如图 4-2 所示。

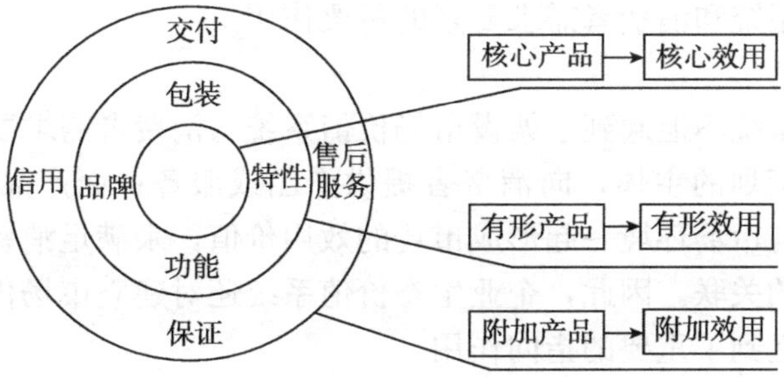

图 4-2　整体产品层次及效用图

核心产品是最基本的产品层次，它为消费者提供了最基本的效用价值；有形产品则为产品的实体形态，从产品的特性、包装、品牌、功能等方面保证了消费者用以满足实体性需求的效用价值；附加产品则从购买承诺、信用、售后服务保证、技术升级及咨询等方面为消费者提供了附加价值。

不同层次的产品概念，满足了消费者不同层次的需求，为消费者提供了不同层次的效用价值。无论产品形式与内容如何改变，其提供给消费者的效用价值则是万变不离其宗。

2. 归属价值

如果说效用价值侧重于为消费者提供实物性、功能性、物质性消费价值的话，归属价值则侧重于为消费者提供精神性、情感性的消费价值。一方面，以上不同层级的效用价值本身在每一层都体现了为消费者提供的一种归属价值；另一方面，按照经典的马斯洛需求层次理论，“人不仅仅是单纯追求物质刺激的经济人，而是具有物质需求和精神需求的社会人”，马斯洛并从这一假设出发，总结出人的五种需求层次，即生理需求、安全需求、社交需求、尊严需求以及自我实现的需求。马斯洛同时认为人的这五种需求一般是按照由低到高的顺序依次实现的，即前一层次的需求得到满足之后，下一层次的需求就变为迫切的需求，直到人们实现了自己的所有需求。

依据马斯洛这一需求层次理论，不难看出，无论企业通过其生态价值系统提供给消费者的产品或服务如何眼花缭乱，也不管企业如何开发、挖掘、引导消费者的需求，归根结底其都会归属为消费者这五种需求中的某一种或某几种，从而实现产品与服务提供给消费者的归属价值。

因此，基于消费者需求的稳定价值供给系统，就是在企业生态价值系统动态化博弈和营销趋势多样化发展背后，所具有的稳定表现要素，这种稳定要素为企业在变化之中寻求营销的根本、策划关联的根源建立了现实条件。

三、企业生态价值系统在营销策划价值关联中的作用

1. 桥梁作用

策划价值关联原理的核心是要建立市场价值系统与消费者需求要素之间的关联，从而实现企业的策划目标。企业生态价值系统在策划关联过程中，代表了企业要承担的策划任务和目的，并在市场环境的要求和制约下为策划创意和策略表现提供方向，从而起到了联结市场价值系统和消费者需求要素的桥梁作用。

2. 指向作用

企业生态价值系统不但起到了架设市场价值系统与消费者需求要素的桥梁作用，同时，企业本身作为策划的主体，向消费者提供产品或服务；而产品或服务的本质是效用，这种效用最终与市场环境一起形成市场的效用价值，来满足消费者的需求要素，并通过策划实现二者的关联。因此，企业生态价值系统还对建立市场价值系统与消费者需求要素之间的关联起到了重要的指向作用。

第三节　消费者需求要素的“变”与“不变”

一、消费者需求形式与内容的变化性

日本电通公司的调查研究发现，20 世纪五六十年代，10 位消费者中有一种声音；到 20 世纪七八十年代，10 位消费者中有 10 种声音；到了 20 世纪 90 年代，一位消费者就有 10 种声音。可见消费者的需求越来越多样化，进入 21 世纪，随着信息技术（information technology，IT）革命带来的文化融合、生活方式融合，消费者的需求形式与内容的差异化更加明显、变化性更多。

（一）全球消费行为的多样性和趋同性

从全球范围来看，一方面，电脑和互联网的发展，使全球消费者建立了一个统一的、能够相互传递信息、相互沟通的平台，为全球性的多样化消费提供了可能，其表现为：

（1）消费者加快步伐，在“快车道”中消费，使得各种快递服务、电子银行等服务开始盛行。

（2）消费者注重提高消费的参与功能，渴望“即时启动”的体验式消费。

(3) 为了减少恐惧感、提高信心以及避免进行自我责备而更多地使用专家咨询消费。

(4) 在崇尚个性化消费的前提下，消费者独特性需求不断增加，消费者开始寻找商品间的细微差别，并将这种差别性延伸为个人的独特性，从而促使定制化营销等新型营销手段出现。

(5) 追求精神“饮食”，健康消费，即在消费中寻求精神的安定与满足。这种追求使得各种“心灵类”产品与服务畅销，如心理咨询师、瑜伽师等专业人士的走俏，心灵鸡汤系列等精神书籍得到快速普及，各种快乐消费、旅游消费兴盛。

(6) 在全球化中消费者寻找自己的“根文化”消费。“全球地方化”的消费成为一种“同中存异”的趋势。

另外，技术的发展带来了新的消费力量和消费群体，如网络一族、游戏一族、IT一族等。同时，全球经济一体化的发展也带来了全球趋同性的消费需求和消费趋势，主要体现在：

(1) 国家和地区之间的“消费时差”大大缩短，新产品及消费方式可在极短的时间传播扩散到全球各地；

(2) 传统的节日、礼仪在全球进行交流与扩散。例如，圣诞节在全球的火爆；情人节、感恩节在全球的盛行；中法文化年、中俄文化年的交流带来的趋同性的消费趋势等。

(3) 无国界的全球消费品牌引导着消费者的需求。相同的产品、相同的品牌、相同的连锁店，全球性的产品和服务开始在全世界普及，如麦当劳、肯德基在全球范围内的火爆。

(4) 全球共同的消费趋势，如全球时尚潮流、全球网上购物等。

(二) 中国消费者需求的差异性和演进性

中国地域大、亚文化圈多、市场变化快，中国市场本身存在更大的差异性，集中表现在市场的多元化和多样性上，即一国多个市场、一国多层市场，其所带来的消费者需求则是区域消费差异和时代消费差异。

(1) 被称为“新人类”、“新新人类”的、E时代的消费群体已经掌握了足够的可支配收入，比我们的预期更早地进入市场并形成巨大的购买力。网络游戏商盛大在2002年的快速扩张，陈天桥的致富神话在很大程度上就是这类“超级人群”消费的结果，他们在消费的购买力、购买欲望、购买心理方面与传统的消费者有很大差别，足以改变整个市场结构，并影响到中国的营销体系。

(2) 传统消费者在经历了一轮消费高潮后进入了一个无欲望的时代。以前什么都缺，现在几乎什么都不缺，加之消费的保守，使他们的消费处于无欲望时代。如何吸引这些无欲望的消费者掏钱购买第二件、第三件产品，则是营销策划者要着力关注的问题。

(3) 中国中产阶级已经成为一个重要的阶层在中国崛起，带来的是对整个消费趋势和消费结构的影响。

(4) 在区域消费差异上，城市和农村、南方发达地区和中西部不发达地区形成了巨大的消费水平的差异，带来的是消费需求和消费形式的巨大差异。

差异是一方面，但同时，这些差异本身以及中国消费者的消费理念和需求，随着我国经济的不断发展和社会转型进程的完成而不断演进。

无论是全球消费行为的多样性，还是中国消费者消费行为的差异性，以及二者形成的交叉融合，都对营销方式的创新和发展提出了新的要求，也为策划者建立市场价值系统与消费者需求要素之间的关联提供了挑战。

二、消费者需求结构和层次的稳定性

可以预见，随着全球化的不断发展及由此带来的文化融合、消费方式融合和中国市场动态化演进带来的消费需求的更替和升级，消费者的需求形式和内容将长期处于一个不稳定的、非线性的动态化演变中。然而，变中蕴涵着不变，隐藏在消费者需求形式和内容背后的则是相对稳定的需求结构和层次。这也正是策划者要在市场价值系统和需求要素之间关联的内在逻辑所在。

（一）消费者需求结构的稳定性

需求形式和内容是变动的，需求结构则是相对稳定的。无论是何种需求形式和内容，都能归属到消费者需求结构的某一层级上，从而把市场要素和商业生态价值系统的价值归属与消费者需求结构的某一个层级通过策划建立关联。

根据对特劳特定位理论和舒尔茨整合营销理论的融合与发展，结合中国传统与现代、工业文明与农业文化、中国文化与西方消费时尚等要素相互交织的实际情况，并根据消费者独特的消费认知过程，我们可以把消费者需求结构归纳为三个层级（吴晓波，2006）。

第一层级是活跃层，即消费者大脑中每天接受大量信息的那一层。这一层级能够根据时代的发展和新生活观、价值观的引入而适时改变，表现在消费需求上则是可以改变的，反映在消费者的购买行为模式上则更多的是非理性的冲动型、感情型消费模式。这一层级的代表性需求是“时尚潮流型需求”。

第二个层级是相对稳定层，即消费者可以随着时代变迁而进行需求调整，但又与某个特定的时代、阶段紧紧相连。在一个特定的时代或阶段，消费者的需求体现出强烈的时代烙印，而且其消费需求的主体也体现为特定的消费群体。这一层级的代表性需求是“时代烙印型需求”。

第三个层级则是超稳定层，即消费者的需求在这一层级上处于稳定状态，一般情况下不会随着时代的变迁和外来消费文化的冲击而改变。这一层级体现了消费者的“顽固性”和“排他性”。这一层级的代表性需求是“文化沉淀型需求”。

知道了消费者需求纷乱变化背后稳定的需求结构和层次后，就知道了在建立市场价值系统和消费者需求要素之间的关联内容和方式，即在千变万化的消费者需求形式和内容背后，其对应的层级是什么；策划人就知晓了在建立市场价值系统与消费者需求的过程中，哪一部分需求是可以改变的，哪一部分需求是可以利用的，哪一部分需求又是只能迎合的，从而在变化中找到不变的关联带。

对活跃层，消费者的需求是可以改变的，甚至有一些需求是可以创造和引导的。这就是为什么时下新新人类的网络消费、刷卡消费等时尚消费趋势和街舞、游戏、网上冲浪、中国好声音等潮流消费行为遍地开花的原因了。

对相对稳定层，即“时代烙印型需求”，是可以利用的。这也是为什么在20世纪90年代《小芳》、《孽债》等一大批反映知青下乡时代的影视作品、书籍大红大紫的原因。这是因为在“文革”中经历过知青下乡的那一代人经过了返城的酸甜苦辣后，对那个年代的缅怀、感知和感悟的时代情结使然。任何人都会在自己的内心打下属于他们那个时代情结的烙印，童年的伙伴、成长的经历、时代对人生的痕迹、人生与时代交织的感悟等都是我们内心深藏的时代情结，一旦被发现和挖掘，就会触动我们那根敏感的神经。从纷繁的需求中挖掘出消费者的时代情结，有助于策划者发现并找到其与分众人群的共鸣点。

一个典型的例子就是异军突起的金六福酒业，自从它上市以来，做了各种各样的广告，搞了各种各样的活动，也运用了大量的流行元素去推广，但在其变化的背后，所坚持的核心理念则一直没有变化，那就是打上时代烙印的以“福”和团聚为要素的家庭亲情，勾起了无数游子的心声。

对超稳定层，即“文化沉淀型需求”，作为世界四大文明古国之一，具有五千年文明，融合了儒家、法家、道家等文化内核的中华民族，文化沉淀超越了每一个中国消费者自身的生命周期。无论全球化如何发展，无论消费方式如何演变，这种文化沉淀以及由此带来的消费价值观和深层次的消费行为，都是客观长期存在的。典型的例子就是享誉全球的麦当劳、肯德基，其在美国是以快速、便捷、适应美国人快节奏的生活方式和工作要求而作为存在价值的，然而到了中国，尽管它们的开店量也在快速增长，但如果真正了解和研究中国消费者的消费心理和消费行为的话就会发现，中国消费者尤其是学生、白领等消费者到麦当劳、肯德基消费的核心需求不是其在美国大行其道的方便、快捷价值，而是麦当劳、肯德基能够提供给中国消费者一个不失身份、彰显时尚化消费的场所，其背后却是中国文化沉淀下的消费者固有的面子文化、从众文化使然。因为几乎每一个中国消费者到麦当劳、肯德基就餐，很少吃完就走，而是要完成其他消费使命后才会离去。

超稳定层的“文化沉淀型需求”，在中国体现为长期沉淀的以根为本的文化、中庸文化、关系文化、和文化、面子从众文化、地位与礼文化以及亲情文化等，反映在消费需求上则是中国人的面子消费、根文化消费、象征消费、体验消费、亲情消费等稳定型的消费需求。这就是为什么史玉柱和他的脑白金能在已经卖烂的保健品市场上通过礼品定位与关联来翻身的缘故了。同时，我们也能从可口可乐在坚持了相当长一段时期的国际统一的品牌运作与广告传播后在2005年和2006年开始通过迎合中国消费者传统的消费习俗——春节团聚来进行广告传播中，看到尊重中国消费者超稳定层的“文化沉淀型需求”的重要价值了。尤其是在2006年春节前夕，可口可乐携手奥运会冠军刘翔，借助两个可爱的福娃，一则“春节，带我回家”的广告，让消费者看到了一个更富中国化元素的超级跨国公司新形象。这也与其中国的竞争对手——非常可乐一贯坚持的“家庭团聚”诉求殊途同归，从中也证明了尽管全球化的浪潮席卷中国并在一个广泛的层面上影响到中国消费者的需求，然而消费者基于文化沉淀的超稳定型需求，仍然是每一个企业要重视的，只有重视，才能得到来自消费者的回报。

（二）消费者需求层次的稳定性

正如前面我们按照马斯洛需求层次理论所描述的，企业将产品或服务提供给消费者，其价值最终都会归结到五种需求层次的某一种或某几种。同样，无论消费者需求形式和内容如何变化，消费者需求要素如果按照层次来进行归纳总结的话，最终也会归纳到这五个需求层次上来。

依据马斯洛需求层次理论，人们具有五种从低到高的需求，具体为：

第一层次，生理需求，包括对食物、水、空气和住房等的需求，这类需求的级别最低，人们在转向较高层次的需求之前，总是尽力满足这类需求。一个人在饥饿时不会对其他任何事物感兴趣，他的主要动力是得到食物。

第二层次，安全需求，包括对人身安全、生活稳定，以及免遭痛苦、疾病或威胁等的需求。和生理需求一样，在安全需求没有得到满足之前，人们唯一关心的就是这种需求。

第三层次，社交需求，包括对友谊、爱情以及隶属关系的需求。当生理需求和安全需求得到满足后，社交需求就会突显出来，进而产生激励作用。

第四层次，尊严需求，既包括对成就或自我价值的个人感觉，也包括他人对自己的认可与尊重。

第五层次，自我实现需求，即发挥自身最大化的潜能和实现自我抱负与价值。

从以上需求层次可以看出，无论企业所提供的外在产品或服务的形式、属性或内容怎么变化，反映在消费者内在的需求上，都会对应其中的某一个或某几个方面，这也体现出消费者需求层次的稳定性。事实上，这也为策划者建立市场价值系统与消费者需求系统提供了基本的关联条件。

根据消费者这五个稳定的需求层次，我们可以划分出五个消费者市场和价值反馈系统：

生理需求所对应的是最低需求层次的消费市场，消费者只要求产品或服务具有一般的物质性功能即可；

安全需求所对应的是对满足“安全”有需求的消费市场，消费者关注产品或服务对人身安全、财产安全等的影响；

社交需求所对应的是对“交际”有要求的消费市场，消费者关注产品或服务是否有助于提高自己的交际形象、社会地位以及个人品牌等；

尊严需求所对应的是对产品或服务能够体现自身独特性需求的消费市场，消费者更多地关注产品或服务的象征意义，如 VIP 顾客服务等；

自我实现需求所对应的是对产品或服务有自己判断标准、能体现自身价值需求的消费市场，消费者更多地关注产品或服务独特的品牌地位和附加价值。

不同的需求层次，对应了不同的消费市场和价值系统；不同的消费市场和价值系统，又为建立与消费者需求要素之间的关联提供了多种可供选择的方向。以电脑消费和神舟电脑通过消费者的五个需求层次来建立策划关联为例：

（1）生理需求：消费者关注“产品确实是好产品”，选择价格便宜的国产品牌电脑。策划关联点：通过规模化采购实现低成本运作，扩大低端市场占有率，扩大品牌影响力，如神舟电脑针对消费者的低价策略。

（2）安全需求：消费者关注“电脑价格便宜而且质量还好”，在价格相差不是很大的情况下，选择质量较好的电脑品牌。策划关联点：在低价策略的前提下诉求产品的质量，神舟电脑在入市“4888，奔四扛回家”的广告诉求中解除了这类消费者对电脑质量的担忧。

（3）社交需求：消费者关注“电脑产品对于社交的影响”程度和在社交中产品为消费者带来的价值。策划关联点：彰显产品在社交中的价值，神舟电脑在低价的基本策略下，通过提高电脑的外观设计，并签约超级女声冠军李宇春作为代言人等方式，使其以学生为主的目标消费群在使用时能很好地彰显产品的“社交价值”，实现自身的“社交需求”。

（4）尊严需求：消费者关注电脑产品能“获得别人的认可”。策划关联点：用优秀的技术、独一无二的功能等来保证被尊重的需求得到满足。神舟笔记本电脑在低端产品的基础上，适时推出了运用英特尔迅驰移动技术的笔记本；同时还推出了与其他电脑产品存在明显差异的显示器、音响一体化的电脑产品，满足了消费者被尊重的需求。

（5）自我实现需求：消费者关注电脑产品能带给消费者独特的品牌价值和附加价值，彰显消费者的个人品位和成就。策划关联点：把产品当做一种身份的标志，来契合消费者的身份与价值。神舟笔记本与其他国际一线品牌在这方面还存在一定差距，但神舟在企业品牌建立、产品档次提升、产品设计中糅合更多的时尚化和国际化元素等方面所做的努力已经为消费者实现“自我实现需求”迈出了坚实的一步。

（三）消费者需求结构和需求层次对接后的需求要素系统

如果把消费者需求结构和需求层次进行对接的话，我们可以发现，二者共同构成了消费者在变化多端、杂乱无章的需求背后稳定的需求要素系统，如图 4-3 所示。

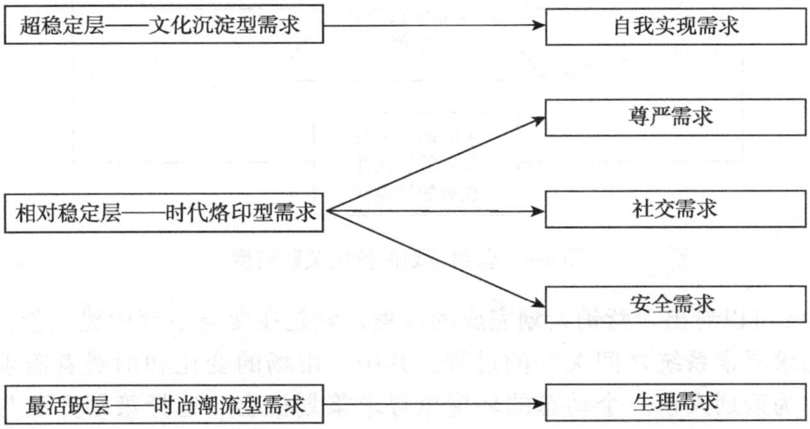

图 4-3 消费者需求结构和需求层次对接后的需求要素系统

二者的对接形成了策划者建立市场价值系统与消费者关联的对应要素，当然，这种对接只是直观的、一般情况下的对接，并不是绝对的对接。例如，有的时候，自我实现需求不仅仅归类为超稳定层的需求，也可能成为相对稳定层下时代烙印型需求的代表；同样，在我国 20 世纪 60 年代的困难时期，生理需求成为那个时代最具特色的时代烙印型需求。

第四节 营销策划价值关联原理的模型与方法

一、营销策划的价值关联模型

以上我们从市场的变与不变、企业生态价值系统的变与不变、消费者需求要素的变与不变，以及市场价值系统与消费者需求要素之间的关联做了初步阐述。在此基础上，我们提出策划的价值关联模型，即策划的本质就在于在变与不变中建立市场价值系统与消费者需求要素之间的关联。按照王志纲先生的论断：“条条道路通罗马，策划就是找到其中最近的那条。”因此，建立关联的过程，就是完成策划的过程，就是找到通向罗马王国的那一条捷径，就是找到打开消费者心智之门钥匙的探询过程。

营销策划的价值关联模型如图 4-4 所示。

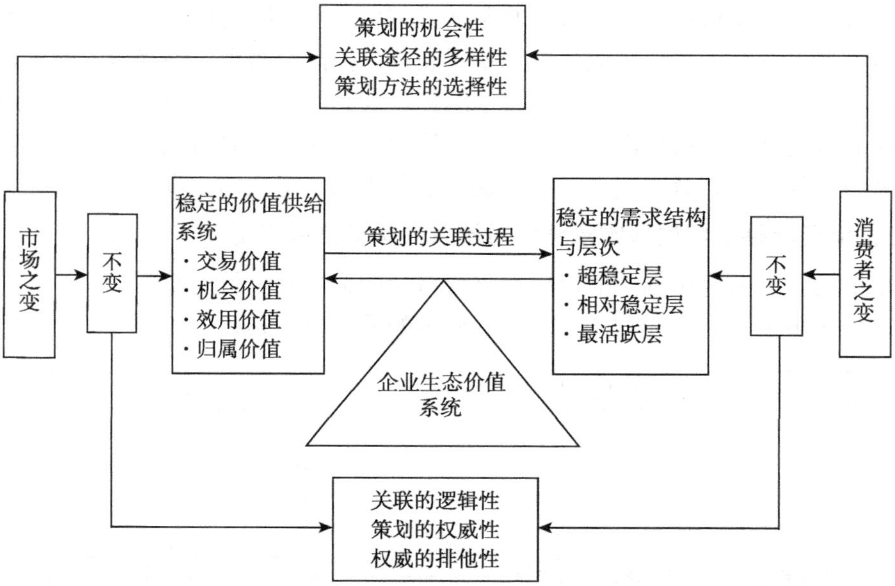

图 4-4 营销策划的价值关联模型

从图 4-4 可以看出，营销策划完成的过程，就是在变与不变中建立价值供给系统与消费者需求要素系统之间关联的过程。其中，市场的变化和消费者需求形式与内容的变化，为策划人在一个动态的环境里寻求策划机会、选择策划方法与关联途径创造了条件，正所谓时势造英雄；而稳定的价值系统与消费者需求要素，则为策划人寻求策划的内在逻辑，使“变”适应“不变”，并为建立策划的权威性和排他性提供了可靠保证。

二、“跳出策划做策划”——在变化中寻求策划关联的机会与方法

在一个纷乱庞杂、一切都处于不确定状态的历史条件下，在当今中国各个行业、各

个领域、各个企业都处于变革与创新的变化条件下，策划变得异常艰难。一方面，企业需要在确定状态下找到可以确定的、明晰的思路与战略，并希望得到策划人的鼎力帮助；另一方面，许多看似专业的策划公司或策划人在运用西方经典的策划工具和方法试图去解决这些不确定问题时，却总是不知如何着手。甚至在麦肯锡为实达电脑做的策划方案实施失败后，双方产生了是麦肯锡不够专业还是实达电脑自身操作层面出了问题的争论。事实上，并不是麦肯锡不够专业，如果麦肯锡不够专业的话，它就不可能在以专业著称的美国有长达 80 多年的历史；也不是实达的执行力度不够，中国企业谁也不会傻到把花了大把大把银子买来的东西当做剧本嬉笑怒骂、一看了之。

好在策划价值关联原理的提出，给了我们重新审视策划过程的机会，从中我们也找到了一直困扰策划人思路的瓶颈所在，那就是，我们在面对一个策划项目时，往往表现得过于专业，以至于忽略了各种变化要素的影响与制约，掉进了盲人摸象的误区，陷入了原有的专业视野不能自拔。

在一个一切似乎都是不确定的、变动的环境下，在市场变化和消费者变化条件下，策划人在面对一个策划项目时，首先要考虑的要素不是策划项目涉及什么样的专业分工，要用到什么样的分析工具，设计什么样的流程等专业本身，而是要“跳出策划做策划、跳出项目做项目”，跳出项目本身、策划本身，站在一个宏观的、全局的角度，来审视项目之外看似与策划项目本身无关而实质上却能对策划项目产生拉动或促进作用的各种各样的变化要素，并从这些变化要素中寻求策划关联的机会。高度决定深度，当策划人登高望远，一览众山小时，一切与策划有关的要素自然就会浮出水面，一切问题也会变得豁然开朗。

三、“百川归海”——在不变中建立策划关联的内在价值系统

如果说市场之变、企业生态系统之变、消费者之变为策划寻找关联的多样性、策划的机会性提供了条件的话，那么，市场之变、企业生态系统之变、消费者之变背后稳定的价值供给系统与消费者需求系统则为策划在不变中建立关联提供了内在的逻辑系统，并为制订权威性、唯一性、排他性的策划方案提供了保证。正所谓百川归海，变化的要素最终都会通过不变的纽带形成策划的关联系统。

例如，家喻户晓的喜之郎果冻，10 余年来做了各种各样的广告，在变化的市场空间里不断调整自己的策略，运用了各个时期的流行与时尚元素去构建自己的传播体系，包括借势泰坦尼克号与奥运会；赞助极限运动和街舞；爱情符号传播等。但在变化背后，核心、稳定的家庭亲情分享这一要素一直都没有改变，而且所有的变化元素都是围绕这一不变的元素来开展营销活动，从而建立起企业与消费者需求之间内在的关联价值系统。

总之，营销策划价值关联原理作为策划的基本原理，贯穿于营销策划的始终并统帅策划的具体方法与操作过程。营销策划的过程就是建立市场价值系统与消费者需求要素之间关联的过程；变化的多样性决定了关联途径、方法的多样性；不变的稳定性决定了关联的逻辑性和策划的权威性、唯一性和排他性。

本章小结

营销策划价值关联原理的核心思想：在市场环境的“变”与“不变”和消费者的“变”与“不变”之间，一定存在着某种关联，营销策划者的任务就是寻求基于组织或企业生态系统的创意与策略，来实现市场的价值系统和消费者内在需求要素之间的关联。

营销策划的价值关联原理，将作为一个最基本也是最核心的原理，来指导策划人在策划过程中对策划项目的构思、立意、策略设计等各个步骤，从而成为贯穿整个策划过程的核心要素。

市场的变化主要体现为市场的动态化发展，不变则主要体现为价值的稳定性。市场的变化是外在的、表象的，它为策划人提供了策划的动力和源泉；不变则是本质的、内在的，它为策划人利用其价值系统建立与消费者需求之间的关联提供了基础和保障。

企业生态价值系统的“变”主要体现为动态化的要素博弈与多元化的营销趋势，不变则主要体现为基于消费者需求的稳定价值供给系统。

消费者需求要素的变主要体现为消费者需求形式与内容的变化性，不变则主要体现为消费者需求层次与需求结构的稳定性。

营销策划的本质就在于在变与不变中建立市场价值系统与消费者需求要素之间的关联。建立关联的过程就是完成策划的过程，就是找到通向罗马王国的那一条捷径，就是找到打开消费者心智之门钥匙的探询过程。

营销策划的过程就是建立市场价值系统与消费者需求要素之间关联的过程；变化的多样性决定了关联途径、方法的多样性；不变的稳定性决定了关联的逻辑性和策划的权威性、唯一性和排他性。

关键概念

企业生态价值系统；消费者需求结构；消费者需求层次；营销策划价值关联原理

问题与应用

1. 市场的变化主要体现在哪些方面？
2. 市场的不变主要体现在哪些方面？
3. 企业生态价值系统的变化主要体现在哪些方面？
4. 企业生态价值系统的不变主要体现在哪些方面？
5. 消费者需求形式和需求内容的变化主要体现在哪些方面？
6. 消费者需求结构和需求层次的不变主要体现在哪些方面？
7. 营销策划价值关联原理的模型和核心思想是什么？
8. 结合你对市场和消费者的了解，谈谈你对营销策划价值关联原理的理解。

第五章

遵循营销策划的八步流程

本章学习指引

内容提要

☆界定营销策划问题

☆收集与评估营销策划信息

☆确定策划目标

☆营销策划方案的提交与修正

☆全面贯彻营销策划方案的执行

☆营销策划效果的评估与总结

思路和主线

本章总结实际策划与咨询过程中营销策划的运作过程，提出了实战营销策划的八步流程，即界定策划问题、收集策划信息、确定策划目标、形成策划创意、制订策划方案、提交策划方案、实施策划方案、策划效果评估与总结。

学习目标

通过对本章的学习，系统地了解营销策划八步流程的总体进程，并深刻领会八步流程过程中每一步骤包含的具体要素和操作要点，并在以后的实际营销策划活动中，遵循实战营销策划的八步流程，来推进营销策划的整体策划与执行过程。

策划是一门集合了营销、管理、数学、历史、人文、地理、风俗等学科和方法的科学，这就注定了策划方法的多样性和策划创意的灵活性。

同样，矛盾是普遍存在的，如同世界上没有两片完全相同的树叶一样，不同企业所面临的策划环境、策划问题、策划方法也是不一样的，策划要随着时间、空间等要素的变化而“审时度势、随需应变”。

然而，尽管策划方案“百花齐放、百家争鸣”，但总会有一条主线或轴心贯穿于策划过程的始终，这就是从众多策划要领、策划类型中总结、归纳、提炼产生的策划的基本流程规律。

通过总结在实际策划与咨询过程中的策划运作过程，本书提出了实战营销策划的八步流程。实战营销策划的八步流程为界定策划问题、收集策划信息、确定策划目标、形成策划创意、制订策划方案、提交策划方案、实施策划方案、策划效果评估与总结，如图 5-1 所示。

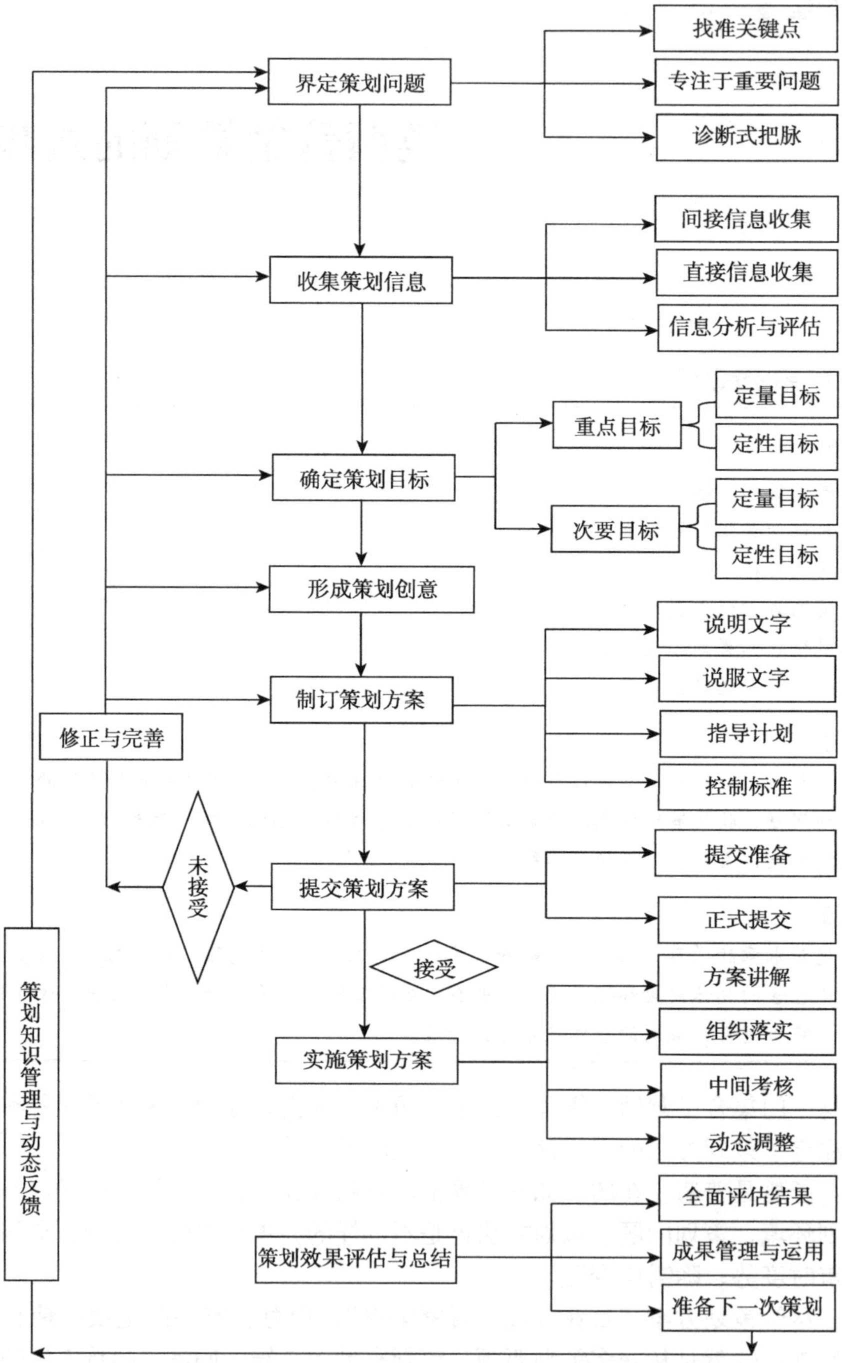

图 5-1 实战营销策划的八步流程

以下各节将围绕实战营销策划的八步流程做具体阐述和说明。

第一节　界定营销策划问题

企业的发展是人流、物流、现金流、信息流等各个要素组成的综合体，哪一个环节出现问题，都会影响到企业的短期或长期的发展。因此，找出这些问题，成为企业能够实现“惩前毖后”的关键一步。同样，策划的根源就在于找出这些问题并加以“治病救人”。

然而，影响企业的诸多因素往往是杂乱交织在一起的，有表面的，有深层次的；有现实的，有潜在的；有重要的，有次要的。问题是，很多企业家或决策者往往很难从这些错综复杂的问题中分辨出真正制约企业成长的实质性问题，并不知道问题在哪里，关键点在何处。

所以，无论策划创意多么精彩，策划方案多么完善，针对的策划问题一旦错误，结果就会适得其反。因此，界定出问题所在，就成为策划的第一步，也是最重要的一步。

一、界定问题的基本方法

（一）明确企业发展阶段，找准问题关键点

任何企业的发展，都是一个从小到大、从简单到复杂的发展过程，如果把企业的发展作为一个系统来看的话，企业发展的不同阶段，其系统的构成要素不一样，制约企业发展的关键点也不相同。关键点不同，从关键点找问题的角度就不一样。

具体而言，企业发展各个阶段所关注的关键点和界定问题方向示范如表 5-1 所示。

表 5-1　企业发展各个阶段关注的关键点和界定问题方向示范

企业发展类型	关键构成要素	问题关键点
中小型企业	人流	激励机制是否健全？ 创业团队是否分工明确？
	物流	物质节省是否到位？ 成本核算是否合理？
大型企业	信息流	市场环境信息是否健全？ 营销信息是否及时捕捉？ 竞争对手信息是否准确？ 消费者的需求信息是否准确把握？ 企业内部信息沟通渠道是否畅通？
	资金流	企业资金流向是否正确？ 企业的财务制度是否健全？ 企业资金流向的投资业务是否规划清楚？

（二）专注于重要问题

老师让一学生两手各拿一粉笔，让其在黑板上同时用左手画方，右手画圆，结果会画得一团糟。我们能从中得出的结论是：专注于重要问题，才有利于接近目标。

因此，在诸多问题中，要选择重要者先行解决，然后逐一解决余下的问题，只有这样，策划目标才能得以完全实现。

专注于重要问题，就是要对影响企业发展或项目推广的所有因素进行排序，从中挖掘出对企业发展或项目推广具有根本性影响或制约的问题，然后根据此问题进行策划目标的确立并进行策划方案的创作。

如何找到重要的问题并进行有效解决呢？利用图 5-2 所示的工具图就可以加以明确。

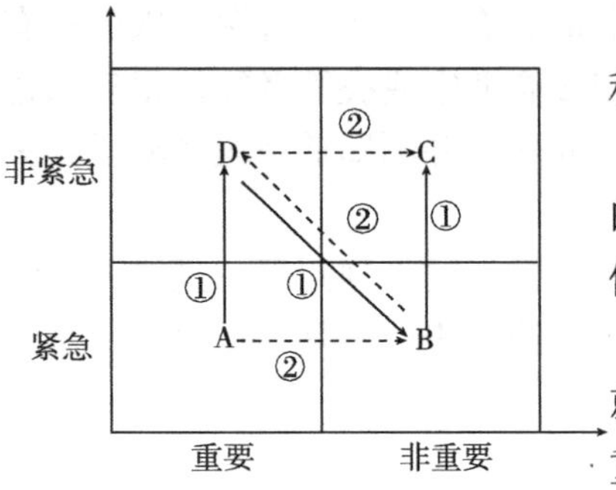

图 5-2 专注于重要问题工具图

将我们要策划或要解决的问题按照重要与紧急的程度进行排序归类，就得出了四维象限。

A 代表重要又紧急的问题；B 代表非重要但紧急的问题；C 代表非重要也非紧急的问题；D 代表重要但非紧急的问题。

根据以上四个象限代表问题的重要与紧急程度，就能明确我们在界定策划问题并对此设定策划目标与重心的顺序，但这里对 B 和 D 有一个取舍的问题，也就是说在不同的情况下，选择 B 和 D 的顺序是不一样的。这里没有完全统一的标准，一般而言，主要是根据三个方面的要素来决定 B 和 D 的顺序：

一是策划对象的重点。策划对象如果是解决短期问题，谋求短期的效益，或者说 B 所代表的非重要但紧急的问题如果得不到及时解决，对企业的发展会带来非常严重的影响，则在界定策划问题时选择 B 在前；反之则把 D 作为策划的重点问题。

二是企业发展的阶段。如果企业处于生存或创业阶段，而 B 所代表的非重要但紧急的问题对解决企业的生存问题又很重要，则在界定策划问题时选择 B 在前；反之则把 D 作为策划的重点问题。

三是企业的战略着眼点。如果企业致力于自身的长远发展，而且注重企业的战略性投资，则在界定策划问题时最好把 D 代表的重要但非紧急的问题放在前面；反之则把 B 作为策划的重点问题。

除此之外，是选择 B 在前还是选择 D 在前，可能还会受到策划者或决策者的习惯、方法等方面的影响。

通过这样一个有效的工具，就能明确界定问题的两条线路图（图 5-2），分别为：

第一条为 ADBC：A（重要又紧急的问题）→ D（重要但非紧急的问题）→B（非重要但紧急的问题）→C（非重要也非紧急的问题）。

第二条为 ABDC：A（重要又紧急的问题）→ B（非重要但紧急的问题）→D（重要但非紧急的问题）→C（非重要也非紧急的问题）。

（三）学会用“杜拉克式”问题咨询法发现问题

彼得·杜拉克是世界知名的管理顾问师，当客户前来咨询问题或寻求项目合作时，杜拉克不是直接回答客户提问，而是向客户采用诸如如下问题的反问：

（1）“你最想做的事是什么呢？”

(2)“你为什么要去做呢?”

(3)“你现在正要做什么事呢?”

(4)“你为什么这样做呢?”

通过问题，让客户自己界定问题，寻找解决问题的办法。客户在和杜拉克的一问一答中往往恍然大悟，有一种“山重水复疑无路，柳暗花明又一村”的感觉，其思绪豁然开朗，“这些我都知道，为什么我不做呢?”

最后，客户带着问题来，拿着答案走，当然，还得心甘情愿地留下一张支票给杜拉克。

为此，杜拉克总结道：“如果客户离开我的办公室时，他觉得学到了许多新东西，那么，不是我的效率太差，就是他是个笨蛋。”

事实上，无论是企业内部自己组织的策划项目，还是委托给第三方的策划项目，对策划项目所涉及的各个环节、各个细节，最了解的人还是与策划项目有关的管理人员、营销人员、生产人员、财务人员等，只是在不同的时点上他们可能由于太忙、事务太复杂或身陷其中而当局者迷，没有发现问题的本质而已。因此，策划者此时的任务，就是引导他们从众多纷繁复杂、没有头绪、主次不分的问题中，理出最重要、最本质、最核心的问题。而针对问题的解法或策划方法，自然由于他们对自己事业的了解和热爱往往能得以轻松解决。

另外，就算客户或企业内部人员自己不能针对问题得出解决之道，但至少客户知道了关键问题所在，这必将有助于客户与策划双方在策划问题与策划目标上达成一致性的意见，建立共同语言，建立起双方相互信任和沟通的平台，有利于策划项目后续各个环节的顺利开展和高效推进。

因此，作为一个策划人员，无论是服务于专职的策划公司或咨询公司，还是作为企业策划部门的一名策划人员，学会用“杜拉克式”问题咨询法发现问题，不但是其界定问题的一个基本方法，而且还是一名策划人员应该具备的基本素质和本领。

二、界定问题的操作步骤

(一) 策划人员首先要练就敏锐的“问题嗅觉”

既然策划委托者或企业决策者往往很难从众多的问题中发现关键的问题，或者他们可能不想向策划人员阐明真实的想法，那么发现问题、界定问题的重担就责无旁贷地落到了策划人员的肩上。

另外，问题虽然在企业中随处可见，但并不是每个问题都能成为策划所要针对的主题。只有那些对企业来说既非常重要又非常紧迫的问题，才能成为策划的主题，这同样需要策划人员敏锐的“问题嗅觉”。

因此，界定问题的第一步，就是要求策划人员练就一双善于发现问题的火眼金睛。为此，可以按照如下方法来锻炼营销策划人员敏锐的“问题嗅觉”：

(1) 要敢于质疑。为了找到策划的真正问题所在，对策划委托者或企业领导提出的问题，策划人员并非要照单全收，而是要对他们提出的问题给予质疑。只有质疑，才有可能从表面的问题中挖掘出最本质的要素，而这才是我们下一步确定策划目标所要针对的具体问题。

（2）要具备辨析问题的眼光和能力。辨析问题的过程，就是一个对所有问题“去粗取精、去伪存真、由此及彼、由表及里”从而发现策划问题的过程，就是策划人员发挥主观能动性的过程。为此，要做到敢于发问、善于从问题中辨析真伪、善于从杂乱无章的问题中发现关键问题所在。

（3）要做到在沟通基础上的“操之在我”。也就是说，策划人员一方面要善于与策划委托方、企业决策者等与策划有关的人员就策划针对的问题进行沟通；另一方面，策划人员还要在沟通的基础上做到“操之在我”的主动性。策划人员对整个策划过程负有整体性的责任，是整个策划活动的掌舵者，因此，一旦明确了问题的方向，策划人员就必须掌握进一步分析、进一步挖掘问题的主动性。如果只靠一味地接受策划委托者和公司上司提出的问题进行策划，那么策划人员就失去了界定策划问题的主动性，长此以往，策划人员将会丧失问题意识和发现问题的能力。

（二）察言观色，深究策划委托者的本意

××公司总经理给企业策划部下达了一个策划任务：针对其主打产品拟订一个提高其销售量25%的策划方案，策划部接到任务后进行了仔细的分析，针对当时市场大环境的萧条和竞争的激烈程度，认为直接提高产品销售非常困难。然而，他们认为，提高销售量的目的是为了增加企业的利润，从而提高企业的竞争力。要实现这一目标的途径有很多，并不一定只单纯依靠提高销售量来实现，只要实现与提高销售量25%后能产生的利润增加幅度相等的目标即可。于是，他们认为可从外部入手，通过关联企业来对产品进行技术改进，从而降低产品的单位成本，而以相同的价格进行销售，最终获得与提高销售量25%后相等的利润。策划部以此为核心思路，形成了策划方案后，向企业领导汇报。

意外的是，策划部的方案遭到了企业领导的否定。原来，企业领导要提高25%销售量的真正原因是：企业当初在投产本产品线时，对本产品市场前景的预测非常乐观，企业也根据这一计划引进了大量的设备和技术工人，因此，如果本产品销售量不提高的话，生产线将闲置，企业的生产计划和进度安排将受到影响。企业领导的真正目的是通过提高销售量来降低企业生产部的压力。

从这一案例可以看出，策划委托者真正的意图往往隐藏在他所要获得的结果的后面，策划者得到的信息可能只是一个结果的要求，然而，在实现结果、达到目的的途径中有许多种方法，造成策划委托者要求的结果的原因也可能有很多，有些可能是策划委托者不愿意提起的，有些可能是出于企业战略发展或保密的需要，甚至有些可能是一些决策失误造成的而策划委托者又不愿意公开承认的。但不管是什么样的原因，策划者一定要善于察言观色，想尽一切办法、利用能够利用的方式，或直接、或间接地了解、洞悉策划委托者真正的意图。只有这样，才能发现他们所关注的焦点，也只有这样，才能准确地界定出策划要针对的问题，余下的策划工作才能有针对性，不至于产生方向性的错误。

（三）望、闻、问、切，诊断式把脉，一个都不能少

中医在寻找病人病源时，总是要有一个望、闻、问、切的诊断过程。同样，策划者在深究策划委托者本意以便发现问题的同时，还要对企业或所要策划的项目进行一个全方位的望、闻、问、切的把脉式诊断过程，并从这一过程中，梳理和归纳出策划最终指向的策划问题。

1. 望与闻：多进行现场实地观察

通过现场实地观察，可以收集到第一手资料，发现与市场、与消费者、与企业基层员工最贴近的问题所在。譬如，在做产品促销的策划时，要想发现影响原有产品销售的原因，策划人员最好能亲自到产品生产线去了解产品的生产过程；亲自到批发商、零售商、大的卖场等去了解产品的流动环节；亲自到消费者那里去了解消费者对产品的看法与意见；等等。这样做的话，策划人员就能够很容易地了解制约产品销售的真正问题所在，从而根据问题寻求解决方案。

2. 问与切：多问、多听、多查

问与切并发现问题的过程，就是多问、多听、多查的过程。

（1）多问：策划人员在界定策划问题时，要自发地、主动地提出问题，对自己所观察到的有什么不解或疑惑之处，要提出疑问，深入了解。

（2）多听：策划人员要针对策划的对象，多接触与策划对象有关的设计者、生产者、销售者、中间商、顾客等，了解他们对策划人员所要了解的问题的看法和意见，在这一过程中，策划人员要善于聆听，善于做笔记，并善于归纳和总结。

（3）多查：为了发现问题，策划人员还要善于对与策划对象有关的事例、案例、成功经验、失败教训、其他企业的做法等，进行全面的查阅，从中找到制约其发展或影响其成败的关键点，然后与要策划的对象进行比较，从而有效地界定出策划问题。

第二节　收集与评估营销策划信息

确定策划所针对的问题之后，接下来的一步就是要针对具体的问题和明确科学的策划目标而系统地收集与评估相关的策划信息。如果说在界定策划问题时所进行的望、闻、问、切的过程是局部的信息收集与调查的话，那么这一步的策划信息收集与评估，则是一个承上启下、全方位的信息收集、汇总、整理与分析的系统过程。

收集信息的过程是一个资料汇总、信息归拢的过程，信息评估则是一个策划诊断的过程，二者相辅相成，缺一不可。

一、间接策划信息收集

间接策划信息的收集，主要是指收集已经存在的、与策划问题有关的信息。策划项目不同，收集信息的范围、内容就有所侧重。一般而言，间接策划信息收集的途径主要体现在以下四大方面。

（一）书籍与报纸杂志

（1）商业期刊；

（2）行业调查期刊；

（3）营销杂志，包括市场营销方面的杂志、营销研究杂志以及消费者研究杂志；

（4）一般性的商业杂志，如《商业周刊》、《福布斯》、《哈佛商业评价》等；

（5）各种商业报纸，如《中国经营报》、《21 世纪经济报道》、《南方周末》等。

（二）企业内部信息

（1）企业一般管理信息，包括：公司沿革及简介；公司章程；公司管理模式；公司营销组织系统；公司制度细则；公司人员配置表及权责划分；公司薪资管理办法；奖金办法；员工流失状况；企业管理哲学及经营文化；企业的工作总结和报告；等等。

（2）企业销售信息，包括：产品资料（设计、质量、新产品开发等）；价格政策；通路政策；促销策略；市场容量分析资料；客户资料及客户关系管理系统；营销信息及危机预警与防范系统；竞争对手资料；企业营销战略与营销策划；企业年度营销计划；营销组织结构及人员配置；等等。

（3）企业生产与研发信息，包括：企业原材料信息（原料价格、原料质量、有无替代品）；供应商资料；采购政策；企业生产线资料；企业现有设备及生产能力（包括已使用的和潜在的）；企业生产成本控制信息；企业生产管理制度信息；企业新产品研发政策；等等。

（4）企业财务信息，包括：企业的损益表；资产负债表；销售额；经济效益；产品毛利；销售访问报告、发票；存货报告；财务报表和财务指标分析资料；等等。

（三）政府部门信息

（1）政府统计年鉴：从政府统计年鉴中能够了解到各个年度、各个行业相关的数据，并从中寻求未来的发展趋势。

（2）政府出版物：政府出版的各种政策性书刊、调研报告等。

（3）政府工作报告和政府相关的政策性文件等。

（四）现成的调查报告

（1）有关行业发展的调查报告；

（2）有关消费者的调查报告；

（3）有关市场（国际市场、国内区域市场等）的调查报告。

二、直接策划信息调查

直接策划信息的调查，是指通过调研问卷等各种调研手段，直接对与策划项目有关的内容进行调研并从中分析得出结论的过程。

（一）调查内容（范围）

（1）宏观市场调查：市场容量与潜力；与策划项目相关的行业发展情况；行业竞争状况等。

（2）竞争者调查：主要竞争者的产品与品牌优劣势；主要竞争者的市场发展状况；主要竞争者的管理模式；主要竞争者的营销方式与营销策略；主要竞争对手的促销方式与内容；竞争对手的成功经验和失败教训等。

（3）消费者调查：与策划项目相关的消费者分布及特性（地域、年龄、收入、职业）；消费者消费心理、消费动机、消费决策及行为模式调查；消费者对媒介的偏好等。

(4) 产品调查：与策划项目相关的产品在功能特点上的优劣势；产品在消费者心目中的印象（包括功能、特点、价格、包装等）；产品目前的营销状况；产品原有的营销策略；产品的销售管理；产品的终端促销情况；产品的生产、储运及宣传情况等。

(5) 品牌形象调查：与策划项目相关的产品的知名度、美誉度和忠诚度；产品的品质形象、技术形象；产品的品牌联想形象；产品及公司的广告、促销效果测评等。

(6) 经销商调查：与策划项目相关的产品目前的经销网络状态；经销商对产品的态度；经销商对产品、品牌、营销方式、营销策略的意见与建议等。

(7) 原料供应商调查：原料供应商对企业供应政策的反应；原料供应商与项目策划单位的合作程度；原料供应商对项目策划单位的价格政策；原料供应商对策划项目的支持程度和发展期望等。

(二) 调查问卷设计

1. 调查问卷设计的原则

(1) 紧紧围绕策划问题、策划任务与策划目的来设计问卷内容；

(2) 问卷问题及内容设计应遵循通俗易懂、易于理解、易于接受的原则；

(3) 在诊断性的策划信息收集与调查问卷设计中，坚持感情性原则，即尽量消除被调查对象的戒备心理，拉近与被调查对象的感情；

(4) 在诊断性的策划信息收集与调查问卷设计中，要避免尖锐性的问题，以免引发被调查者的情绪过度波动而影响信息收集与调查进程的原则；

(5) 坚持调查内容尽量做到简洁明了，避免重复和过分烦琐的原则；

(6) 坚持问卷设计格式、问题排列格式、回答格式方便于信息的汇总、分析与调查诊断报告写作的原则。

2. 调查问卷设计的步骤

(1) 根据策划问题、策划任务与策划目的确定所需调查信息；

(2) 明确策划信息调查的类型；

(3) 确定每个调查问题的内容；

(4) 按照优先顺序对调查问答进行排序；

(5) 确定调查问卷的格式和排版；

(6) 调查问卷的校正与核对；

(7) 调查问卷的复制或印刷；

(8) 调查问卷的测试。

三、营销策划信息分析与评估

在当今基于互联网技术的信息爆炸时代，不是找不到信息，而是信息太多，各种各样的信息每天都充斥着人们的大脑，往往导致垃圾信息与我们需要的信息相互交织、相互影响，从而干扰了我们对正确结论的推断。

因此，明确了与策划有关的信息调查范围与调查内容并付诸调查行动后，接下来一个最重要的工作就是要对策划信息进行分析与评估，在此基础上得出正确的结论和诊断报告。

（一）信息分析与评估原则

信息分析与评估的基本原则为去粗取精、去伪存真、由此及彼、由表及里。

（1）去粗取精：是从范围上来讲的，就是要在众多的策划信息中，寻求到与策划目标、策划任务、策划主题紧密相关、能直接为之服务的策划信息。

（2）去伪存真：就是要善于辨别真伪，善于从真假混杂的策划信息中剔除伪信息，保留真正有用的信息，尤其是要善于分辨出竞争对手在实施“反策划”过程中故意散播的伪信息。

（3）由此及彼：就是要善于推理，从一条信息推断出相关的其他信息，从而找到与策划目标相关的内在信息和结论，为策划服务。

（4）由表及里：就是运用演绎的方法，从信息本身入手，挖掘信息背后蕴藏的与策划目标和任务有关的信息，并从中推断出一定的结论。

（二）信息分析与评估的目的：做出基于策划目标的 SWOT 分析

SWOT 分析是市场营销管理中经常使用的功能强大的分析工具：S 代表 strength（优势），W 代表 weakness（劣势），O 代表 opportunity（机会），T 代表 threat（威胁）。其中，S、W 是内部因素，O、T 是外部因素。营销人员经常使用这一工具来扫描、分析整个行业和市场，将企业的关键优势、劣势、机会和威胁一一列举出来，然后对应搭配，从而形成可行的战略方向，供企业挑选。

同样，对策划信息分析与评估，其目的就是要发现与策划目的、策划任务、策划主题相关的所有信息中，哪些是策划项目所处的优势？哪些是策划项目所处的劣势？策划项目的机会在什么地方？策划项目的威胁在什么地方？然后根据 SWOT 分析的结论，做到利用机会、发扬优势；规避风险、克服劣势，并在此基础上产生策划创意、制订策划方案。

案例：日本人发现大庆油田的信息推断

20 世纪 50 年代末 60 年代初，中国发现了大庆油田，但最初是保密的，后来我们向世界宣布了中国发现了大油田，但没有阐明油田位于何处。日本人知道此事后，开始关注并重视此事。没过多久，中国在对此事进行报道时，刊登了一张周总理接待王铁人的照片，照片中王铁人穿着很厚的棉袄并戴着厚帽子，日本人看到此照片后，大致猜测出中国新发现的大油田应位于中国最寒冷的地方，然而，最寒冷的地方有中国东北、西北地区，究竟是在西北还是在东北呢？不久，中国又发布了一条消息，说王铁人发扬革命精神，带领同志们手拉肩扛，把钻机拉到现场开钻。从而，日本人推断出大庆油田一定在东北地区，因为钻机能到油田，那一定是在铁路附近，而当时西北的铁路还没有完全修通。那么，油田到底在东北什么地方呢？于是日本人来到北京，找到从东北来的拉油罐的火车，测量油罐上灰尘的厚度，根据每公里的降尘量计算出火车出发点到北京的距离，从而推断出油田的具体位置在大庆。同时，日本人又从油田的井架照片推断出油田的炼油能力，从而知道我国急需炼油设备，最终达到向我国销售钢铁并在谈判中处于主动位置的目的。

启示：策划信息本身没有价值，重要的在于对策划信息背后蕴藏的价值，在坚持去粗取精、去伪存真、由此及彼、由表及里的原则基础上，进行充分挖掘的过程。

第三节 确定营销策划目标

在收集信息的基础上，接下来的任务就是要依据界定出的策划问题和收集到的信息及初步分析所得出的结论，来确定策划要实现的目标。策划目标是策划要实现的目的和完成的任务，策划目标是整个策划的中心，指导着策划信息的收集、创意的产生以及具体操作方案的形成。

一、营销策划目标的分类

营销策划目标根据不同的策划目的、不同的策划问题，所要确定的目标是不一样的；在企业确定策划目标的过程中，所要实现的目标往往并不是唯一的；同时，根据不同的性质和标准，策划目标又可分为不同的类型。

（一）按目标是否可计量：定量目标和定性目标

定量目标是可以用数字表现的，能够明确计算和量化的策划任务；定性目标是无法用数字来直接计算，但可以用语言来描述的策划任务。

一般而言，一个策划项目的目标，都是定量目标和定性目标的有机统一，仅仅有定量目标，无法体现定性目标的要求；同样，如果仅仅有定性目标，则无法体现策划的真正价值，同时也不利于体现策划人对整个策划项目所做的贡献。因此，对于一个完整的策划项目的策划目标而言，定量和定性缺一不可。

（二）按目标的重要程度：重点目标和次要目标

一方面，在界定问题的部分，我们根据问题的重要与紧急程度把问题进行了分类，依据这一方法，那些重要而又紧急的策划问题，当然就成为我们在明确策划目标时的重点目标；而对那些不重要或不紧急的问题，自然也就成为次要目标或非重点目标。

另一方面，在任何一个策划项目中，根据策划的任务和策划的主题，策划任务都会有轻重之分，相应地也就有了重点目标和非重点（次要）目标之分。

根据以上两种标准，得出我们在明确策划目标时的策划目标网络图，如图 5-3 所示。

二、确定营销策划目标的要求

（一）可实现性：目标不可过于贪心

营销策划项目的实施，是要否定现实，实现梦想，梦想就是我们策划的目标、策划的动力。然而，任何一个策划项目，又都是建立在企业或策划主体一定的人力、物力、财力等资源要素的匹配基础上的；同时，我们要实现的策划目标也会在一定的时间和空间范围内受到诸多因素的影响与制约。

基于此，确定营销策划目标，首要的要求就是策划目标不能过于贪心，也就是说，

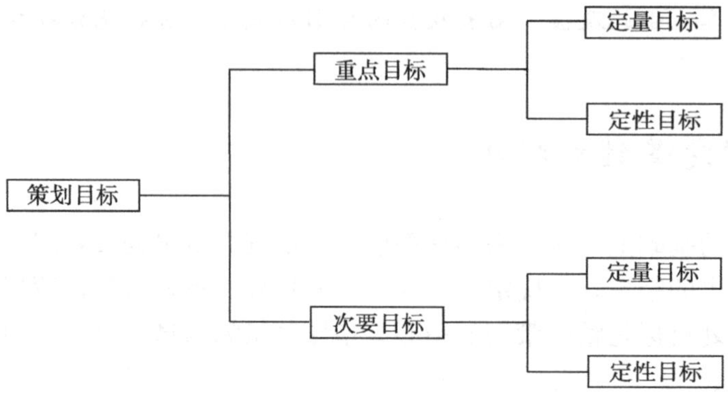

图 5-3 营销策划目标网络图

我们所确定的策划目标，一方面要符合企业各种资源要素的约束；另一方面要与所面临的政治、经济、竞争、市场等外部策划环境相适应。同时，还要考虑策划实施过程中所面临的各种执行要素的影响。综合以上要素从而确定出一个可以承受、可以实现同时又能为进一步策划预留空间的策划目标。

例如，一家食品生产商生产出一种新的食品，要做一个新产品上市的营销推广策划方案。在确定策划目标时，企业提出希望这种食品，其目标人群要包括大人和孩子，食品的功用可以兼做主、副食，销售通路既要在超市销售，同时还要推广到高级餐厅去。显然，这样的一个目标就是过于贪心的目标，所带来的结果是：不但目标市场含混不清、市场定位模糊，不符合营销的基本法则；而且在策划的推广上很难操作，因为大人和孩子的心理需求存在本质的差异，超市销售与高级餐厅推广对产品的档次、价格定位以及推广方法要求都完全不同。

（二）可平衡性：定量目标与定性目标之间的平衡

如前所述，一个策划项目在确定策划目标时，一般都应包括定性目标和定量目标。然而，究竟什么样的目标应该用定性化的方式来加以描述，什么样的目标应该用定量化的方式来加以明确，是我们要讨论的问题。同时，在一个策划项目所确定的策划目标中，还有一个定量目标与定性目标的平衡问题。仅仅有定量目标，显得过于单一和急功近利；仅仅有定性目标，无法完全衡量出策划的成果，策划任务的完成就可能会失去考核的依据和标准。

一般而言，定量目标所涉及的策划内容体现在：①产品销售量的提高，在一定时期内提高的绝对量和相对份额；②新产品上市后的推广效益，可以用销售量和销售额的数量目标来体现；③通过策划，企业本期效益与上期效益的数量对比目标；④通过策划，企业在整个市场上市场占有率的提高程度；⑤通过策划，企业与竞争对手相比，其相对市场占有率的提高程度；⑥通过策划，企业与同期相比，新增客户的数量；等等。

定性目标所涉及的策划内容体现在：①通过策划，为企业建立一套新型的管理模式、营销方式；②通过策划，为企业建立一套稳定的系统性商业营利模式；③通过策划，提高企业的管理水平和市场反应速度；④通过策划，为企业建立一套应对市场变化和环境突变的危机预防与对策系统；⑤通过策划，提高企业品牌知名度和美誉度，提高客户对企业品牌的广泛认知和忠诚度；⑥拉近企业与供应商、经销商、消费者之间的关系；等等。

以上所列举的，仅是常见的定量目标和定性目标所对应的策划内容，在具体的策划项目操作中，要根据界定问题的要求、企业的资源、环境的约束、企业策划的目的等多方面，来确定策划项目的策划目标。

在考虑定量目标与定性目标之间的平衡性时，策划人要坚持的基本原则是：定量目标一般侧重于策划项目短期的、局部的、战术性的目标；定性目标一般则侧重于长期的、全面的、战略性的目标。因此，策划人要根据策划项目本身是侧重于长期还是短期，并结合企业或策划委托者的本意，来平衡定量目标和定性目标之间的轻重关系，并最终确定策划项目的目标体系。

具体来讲，如果策划项目本身或策划委托者要求更侧重于定量目标时，策划人则要在确定定量目标的同时，考虑定性目标的要求，设计出与定量目标相匹配的、能为项目实现定量目标后还有可供继续挖掘和继续策划发展的定性目标，并在后续的方案中围绕定性目标加以策略体现。相反，如果策划项目本身或策划委托者要求更侧重于定性目标时，策划人就要在确定定性目标的同时，考虑定量目标的要求，用短期的、可以很快实现的定量目标去支撑定性目标的实现。

(三) 可排序性：依据重点不同明确策划目标的优先顺序

既然策划目标按重要程度可分为重点目标和非重点（次要）目标，那么，在项目策划目标的确定与实施过程中，一个必不可少的要求就是要明确策划目标的优先顺序。

明确策划目标的优先顺序的基本原则是：依据问题的重要性、任务的紧迫性以及对策划项目发展的影响性，来确定策划目标的优先顺序，并依据其优先顺序来安排策略与执行计划。

案例：××产品推广的策划目标排序

策划背景：B区市场是企业本部所在地，也是企业传统的重点市场，其市场份额一直名列前茅，近期由于新加入者的涌入和企业自身的失误，企业市场份额不断下降。为了确保企业自身的地位并有效反击竞争对手，企业决定进行一次大规模的市场推广策划。

策划目标：①确保B区市场占有率提高10%；②确保在整个目标市场上新增500家零售店；③通过本次策划为新产品的推出奠定基础条件。

剖析：不难看出，第一个策划目标为绝对优先目标，是策划的根本方向，能够保证企业在传统的领头羊市场上反击对手；第二个目标的实现，有助于企业通过网络建设来增加竞争对手进入其他市场的成本；第三个目标则为企业下一步通过新产品的推出来提高竞争对手进入市场的门槛和有效控制竞争局面提供了基础。三个策划目标步步为营，环环相扣，其顺序显然不可随便颠倒。

第四节　开发整体性的解决方案与执行性的策略创意

策划问题界定清楚了，策划目标已经确定，与之相关的策划信息已经收集完毕并从中得出了相关结论，下一步重要工作就是要围绕策划目标、针对策划信息、利用策划信息的结论，形成解决问题和实现目标的整体性解决方案和执行性的策略创意。

这里策划人一定要明确解决方案与策略创意的正确关系。迄今为止，不少策划人和策划书将创意看成策划本身，特别是那些将营销策划看做“点子”的点子策划大王，更是将创意本身等同于策划的全部。不可否认的是，作为整个策划过程与策划方案中最具灵活性、最具新颖性、最具创造性的部分，创意方案成为策划活的灵魂，体现了策划人妙趣横生的想象能力和卓尔不凡的策划能力，是策划人价值体系的重要组成部分。也只有策划人的创意方案独特、具有差异性，才能在目前激烈的市场竞争中、在同质化现象普遍存在的市场里牢牢吸引消费者的眼球，吸引消费者的注意力，从而实现策划的目的。然而，再好、再新的创意，只有融入了整体的营销战略、整体的解决方案中，才会真正地发挥作用。

为此，在这一步骤，策划人首要的不是寻求创意，而是要针对策划问题和策划目标，从整体、宏观的战略高度，寻求解决问题的核心思路和战略方向。确定好战略方向以后，才是围绕战略方向，来寻求具体的匹配策略和保证战略与策略能够快速、顺利实施的策划创意。

因此，整体性的解决方案就成为解决策划问题和实现策划目标的核心支撑点与爆发点，是提出整个策划策略与创意构想的“树干”；而围绕战略方向的匹配策略和创意构想，则是将战略性解决方案落地化、操作化的具体执行计划，是围绕整体性解决方案这个树干的众多“树枝”、“树叶”。整体性的解决方案与执行性的策略创意二者共同形成实现策划目标、解决策划问题的“参天大树”，在策划人的辛勤培育下，最终结出策划的“硕果”。

第五节 整理策划方案并形成营销策划书

经过策划创意的历练和整体策划方案的制订过程，基本上就形成了策划方案的整体构架，在此基础上，具有承上启下的一步就是整合前几步的内容，将开发的整体性策划方案的思想和围绕此形成的策略与创意，形成可提交、可交流的文字，即编制完整的营销策划书。

营销策划书的形成过程和写作方法，将在后文做专门讨论，这里简要介绍策划营销策划书的作用与内容。

一、营销策划书的作用

1. 说明作用

通过策划书，对整个策划项目所涉及的策划问题、策划目的、策划信息、策划思路、策划策略、创意表现以及具体的执行计划、时间安排、人员安排、组织保障、控制措施等进行说明。通过这种说明，体现策划人的策划思想。

2. 说服作用

营销策划书在说明策划人对策划项目基本操作思路和操作计划的同时，还具备了一项重要的说服职能，即策划项目的委托者或企业决策者通过阅读、审查策划方案本身，来检查、审视整个策划方案是否与他们的策划预期相符合，是否能够实现预定的策划目标，从而说服策划委托者接受、认可策划方案所体现的策划思路和策略。

3. 指导计划

当策划委托者或企业决策者接受了营销策划书并最终修订、定稿以后，策划书就成为后续策划执行过程的依据和标准，指导整个策划方案的执行过程。

4. 控制标准

在作为指导计划的同时，策划书本身还担负着对策划执行内容、过程进行控制与监督的作用。也就是说，如果其他外在条件没有发生变化而不需要对方案本身进行动态调整的话，那么一切执行活动与方式都要严格遵循策划书既定的内容、计划和安排，而不能偏离，如果发生偏离，则要依据策划书的要求调整执行过程和执行内容，使之回到符合策划方案要求的正确轨道上来。

二、营销策划书的内容

策划方案集中体现为一份制作精美、印刷考究的营销策划书。策划书的写作并没有统一、固定的格式，策划项目不同，策划方案的侧重点就不同，相应的策划书的写作重点也就不同。一般而言，一份完整的策划方案，用策划书来体现，主要包含以下几个方面的内容。

1. 方案名称

策划方案的名称应该简单明了、直接针对策划主题，起到画龙点睛的作用，同时还要富有感召力。

2. 单位名称

单位名称包括策划委托单位和策划单位名称。

3. 保密度和适用时间

保密度不一样，策划方案的阅读对象就不一样，对此策划方案要做出说明；明确策划方案有效性的时间范围，对策划委托方执行策划方案是一种提醒和督促。

4. 营销策划目标

结合策划项目本身的要求，明确本次策划所要达到的目标，作为执行本策划的动力或强调其执行的意义所在，以统一思想，协调行动，共同努力保证策划项目按质按量地完成。

5. 策划正文内容

这是策划方案的核心部分，它具体包括：①基于策划目标的 SWOT 分析；②项目策划的目标市场与市场定位；③项目的整体推广思路与传播定位；④项目的整合营销推广策略；⑤项目策划的创意方案；⑥项目推广的宣传计划与媒介组合策略；⑦项目推广的进度安排与组织保障。

6. 策划项目的费用预算

整个策划项目推广过程中的费用投入，包括策划项目推广过程中的总费用、阶段费用、项目费用、广告传播费用等，其原则是以较少的投入获得最佳的效果。

7. 项目策划的效果预测与评估

效果预测包括两方面的内容：一方面是对通过本次策划推广所能达到的效果进行预测；另一方面是为了消除策划委托者对策划方的疑虑和一部分策划项目的策划效果很难明显确定时，在制订策划方案时，除了对策划推广所能达到的效果进行预测之外，还要提供效果预测的方法与途径，以供策划委托方对策划效果进行测评时采用。

除了以上内容外，一份营销策划书还可包括动态调整的补充方案、与策划项目相关的各种附件内容等。

第六节　营销策划方案的提交与修正

策划方案制订完毕后，不代表策划方案马上就能付诸实施，因为所有的工作只是在策划人这一环节完成的，而策划人对策划方案的把握往往会带有自己的主观思想或偏见；同时，策划方案在付诸实施之前，还需要得到策划委托方或企业决策者的认同与接受，如果他们不认同，则还需要对策划方案进行进一步的修正与完善，唯有如此，策划方案才能走上营销的竞技场去参与竞争。因此，策划方案的提交与修正必不可少。

一、为策划方案的提交做好准备工作

在正式提交策划方案之前，为了保障策划方案外部提交的顺利实施，做好相应的准备工作，则是必须的。

（一）模拟演练

模拟演练是让策划人站在策划委托者或企业决策者等的立场上，来审视策划方案的内容、观点、体系与策略是否可行，是否能够帮助企业顺利实现策划目标；同时要假设对方会提出一些什么样的问题，从而事先采取针对性应答策略的一项准备性活动。其根本目的就是要让策划委托者或企业决策者接受、认可并采纳策划项目组的策划方案。

模拟演练能够使策划人员发现事先没有意识到的、被忽略的以及难以说明的问题，克服“当局者迷，旁观者清”的缺陷，使策划方案在提交到外部决策人员之前就能有一个比较好的完善过程，同时也有利于策划方案外部提交工作的顺利完成。

在模拟演练的过程中，应该明确以下内容并对此进行模拟演练：

（1）策划委托方或策划项目评审委员会对本策划方案的核心关注点主要集中在哪些方面。

（2）根据参与策划方案评审委员会成员的构成和他们的理论水平，设计出他们习惯并能接受的方式介绍策划方案，并进行演练。

（3）就整个策划项目的背景、立意、双方合作的情况、策划项目合作过程中遇到的问题及解决方案等进行模拟性演讲。

（4）就策划方案的基本框架、核心思路、主体内容、主要策略、创意表现、效果预测等向策划委托方或策划项目评审委员做模拟性的推介演讲。

（5）策划委托方或策划项目评审委员可能会提出一些什么问题，策划人员要列出这些问题并拟订相应的答案。

(6) 有关外部提交过程中的时间、场地、方案演讲人员、演讲工具等进行安排和模拟性演练。

模拟演练的基本方式为：项目策划小组中，从与本策划项目无关的内部或外部人员中抽调一部分人，并从策划项目小组中抽调一部分人，共同充当评审委员会成员，作为策划委托方的代表。抽调本策划项目无关的内部或外部人员能够保证其立场和提问的客观性、公正性；抽调策划项目小组中的一部分人能够保证提问的针对性。策划项目小组中的另一部分人扮演策划方案答辩者的角色。

模拟演练的基本功能是把问题都解决在策划方案正式提交给策划委托者或评审委员会之前，因此，如果一次模拟演练的效果不够理想，可以进行第二次、第三次模拟演练，直到达到策划人认为的理想状态为止。

(二) 事前协调与沟通

一份策划案能不能得到最后通过，是由策划委托方或企业决策者所组成的评审委员会来决定的。然而，不管是由谁做出最终决定，不管评审委员会的构成情况如何，其人的差异性总是客观存在的，这种差异性带来的结果就是他们的观点必然各有不同；同时，对策划过程中存在的一些特殊背景他们可能并不是完全知晓。因此，在模拟演练的基础上，在策划方案正式进行外部提交之前，进行事前的沟通与协调不但是必要的，而且是必需的。

一般而言，事前沟通与协调是指一份策划方案在正式进行外部提交评审之前，为取得评审委员会相关人员对策划方案本身，与策划有关的背景、事件等要素的了解、认同及支持而做的准备工作。

事前沟通与协调的操作要领包括：

(1) 在观念上，策划人应该把策划方案正式外部提交之前的协调与沟通工作看成一项使策划方案得以顺利通过并付诸实施的“技巧”与“方法”。

(2) 事前沟通与协调的对象为：对整个策划案能否通过具有重大决策权或影响力的成员；对整个策划案所涉及的背景、事件了解程度不深的成员；尤其是对策划案持反对意见比较大的成员，一定要在事前进行沟通与协调，使他们能从反对者转变为支持者，至少也应让他们成为中立者。

(3) 事前协调与沟通的内容与形式：可在进行外部提交评审之前，将策划方案的框架思路、核心策略以及主要内容提交给评审成员，请他们过目，并提出进一步修改意见，最后请他们多多指导与帮助。这实际上是一个尊重、讨教并表示诚意的过程，在这个过程中，建立起他们对策划方的好感。

(三) 准备正式提交过程中需要使用的各种工具

“工欲善其事，必先利其器。”各种工具的准备，有助于将策划方案顺利、高效地说明、推介给策划委托方以及评审委员会。

总体而言，在正式提交之前需要准备的工具包括三大方面：

一是对策划方案本身进行有效说明的工具，如幻灯片、简报、图片、有关的策划录像、证明文件、资料等。

二是对策划方案进行有效说明、演示的工具，如笔记本电脑、投影仪、投影胶片、USB 移动磁盘等硬件设备。

三是为了辅助策划方案的演示与推介，语言、手势、表情、动作等非文字性表达工具的准备。你的策划方案文字再优美、策略再新颖、逻辑再完整，也需要你向策划委托方进行阐述与讲演，因此，一份策划方案，“写”只是完成了一半的工作，另一半的工作就是你要通过适当的语言、表情、手势向对方讲明白，吸引对方的注意力、抓住其兴奋点，只有这样，你的策划方案才能得到对方的最终认可。事实上，这也是一个对策划方案的推销与表演的过程。而为了你的表演成功，你就要在正式提交之前对你演讲的语言、手势、表情、动作等进行精心的策划与准备。

二、营销策划方案的正式提交与修正

（一）提交的内容要注重先后顺序

（1）在提交汇报的开始阶段，要利用 5～10 分钟的时间概述汇报策划的目的和主要内容，让参与评审的成员对整个策划方案有一个总体性的认识。在这一阶段，汇报者要着力留给评审成员一个好的第一印象。如果是第三方的委托策划，在此阶段需要对双方的合作背景、合作过程及取得的成效做一个简单的回顾，以引起双方的认同感，加深双方的感情，促进本次提交工作的顺利进行。

（2）对具体内容的汇报，可以采用分阶段的方式进行，即可根据策划方案的复杂程度，将策划方案的内容分为几大板块，分别进行汇报。例如，一份大的营销策划方案，可以按照策划目的与任务部分、环境部分、策略部分、创意部分、流程部分、进度部分、预算部分、效果测评部分等几大板块来分阶段、分别汇报。但整个汇报过程必须有一个主线，这个主线就是策划方案的核心主题。一般而言，这个核心主题就是策划方案的卖点，只有围绕卖点来构建汇报板块内容，才能使你的汇报过程和汇报内容做到“形散而神不散”，凝聚策划委托者或决策者的注意力。

（3）在汇报的结尾阶段，要着重突出两点：一是突出策划方案对对方的价值和作用；而是要对未来的合作进行展望和期待，以显示出自己的诚意。

（二）提交过程要注重技巧和方法

（1）策划方案演讲人员要对自己的策划充满自信，充满自信不是骄傲和自大，而是以谦虚、礼貌、不卑不亢的态度来表现出自己的信心。

（2）在整个策划方案的演讲与汇报过程中，策划人员要自始至终体现出高度的专业性和权威性。通过专业性体现出策划方案的科学性；通过权威性体现出策划方案的高度价值。

（3）演讲策划方案时，口齿要清楚，仪态要大方，整个演讲时间不能太长，以 90 分钟为限，通常以 60 分钟为宜；如果策划方案过长，则按照上述介绍的分阶段的方式来加以汇报。

（4）对委托方的问题，要充满信心地回答。对于反对意见或批评意见，不要直接正面地去反驳，而是要沉着应对，仔细分析。如果问题是因为委托方不理解造成的，要耐心地加以解释；如果问题是由提问者的知识水平所限造成的，在回答时也要尽量避免使用否定语，而是采用委婉的语言来说服对方接受；如果对方所提出的问题本身是针对策划方案的不足，则要虚心接受，并保证后续对策划方案进行修正和完善。

（5）要有效地利用各种工具来支持你的汇报过程和策划结论，主要体现在：利用投影仪、幻灯片或录像机来形象化地强化方案内容；利用各种图表、案例、数字化的预期等来强化策划结论，使对方信服。

（三）根据修正意见及时完善方案并反馈给对方

策划方案提交的过程，一方面，是推销策划方案，说服对方接受方案的过程；另一方面，也是对方反馈意见，完善方案的过程。因此，如果对方对策划方案提出了修正意见，而这些修正意见经过双方的讨论，认为有助于策划方案的完善，则策划方必须根据对方的修正意见，及时调整、完善方案，并将完善后的策划方案在尽可能短的时间内反馈给对方，待双方都确认无误后，对策划方案进行最终定稿，进入下一步，即策划方案的实施阶段。

第七节　全面贯彻营销策划方案的执行

一个优秀的策划方案只有通过良好的实施才能实现其预期策划目标，如果策划方案不能得到很好的实施，再好的策划方案要么只能是“纸上谈兵”，要么像艺术品一样被“尘封高阁”。

因此，策划方案通过提交与修正获得通过以后，就进入了策划的实施与执行阶段。在此阶段，工作的核心是要保证策划方案按照预定的策划目标精确有序地执行，并根据环境和执行过程中出现的问题及时调整方案，以保证策划达到预期的目的。全面贯彻策划方案的执行主要涉及方案讲解、组织落实、中间考核、动态调整四方面的工作。

一、策划方案讲解

一般而言，策划部门与实施部门往往是两个完全不同的单位或主体。其要么是企业与第三方策划机构合作推进策划项目，要么是企业的策划部与其他部门合作推进策划项目。

因此，对策划方案的讲解就显得非常必要和关键。因为如果一套策划方案，仅仅依靠文字传递有时会引起误解，导致策划方案实施的失误。从表面上看，这似乎是策划实施者的责任，而实质上这是策划者的责任，因为策划者没有完全将自己的策划意图传达给对方。

与在策划方案提交与修正步骤中对策划方案的讲解不同，此时对策划方案进行讲解的目的不是为了推销策划方案，使策划委托方或企业决策者接受与认可策划方案，而是为了使策划方案执行人员能正确理解、领悟策划方案，从而保证策划方案的正确贯彻与实施。其讲解对象也不是面对企业的决策者，而是策划方案的具体执行人员。

因此，此时对策划方案的讲解，要求内容更为细致、方法更具有操作性。更重要的是，要让执行人员明白策划者在某些方面的真正意图。为此，在策划方案的讲解过程中，一定要把握“说明白”和“说服”两个标准。

案例：未能“说明白”和“说服”导致策划失败

案例 1. 未说明白

一企业做了一个降低生产成本的策划案。

目的：树立成本观念，养成成本意识；管理者与技术人员亲临一线，研究与指导降低成本工作；借此形成风气，使成本持续降低，增强市场竞争力。

结果：产品质量降低，偷工减料风行，市场形象大减。

原因：被理解为“机械式降低成本”。

案例 2. 未能说服

一防火板公司制订了行销策划案，渠道策略规定搞 0＋1 型渠道，即直销＋零售商策略，集团客户采取直销，零散客户直接采用装饰材料零售商，为此，在哈市建了一个办事处。

目的：直销抓大订单，零售商占市场面。

结果：零售商只找了两家，道里区和道外区各一家，市场根本没有打开。

原因：办事处经理自有主意。

具体来说，对策划方案的讲解，要包含以下要点：①策划者的真正意图；②策划目的与目标；③策划方案的创意策略；④策划方案的执行内容；⑤策划方案的执行步骤和进度安排；⑥策划方案实施过程中应该注意的重点问题；⑦策划方案实施过程中的考核标准与责任。

二、组织落实营销策划方案

讲解完毕，就要使策划方案从“文案”进入到“实战”阶段，也就是要组织策划方案的全面实施，为此，要做好以下方面的工作。

（一）通过分工协作明确执行人员的责、权、利

如果策划人员就是策划方案实施的执行人员，策划人员就要亲历亲为，将策划方案按照一定的标准进行分解，然后将策划任务落实到人；如果策划人员和执行人员不属于同一个单位或部门，则策划人员要协助策划方案实施的执行人员，将策划执行任务合理地分配给各个部门和人员，使各部门、各岗位按照各自的任务执行方案。

在这一过程中，要明确执行人员在执行方案过程中的责、权、利，同时根据预算要求和进度安排对策划方案执行过程中涉及的支出、时间进度等进行严密控制，以便发现问题时能及时进行调整。

（二）发挥团队力量确保策划方案的全面实施

分工不分家，这是策划方案执行过程中必须坚持的座右铭。也就是说，要在分工的基础上充分发挥团队的力量，以确保策划方案的全面实施。

在今天这样一个盘根错节的社会里，任何工作仅仅依靠个人的力量是很难做到十全十美的，策划方案的实施同样如此。一份策划方案的全面实施是一个系统工程，涉及市场部、销售部、财务部、生产部、后勤部等各个部门以及相关成员的参与和协作，因此

必须依靠团队的支持和协作才能确保策划方案的全面、系统推进，形成“1＋1＞2”的整体优势，产生强大的市场冲击力。

事实上，发挥团队作用的原则适用于策划的全过程，从寻求策划主题、探讨策划创意、进行方案修正与完善、推销策划方案到策划方案的全面实施，都必须发挥团队的智慧和力量。

（三）消除组织成员对实施策划方案的抵触情绪

当策划人员完成一份策划方案并交给实施部门实施时，经常会听到这样的牢骚：“大家正忙的团团转，又要我们搞什么？这些策划人真是烦死人，也不替我们一线的人员想一想，我们的工作本来就做不过来，哪还有时间做别的。”（冯健民，1999）

显然，像这样的抱怨或牢骚是营销策划方案实施过程中经常遇见的。从心理学和工作的实际情况来看，这样的牢骚可能是正常的，因为每个人都会形成一种惯性的工作作风，不愿意承担新的责任和风险，加之自身工作的烦琐性和忙碌性，对一个前景不甚明朗的新方案自然会找各种理由来抵制或消极应对。然而，这对策划方案的成功却产生了相当大的副作用。因此，不管组织成员产生抵触情绪的原因是什么，策划者或负责策划实施的部门必须想方设法地消除组织成员对策划方案实施的抵触情绪。

为了消除组织成员对策划方案实施的抵触情绪，可采取以下措施：

（1）将策划的真正意图有效传达给组织的所有成员，包括直接参与策划方案执行的成员和间接支持策划方案执行的成员，以及与策划方案执行没有太多联系的成员，因为他们对策划方案的态度能够影响前两类成员对执行策划案的态度和行为。

（2）取得策划方案实施过程中各个部门或各个分工板块负责人的支持与协作。作为负责人，他们的一言一行，都直接影响和辐射其他成员的态度，取得他们的支持，他们自然会领导和带动其部属给予策划方案支持，并有效贯彻策划方案的执行。

（3）建立付出与收益的对等机制，并依此有效激励组织成员。这就要求策划的总负责人一方面要向参与策划方案执行的所有成员，阐明本次策划的执行是基于公司利益和公司发展的角度，公司发展，自然个人就能从中得到发展；另外，如果可能，应该把个人的付出与在未来职业生涯发展以及策划执行完毕所取得效益后获得的奖励、效益以及个人事业提升建立起对等的关系，从而激发组织成员的积极性，以全面贯彻方案的执行。

（4）在策划的实施过程中建立一套有效的预警和反馈机制，对通过各种途径都无法消除的抵触情绪，及时发现并采取相应的措施来加以应对，确保策划方案实施通道的畅通。

三、策划方案实施过程中加强考核

既然在策划方案的组织落实中明确了执行人员的责、权、利，同时为了消除执行人员对策划方案的抵触情绪而建立了付出与收益的对等机制，那么，根据权责一致的原则，在策划方案的实施过程中就必须加强考核。

同时，加强策划方案在实施过程中的考核，本身也是对策划方案实施的内容、进度等进行监督与调控的一种手段，这对确保策划方案取得与预期目标一致的成果具有十分重要的作用。

（一）中间考核的主要内容

（1）方案实施人员是否按照策划者的真正意图或策划方案的内在要求来执行。例如，一产品试销，结果异于寻常得好，后来策划人才了解到，营业员为获得成绩以得到奖励，便动员所有亲朋好友来买。而策划者策划的目的是通过新产品的试销，来观察新产品对消费者的吸引力。如果有中间考核，及时发现，这种情况就能得到及时制止，不至于出现太大损失。

（2）方案实施人员是否按照策划方案规定的内容来贯彻执行。

（3）方案实施人员是否按照策划方案规定的进度来贯彻执行。

（4）方案实施人员是否按照策划方案规定的预算安排来贯彻执行，是否有超支行为发生等。

（二）中间考核的主要方式

（1）巡查访问：策划人员定期或不定期对策划方案的实施情况进行巡查，深入操作一线查看方案的执行情况，并和执行人员共同探讨方案执行过程中存在的问题或是否存在误差等，以便共同寻求解决方案；同时对巡查访问过程中发现的问题或偏差及时进行纠正。

（2）阶段性总结报告：由策划方案的实施人员或负责人在完成一个执行阶段后，向策划考核部门或负责人进行总结汇报，由考核部门负责对阶段性进展进行评估，并提出下一阶段的要求和意见。

（3）“神秘顾客”调查：通过聘请有经验的人扮演顾客，以顾客的身份来检验策划方案的执行情况，以达到考核策划实施人员的目的。例如，在本书作者为一家商场做的“VIP 客户开发与管理策划方案”的实施过程中，为了考核内部员工对策划方案的执行情况和对企业品牌价值的认同感，我们通过神秘顾客调查的方式，聘请在校大学生或有经验的消费者，扮演 VIP 神秘顾客，通过 VIP 神秘顾客的形式，定期或不定期地到商场购物、消费，考核员工的服务态度、服务方式的改变，以检测通过本次策划活动内部员工对 VIP 客户服务水平的提升状况以及对商场品牌的价值认同感和行为变化。

四、营销策划方案实施过程中的动态调整

一方面，策划方案的制订是基于当时的市场环境，而市场环境是不断变化的，当提交通过后的策划方案付诸实施时，市场环境有可能与策划方案制订时发生了变化，尤其是遇到市场环境的突变或临时性的问题产生而使策划方案受到了极大干扰。因此，这就需要在策划方案的实施过程中对方案进行动态调整。

另一方面，在策划方案的实施执行过程中，也可能会发生各种各样的错误，表现为路线错误、理解错误、用人错误、执行错误等，针对这些错误，需要及时纠正，并根据纠正后的结果对方案进行动态调整。

同时，方案本身在实施执行过程中，也会暴露出问题或局限性，这时也需要结合当时的外部环境对方案进行调整与完善。

对策划方案的动态调整，使策划方案更贴近市场实际，并优化营销策划项目的预期效果。

第八节　策划效果的评估与总结

正如在第二章有关策划的误区中所指出的，“策划的成果不仅仅体现于方案的执行完毕，还需要把执行完毕后的点的静态成果上升到面的动态扩散化成果上来”。因此，在全面贯彻策划方案的执行完毕后，还需要对策划的效果、经验以及不足等进行评估和总结。

一、对本次策划效果进行全面评估

一般而言，在策划方案全面实施后，应对以下内容进行分析、总结。

(1) 策划的结果是否与预期目标相一致？如果不一致，结果与预期目标之间的差异体现在什么地方？造成这些差异的主要原因是什么？

(2) 在策划实施过程中是否存在问题或还可以改进与完善的方面？如果有，造成问题的原因是什么？

(3) 在本次策划过程中，有哪些策略、创意以及具体实施等做得非常成功？促使这些成功要素的基本经验有哪些？对下一次策划的启示和借鉴在什么地方？

(4) 在本次策划过程中，还有哪些方面失败了或没有达到预期的目的？其原因是什么？在下一次策划时应该吸取的教训是什么？

(5) 本次策划是否坚持了社会性衍生的基本原则，从而做到了商业性与社会性的统一？是否坚持了预留管线的原则？如果是，则为下一次策划所提供的机会点在什么地方？

对策划效果的评估与总结，要坚持自上而下、全员参与的基本原则，即不应该仅由策划者个人来单独、零散地完成，而应该从策划项目经理、各策划板块负责人到基层策划参与者全体策划成员，通过总结大会、检讨大会等途径来共同完成。尤其是策划项目经理，要有勇气带头进行总结、自我反省并承担策划失败的责任，从而带动其他成员参与策划方案的全面总结与评估。

在以上基础上，要撰写一份“本次策划实施的效果评估与总结报告”，作为本次策划效果评估的书面材料，供全体策划人学习与参考。

二、对策划成果进行系统管理和运用

（一）对策划成果进行系统管理和运用的原因

一方面，作为一名优秀的策划人员，只有通过策划知识和经验的不断积累、不断升华，并在此基础上建立起自己的策划知识与信息库，才能提高自己的策划能力和策划效率，从而构建自己的“策划职场竞争力”。因此，策划人员应该有意识、有目的、有计划地积累和储存每次策划的成功经验，并把这些经验进行总结、归纳、分类并上升到系统的高度进行管理和运用。

另一方面，作为一个优秀的策划型团队或策划企业，加强各级部门和策划人员的沟通与协作，建立充分共享的策划知识系统、经验系统，对企业建立自己的策划信息系统、提高在策划市场中的企业竞争能力，具有重要的促进作用。

基于以上两方面，对策划成果进行系统管理和运用，无论是对策划人个人，还是对整个团队和企业，都具有非常重要的意义。

（二）系统管理和运用策划成果的主要内容

从策划开始到策划结束时所涉及诸如环境分析的方法与模型、策划创意的寻求途径、策划书撰写的格式与方法、策划方案实施的系统安排与控制等，都可在本次策划结束后在评估与总结的基础上，形成策划成果并转化为知识与经验体系，而进行系统管理和利用。

（三）系统管理和运用策划成果的方法

（1）档案式储存与管理。每一个策划方案都做成档案，档案不仅包括策划方案本身，还包括与策划有关的各种会议记录、背景材料、访谈记录、策划实施过程中的考核报告书、策划效果评估与总结报告等。

（2）建立在组织操作界面上的、基于计算机技术和网络技术的策划模式或模型。在总结策划效果并进行档案式储存的基础上，策划者要将策划成果进行总结、提炼，作为专门化的知识与经验储存起来，形成策划成果数据库和信息库，并将这些隐性的知识显性化，在此基础上建立在组织操作界面上的、基于计算机技术和网络技术的策划知识模式或模型，通过此系统形成能够相互交流、可以共享的知识与经验体系，以备企业以后的策划项目借鉴和利用。

三、为下一次策划做准备

通过总结与评估本次策划，并建立了系统的策划知识管理体系后，策划人就进入到为下一次策划做准备的工作阶段了。

在下一次策划中策划人应该注意的问题，实际上也是上次策划的不足或需要完善之处。这些总结与分析，将构成策划者下次策划成功的基础。下次策划如果以上次策划的经验和教训为起点，就可以在策划中不断减少直至消除各种问题，使策划人的策划能力不断提高，这实际上也是一个连续不断地循环改进的过程。

本章小结

实战营销策划的八步流程为界定策划问题、收集策划信息、确定策划目标、形成策划创意、制订策划方案、提交策划方案、实施策划方案、策划效果评估与总结。

影响企业的诸多因素往往是杂乱交织在一起的，很多企业家或决策者往往很难从这些错综复杂的问题中分辨出真正制约企业成长的实质性问题，并不知道问题在哪里，关键点在何处。因此，界定出问题所在，就成为策划的第一步，也是最重要的一步。

策划信息收集与评估，是一个承上启下、全方位的信息收集、汇总、整理与分析的系统过程。收集信息的过程是一个资料汇总、信息归拢的过程，信息评估则是一个策划诊断的过程，二者相辅相成，缺一不可。

策划目标是策划要实现的目的和完成的任务，策划目标是整个策划的中心，指导着策划信息的收集、创意的产生以及具体操作方案的形成。

整体性解决方案和执行性的策略创意就是要围绕策划目标、针对策划信息、利用策划信息的结论，形成解决问题和实现目标的整体性解决方案和执行性的策略创意。

策划方案在付诸实施之前，还需要得到策划委托方或企业决策者的认同与接受，唯有如此，策划方案才能走上营销的竞技场去参与竞争。因此，策划方案的提交与修正，就成为必不可少的一个步骤。

在策划的实施与执行阶段，其工作的核心是要保证策划方案按照预定的策划目标一丝不苟地执行，并根据环境和执行过程中出现的问题及时调整方案，以保证策划达到预期的目的，主要涉及方案讲解、组织落实、中间考核、动态调整四方面的工作。

策划的成果不仅仅体现于方案的执行完毕，还需要把执行完毕后点的静态成果上升到面的动态扩散化成果上来。因此，在全面贯彻策划方案的执行完毕后，还需要对策划的效果、经验以及不足等进行评估和总结。

关键概念

营销策划流程；营销策划目标；营销策划方案提交；营销策划效果评估

问题与应用

1. 市场策划八步流程的具体内容都包括哪些方面？
2. 如何有效地界定出企业问题？
3. 营销策划的目标包括哪些类型？
4. 在策划方案的提交过程中，如何进行有针对性的提交工作？

第六章

运用科学的营销策划方法

本章学习指引

内容提要

☆产品概念的挖掘
☆策划主题的开发
☆策划时空的规划
☆金三角策划模式
☆OK 策划决策模式

思路和主线

本章主要介绍了概念、主题、时空运筹策划法，金三角策划法和 OK 策划决策模式三种策划方法及其应用。

学习目标

通过本章的学习，掌握概念、主题、时空策划法，金三角策划法和 OK 策划决策法的基本内涵和运作技巧，并能够在营销策划实践中科学、灵活地运用这些方法。

营销策划的价值关联原理为策划人在面对任何一个策划项目时，提供了核心思想，然而，面对纷繁复杂的环境和一个个具体的策划项目，到底该运用什么样的策划方法去建立策划的价值关联系统呢?

同样，掌握了实战营销策划的八步流程之后，在导入策划项目、产生策划创意的过程中，是不是还有一些通用的方法或模型，可以启迪策划人的思维、指导其创意的产生与方案的制订呢?

于是，在营销策划价值关联原理的指导下，在总结策划开拓者们成果的基础上，通过对策划实践活动的总结与升华，本书提炼出基本的营销策划方法。

事实上，无论是以麦肯锡等为代表的跨国专业型咨询公司，还是以中国特殊的市场背景为生存空间的国内咨询公司，策划走到最后，都要上升到哲学与方法论的高度，这既是对策划所面对复杂环境背后共性的提炼，也是对其在瞬息万变的环境里把握方向的指导。

第一节　概念、主题、时空运筹策划法

在有些策划实践活动中，策划实际上是一个经过概念挖掘、主题开发和时空运筹的过程，即形成了一个概念、主题、时空策划模式。

一、策划概念的挖掘

（一）什么是策划概念

美国市场营销学权威、西北大学教授菲利浦·科特勒认为，在产品的开发策划中，产品的概念有着重要的地位。产品的构想仅仅是公司本身希望提供给市场的一个可能产品的设想，这些设想经过筛选就发展成为产品概念。

同样，一个完整的营销策划，概念的挖掘至关重要。简单地说，策划概念是用有意义的术语表达的精心阐述的构思。表现在产品上，则是能够满足消费者某种需求的产品特征。在这里，概念构成了策划的核心。

任何一种产品都有它的概念，如手机这种产品的概念是能像固定电话一样清晰地通话，体积小、重量轻，能放在衣兜里，可以随时随地通话，能储存电话号码，能接收短消息，有时钟、闹钟和计算器及上网等功能。

（二）如何挖掘策划概念

概念是创意的内现，也是主题的原始生长点。

概念的挖掘过程是连续运用创造性思维和分析性思维的过程，策划人要按照如下步骤进行操作实施。

（1）在系统目标的指向下，从现实和经验中抽取出来一系列的前提，从这些前提出发，运用创造性思维提出许多的构想；

（2）再运用分析性思维，使这些构想向同一目标流动，形成一个策划的轮廓和框架；

（3）这一大致轮廓经挖掘逐渐变成一系列稍微明朗的印象，这些印象经过抽象化后，便形成了策划的概念。

概念的挖掘过程如图 6-1 所示。

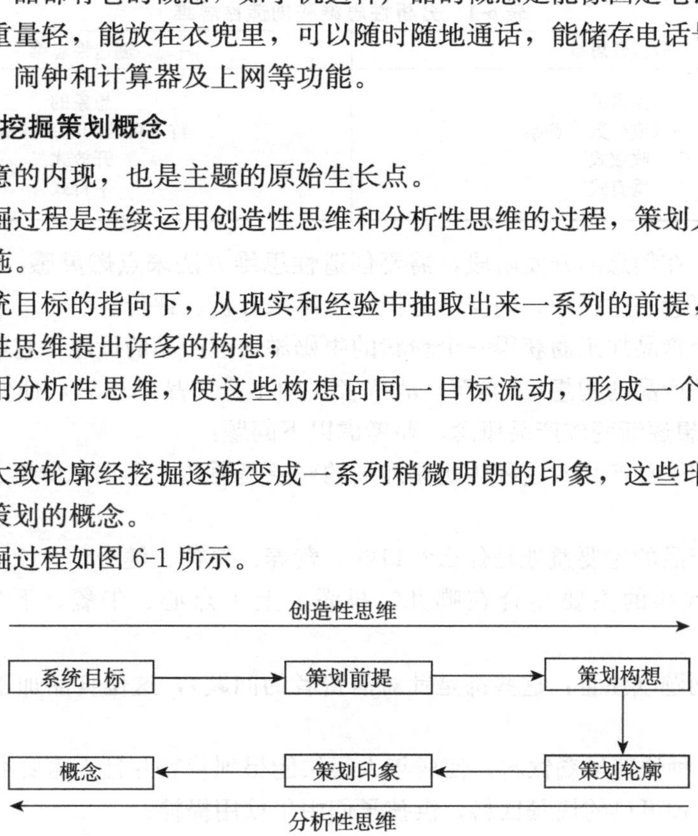

图 6-1　概念的挖掘过程

分析性思维是合乎逻辑的，它衍生出单一或少数的答案，可以实施。创造性思维则需要借助想象，衍生出许多可能的答案或构想。这两种思维形态完全不同，但具有互补作用。经由创造性思维推衍出许多想法之后，必须经过分析，才能选出少数可以实施的方案。分析性思维可以把构想和实务结合起来，但如果要继续发展，则必须由创造力来推动。

分析性思维与创造性思维的区别如图 6-2 和表 6-1 所示。

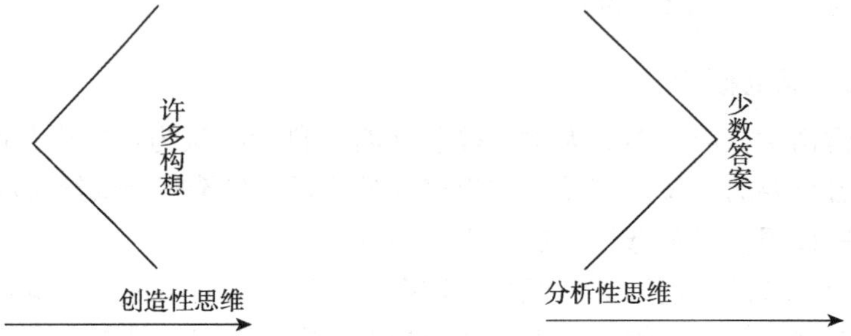

图 6-2 创造性思维和分析性思维

表 6-1 分析性思维和创造性思维

分析性思维	创造性思维
逻辑的 唯一（或少数）答案 收敛式 垂直式	想象的 许多可能的答案或构想 开放式 平行式

由此可见，在创意的开发阶段，需要创造性思维方法来点燃灵感，提供策划轮廓；在构想抽象成概念的过程中，则需由分析性思维来分析、评价。

例如，一个食品加工商获得一个粉状的牛奶添加剂产品的设想，它能增加营养水平和味道，这就是产品的构想，“然而，消费者买的不是产品的构思，他们买的是产品概念”。从产品构想逐渐变成产品概念，要考虑以下问题：

（1）谁使用这种产品？这种牛奶添加剂的对象是婴儿、小孩、少年、青年、中年人或老年人？

（2）这种产品的主要益处是什么？口味、营养、提神、健身？

（3）这种饮料的主要场合在哪儿？早餐、上午点心、午餐、下午点心、晚餐、夜宵？

根据这些问题（注意：这些都是针对消费者的问题），这位食品加工商就会形成几个产品概念。

概念 1：一种快速早餐饮料，使成年人很快能得到营养并且不需要准备早餐；

概念 2：一种可口的快餐饮料，供孩子们中午饮用提神；

概念 3：一种康复补品，适合老年人夜间就寝时饮用。

朦朦胧胧的设想经挖掘形成概念后，便能清晰地表现厂家的意图，并能变成实实在在的产品供给消费者了。

(三) 策划概念挖掘的原则

进行策划概念的挖掘时，要遵循两大原则。

1. 概念要与消费者需求要素相关联

在分析构想、抽象的概念挖掘过程中，最重要的分析原则是“策划能否为消费者所接受”。因为策划者卖给消费者的是“概念”，所以这一概念必须让消费者接受，满足他某一方面的需求。

比如策划一件新产品，就可以参照下列问题进行分析，以形成消费者意欲购买的“概念”：

(1) 新产品是否使消费者觉得它很重要？觉得更舒适？觉得更愉快？觉得更成功？做事更轻松？

(2) 新产品是否给消费者更多的安全感？

(3) 新产品是否使消费者更为迷人？

(4) 新产品是否有令消费者高人一等的感觉？

(5) 新产品是否能保持维护消费者的健康？购买本产品是否使消费者有占了便宜的感觉？等等。

与策划的价值关联原理一脉相承，策划概念的挖掘只有站在消费者需求的立场上，才能使挖掘的策划概念有吸引力，才能提供与消费者需求要素相一致的价值供给系统。

2. 概念要建立在客观实际的基础上

策划者在制订方案时，要实事求是地分析客观实际，这是成功策划的基础，也是形成策划概念的前提。

例如，美国制造地板蜡和打光蜡的最大厂家庄臣公司研制出一种新型的打光蜡，这种蜡有比竞争者的产品更先进的特点——它不是糊状的而是使用喷雾器，能给人以迅速和方便之感。然而这种新产品却打不开市场，于是庄臣公司委托一家广告公司策划这种产品的市场推广。这家广告公司没有去突发奇想，制作新鲜的广告，而是进行周密的市场调查，对顾客进行了长久而严格的观察。他们发现妇女们不喜欢给家具打蜡，因为这种家务事使人厌烦，她们每月打蜡的次数越来越少，打光蜡市场不景气的原因便在此。另外，调查研究表明妇女们每天都对她们的家具“拂拭灰尘”。于是，这家广告公司从调查研究中摸索出一个广告概念：“把庄臣公司的打光蜡放在拂拭灰尘布上”，由此概念生发出“当你拂拭灰尘时立即变得光亮美丽”的广告承诺，结果使庄臣公司的打光蜡市场扩大了两倍。

二、开发策划主题

(一) 何谓策划主题

策划主题是策划的中心思想，是策划为达到某个目的而要说明的基本观念。

策划主题对策划能否取得成功具有重要的战略意义：策划主题是策划的灵魂，统率着整个策划的创意、构思、方案、形象等各个要素，它像一根红线贯穿于整个策划之中，使组成策划的各要素有机地组合成一个完整的策划作品。

例如，《走遍美国》电视英语教材，原名为 *Family Album*，意为“家庭影集”。后来拟定“走遍美国”为策划主题，把这套教材改名为《走遍美国》，在广告中写道：“……看了这部片子，恰如接触了各种生活场景、各个年龄的美国人，学好这部教材，也就熟悉了美国社会生活的许多方面，若有机会去美国，也可以信心十足地应用英语。”为配合销售，商家还开展了抽奖活动，特等奖可免费旅游美国两周，实实在在地“走遍美国”。

完整的策划主题具有三个要素，即策划者的策划目标、策划者提供给参与者策划对象的信息个性以及参与者的心理需求。

1. 策划目标

策划目标是策划者根据组织的宗旨、行动方式、社会角色设定等因素确定的策划要达到的目的和要完成的任务。策划主题只有服从和服务于策划目标，策划才不至于无的放矢、不至于与组织的根本目的相违。例如，德国大众金龟车广告主题“这是一辆诚实的车子”，表现出金龟车质量的高超、检查的严格、对用户的负责，达到“取信于民”的目标。

2. 信息个性

策划的信息个性是指这种策划对象区别于其他商品的特点。策划对象可以是商品、劳务，甚至是某种观念、某种行事方式，但只有把它与一般物品区别开来，才能吸引参与者的兴趣。在产品促销策划中，策划对象即为产品，信息个性即为销售重点；广告策划中，策划对象即为广告提供给广告对象的一种形象或一种观念，信息个性即为这种形象或观念的诉求重点。例如，美国 M&M’s 糖果公司的巧克力是用可食用糖衣包着的，故主题广告语是：“只溶在口，不溶在手”，画龙点睛地表现出产品的信息个性。

3. 心理需求

心理需求是指潜藏在人们心底的欲望和追求，是策划者与参与者的共鸣点。例如，骆驼香烟的“骆驼世界任我闯荡”的广告口号，迎合了美国大多数移民对创业的狂热追求心理。

策划目标、信息个性和心理需求，三者在策划主题中缺一不可。离开了策划目标，策划主题就变成了随波逐流的小舟；离开了信息个性，策划主题就变成了为他人作嫁衣裳；离开了心理需求，策划主题就变成了枯燥无味的说教。因此，任何一个成功的策划主题，应当是策划目标、信息个性和心理需求的和谐统一——策划目标构成策划主题的基础和依据；信息个性使策划主题针对特定的策划对象；心理需求则使策划主题有了生动的活力。

（二）策划主题的特点

1. 吸引注意

策划主题必须引人注目，能引起公众的注意。像“拥有一片美国”就利用了国人的崇美心理，非常惹人显眼。

2. 通俗易懂

当策划主题把策划概念转变为语言和图像时，从某种意义上说是进行了“加工”，这种“加工”应当是通俗易懂、易于大众媒介的传播和公众接受的，如“希望工程”。

3. 强烈刺激

策划主题应当具备一定的冲击力，使策划作用的对象产生相应的行动，如“骆驼世界任我闯荡”。

4. 别具一格

策划主题要有自己的独特之处，以便给人留下深刻的、长久的印象，如“全国走一圈，就喝老白干”。

5. 简洁明快

最简单的东西其实最能深刻地反映事物的本质，如 2008 年中国北京申办奥运会的口号“新北京、新奥运”。

（三）概念与主题的辨析

概念是策划的核心，主题是策划的灵魂。概念是抽象的、原始的；主题是形象的、生动的。概念如同一张馅饼中的馅，主题则是馅饼散发着香气的、诱人的外层。主题正是概念这一策划核心的形象化、情节化和戏剧化！

美国惠特曼巧克力公司生产的“山普拉”巧克力糖自 1843 年上市以来，一直是公司的拳头产品，但进入 20 世纪 90 年代后，其销量下滑。公司重新策划，以“伟大国家的传统礼品”为主题，并以美国早期编织品为其包装纸的图案，使其销量大增。策划在原产品概念之上，换了新的主题，唤醒了公众的民族自豪感，使他们又喜欢上了这一历史名牌。

（四）策划主题的开发

主题的开发要在概念的基础上进行，其过程与概念的挖掘过程类似：首先运用创造性思维，发挥丰富的想象力，得到多个构思；其次运用分析性思维进行筛选，依据主题的特点来确定主题。在此阶段，发挥想象力非常重要，那么如何发挥想象力呢？要注意以下三个方面。

1. 去掉自己为自己想象力设置的障碍

自己设置的障碍主要来自心理：①自己给思考设定限制；②建立单一模式或寻找单一答案；③不愿追根问底；④太快地对想象进行评估；⑤害怕别人的嘲笑。

2. 以概念作为发挥想象的支点

在挖掘主题时，想象不能天马行空、漫无边际，而要以概念作为自己的想象支点。任何浮想联翩的构思，均需回到概念，接受概念的检验，如果这一想象不符合概念，那也只能忍痛割爱。

3. 重新组合不同的元素

广告大师詹姆斯·韦伯·杨认为：“创意完全是原来许多旧要素的新组合。”创造学家罗吉尔·冯·奥赫也认为：“世界上一切东西都可能是有关联的，组合不同的概念是创造思维的核心。把软铜和更软的锡混合造出了坚硬的青铜；……”

重组的技巧有移植、假设、逆向、联结、类比、破除、夸张等方法。

三、时空运筹

策划有了概念，有了主题，有了初步的构思，还得以客观形势为依据，通过严格的分析与规划，制订出具体方案，才可切实推选。在制订这个方案的过程中，最重要的便是审时度势，在时间和空间上进行巧妙地运筹。

三国演义中，诸葛亮在隆中运筹帷幄，以客观形势为依据，通过严谨的分析、全面的综合，为刘备制定了“取荆州、夺四川、成鼎足和图中原”的四阶段性目标，使刘备的“兴复汉室、伸大义于天下”的抽象目标具体化、阶段化、现实化，终使刘备成就一方霸业。这是成功进行时空策划的一个典型案例。

（一）时间运筹

时间运筹，是指策划者根据势态的发展和变化，分步骤、有条理地安排一系列的活动，使“系统力量的重心与最主要、最有决定意义的那部分任务、目标在时间上保持一致”。

时间运筹应遵循“轻重相权选其重、急缓相权选其急；优优相权取其重、劣劣相权择其轻”的原则。

在时间运筹上，应审时度势，积累或释放能量，人为地造成高潮和低潮，从而使策划产生具有冲击力的效果。

例如，台湾三阳工业公司的 125cc 重型野狼摩托车为打开市场，请一家广告公司进行时间运筹，精心策划了一个出奇制胜的促销方案：

从 1974 年 3 月 26 日开始，连续 7 天在台湾两家主要的日报上刊出系列广告，用时间运势，制造高潮。

第 1 天广告：没有厂牌，广告四周是宽阔的网线边，中间保留一块空白，空白的上端有一则漫画式的摩托车插图，图下有几行字，内容是“今天不要买摩托车，请您稍候 6 天。买摩托车您必须慎重地考虑，有一部意想不到的好车就要来了”。

第 2 天广告：只换了一个字：“请您稍候 5 天。”

第 3 天广告：也只换了一个字：“请您稍候 4 天。”

第 4 天广告：内容取消了“今天不要买摩托车”一句，改为“请再稍候 3 天，要买摩托车，您必须考虑到外形、耗油量、马力、耐用度等等。有一部与众不同的好车就要来了”。

第 5 天广告：内容稍改为“让您久候的这部无论外形、马力、耐用度、省油等都能令您满意的野狼 125cc 摩托车就要来了，烦您再候两天”。

第 6 天广告：内容稍改为“对不起，让您久候的三阳野狼 125 摩托车，明天就要来了”。

第 7 天，“野狼”这种新产品正式上市，刊出整页面积的大幅广告，造成了巨大轰动，三阳运往各经销商的第一批货一扫而光。

后来，不但三阳的“野狼”成了畅销品，而且三阳其他型号的摩托车，销路也连带趋好。

这一策划的奥秘便在于对时间进行了充分的运筹，使消费者好奇与期待的心理日益增长，到达一个顶点后终于让新产品露面，形成一个抢购高潮，在势如破竹的销售高潮中，新产品自然脱颖而出。

（二）空间运筹

事物的运动不仅要在时间上展开，而且也要在空间上展开。因此策划时同样要把策划的重心与最主要、最有决定意义的那部分同任务目标保持一致，考虑整个策划活动在空间范围内的运作状态和策略安排，这就是空间运筹。

在辽沈战役中，我军在将国民党军队分割包围于长春、沈阳和锦州三个互不相连的战区的情况下，以毛泽东为首的中央军委全局在握，英明决策，决定首先攻克锦州这一战略要点，切断驻守在北京的傅作义集团与卫立煌集团的联系，便于我军向两翼机动作战，并且把卫立煌集团封闭在东北，形成“关门打狗”之势，并可诱使沈阳之敌出援，造成打运动战的条件。在中央军委的精心策划下，我军取得了辽沈战役的伟大胜利，为解放战争的胜利打下了基础。

从此例可见，在事物的运行空间中，由于各要素占据的位置不同，要素之间的关系也不一致，有许多相互连接的构成点，这些点有关键与非关键之分，关键点往往是决定“势”发展变化的决定性因素。因此，抓关键点是空间运筹的要义。

四、概念、主题、时空运筹的综合策划

概念、主题、时空策划的流程，其实便是思维的轨迹。策划的思路是一个从现实到抽象，再从抽象返回现实的过程，如图 6-3 所示。

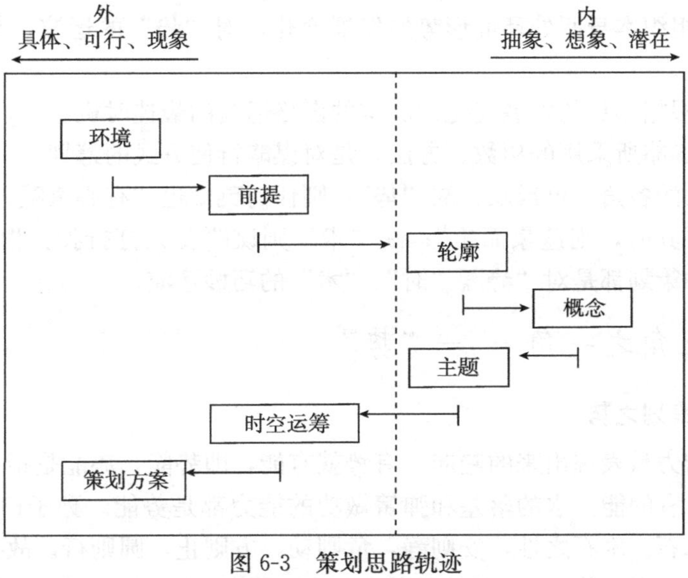

图 6-3　策划思路轨迹

事物在发展过程中，蕴藏着无数的机遇，机遇能激发想象力，触发灵感，形成概念，以概念为基点，升华为主题，再通过把时间运筹与空间运筹结合起来，就能在事物的动态发展中，找准势态在时间和空间上的关键点，从而使策划趋利避害，顺理成章，以最小的投入获得最大的产出，以最低的代价获得最优的策划效果。策划方案形成后，还要把策划方案“计划化”，即变成具体的计划，对策划所需要的人、财、物进行精心调配，并付诸实施。这便是概念、主题、时空策划的全过程。

第二节　金三角策划法

一、金三角策划模式

金三角策划模型是孙黎在 1993 年任深圳市新天方企业策划有限公司总策划师时提

出来的。

金三角策划模型是一种巧妙运筹“势”、“时”、“术”的策划方法，即正确地运“势”、驾“时”和使“术”的策划方法。“势”、“时”、“术”构成一个谋略的金三角，如图 6-4 所示，正符合道家“三生万物”的机理。

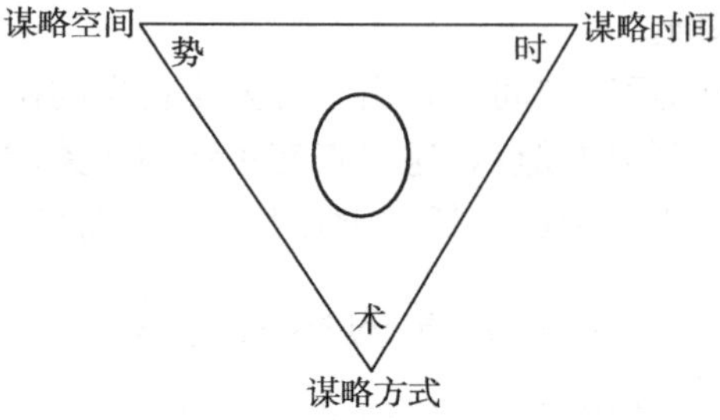

图 6-4 谋略金三角

“势”是指组织本身所处环境形势的发展变化，对“势”的运演，其实便是对谋略所处空间的筹划。

“时”是指根据形势的发展变化而决定的谋略运演的最佳时机。

“术”是指谋略所采用的招数、方法，是对谋略行使方式的筹划。

这一金三角的各角不可或缺，缺“势”，则任何英雄也“有心杀贼，无力回天”；缺“时”，则“不得其时，则蓬累而生”；缺“术”则谋略要大打折扣，根本达不到目标。任何一个优秀的策划都是对“势”、“时”、“术”的巧妙运演。

二、金三角之一角——“势”

（一）何谓策划之势

势是指事物力量表现出来的趋向。有势就有能，即势能，势能是指由物体所处位置或弹性形变而具有的能。水的落差和弹簧做功的能力都是势能。孙子曰：“任势者，其战人也，如转木石。木石之性，安则静，危则动，方则止，圆则行。故善战人之势，如转圆石于千仞之山者，势也。”意思是说：“善于运势的人，他指挥将士作战，好像转动木头和石头一样。木头和石头的特性是放在平坦的地方比较稳定，圆形的就容易滚动。所以高明的将帅指挥军队打仗时所造成的有利态势，就好像圆石从 8000 尺高山上往下飞滚那样，不可阻挡，就是军事上所谓的势。”

策划也有“势”，策划的“势”小和“势”大，就像平地推石头与高山推石头一样，前者用倍力而收微功，后者用微力可收功倍。因此，策划一定要追求更高的“势”，追求更强的“势”，追求更优的“势”，这是策划成功的一大秘诀。

（二）势的增长链

“势”的增长链是指在策划过程中，不断寻求环境中各种因素的支持，使“势”处于周而复始、循环增长的过程。这个过程有如下环节，寻求（建立）优势→发挥优势→保持和强化优势→再寻求新的优势，如图 6-5 所示。

寻求（建立）优势，是“势”的增长链的第一环节，是两次循环的连接点。寻求优

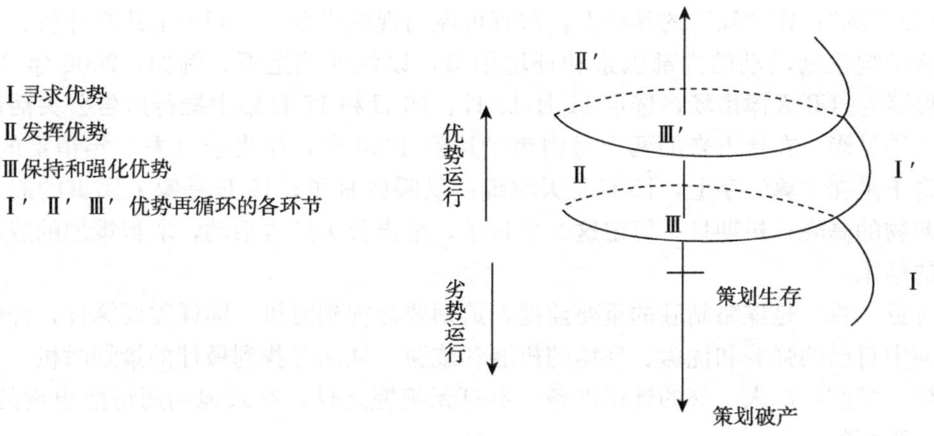

图 6-5　势的增长链

势是发挥优势的前提，没有优势就根本谈不上发挥优势；发挥优势作为第二环节，是寻求优势的目的，也是其逻辑的和历史的推进；保持和强化优势，作为第三环节，是第一、第二环节的补充和必然要求，保持和强化优势就等于再次寻求和建立了优势，为发挥优势提供了新的可能。沿着这条增长链，策划便能巩固已有的优势，并进一步发挥优势。

三、金三角之二角——“时”

（一）何谓策划之“时”

时是指策划的时机，社会重大事件发生和发展的时刻。在时机点上推行策划活动，以使其获得最大成功。

（二）策划之时机的特点

（1）不可逆性——稍纵即逝；

（2）不确定性——变数较多，突发性强；

（3）均等性——均得而生竞争；

（4）可预测性。

（三）时机策划之要点

“知”先、“算”先、“胜”先，是捕捉策划时机的三字秘诀，也是“时间运筹”的前提。

（1）“知”：是捕捉策划时机的第一步，即充分地掌握和了解多方信息，仔细地判断和评估这些信息所表明的策划空间的运动轨迹。一旦发现策划空间的势态发展对己有利，便蓄势准备，待势态运动到最佳时刻，迅速推行策划。这里预先的“知”是非常重要的，杰出的策划正在于预先洞察到推行的时机。

例如，台湾广告商在预先掌握台湾“蓝与白”唱片公司女红歌星方季惟的背景资料的情况下，在方季惟身患癌症的时刻，抓住时机，成功地推出了由方季惟代言的FidoDiao洗发乳公关广告。这一广告策划成功的奥秘就在于预先的“知”。

（2）“算”：在“知”的基础上，对有可能出现的机会，在利用上认真计量、分析各种可能影响策划活动的内部因素和环境因素，以便准确把握。例如，2006 年“亚都”牌加湿器为打开天津市场，选定 11 月 15 日、16 日和 17 日集中推行广告公关活动，其效果立竿见影，在接下来的两个月内销量达到 4000 台，相当于过去 3 年销量的 4 倍！其诀窍正是在“算”字上，15 日是天津统一供暖的日子；16 日是家人团聚的周末；17 日是购物的高峰日星期日。算定这 3 个日子，推出公关广告活动，取得策划的成功就是必然的结果。

可见“算”是谋略制胜的重要前提，策划要捕捉到时机，同样需要算计，分析出策划空间中自己的强弱和优劣、环境的机遇和威胁，从而寻找到最佳的策划时机。

（3）“胜”：高人一筹的计谋准备，不打无把握之仗，有效地利用可能出现的机会，使之一蹴而就。

四、金三角之三角——“术”

“术”是指招数和方法。策划术没有什么固定的框架和死板的教条模式，也无法计量它的数量，它往往是过去的经验领域之外所创造的活动领域，它追求着新奇，创造着第一，它是一只在广阔蓝天中自由飞翔的鸟儿。

“术”虽然无定“术”，但在策划过程中应坚持这样几个原则：①新颖别致；②贴近顾客；③揽势用时；④不拘任何框架与教条模式。

第三节　OK 策划决策模式

OK 模式以 OK 模型为基础，构建策划决策体系，使策划决策的思维结构、思维过程变得直观、生动。

一、OK 策划模型

OK 模型及其各组成部分如图 6-6 所示。

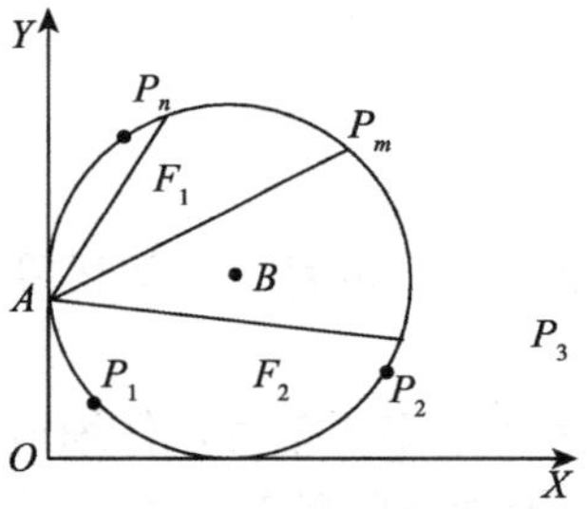

图 6-6　OK 策划决策模型图

（1）X 线表示策划决策的基础，它包含科技信息、经济信息、文化信息和政治信息，以及决策对象的内部信息，是决策者创新的外部依据。

（2）Y 线表示决策基因，它包含决策者掌握的经验、知识、信息和思维方法，是决策者判断与创新的自身条件。

（3）AP_m 线表示决策基因的创新功能，决策者通过创新功能对决策点进行物质性、利益性、信息性和时间性创新，创造出决策优势。

（4）AP_n 线表示决策基因的判断功能，决策者通过判断功能对决策点进行正确性审查，以确保决策不存在劣势。

（5）B 点表示决策对象，是决策者服务的客体，是策划决策的主要受益者。

(6) A 点表示决策目标，是整个决策过程的期望结果。

(7) P 点表示决策点，是支持决策目标的资源，由多个决策点和决策目标组成的逻辑环为决策环。

(8) 圆环即决策环，表示决策目标 A 与决策点 P_1，P_2，…，P_m，P_n 组成一个逻辑思路，可以由决策对象 B 展开实现。

(9) 由决策基因和它的两个功能线形成的 K 状，表示决策者的判断与创新能力。

(10) 由决策基因和决策基础形成的 L 状，表示决策者的主观与客观条件。

二、关于 O

(一) 思维环路——决策目标·决策点·决策环

我们把从因果链条逻辑体系中能分割出来的、有明确目的的、相对独立的逻辑体系称为决策环。

例如，一个农民在实践中总结出这样的规律，并自以为正确（正确与否这里不论）：选好种子，播种在好地方，施好农家肥，春夏之交浇足水，就能获得丰收。这里表述的链条是：丰收→育种→选地→施肥→浇水。

当此地农民的经验对外推广时，人们接受它、选择它、应用它的思维逻辑过程是：选种→选地→施肥→浇水→丰收。

前者是说只要先后做了四件事，就能丰收，后者是说要想丰收就得先后做这四件事。这里丰收是目的，四件事是手段，我们的决策思维往往要进行从目的到手段，再从手段到目的的双循环，目的既是思维逻辑的起点也是思维逻辑的终点。所以我们把决策思维过程表述成决策环，如图 6-7 所示。

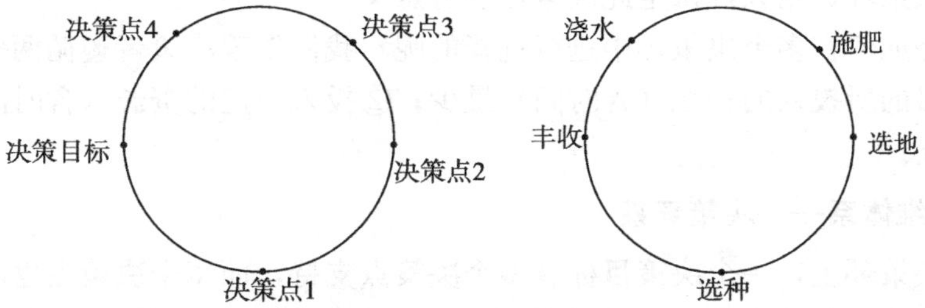

图 6-7　决策环

决策环概念揭示了决策思维的最基本的途径和模式，这对于把许许多多知识、经验整理成决策环，使之便于积累、使之不断完善、在具体决策工作中能迅速地使用等都具有现实意义。

(二) 思维往返——正环与反环

决策者从初始条件出发，按照因果逻辑链条，推导出最终决策目标的过程，称为正环（逆时针方向）。决策者先提出一个决策目标，然后按照因果思维逻辑链条，推导一系列必须完成的行为，即由决策目标推导决策点，我们称这种思维过程为反环（顺时针方向）。

在实际决策思维中，正环与反环往往同时并用，正环想一想，反环证一证。正环是推理环，主要用于企业发展方向的预测；反环是论证环，主要用于决策方案的可行性分析。正环是制订决策方案的阐述顺序，反环是决策执行过程中的监督程序。

(三) 思维网路——交环与选环

1. 交环

由于人们的思维总是从决策点推导出决策目标或从决策目标推导出决策点，所以人们把使用的知识在头脑中编制成环状。但在客观上，一个决策目标可以有多个实现途径，可以由不同的决策点组合来完成；一个决策点可能间接地支持多个决策目标。我们把这种共有决策目标或共有决策点的决策环间的关系，称为交环，如图 6-8 所示。

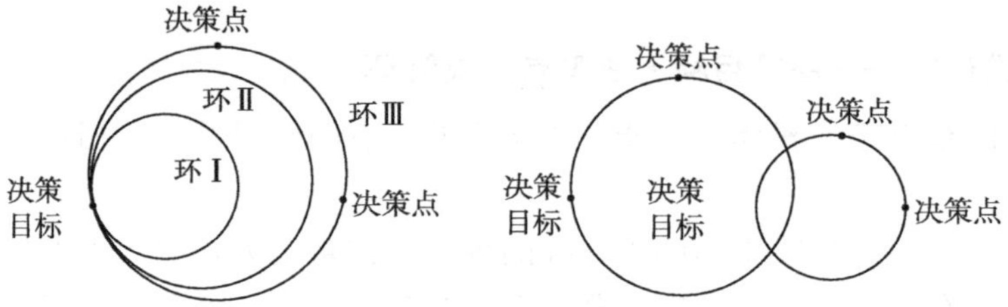

图 6-8 交环

2. 选环

当决策者从一个行为成功出发试图获得更大的成功时，首先要把目前的成功作为新的决策点，以此决策点为线索，把所有自己掌握的使用此决策点的决策环找出来，进而寻求到可能达到的决策目标。决策者可能找到多个决策环，可能只找到一个决策环，也可能找不到决策环。找到多个决策环时则可以优选目标；找到一个决策环，则只能求证；找不到决策环，则只好认定此决策点没有意义。

决策者是如何在多个决策环中进行选择的呢？我们发现决策者遵循两条原则：①为达到一定的目的所投入的资源（含时间）最少；②投入一定的资源（含时间）所达到的目的最有意义。

(四) 思维体系——决策环系

在一个决策环上，一个决策目标有多个决策点支持，而每个决策点也需要必要的支持。从微观来看，每个决策点也是决策目标，它与支持它的决策点构成了一个小决策环。大决策环与小决策环形成了决策环系，大决策环称为母环，小决策环称为子环。子环的决策目标是母环上的决策点，如图 6-9 所示。

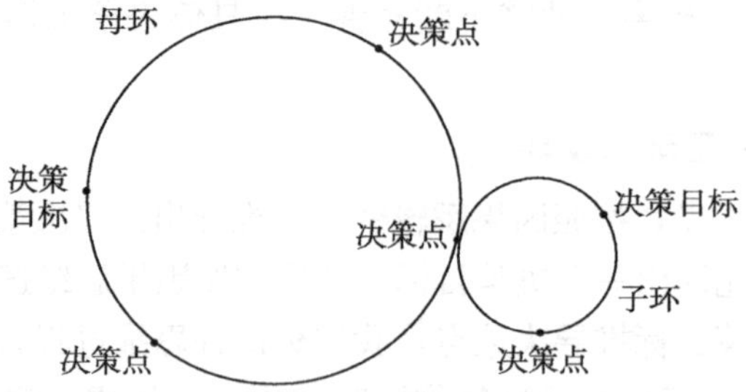

图 6-9 决策环系

（五）思维原则——变环与环变

在一定市场范围内，在一定时期内，同行业的企业针对某一共同的决策目标实现或针对某一同样的企业资源利用，所采用的决策环基本上是一样的。但由于市场在变化，企业拥有的资源在变化，决策者的知识结构在变化，竞争的需要使得决策者不甘于现状，经常地寻求决策上的优势，从而使企业的创新冲动此起彼伏。

决策者的创新一般围绕着两个思路展开：一条思路是把决策点进行新的排列组合，通过与其他决策环嫁接，实现新的更有价值的决策目标；另一条思路是改善子环，使母环决策目标更快更省地实现。我们把前一条思路称为变环，把后一条思路称为环变。

每个企业都有其独特的决策母环，限于自身的积累速度，决策点不发生变化，决策目标很难发生变化。但竞争的出现，不允许企业自我封闭式地按原有的决策环缓慢地发展。当一切都服从新决策目标的时候，自己没有的决策点，就必须去买，买不起就租，租不起就合，与合资方共享优势。所以我们经常看到合资合作使企业出现长足的进步。

依据决策环决策来保证决策的正确性，而成功地变环或环变，是创造性地进行决策，变环与环变过程就是策划。

变环的策划使企业回避竞争，别开生面地进入了新的天地；环变的策划使企业获得了比较优势，把竞争对手抛在了后面。

（六）思维萌芽——残环

决策者头脑中的决策环是通过学习、实践和信息沟通等途径从商务行为的因果逻辑链条中整理出来的相对完整的逻辑体系，所以，每个决策环在决策者的头脑中都有一个发生、发展到成熟的过程。那些虽有一些决策点支持一个决策目标，但决策点不足，这个决策环尚未完全形成，决策者还不能在决策中使用，我们把这种正在形成过程中的决策环称为残环。

决策者的决策环持有量是决策者决策水平的重要标志，而决策者的残环持有量是决策者发展潜力的重要标志。

三、关于 L

（一）决策基因

对决策者的决策思维能力状况，我们称之为决策基因。决策基因决定着决策者的综合决策水平。

决策基因由经验、知识、信息和思维方法四部分组成。经验是决策者长期实践得出来的思维逻辑；知识是决策者理论学习得出来的思维逻辑；信息是决策者通过观察、沟通得到的信号；思维方法是决策者认识问题、分析问题的角度与线路。

从形成顺序上看，一般地，知识先进入决策基因，然后是经验进入，最后是信息进入，思维方法相伴而生。因为人的成长过程一般是先接受系统教育，然后参与社会实践，通过实践使自己有了捕捉信号、加工信息的能力。从稳定性角度看，思维方法最稳定，是习惯养成的；经验次稳定，实践中得来的经验教训变成的思维逻辑，其背后有一系列的故事、心理过程和人生过程，所以更系统、牢固；再次是知识，学习得来的思维逻辑，系统性强，关联度大，逻辑链条长，便于联想；而信息的稳定性最差，它是外部环境的反映，缺乏系统性和长时效性。

决策基因是由经验、知识、信息和思维方法整合出的逻辑整体，它们共同起作用。如果没有经验，仅凭知识、信息和思维方法，可加工出学术论文，但要加工决策环，就很可能与管理执行脱节；如果没有知识，仅凭经验、信息和思维方法，可以形成简单的、低层次的决策环，复杂的、高层次的决策环则难以形成，因为缺乏联想跨度；如果没有信息，仅凭知识、经验和思维方法，就只能从事周而复始的固定事务，因为决策目标是从信号中得来的，变环与环变都需要外部世界的支持；若没有思维方法，仅凭经验、知识和信息，则很难把它们组合成一个有机的整体。

决策基因是决策者“经营”决策的全部资产，其中经验犹如固定资产，可长期发挥作用；知识好比是递延资产，需要不断更新，它不像经验那样容易保值；信息则是流动资产，流动性越好，信息流越大，决策越有产量；而思维方法是无形资产，它是前三种资产组合的黏结剂。

（二）决策基础

决策的信息来源构成决策基础，它是决策者策划与判断可能的依据总和，它包括两个方面：一个是决策对象外部的信息，另一个是决策对象的内部信息。决策对象外部信息又分为科技、经济、文化和政治信息。

四、关于 K

决策者的决策基因有四个构成成分，即经验、知识、信息和思维方法。这四个构成成分间相互作用，外化出两个功能，一个是判断、一个是创新。判断是决策正确性的保证，是使决策对象不处于劣势的保证；创新是决策进步性的保证，是使决策对象有优势的保证。判断是基础，创新是方向，判断与创新两个功能共同发挥作用，促成了策划决策的形成。

（一）判断功能

判断是决策基因的基本功能，它的作用目标是使决策模式正确，使决策对象处于非劣势状态。那么决策以什么为线索来判断正确性呢？一般地，在观念上有四条判断线索：

第一是物质性判断，即从产品功能、组织功能等方面判断决策对象的状态。

第二是利益性判断，即从产品成本、机会成本、销售策略等方面判断决策对象的状态。

第三是信息性判断，即从公共关系、品牌效果、产品包装等方面判断决策对象的状态。

第四是时间性判断，即从市场时机、生产效率、经营排序等方面判断决策对象的状态。

（二）创新功能

在 OK 模式看来，策划决策者的创新功能发挥有两大任务、四大方向和一系列方式方法。

创新的第一个任务是使决策目标优化，第二个任务是在既定的决策目标的基础上发现、改进、增减决策点，使决策目标实现得更加多快好省。

创新的四大方向也就是判断的方向，只不过是前者是为了改变，后者是为了不变。

策划决策者在确定了创新方向之后，对决策基础是怎么分析的呢？这完全取决于决策者的思维方法。这里介绍几种典型的思维方法，目的在于让读者理解思维方法在策划决策中的作用，而不是要求决策者必须按这些方法去创新思维。因为每一个决策者都应有自己的思维方法，所以这些典型的思维方法只能起到决策者建构自己思维方法的示范和启发作用。

典型的思维方法包括：①逆向思维方法；②组合思维方法；③类比移植思维方法；④关联思维方法。

五、OK 策划原则

O1 原则：决策是始终围绕着决策对象，在一个决策目标和若干决策点构成的逻辑环上进行反复思维的过程。

O2 原则：在决策思维过程中，策划决策者始终关注“为达到一定的决策目标，使用最少最省的决策点；利用一定的决策点，实现最有价值的决策目标”为主方针，来决定决策目标与决策点的取舍和排序。

K1 原则：策划是正确性判断与优势性创新的统一体，没有正确判断基础的创新是盲目冒险，没有优势创新的正确则有墨守成规的危险。

K2 原则：改变决策对象的物质性、利益性、信息性和时间性是策划的四个创新的理念线索。

L1 原则：对于决策者来说，经验是固定资产、知识是递延资产、信息是流动资产、思维方法是无形资产。

L2 原则：要坚实地站在由科技、文化、经济和政治信息构成的决策基础上去策划。

OK1 原则：要忘记一切无关事务和排除一切枝节干扰，沿着新的环路反复推导求证，形成推理案。

OK2 原则：要忘记专有名词和专业术语，忠实地使用实施者喜闻乐见的语言，不厌其烦地把推理案变成决策案，口诀成纲便于记住与传达，突出要点便于管理者深入与分解。

OK3 原则：要忘记所有的辩证法，一步一回首、步步为营、阶段划章、部门划节、字句到人地把决策案变成执行案。

本章小结

本章主要阐述三种策划方法：概念、主题、时空运筹策划法，金三角策划法，OK 策划决策模式。策划实际上就是一个概念挖掘、主题开发和时空运筹的过程。沿着这一思维过程，本书发展成概念、主题、时空运筹策划方法。任何产品都有概念，概念也是主题的原始生长点。运用创造性思维和分析性思维，使得构想向同一目标流动，形成一个策划轮廓，依此轮廓确定策划目标、信息个性以及可满足的心理需求，形成产品的主题。以客观形势为依据，通过严格的分析与规划，制订出具体的策划方案。

策划可以采用“势”、“时”、“术”巧妙结合的方法。先给产品造势，顺势而为选择恰当时机，同时应用各种手段和方法来实现最终目标。

策划时，找出决策点，结合成决策环，根据自身条件及外部环境，实施变环或环变，实现企业目标。变环或环变都需要决策基因的支持，决策基因由经验、知识、信息和思维方法构成。四个构成成分相互作用，分化出判断和创新两个功能，最终形成企业的决策方案。

关键概念

产品概念；策划主题；决策基因

问题与应用

1. 什么是时空策划？为什么要进行时空策划？
2. 时间与运势是什么关系？如何利用时间运势？
3. 空间策划主要解决的是什么问题？请举例说明。
4. 在策划活动中为什么要遵循策划的原理和原则？
5. 为什么面对同样的决策目标，不同的决策者所使用的决策环、决策点不同呢？
6. 为什么拥有一样资源的两家公司，有时它们的决策目标不一样呢？

第七章

提高营销策划的创意能力

本章学习指引

内容提要

☆策划创意的内涵

☆策划创意的生成

☆策划创意的管理

☆营销策划创意的方法

☆提高营销策划人创意能力的途径

思路和主线

本章在分析营销策划内涵的基础上，主要介绍了策划创意的生成过程，如何有效管理策划创意，头脑风暴法、心智图法、TRIZ 创新理论等创意方法以及提高策划人创意能力的思维训练等内容。

学习目标

通过本章的学习，理解策划创意的内涵，掌握策划创意生成的过程和管理的内容，能够运用头脑风暴法、心智图法、TRIZ 创新理论等创意方法在营销策划过程中进行创意方案开发，并利用创意思维训练的途径不断提高自己的营销策划创意能力。

如同 21 世纪是知识经济时代的两大支柱——硬支柱即高新技术、软支柱即创意策划一样，一个好的营销策划方案也有两大支柱——体现科学性的营销策划策略与规划和体现艺术性的策划创意。作为整个策划过程与策划方案中最具灵活性、新颖性、创造性的部分，创意方案成为营销策划活的灵魂，体现了营销策划人妙趣横生的想象能力和非同一般的策划能力，是营销策划人价值体系的重要构成部分。也只有营销策划人的创意方案独特、具有差异性，才能在目前激烈的市场竞争中、在同质化现象普遍存在的市场中有效抓住消费者的眼球，吸引消费者的注意力，从而实现营销策划的目的。

第一节 什么是策划创意

一、创意与创意产业

（一）创意

“创意”一词，在不同的领域，有不同的叫法。在艺术领域，创意这个词较少用，用得更多的是“创造”或“创作”。艺术作品的创作者把自己的价值观、世界观、人生观、审美意识、兴趣爱好等自由地表现在自己的作品中，艺术作品正是因为张扬了创作者的个性和创作姿态，才有其独特的地位。

在英文中，“创造”或“创作”和“创意”都可以是同一个词，即create。根据《韦氏大辞典》的解释，“创造”的意思是“赋予存在”（to bring into existence），具有“无中生有”、“原创”的意思。

就“创意”本身的含义而言，从不同的角度，可以有不同的理解。从企业经营活动的层面来看，创意的特殊性在于，由于价值的非异化特征，引起生产及组织的有机的、复归的特性。创意越来越成为企业创新的内在活力源泉。归根到底，企业创新是社会组织的有机化过程，而创意是更基础层面的社会有机化。离开创意基础的企业创新，只能导向工具理性的技术创新。创意从本质上说，是感性生产，它之所以日渐重要，是对作为理性代名词的生产本身的一个扬弃。创意作为与理性生产相对的感性生产，越来越从分工异化的精英创意，转向全面发展的草根创意；从以生产为中心的创意，转向以生活方式为主导的创意；从理性的机械工程行为，转向演进的生物进化行为。这就从整体上超越了现代性的创新境界。

（二）创意产业

正是创意在组织变革中的作用越来越重要，创意逐渐在企业以及社会各个系统得以迅速发展，并逐渐形成一个全新的产业——创意产业和一个新的经济学体系——创意经济学。尤其是随着信息社会和知识经济时代的到来，人们越来越清晰地认识到，未来经济的真正财富是思想、知本、技能、人才和创新力。

近年来，从发达国家到发展中国家，都兴起了“创意经济热”或“创意产业热”。“资本的时代已经过去，创意的时代已经来临”成为21世纪经济全球化趋势下的知识经济时代的流行语。美国、英国、澳大利亚、日本、韩国和新加坡等国家已把发展创意产业和创意经济提升到政府决策、国家知识产权保护的高度，美国和英国甚至已经把创意产业确定为国家支柱产业。从2003年起，中国对“创意经济”的认识逐步深化并在产业发展上重视起来，北京、上海、深圳和南京的“创意产业园”、“文化创意产业园”、“都市经济园”等如雨后春笋般涌现出来，一些城市已经把“创意产业”作为独立的产业形态在产业政策上加以扶持，北京还提出了建立“创意之都”的目标，上海的各类创意园区在2005年就达到了36个（姜奇平，2006）。随着世界各国对创意产业的重视与推广，创意产业正式成为一门新的产业，开始得到世界各国的认可并得以迅速发展。

2001 年全球创意经济的总产值为 2.2 万亿美元，2005 年达到 2.9 万亿美元，2010 年达到了 4.1 万亿美元。

被誉为全球创意产业之父的约翰·霍金斯定义创意产业为从个人的创造力、技能和天分中获得发展动力，通过知识产权的开发和运用，创造潜在财富和就业机会的产业。它包括将新点子变成新产品的 16 个产业，即广告、咨询、建筑、艺术、设计、时装、电影、音乐、表演艺术、出版、研发、软件、玩具、游戏、电视广播、视频游戏。约翰·霍金斯认为，创意经济的重要性不仅仅局限于这 16 个产业，创意经济基于某种运作模式，只要适用于创意经济模式的产业，都可划归到创意产业中。

二、创意与策划创意

从以上对创意含义和创意产业的分析中可以看出，创意的一般含义同样适用于策划创意，而且由策划创意所产生的策划产业属于约翰·霍金斯所界定的创意经济学和创意产业的范畴。

当然，策划创意作为创意范畴的组成部分，与创意的一般含义也有一定的区别，这种区别决定了营销策划创意的独特性。

(一)“创意”和“营销策划创意”在运用范畴上有区别

营销策划创意是带着“镣铐”在跳舞，不是创意人员的天马行空。营销策划创意是营销策划活动的一个重要环节，而营销策划活动是以盈利为目的的商业活动，具有系统的策划目标，要遵循一定的策划程序和执行计划。因此，营销策划创意必然要受到各种条件的约束，营销策划创意人员必须在特定策划目标的指导下，在有限制的自由空间内发挥自己无限的创作潜能。

美国广告大师李奥·贝纳认为，所谓创意的真正关键是如何运用有关的、可信的、品调高的方式，与以前无关的事物建立一种新的、有意义的关系的艺术，而这种新的关系可以把商品某种新鲜的见解表现出来。李奥·贝纳的定义强调了创意是与以前无关的事物建立一种有新意义的关系。同时，值得一提的是，他强调运用“可信的、品调高的方式”，这对今天许多喜欢信口开河、制造虚假信息的营销策划人是很好的告诫。按照本书“营销策划价值关联原理”的要求，所谓营销策划创意的实质也是建立一种关联，只不过这里的关联是如何把企业的策划目标、策划信息与消费者的某种内在需求要素进行有效的关联，而关联的方式、途径就成为营销策划人无限创意的集中体现。

(二)“营销策划创意”要以整体策划策略为指导

营销策划创意是在营销策划创意策略指导下，围绕最重要的营销策划目标，凭借直觉力和策划技能，利用所获取的各种创造元素进行筛选、提炼、组合、转化并加以原创性表现的过程。从中可以看出，营销策划创意必须以整体策划策略为指导，策划创意是营销策划策略的一个重要组成部分，但不是全部，营销策划创意受制于营销策划整体策略并为之服务；营销策划创意必须以传达最重要的策划内容为核心，在某种程度上必须依靠直觉力，但同样也要有一定的技巧；营销策划创意的各种创造要素来自于营销策划人无意识的积累和有意识的学习；营销策划创意是一个动态的过程；营销策划创意可以是原创性的，也可以是对某些要素的组合创新。

营销策划人正确理解营销策划创意与整体营销策划策略之间的关系，对营销策划人既充分发挥自己的创造力，又不失去营销策划的科学性，从而避免“创意好但没有市场”的误区，具有重要的保障作用。

（三）“营销策划创意”要求创意人员置身于客户（策划委托方）和消费者之间

营销策划创意必须使客户的信息有效地传播出去，而且仅仅传播出去还不够，营销策划创意还必须使信息的接受者乐于接受信息。只有实现了这种任务，营销策划才有可能影响消费者的认知、偏好以及具体的购买行为。这就要求营销策划创意人员必须置身于客户（策划委托方）和消费者之间。营销策划创意人员必须基于客户（策划委托方）的产品和服务，从消费者的角度进行思考。正如哈尔·斯特宾思所说的，“创意者是这样一种人：他们对事实进行加工，将其化为一种创意构思，注入感情，让感情打动大众，促使大众去购买”。

第二节　策划创意的生成与管理

一、营销策划创意前的策略准备

在进行系统的营销策划创意前，首先要经过一个有关营销策划创意的策略发展过程。为此，营销策划人要从以下方面做好营销策划创意的准备工作。

（一）明确营销策划的任务与目标

在开始策划创意之前，必须明确营销策划的任务与目标，并以此确定要向消费者传达的策划信息。如果营销策划的目标不明确或信息模糊，或者不能带给消费者明显的利益，或者无法解决潜在消费者遇到的问题，这样的营销策划活动是不可能成功的。

（二）对营销原理要有系统的了解

如果营销策划人要产生有效的策划创意，营销策划创意人就必须对营销原理有所了解，同时，必须从传播的角度去思考营销问题。策划创意人不一定是营销专家或是传播学者，但是必须了解自己的消费者，了解自己的创意要对谁传播。策划创意人不一定要能说会道，但是必须懂得传播沟通。如果策划创意人不能实现有效的传播沟通，策划创意同样是不可能成功的。

（三）对需要策划推广的产品或服务做充分的了解

如果是适合自己使用的个人消费品，营销策划创意人员要尽量去尝试欲策划推广的产品或服务，去体验消费者使用商品或服务的真实感受；同时，考虑如果消费者在消费产品或服务时，会有什么反应和行动，并思考消费者为什么会有这样或那样的反应和行动。如果目标消费者接受了某种创意信息后，是不是开始喜欢策划人欲推广的产品或服务呢？他们会去商场买这个产品吗？他们会直接通过广告邮购吗？他们看了这则网络广告后会立即在网上订购吗？营销创意人应该尽量预先想到可能出现的情况，并思考如何从中做出最好的选择。

(四) 分析竞争对手的情况，做到知己知彼

营销策划创意人员在了解商品或服务的基础上，还要分析竞争对手的情况，了解他们的产品或服务有何优点和缺点，了解竞争对手的策划创意以及推广策略是如何做的。只有这样，才能给自己的策划创意寻找一个恰当的方向，选择一种合适的策略，或是正面对抗，或是侧翼进攻，或是另辟蹊径。

(五) 清楚营销策划活动的预算支出

营销策划活动是一种商业活动，同样，创意的制作与传播，是一种付费的传播。营销策划创意人员必须在策划预算限定的范围内开展创意，否则，策划创意是无法得以实现的。尤其是在涉及广告传播的创意过程中，广告的制作花费巨大，传播费用更大，营销策划创意人就必须对自己的创意要花多少钱有一个科学的估计和预算，做到在既定的策划预算范围内产生好的创意。

总之，营销策划创意人在创意之前必须考虑各种因素，尽量全面地掌握各方面的要素，并做好各种准备工作。这类准备工作实际上也是对营销策划整体策略与方案的思考过程。营销策划创意只有在这些整体策略的前提下，才能产生其应有的功效，为整体营销策划方案的推广与执行“锦上添花”。当然，各种创意前的策略准备工作并不一定是靠个人获得的，它们往往是全体策划人员共同分析整理出来的，而且通常都经过客户（策划委托方）的审核。

二、营销策划创意生成的核心过程

当进行了策划创意前的准备策略之后，营销策划人就知道了策划创意该“说什么”。但是，策划创意怎样把要“说”的“说”出来呢？或者说，怎么样按照营销策划价值关联原理的要求实现价值关联的过程呢？这就到了营销策划创意的核心过程，即“怎么说”，也就是如何产生营销策划创意。

就创意的生成过程而言，虽然有许多规律性的方法可以帮助营销策划人实现创意的生成，但是创意生成的实际过程就像一个神秘的黑匣子，没有任何确定的公式或方程能够完全解释其中的奥秘。广告创意大师詹姆士·韦伯·扬这样比喻创意的产生：“我想，创意应该具有类似冒险故事里的神秘特质，就像在南海上骤然出现的魔岛一般；创意发想的过程就与福特装配线上生产汽车一样；也就是说创意的发想过程，心智是遵循着一种可学习、可控制的操作技巧运作的，这些技巧经过熟练的操作后，就跟你使用其他任何工具一样。”

具体而言，我们可以把策划创意的生成，分为以下五个阶段。

(一) 提出问题阶段

正如营销策划八步流程中的第一步是界定问题一样，创意的第一步也同样是提出问题。提出问题是对旧图式的怀疑，是对以往思维惯式的扬弃与否定，是创意生成的原点。正如伟大的发明家爱因斯坦所说：“提出问题往往比解决一个问题更重要，因为解决问题也许仅仅是一个数学上或实验上的技能而已，而提出新的问题、新的可能性，从新的角度去看旧的问题，都需要有创造性的想象力，而且标志着科学的真正进步。”

在营销策划创意生成提出问题的阶段，营销策划人要从两个方面来着手问题的提出：一是从营销策划的目标和任务中界定出本次营销策划活动要解决的问题，其方法与过程遵循营销策划八步流程中第一步——界定问题所阐述的内容。二是在解决策划活动问题的基础上，明确策划创意要解决的具体问题。

（二）创意酝酿阶段

创意酝酿阶段是旧惯式破坏、新惯例产生的阶段，这是一个非常艰难的过程，需要策划人大量知识与经验的储备。这些知识与经验既要能满足解决当前策划问题的需要，又要能够为未来产生新的策划创意奠定基础。

在创意酝酿阶段，营销策划人要完成的主要任务是消化和转换信息，在头脑中进行象征性的创意尝试，以对现有资源和新的资源进行组合与吸收，为策划创意的最终生成储备足够的素材。在这一过程中，营销策划人的思考不应受到理性、惯有的思维习惯、现有文化与传统等可能阻碍策划创意产生的因素的制约。

（三）创意孵化阶段

经过创意的酝酿后，就进入了创意的孵化阶段。在创意孵化阶段，需要营销策划创意人员集中精力，围绕要解决的策划问题或策划内容，在吸取创意酝酿阶段所产生的素材与初步成果的基础上，进行综合思考，在一次又一次的否定、吸收、再否定、再吸收的动态过程中，试图产生可供初步应用的新想法、新思绪。在这一过程中，需要营销策划创意人员充分发挥创造性的思维，尤其是不要忽视直觉的作用。

（四）创意产生阶段

经过创意的酝酿和孵化阶段后，创意者往往会出现突发灵感的现象，表现为新的创造性方案、新的创意轮廓在意想不到的瞬间突然来临，这就是创意的正式产生，也就是通常所说的“灵感产生”。

在实际的创意过程中，灵感的来临，有时是很戏剧性的，有时会出现在半睡眠的模糊状态中，甚至有时出现在正在从事的其他与策划活动相关或不相关的活动中。这实际上是营销策划人在前期酝酿阶段和孵化阶段集中思维的潜意识结果，这也是创意产生最神秘的地方。从科学的角度而言，这属于策划人创意产生的“黑箱”过程。

（五）创意成熟完善阶段

在创意的成熟完善阶段，新的、最终的创意方案逐步完善并成型。这个阶段其实就是“平衡”阶段，策划创意生成并固化后，平衡状态即结束。在这里，“平衡”既是一种状态，又是一个过程。之所以说这是一个过程，是因为创意生成后，还需要十分耐心地琢磨、雕铸、补充和完善，同时还需要使创意与实际结合，能够成功运用于实践。未进行雕铸和完善的策划创意是较低水平的创意，是渐进式创意，是一个不断修正、不断完善的过程（郭辉勤，2007）。因此，营销策划人在创意产生后，还要根据策划目标和任务的要求对创意进行不断完善。

三、对策划创意的管理

除了遵循创意产生的一般步骤之外，如果能进行有效的策划创意管理，必然会有助于策划创意的成功产生。奥美环球广告公司总裁肯纳斯·罗曼认为："把握创意首先要遵循容忍过失的原则，同时，出色的创意工作无论在概念还是实施上都独一无二，所谓独一无二就意味着从未有人尝试，因而要冒一点儿风险。"为此，奥美环球广告公司通过以下方式加强了对创意的管理。

（1）保护新创意。创意就像一个初生的婴儿，小小的、不成熟、尚不成型，所以广告公司和广告主要保护这些创意，直到它们成熟为止，因为世上没有哪个创意毫无意义，或者产生之时就完美无缺。

（2）准备受惊。独出心裁的标准之一便是"惊异效果"。创意代表着变化且常常向某些固有的成见挑战，创意越别具一格，就越显得是在干出格的事。

（3）寻找"魔术师"和"管道工"。广告公司既需要那些能提出创意的人，也需要那些能维护"机器"运转的人。

（4）为创意创造一个环境。尽量倾听，将创意的评估与创意的产生区分开。

（5）勿将调查与创新混淆起来。人们往往错误地应用调查，调查有助于创意的产生，但其本身却极少产生创意。

（6）保持和谐。与外界保持和谐，创意产生常出自偶然，而那些早有准备的人就会抓住它不放。

（7）将资料转换成意义，再将意义转换成战略。我们处于各种统计数字的包围之中，必须超越这些数字，从中发现它们对消费者的意义。

（8）重新制作"车轮"。寻找一条重新考虑创意的途径，广告业中跑得最好、最快的车轮便是由你自己制作的那个。

（9）微笑，许多创意具有完善的幽默感，请和它们一起微笑。

奥美环球广告公司在自己的创意管理之下，创作出许多成功的创意方案。同样，以上对创意的管理原则同样适用于营销策划人员对策划创意的管理，这对于激发创意的产生具有重要的促进作用。

第三节　几种典型的创意方法

发展营销策划创意策略的具体创意方法有很多，本节介绍几种典型的创意方法，营销策划人可结合营销策划活动的实际问题，加以灵活运用。

一、头脑风暴法

头脑风暴法又称智力激励法、自由思考法，是由美国创造学家 A.F. 奥斯本于1939年首次提出、1953年正式发表的一种激发创新性思维的方法。此法经各国创造学研究者的实践和发展，至今已经形成一个发明技法群，如奥斯本智力激励法、默写式智力激励法、卡片式智力激励法等。

（一）头脑风暴法激发创新的机理

为什么头脑风暴法可以激发创新思维？根据 A.F. 奥斯本本人及其他研究者的研究，其激发创新思维的机理主要有以下几点：

第一，联想反应。联想是产生新观念的基本过程，在集体讨论问题的过程中，每提出一个新的观念，都能引发他人的联想，相继产生一连串的新观念，产生连锁反应，形成新观念堆，为创造性地解决问题提供了更多的可能性。

第二，热情感染。在不受任何限制的情况下，集体讨论问题能激发人的热情。人人自由发言、相互影响、相互感染，能形成热潮，突破固有观念的束缚，最大限度地发挥创造性的思维能力。

第三，竞争意识。在有竞争意识情况下，人人争先恐后，竞相发言，不断地开动思维机器，力求有独到见解、新奇观念。心理学的原理告诉我们，人类有争强好胜心理，在有竞争意识的情况下，人的心理活动效率可增加 50%或更多。

第四，个人欲望。在集体讨论解决问题的过程中，个人的欲望自由，不受任何干扰和控制，是非常重要的。头脑风暴法有一条原则，不得批评仓促的发言，甚至不许有任何怀疑的表情、动作、神色。这就能使每个人畅所欲言，提出大量的新观念。

（二）头脑风暴法的实施要求

1. 组织形式要求

参加人数一般为 5～10 人（课堂教学也可以以班为单位），最好由不同专业或不同岗位者组成；会议时间控制在 1 小时左右；设主持人一名，主持人只主持会议，对设想不作评论；设记录员 1～2 人，要求认真将与会者的每一设想（不论好坏）都完整地记录下来。

同时，为了提供一个良好的创造性思维环境，还应确定专家会议的最佳人数和会议进行的时间。经验证明，专家小组规模以 10～15 人为宜，会议时间一般以 20～60 分钟效果最佳。专家的人选应严格限制，便于参加者把注意力集中于所涉及的问题。

2. 会前准备工作要求

（1）会议要明确主题。会议主题要提前通报给与会人员，让与会者有一定准备。

（2）选好主持人。主持人要熟悉并掌握该技法的要点和操作要素，摸清主题现状和发展趋势。

（3）参与者要有一定的训练基础，懂得该会议提倡的原则和方法。

（4）会前可进行柔化训练，即对缺乏创新锻炼者进行打破常规思考、转变思维角度的训练活动，以减少思维惯性，使他们从单调、紧张的工作环境中解放出来，以饱满的创造热情投入设想活动。

3. 会议过程控制

为使参与头脑风暴的与会者畅所欲言，互相启发和激励，达到较高效率，在会议过程中，必须按照以下要求，对其进行控制。

（1）禁止批评和评论，也不要自谦。对别人提出的任何想法都不能批判、不得阻拦。即使自己认为是幼稚的、错误的，甚至是荒诞离奇的设想，亦不得予以驳斥；同时也不允许自我批判，在心理上调动每一个与会者的积极性，彻底防止出现一些“扼杀性语句”和“自我扼杀语句”，如“这根本行不通”、“你这想法太陈旧了”、“这是不可能的”、“这不符合某某定律”等语句禁止在会议上出现。只有这样，与会者才可能在充分放松的心境下，在别人设想的激励下，集中全部精力开拓自己的思路。

（2）目标集中，追求设想数量，越多越好。在智力激励法实施会上，只强制大家提设想，越多越好。会议以谋取设想的数量为目标。

(3) 鼓励巧妙地利用和改善他人的设想。这是激励的关键所在。每个与会者都要从他人的设想中激励自己，从中得到启示，或补充他人的设想，或将他人的若干设想综合起来提出新的设想等。

(4) 与会人员一律平等，各种设想全部记录下来。与会人员，不论是该方面的专家、员工，还是其他领域的学者，以及该领域的外行，均一律平等；各种设想，不论大小，甚至是最荒诞的设想，记录人员也要认真地将其完整地记录下来。

(5) 提倡自由发言，畅所欲言，任意思考。会议提倡自由奔放、随便思考、任意想象、尽量发挥，主意越新、越怪越好，因为它能启发人推导出好的观念。

(6) 不强调个人的成绩，应以小组的整体利益为重，注意和理解别人的贡献，人人创造民主环境，不以多数人的意见阻碍个人新的观点的产生，激发个人追求更多更好的主意。

二、心智图法

(一) 什么是心智图法

心智图法（mind mapping）是一项流行的全脑式学习方法，由英国著名的心理学家、英国头脑基金会总裁 Tony Buzan 发明。它能够将各种点子、想法以及它们之间的关联性以图像视觉的景象加以呈现，并能够将一些核心概念、事物与另一些概念、事物形象的概念组织起来，输入我们脑内的记忆树图。运用心智图法，我们可以对复杂的概念、信息、数据进行组织加工，以更形象、易懂的形式展现在我们面前，如图 7-1 所示。

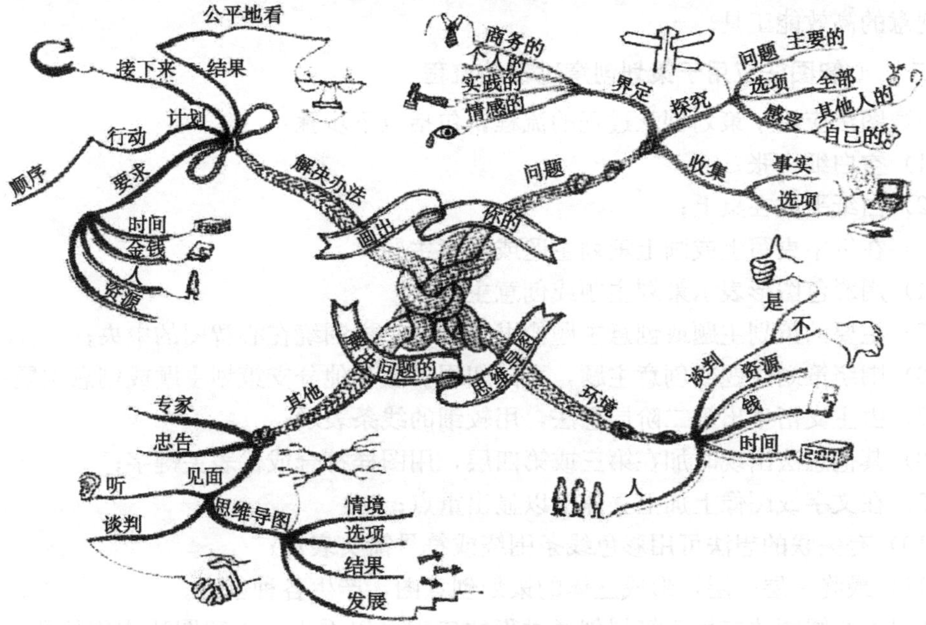

图 7-1　心智图模式

从图 7-1 可以看出，心智图法是从一些中心概念、问题入手，然后不断链接中心概念线并不断扩展，最终发展为针对一个中心问题的大量的解决方法与创意方案，并通过运用结构、关键字、颜色、图像、超链接（以及声音），将外部概念引入我们的思维和生活。简言之，心智图法就是将中心概念与关联概念连接起来的一种方法，不同于直线性思考方法，心智图法通过训练运用全脑思考，来刺激我们的想象力和创造力。因此，它被认为是全面调动分析能力和创造能力的一种思考方法。

（二）心智图法的应用范围

心智图法的应用范围非常广泛，主要体现在以下领域：

（1）个人用途。为了提高个人效能，如阐释个人的主意、规划，控制复杂信息，以及时间和项目管理等。

（2）团队用途。提高团队的创造力和团队精神，如对员工会议、项目会议、知识管理的方案进行设计与发展。

（3）企业用途。创造开放、合作的企业文化，使工作流程标准化，并对项目管理、人力资源管理、销售与市场管理、研发管理等提供支持。

（4）具体事件。在处理具体事件过程中，如何增强与利益相关者的沟通以及互动合作，使讨论、交流的信息可视化，并使得后续的信息发布、报告更为便利。

（5）除此之外，心智图法还可广泛用于一系列的活动，包括记录、报告、回忆、提高创造力、捕捉创意、总结、概要、讲演思路、分析、解决复杂问题等。

从以上心智图的应用范围可以看出，心智图法对营销策划创意的产生，具有非常重要的促进作用。心智图犹如树枝状般向四周放射的线条，密密麻麻写满各种事项，缤纷的色彩及图形，乍看之下，或许会以为是孩童的涂鸦，其实却是一套帮助分析、学习并产生创意的高效能工具。

（三）心智图法应用于策划创意过程的流程

心智图法应用于策划创意过程的流程，包括以下步骤：

（1）空白纸一张；

（2）白纸平放在桌上；

（3）在纸中央写上或画上策划主题或创意主题；

（4）用彩色图形表示策划主题或创意主题；

（5）主要的策划主题或创意主题像书的章节一样围绕在心智图的中央；

（6）围绕策划主题或创意主题，可向四周扩散其他分支策划主题或创意主题；

（7）由主支衍生出第二阶层想法，用较细的线条表示；

（8）其他想法出现时加在第三或第四层，用图样符合或代表关键字；

（9）在文字或图像上加上立体框以显出重点；

（10）有关联的想法可用彩色线条围绕或符号箭头表示；

（11）最终一层一层，形成立体的策划创意图，产生各种创意。

从以上心智图法应用于策划创意过程的流程可以看出，心智图法应用的要点在于：将主要概念、想法放置于图的中心位置，最好用图片来表示它；尽量使用大空间，以便稍后有足够的空间添加其他内容；如果有帮助的话，可以使用不同的颜色和大写字母；在心智图上寻找、发现关系；为次级主体建立次级中心。例如，要为一个项目寻求解决方案，可应用心智图法从不同角度加以延伸，最终形成立体化、系统化的项目创意解决方案，如图 7-2 所示。

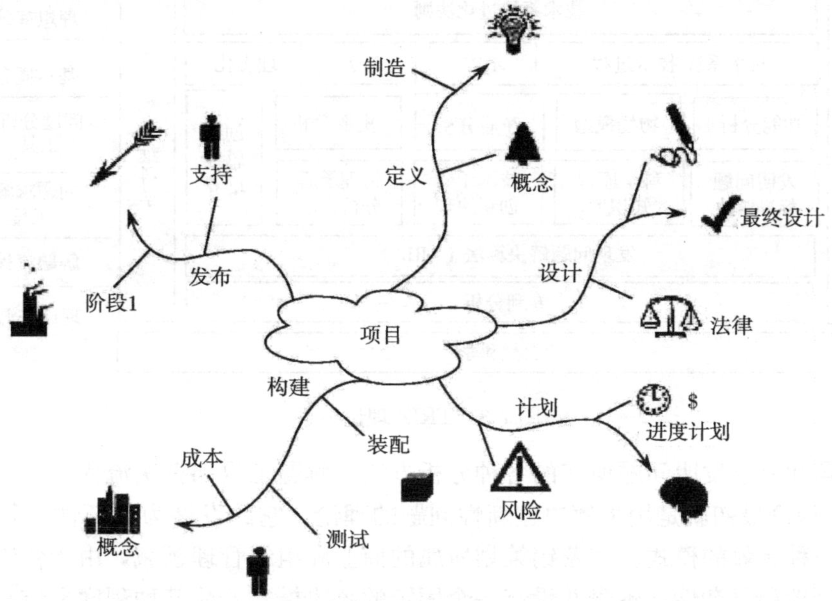

图 7-2　运用心智图法寻求项目解决方案

从图 7-2 可以看出，描绘出设想中的项目方法体系的一个行之有效的方式是在纸上画出框架或先在脑海中进行构思，然后再扩展到组织的所有领域进行综合考虑。具体而言，它有一个中心主题和主题的分支，这些分支由中心主题这个核心延伸而出，包含关键字，并且相互联结；它们汇集在一起，最终形成所需的解决方案或创意“图片”。

三、TRIZ 创新性问题解决理论与方法

TRIZ（theory of inventive problem solving）是俄文创新性问题解决理论（teorija rezhenija inzhenernyh zadach）的词头。该理论是苏联的 G. S. Altshuller 及其领导的一批研究人员自 1946 年开始，花费 1500 人/年的时间，在分析研究世界各国 250 万件专利的基础上提出的创新性问题解决理论。Altshuller 通过分析大量专利后发现，任何领域的产品改进、技术的变革、创新和生物系统一样，都存在产生、生长、成熟、衰老、灭亡，是有规律可循的。Altshuller 通过总结各种技术发展进化遵循的规律模式和各种技术矛盾和物理矛盾的创新原理和法则，建立了一个由解决技术，实现创新开发的各种方法、算法组成的综合理论体系，并综合多学科领域的原理和法则，最终构建起 TRIZ 理论体系，如图 7-3 所示。

这一方法学体系是以辩证法、系统论和认识论为哲学指导，以自然科学、系统科学和思维科学的分析和研究成果为根基和支柱，以技术系统进化法则为理论基础，以技术系统（如产品）和技术过程（如工艺流程）、（技术系统进化过程中产生的）矛盾、（解决矛盾所用的）资源、（技术系统的进化方向）理想化为四大基本概念，包括了解决工

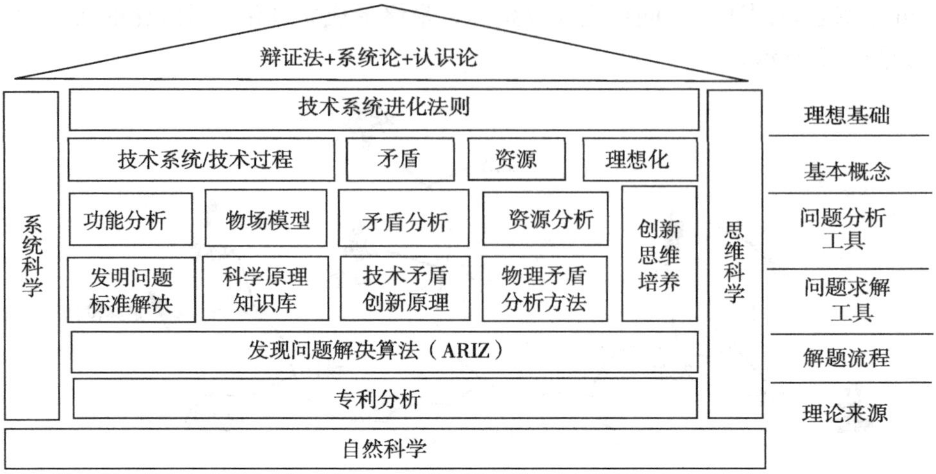

图 7-3　TRIZ 理论体系

程矛盾问题和复杂发明问题所需的各种分析方法、解题工具和算法流程。

TRIZ 理论最初就是用来解决创新性问题的理论，它的发展为创新性的复杂问题解决提供了一种有效的模式。在营销策划所属的商业和组织管理领域，由于营销创意问题的情景依赖性和复杂性，本身并没有一个固定的解决模式，从某种程度上讲，也是一种创新性问题，TRIZ 同样适用于复杂营销创意问题的求解过程。

（一）TRIZ 主要创新工具和方法

1. 40 个创新原理

原理是获得冲突解所应遵循的一般规律，Altshuller 等通过对 250 万件发明专利的分析研究，抽出了 40 个发明创新所遵循的原理，它成为 TRIZ 解决技术矛盾的关键，这些原理反映了 TRIZ 对创新性问题的认识和冲突处理过程，用于指导解决冲突和产品创新。这些发明原理如表 7-1 所示。

表 7-1　TRIZ 创新原理

序号	名称	序号	名称	序号	名称	序号	名称
1	分割	11	预补偿	21	紧急行动	31	多孔材料
2	分离	12	等势性	22	变有害为有利	32	改变颜色
3	局部质量	13	反向	23	反馈	33	同质性
4	不对称	14	曲面化	24	中介物	34	抛弃与修复
5	合并	15	动态化	25	自服务	35	参数变化
6	多用性	16	未达到或超过的作用	26	复制	36	状态变化
7	套装	17	维数的变化	27	廉价替代品	37	热膨胀
8	质量补偿	18	振动	28	机械系统的替代	38	加速强氧化

续表

序号	名称	序号	名称	序号	名称	序号	名称
9	预加反作用	19	周期性作用	29	气动与液压结构	39	惰性环境
10	预操作	20	有效作用的连续性	30	柔性壳体薄膜	40	复合材料

2.5 个创新等级

当 Altshuller 对 250 万个专利进行研究时，发现可以根据创新程度的不同，将这些专利技术解决方法分为 5 个“创新等级”。第 1 级：技术系统的简单改进，要求技术在系统相关的某行业范围内（32%）；第 2 级：包括技术矛盾解决方法的发明，要求系统相关的不同行业知识（45%）；第 3 级：包含物理矛盾解决方法的发明，要求系统相关行业以外的知识（18%）；第 4 级：包含突破性解决方法的新技术，要求不同科学领域知识（4 %）；第 5 级：新现象的发现（1%）（括号中的值为占总专利比重）。

3. 39 个技术特性及冲突矩阵

在解决系统问题的过程中，当改善系统的某个技术特性时，往往会使系统的其他技术特性恶化，这便产生了技术冲突。例如，为了使轴上的零件固定，采用螺母固定，需在轴上加工螺纹，达到了固定的目的，但是也会削弱轴的强度。TRIZ 理论提出用 39 个抽象的工程参数来描述技术冲突问题，这些工程参数如表 7-2 所示。

表 7-2　TRIZ 理论通用工程参数名称表

序号	通用工程参数	序号	通用工程参数	序号	通用工程参数
1	运动物体的质量	14	强度	27	可靠性
2	静止物体的质量	15	运动物体作用的时间	28	测试精度
3	运动物体的长度	16	静止物体作用的时间	29	制造精度
4	静止物体的长度	17	温度	30	外部有害因素作用的敏感性
5	运动物体的面积	18	光照度	31	物体产生的有害因素
6	静止物体的面积	19	运动物体的能量	32	可制造性
7	运动物体的体积	20	静止物体的能量	33	可操作性
8	静止物体的体积	21	功率	34	可维护性
9	速度	22	能量损失	35	适用性及多用性
10	力	23	物质损失	36	装置的复杂性
11	应力与压力	24	信息损失	37	监控与测试的困难程度
12	形状	25	时间损失	38	自动化程度
13	结构的稳定性	26	物质或事物的数量	39	生产率

表 7-2 中的参数可以分为三类：通用物理与几何参数（1～12，17，18，21）；通用负向技术参数（15，16，19，20，22～26，30，31）；通用正向技术参数（13，14，27～29，32～39）。负向的含义是指这些参数若变大，系统性能变差；正向的含义是指这些参数若变大，系统的性能变好。

TRIZ 理论中，39 项通用工程参数描述了系统中问题的空间，40 条创新原理则填充了问题的空间。在此基础上，TRIZ 理论研究人员通过长时间的分析与研究，提出了冲突矩阵的概念。在 Altshuller 的冲突矩阵中，将 39 个通用工程参数横向、纵向顺次排列，横向代表恶化的参数，纵向代表改善的参数，在工程参数纵横交叉的方格内的数字代表建议使用的 40 个发明原理的序号。矩阵共组成了 1521 个方格，其中有 1263 个方格内有数字。在没有数字的方格中，“+”方格处于相同参数的交叉点，系统矛盾由一个因素导致，这是物理矛盾，不在技术矛盾应用范围之内。“−”方格表示没有找到合适的发明原理来解决问题，当然只是表示研究的局限，并不代表不能够应用发明原理。TRIZ 理论的简化冲突矩阵模型如表 7-3 所示。

表 7-3　TRIZ 理论冲突矩阵模型

改善参数		劣化参数						
		1	2	…	4	…	38	39
		移动物体的重量	不移动物体的重量	…	静止物体的体积	…	自动化程度	生产率
1	移动物体的重量							
…	…							
9	速度				29，4，38，34			
…	…							
39	生产率							

4. 物质场分析

物-场分析模型是 TRIZ 理论中重要的问题描述和分析工具，用以建立与已经存在的系统或新技术系统问题相联系的功能模型。在解决问题的过程中，可以根据物-场分析模型，来查找相对应的问题的标准解法和一般解法。物-场分析是用符号表达技术系统变换的建模技术。“物质”在 TRIZ 中表达的意思非常广泛，可以表达从简单的物体到具有各种复杂程度的系统。“场”则用于表达两个物体之间的相互作用、控制所必需的能量。物-场分析模型包括三个要素，即物体 S_1、物体 S_2 和场 F，三者缺一不可，如图 7-4 所示。

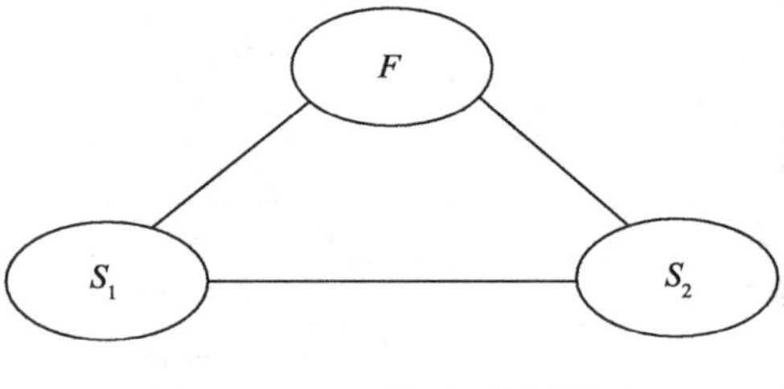

图 7-4　TRIZ 物-场分析模型

物-场分析是 TRIZ 对与现有技术系统相关问题建立模型的工具。技术系统中最小的单元由两个元素以及两个元素间传递的能量组成，以执行一个功能。Altshuller 把功能定义为两个物质（元素）与作用于它们中的场（能量）之间的交互作用，也即是物质 S_2 通过能量 F 作用于物质 S_1，产生的输出（功能）。

5. 发明问题解决算法

发明问题解决算法（algorithm for inventive-problem solving，ARIZ）是为复杂问题提供简单化解决方法的逻辑结构化过程，是 TRIZ 主要的分析问题、解决问题的工具。TRIZ 认为，一个问题解决的困难程度取决于对该问题的描述或程序化方法，描述得越清楚，问题的解就越容易找到。问题求解的过程就是对问题不断描述、不断程序化的过程。经过这一过程，初始问题最根本的冲突被暴露出来，能否求解已很清楚，如果已有的知识能用于该问题则有解，如果不能则无解，需等待科学技术的进一步发展解决，该过程就是靠 ARIZ 实现的。为此，ARIZ 提供了 76 个标准建模和解决方法。

除此之外，ARIZ 中，冲突的消除还有强大的知识库支持。效应知识库包含物理的、化学的、几何的等效应。作为一种规则，经过分析与效应的应用后问题仍无解，则认为初始问题定义有误，需对问题进行更一般化的定义。

通过以上各个部分，最终形成了 TRIZ 理论的创新过程和方法体系，如图 7-5 所示。

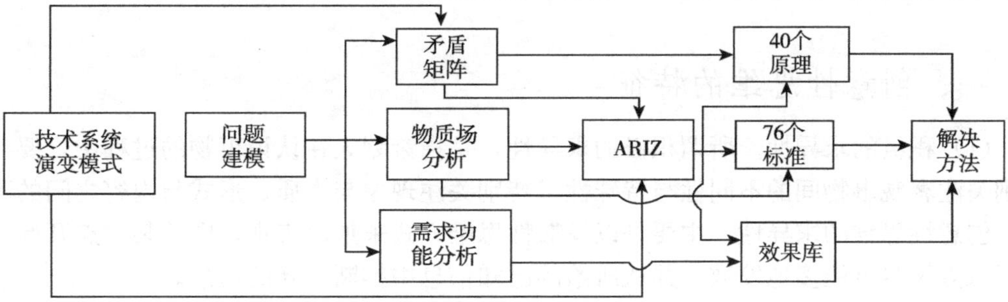

图 7-5　TRIZ 创新过程和方法体系

(二) TRIZ 创新理论应用于营销策划创意

相对于传统的创新方法，TRIZ 理论具有鲜明的特点和优势。它成功地揭示了创造发明的内在规律和原理，着力于澄清和强调系统中存在的矛盾，而不是逃避矛盾，其目标是完全解决矛盾，获得最终的理想解，而不是采取折中或者妥协的做法。而且它是基于技术的发展演化规律研究整个设计与开发过程，而不再是随机的行为。实践证明，运用 TRIZ 理论，可大大加快人们创造发明的进程，而且能得到高质量的创新产品。它能够帮助我们系统地分析问题情境，快速发现问题的本质或矛盾，它能够准确确定问题探索方向，不会错过各种可能，而且它能够帮助我们突破思维障碍，打破思维定势，以新的视觉分析问题，进行逻辑性和非逻辑性的系统思维。正是基于此，TRIZ 已在全世界得到广泛应用，自 1993 年以来，一些著名公司如通用汽车、克莱斯勒、施乐、罗克维尔和强生等已经开始研究和应用 TRIZ 理论，并取得了重大的经济效益和社会效益。

TRIZ 理论创新思想、原理与方法，在营销策划创意过程中，同样具有适用性。TRIZ 理论可为营销策划人提供持续和可控的方法，来刺激高质量创意的快速产生。同时，结合 TRIZ 理论创新原理知识库、系统进化法则知识库和科学技术原理知识库，可以用来引导营销策划人在创意过程中高质量“灵感”的产生。具体而言，TRIZ 创新理论对营销策划创意思维的指导作用集中体现在：

（1）广泛的适用性：TRIZ 创新原理包含的具有普遍性的创新方法和规律，可以广泛应用到营销策划人在策划创意产生的多个领域。

（2）通用、统一的求解过程：TRIZ 理论中，可以通过矛盾矩阵对不同问题中所包含的各种矛盾进行统一、明确的描述，可以在矩阵的每一个节点上找到与该对矛盾相对应的创新原理，然后应用 40 条创新原理来启发我们寻找具体解决问题的方案。同样，在营销策划创意产生过程中，我们也可以构建新的创意矩阵和创意原理，并以此为指导来提高营销策划人的创意能力。

（3）规范、科学的创新步骤：TRIZ 创新理论为营销策划提供了统一的创新步骤和思路，即将特殊问题归结为 TRIZ 的一般性问题，然后应用 TRIZ 带有普遍性的创新理论和算法寻求标准解法，并在此基础上演绎形成初始问题的具体解法，这对营销策划创意中的创意产生同样具有很好的指导作用。

第四节 提高策划人创意能力的思维训练

一、创意性思维的特征

（1）积极的求异性。所谓积极的求异性，是指策划人在认识事物的过程中，要善于特别关注客观事物间的不同性与特殊性，特别关注现象与本质、形式与内容之间的不一致。创意性思维的求异性，主要是以发散性思维方式来加以表现，即从某一点开始，向四面八方做尽可能多地发散，并从所给的已知信息中推断出新的信息。

（2）敏锐的洞察力。创意性思维需要以其敏锐的洞察力去观察和接触客观事实，并不断地将事实与已知的知识或经验联系起来，予以思考，科学地比较事物之间的相似性、重复性及特异性，以尽量为以后的创造过程提供完全真实可靠的论据。

（3）活跃的灵感。灵感是一种综合性的突发心理现象，是在创意性思维与其他心理因素的协同活动中表露出的最佳心理状态。处于灵感状态之中的创意性思维，反映了人的注意力高度集中、想象的骤然活跃、思维的特别敏锐和情绪的异常激昂。

（4）新颖的表达。这是由创意性思维的本质决定的，表达的新颖性可以反过来更好地反映创意性思维的内容，从而加强新观点、新设想、新规划、新创意的说服力和感染力。

二、创意性思维的表现形式

（1）超前思维。“超前”是创意性思维最重要的特点之一。“人无远虑必有近忧”，未来的社会是竞争的社会，立足的根本是创造、是“超前”，尤其是在营销策划领域所属的激烈的市场竞争中，唯有超前，唯有产生超前的、独特的创意，才能在同质化的市场竞争中脱颖而出。

（2）发散性思维：逻辑思维往往是沿着一条直线方向固定地向前进的思维，它的目的常常在于寻找一个正确答案。发散性思维是一种开放性的思维，其过程是从某一点出发，任意发散，既无一定方向，也无一定范围，它主张张开思维之网，冲破一切禁锢，尽量接受更多的信息。发散性思维是营销策划人创意性思维的核心。

（3）直观思维。所谓直观思维就是人们不经过逐步分析而迅速对问题的答案做出合理的猜测、设想或顿悟的一种跃进式思维。对营销策划人而言，直观思维是把注意力宏观地放在策划对象整体上的一种思维，它与逻辑思维微观地把注意力放在事物的各个部分上是很不相同的。

（4）联想思维。联想思维属于想象思维的一种，所谓联想思维，就是人们通过一种事情的触发而迁移（想）到另一些事情上的思维。联想能够克服两个概念在意义上的差距，并在另一种意义上把它们联结起来，由此可以产生一些新颖的想法，这对营销策划人产生新的创意具有重要的促进作用。

（5）幻想思维。幻想属于想象思维的另一种形式。所谓幻想，一般是指与某种愿望相结合并且指向未来的一种想象。幻想在策划人的创意活动中起着重要作用，在策划创意过程中鼓励人们对事物进行各种各样的幻想，以增加创意才能。

（6）灵感思维。灵感思维是策划人在创意过程中达到高潮阶段以后出现的一种最富有创造性的思维突破。灵感思维常常以“一闪念”的形式出现，并往往使策划人的创意活动进入到一个质的转折点。灵感思维是由人们潜意识思维活动达到的一个必然阶段，很多创意成果都是通过灵感思维而最后完成的。

（7）逆向思维。所谓逆向思维，即与一般的思维方向相反，与传统的、逻辑的或群体的思维方向相反的一种思维。事实证明，在营销策划创意过程中应用逆向思维往往能得到出乎意料的创意。

（8）侧向思维。侧向思维是指既不与一般思维方向相同也不是与其正好相反，而是从旁侧开拓出思路的一种思维。

（9）水平思维。水平思维是为了解决一个大问题，从不同的方向寻求互不干扰、互不冲突即平行的方法来解决问题的一种思路。

（10）组合思维。所谓组合思维，就是在思维过程中，通过对世间若干要素的重新组合，产生新的事物或新的创意。

三、创意思维训练

（一）发散性思维训练

可以将材料、功能、结构、组合、方法、因果、关系七个方面作为“发散点”，进行具有集中性的多端、灵活、新颖的发散训练，以培养营销策划人创意性思维的能力。

（1）以某个物品作为“材料”，以其为发散点，设想它的多种用途。

例：尽可能多地写出（或说出）回形针的各种用途。

答：把纸或文件别在一起；作发夹用；可用来代替西装领带上的别针；打开一端，烧红了可在软木塞上穿孔；拉开一端，能在水泥板或泥土上面印痕——画图、写字；拉直了可用做粗织工的针或织针；拉直了还可以做鞋带（穿过鞋带孔扭结起来代替鞋带）；当鱼钩；穿上一条线当挂钩；可用来固定标签；装在窗帘上代替小金属圈等。

练习：

- 尽可能多地写出砖的各种用途；
- 尽可能多地写出火柴盒的各种用途；
- 尽可能多地写出废旧牙膏管的各种用途。

（2）以某事物的功能为发散点设想出获得该功能的各种可能性。

例：怎样才能达到照明的目的？（办法越多越好）

答：点油灯；开电灯；点蜡烛；用镜子反向太阳光；划火柴；烧纸片；用手电筒；点火把；燃篝火。

练习：

- 怎样才能达到取暖的目的？
- 怎样才能达到降温的目的？

（3）以事物的形态（如形状、颜色、音响、味道、气味、明暗等）为发散点设想出利用某种形态的各种可能性。

例：尽可能多地设想利用红颜色可做什么或办什么事？

答：红灯——禁止通行的交通信号；红旗；红墨水；红芯铅笔；红围巾；红喜报；红皮鞋；红袖章；红衣服；红领巾；红封皮的日记本；红皮球；救火车的红色车身；红十字标志；红星；红色印泥；红灯笼；红头绳；红指甲油等。

练习：

- 尽可能多地设想利用黑颜色可以做什么或办什么事？
- 尽可能多地设想利用铃声可以做什么或办什么事？

（4）以人们解决问题或制造物品的方法为发散点，设想出利用该种方法的各种可能性。

例：尽可能多地写出（或说出）用“吹”的方法可以办成哪些事情或解决哪些问题。

答：吹气球；吹灰；吹疼痛的伤口；吹旺灶火；吹叶片；吹泡泡糖；吹去眼里的灰；吹塑料袋；吹玩具风车；吹口哨；吹口琴；吹笛子；吹喇叭；吹去橡皮屑等。

（二）联想思维训练

1. 联想思维分类

联想思维，就是人们通过一种事情的触发而迁移（想）到另一些事情上的思维。联想思维又可细分为以下三类：

（1）相似联想，指人脑中出现同某一刺激物或环境相似的经验、事物的联想，即联想物与刺激物之间存在着某种共同的性质或特征，如看到鸟想到飞机，其共同特征是都能飞。

（2）对比联想，指与某一刺激物或环境产生相反性质事物的联想。例如，看到白颜色便自然想到黑色物体，看到小的物体便想到大的物体。

（3）接近联想，指头脑中想起同某一刺激或环境有关联的事物。对于创造性思维来说，更加提倡的是思想奔放、毫无拘束的自由联想。这样的自由联想，可以通过相似对比及接近联想的多次重复交叉而形成一系列的“连锁反应”网（如举一反三、闻一知十、触类旁通等），来产生大量的创意性设想。

相似联想、对比联想、接近联想三者之间的关系如下：

火 →（对比联想）→ 水 →（接近联想）→ 鱼 →（相似联想）→ 虾

2. 联想思维训练

（1）在两端表达某种意思（概念）的词的中间，再写出两个与前后词的意思（概念）有联系的词。

例：钢笔—月亮。

答：钢笔—书桌—窗帘—月亮。

训练：①鸟—书；②铁—月饼；③纸—土。

(2) 选一个字，将下列各字连成一个新的词组。

例：泛、东、告、播、岛。

答：广泛、广东、广告、广播、广岛。

训练：①路、理、德、具；②选、局、面、初、年；③据、位、独、身、数。

(三) 缺点列举法训练

缺点列举法是一种不断地针对一项事物，检讨此一事物的各种缺点及缺漏，并进而探求解决问题和改善对策的训练方法。对某一个事物存在的某个或某些缺点产生不满，往往是创意产生的先导，只要把列举出来的缺点加以克服、改正，那么新的创意、想法就有可能产生。

例：尽可能多地列举出玻璃杯的缺点。

答：容易碎、比较滑；有了缺口容易划破手；容易翻倒；外出活动时带在身边很不方便；由于成套的玻璃杯花色都一样，容易导致喝水的人稍一走动，就分不清刚才哪个杯子是自己用的了；倒满热水后，时间长了就很容易凉，不利于保暖；盛满开水后，摸上去很烫手；等等。

练习：尽可能多地列出：眼镜的缺点；手套的缺点；雨伞的缺点；手表的缺点；等等。

四、排除各种影响创意的障碍

能否充分发挥创意力，除了依据创意的科学规律培养自己的创意能力和强化自己的创意思维训练之外，营销策划人还要自觉地努力排除那些干扰创意产生的障碍因素，才能更有效地开展创意活动。

(一) 外部环境障碍

外部环境包括自然环境与社会环境。其中，社会环境又包括文化条件（守旧意识、中庸之道、平均主义、枪打出头鸟等）与社会制度（计划经济下的等、靠、要；僵化的人事制度和应试教育等）。

(二) 心理障碍

(1) 从众心理。从众是指个人自觉或不自觉地愿意与他人或多数人保持一致的个性特征，是求同思维极度发展的产物，俗称随大流。一般来说，普通人从 10 岁以后，开始出现从众心理，会有意无意地同周围人尽量保持一致。

(2) 偏见与保守心理。偏见与保守心理是指个性上的片面性与狭隘性，对新事物的反感与反抗。有了这种个性特征的人在看待任何事物时，往往是先入为主，在头脑里形成对问题的固定看法，用先前的经验抵制后来的经验；对逐渐出现的变化反应迟钝，不愿意接受新事物；在思维上代表了封闭型与懒惰型。

(三) 思维定势障碍

人们在思考问题的解决方案时，往往有一定的倾向性和心理准备，这种沿着固定思路去思考问题的现象，在心理学中称为“思维定势”。在营销策划创意产生的过程中，受到思维定势影响的人习惯于固定模式，这会阻碍新创意产生。有些人如饥似渴地学习知识、积累知识，但运用知识时，却难以突破原有知识的框架，不敢越雷池一步。

例如，要求你用六根火柴在桌子上构造四个三角形，由于受桌面结构思维定势影响，而从平面图的结构上进行思维，总是行不通。若能跳出平面结构的局限，沿着空间结构进行思维就会恍然大悟，原来六根火柴就可构造具有四个三角形的空间四面体，如图 7-6 所示。

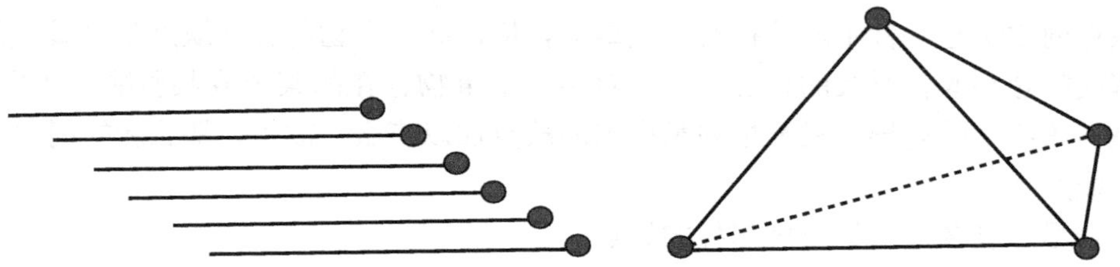

图 7-6 突破思维定势障碍

本章小结

本章主要阐述了作为整个策划过程与策划方案中最具灵活性、新颖性、创造性的创意方案产生的原理、过程和主要的创意方法以及如何提高策划人创意思维的途径。

营销策划创意受到各种条件的约束，营销策划创意人员必须在特定策划目标的指导下，在有限制的自由空间内发挥自己无限的创作潜能。营销策划创意的生成，主要包括提出策划问题、创意酝酿、创意孵化、创意产生、创意成熟完善五个阶段。

营销策划创意的方法主要有头脑风暴法、心智图法、TRIZ 创新理论等创意方法，这些方法为策划人进行策划创意，提供了基本的理论指导。

营销策划人创意性思维的特征主要表现为积极的求异性、敏锐的洞察力、活跃的灵感、新颖的表达等方面。其创意性思维的表现形式体现在超前思维、发散性思维、直观思维、联想思维、幻想思维、灵感思维、逆向思维、侧向思维、水平思维、组合思维十大方面。

关键概念

创意；头脑风暴法；心智图法；TRIZ 创新理论

问题与应用

1. 创意的含义是什么？创意与策划创意有什么联系和区别？
2. 营销策划创意前都需要做好哪些策略准备工作？
3. 如何理解营销策划创意生成的核心过程？
4. 运用心智图法进行创意时需要注意哪些要点？
5. 谈谈你对 TRIZ 创新理论的认识？
6. 提高营销策划人创意能力的思维训练都有哪些方法？
7. 试用一种方法来训练自己的创意能力，并谈谈其体会。

第八章

借助营销策划的各类模型

本章学习指引

内容提要

☆战略类营销策划模型

☆经营决策类营销策划模型

☆财务分析类营销策划模型

思路和主线

本章主要介绍了战略类、经营决策类、财务分析类三类营销策划模型，具体包括PEST分析模型、利益相关者分析模型、价值链分析模型、营销流分析模型、波特五力分析模型、SWOT分析模型、波士顿矩阵分析模型、麦肯锡7S分析模型、雷达图分析模型、平衡计分卡分析模型等。

学习目标

通过本章的学习，了解PEST分析模型、利益相关者分析模型、价值链分析模型、营销流分析模型、波特五力分析模型、SWOT分析模型、波士顿矩阵分析模型、麦肯锡7S分析模型、雷达图分析模型、平衡计分卡分析模型的构成，并能在实际的营销策划工作中加以科学运用。

营销策划模型，为营销策划人从纷繁复杂的营销环境、企业现状中寻求出问题，并界定出策划要解决的问题，进而以此找到解决问题的实际对策，提供了实际可行的分析方法和应用模型。

“工欲善其事，必先利其器”，策划者掌握了这些策划模型，就可以在营销策划的实践活动中加以有效利用，从而达到营销策划事半功倍的目的。

第一节　战略类营销策划模型

一、PEST分析模型

PEST分析模型是在制定企业总体发展战略或营销战略时，对战略外部环境进行分析的基本模型，用于分析企业所处宏观环境对于企业总体发展战略、营销战略、竞争战略以及制定营销决策的影响。策划者根据这些影响，进行加权评估，在此基础上，确定企业的战略与策略。

（一）PEST 分析模型的基本构成

PEST 是四类影响企业战略制定因素的英文单词首位字母的缩写，P 是政治（political），E 是经济（economical），S 是社会（social），T 是技术（technological）。策划人在为企业制定各种营销战略、进行策划时明确策划对象所处的外部环境以及通过外部环境与消费者的内在需求建立关联时，是通过这四个因素来分析企业所面临的外部情况的。

PEST 分析模型的基本构成如图 8-1 所示。

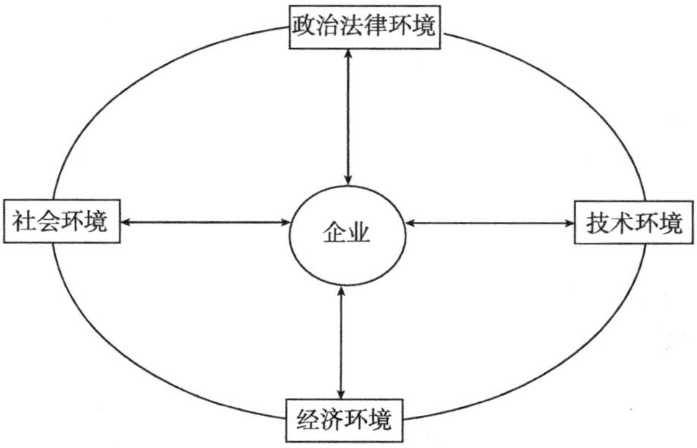

图 8-1 PEST 分析模型的构成要素

通过图 8-1 可以看出，影响企业生存和发展的主要外部环境因素为政治、经济、社会和技术四大方面。事实上，我们在策划关联原理的企业生态价值系统中已经提出了营销大环境的概念，这四大方面正好可以看做影响企业生态价值系统外部营销大环境的具体因素。

1. 政治法律环境

政治法律环境是指国家或地区的政治体制、政治形势、方针政策、法律法规等方面对企业在战略规划、业务选择以及制定各种策略的影响。法律法规作为国家意志的表现，对规范市场与企业行为有着直接的作用。

事实上，在中国目前的转型阶段，政治环境，对企业而言，既需要刚性的遵循，同时更需要艺术性的处理。中国目前有一批在改革开放初期富起来的老板、富豪，除了善于抓住机会、捕捉机会以外，一个重要的能力就在于对中国政治脉搏的准确把握和灵活处理。按照王志纲（2005）的观点：中国的商人、老板或企业家有三种类型：第一类是来自社会的底层，没有任何的政治背景，属于草根阶层；第二类是在政治和经济二者之间走好钢丝，并且达到“和平演变”之目的，如联想的柳传志、TCL 的李东生等；第三类是那些有强烈的政治情结，但仕途却阴差阳错被彻底堵死的人，如长虹的倪润峰、南德的牟其中等。在这三种类型的企业家中，无疑第二类企业家对中国政治的运营是最成功的。因此，作为一个策划人，在策划任何一个项目，尤其是事关企业走向和命运的策划项目，如企业改制、企业总体战略规划、企业上市时，要重点关注政治环境因素。

2. 经济环境

经济环境是指一个国家整体的经济发展水平、经济制度、经济结构、产业布局、资源状况以及未来的经济走势等。经济环境的关键要素包括GDP的变化发展趋势、利率水平、汇率水平、通货膨胀程度及趋势、失业率、居民可支配收入水平等。

这些因素从宏观间接和微观直接两个方面影响企业的决策，也影响到策划人在项目策划过程中的战略与策略选择。

3. 社会环境

社会环境是指企业所在地区或国家的民族特征、文化传统、价值观念、宗教信仰、教育水平以及风俗习惯等因素。经济环境的关键要素包括人口规模、年龄结构、种族结构、收入分布、消费结构和水平、人口流动性等，其中人口规模直接影响着一个国家或地区市场的容量，年龄结构则决定消费品的种类及推广方式。例如，随着老年人口比例的提高，我国已经进入老龄化国家，由此带来了保健品、老年医疗、老年公寓等市场的快速发展。人口分布在很大程度上影响着企业进入或覆盖市场的成本，种族结构和收入分布则决定着企业经营品种的选择以及市场进入的渠道。

除此之外，在社会环境中，还有一个不可忽视的因素，那就是文化的影响，作为一个具有五千年文化传统积淀的国家，中国形成了自己独特的文化要素，这些文化根深蒂固地影响着消费者的消费习惯和消费心理。同时，伴随着经济全球化的发展，中国文化与西方文化的相互融合，带来了许多新的文化元素，这些文化元素在很大程度上也影响着消费者，尤其是新时代消费者的消费价值观。因此，策划人还要根据所策划项目的对象和企业的特点，充分考虑文化因素对策划的影响，并在此基础上寻求相应的对策。

4. 技术环境

技术环境包括两个层面：一个层面是对企业具有指导与制约作用的整个技术大环境，包括国家的技术发展战略、整体技术发展水平、行业技术发展状况等对企业在战略选择、新产品开发等方面的影响。例如，中国目前提出了建立“创新型国家”的战略方向，其中一个关键点就是完成从“制造大国”向“技术大国”的转变，这就对企业投资方向的选择提出了根本性的方向要求，即要选择具有技术含量、符合技术创新的项目或新产品开发，否则，其投资在未来的市场前景就可能会比较黯淡。另一个层面就是微观层面上与企业有关的新技术、新工艺、新材料的发展趋势与应用前景。

在技术环境分析和应用的过程中，策划人要坚持两个基本原则：

第一是适应性原则，即企业的营销战略选择、新项目投资、新项目开发要适应整体技术发展水平、整体技术行业以及国家技术政策走向等方面的基本方向。

第二是关联性原则，即在适应的基础上，要结合企业自身的特点和技术发展状况，在宏观技术环境与企业微观技术条件之间，寻求到能够提高企业竞争力并满足市场、消费者需求的技术发展战略，并有效支撑企业的营销战略及各项营销决策。这也正是技术环境分析的终极目的所在。

（二）PEST 分析模型的应用方法与流程

（1）根据企业所处地区、行业，以及企业和策划项目本身的特点，列出四大环境中影响策划项目的关键宏观因素。

（2）根据各个关键因素对企业和策划项目的具体影响程度，拟订各个影响因素的权重。

（3）根据策划项目的具体内容要求，对各个关键因素进行评分。

（4）用每个关键因素的权重乘以各个因素的得分，得出每个影响因素的加权分数。

（5）将所有因素的加权分数相加，就得到了最终影响策划项目的总分数。

（6）根据总分数和四大环境因素中每一小组（政治因素为一组，其余类推）的分数，对环境要素进行评估。

（7）根据评估结果，结合策划项目的要求，开始拟订战略与对策。

以上过程主要体现为一种量化过程，除了此量化过程以外，策划人还要对很多因素，如政治因素，在量化的基础上，进行定性化的分析，并提供灵活性的、艺术性的对策体系，这也是在目前中国特殊的营销环境下，策划人和企业决策者要更多考虑的因素。

PEST 分析模型对策划人制定企业营销战略具有重要的指导作用。当然，PEST 分析模型，仅仅只提供了一个分析的框架，还不够完善，大量的指标必须具体到环境中、具体到企业实际和项目操作中才具有实际意义。因此，策划人和企业经营者要根据企业自身的环境去不断发掘和丰富 PEST 分析模型中的具体内容。

二、利益相关者分析模型

（一）分析模型简介

PEST 分析模型主要侧重于从企业外部所面临的宏观环境入手，对影响企业的宏观环境因素进行分析，并从环境中找到策划的机会点和可以为企业策划服务的环境因素。总体而言，它属于对企业发展产生间接制约因素的分析。而利益相关者分析模型则主要侧重于对直接影响企业发展的相关因素进行分析，并从中找到策划的机会点或规避点，从而为策划项目服务。

利益相关者是指与企业有一定利益关系的个人或组织群体，其可能是企业内部的如员工、投资者等，也可能是企业外部的如供应商、公众、政府机构等。

利益相关者分析模型就是要对与企业发展有各种利益关系的个人或群体，进行相关性分析，以帮助企业在战略制定时分清重大利益相关者对于企业战略或策划项目的影响。

具体而言，利益相关者可分类如下：

（1）内部利益相关者，包括所有者和股东、管理人员、员工。

（2）外部利益相关者，包括供应商 、购买者和顾客、广告商、银行和其他债权人、工会、竞争对手、管制者、地方及国家政府、媒体、公众利益群体、政党和宗教群体以及军队等。

（二）分析模型应用

1. 界定利益相关者的角色

利益相关者能够影响企业的发展，他们对企业所能给予他们的利益关注点以及他们对企业发展的意见一定要作为决策或策划人在进行项目策划时需要考虑的因素。但是，不是所有的利益相关者都会对企业形成一致的利益关注点，同时，也不是所有的利益相关者对企业而言都具有同等重要的影响地位，其中一些群体可能要比另一些群体的影响力更大。这就需要在进行利益相关者分析之前，首先要按照影响的重要程度对利益相关者进行排序，通过排序界定出企业具有重要影响作用的利益相关者。

2. 分析利益相关者的利益点并绘制利益相关者图

界定利益相关者对企业影响的重要程度之后，就需要按照重要程度对各个利益相关者对企业利益的关注点、对企业发展的注意点以及他们各自对企业的期望等要素进行仔细分析。

在分析的基础上，通过对每一个利益相关者绘制相应的利益相关者图，并通过比较，就可以看出谁是企业发展或策划项目推进的主要利益相关者集团；在采取新的战略时，他们利益点的倾向性如何，他们是否可能推动或阻碍变革，他们的力量如何，应该怎样对待他们。

最后，要对各个利益相关者进行综合比较，得出利益相关者对企业战略制定或策划项目推进的影响程度，并以此作为下一步策划或工作的重要依据。

三、价值链分析模型

价值链分析的原理是由美国哈佛商学院著名战略管理学家迈克尔·波特提出的。他认为企业每项生产经营活动都是其创造价值的经济活动，企业所有的互不相同但又相互联系的生产经营活动，便构成了创造价值的一个动态过程，即价值链。

价值链反映出企业生产经营活动的历史、重点、战略以及实施战略的方法，还有生产经营活动本身所体现的经济学观念。更具体地说，如果企业所创造的价值超过其成本、企业便有盈利；如果盈利超过竞争对手的话，企业便有更多的竞争优势。

价值链分析作为策划人的一个重要分析模型，通过价值链对企业的各项价值创造活动进行分解、识别，从而寻求竞争优势。

（一）价值链分析模型的构成

价值链分析模型的构成如图 8-2 所示。

从图 8-2 的价值链分析模型中可以看出，企业的生产经营活动可以分成基本活动和支持活动两大类。基本活动是指生产经营的实质性活动，一般可以分为内部后勤、生产加工、外部后勤、市场营销和售后服务五种活动。这些活动直接创造价值，并将价值传递给顾客。

支持活动是指用以支持基本活动而且内部之间又相互支持的活动，包括企业投入的采购管理、技术开发、人力资源管理和企业基础设施。同时，采购管理、技术开发、人力资源管理三种支持活动既支持整个价值链的活动，又分别与每项具体的主体活动有着

图 8-2 价值链分析模型

密切的联系。企业的支持性活动，为基础活动提供条件并提高基本活动的绩效水平，但它本身不创造价值。

营销策划人在利用价值链分析模型时，首先要确定自己的价值活动，然后识别价值活动的类型，最后构建具有自身特色的价值链。

（二）运用价值链分析模型评价企业资源与价值状况

依据价值链分析模型，运用价值链分析模型对企业各个价值要素进行分析时，要对构成企业价值链的基本活动和支持活动的各个具体内容确定评价标准，然后予以量化，最终得出总体结论。

1. 分析基本活动

基本活动一般可细分为五种活动，而每一种活动又可以根据企业所处的行业、企业的战略和策划项目的具体内容再进一步细分成若干活动，并对这些活动进行评价。

（1）内部后勤，主要是要做好原料的供应，主要包括原材料的装卸、入库、盘存、运输以及退货等基本活动，它是生产经营活动能否正常推进的重要依据。

（2）生产经营，是指将原材料投入转换为最终产品的活动，它是产品能否转换为商品的惊险一跃，包括生产加工、装配、包装、设备维修、检测等活动。

（3）外部后勤，主要是指成品储运，即与产品的库存、销售给购买者有关的活动，如最终产品的入库、接受订单、送货等。它是衔接生产经营与市场营销的中间环节。

（4）市场销售，是指与促进和引导购买者购买产品或服务的各项活动，包括产品定价、设计销售渠道广告、制定定价策略、进行销售推广等。

（5）售后服务，是指为了保持或提高产品价值、提高顾客满意度、培育忠诚顾客等方面的活动，如顾客培训、修理、零部件的供应、产品的调试、为顾客提供解决方案等。

以上基本活动，构成了产品从原料供应、生产到出厂、销售与售后服务的价值创造的全过程。然而，要实现这样一个价值创造过程，仅靠这些活动本身还是不够的。它还需要为实现价值创造而提供的保障性要素，这就是在基本活动基础上对支持性活动的评估与分析。

2. 评估支持性活动

（1）采购管理，是指采购企业所需各种原料、办公用品等与企业生产经营相关的用品的职能。也就是说，这里的采购是广义的，既包括原材料的采购，也包括对其他与企业生产经营相关的各种资源采购的管理。例如，企业聘请咨询公司进行广告策划、市场预测、管理信息系统设计、法律咨询、财务咨询等都属于采购管理的重要组成部分。

(2) 技术开发，是指可以改进企业产品技术水平和提高工序质量的一系列技术活动。同样，这也是一个广义的概念，既包括生产性技术开发，也包括非生产性技术开发。因此，企业中的每项生产经营活动都包含着技术，只不过其技术的性质、开发的程度和利用的范围不同而已，有的属于生产方面的工程技术，有的属于通信方面的信息技术，还有的属于领导的决策技术。这些技术开发活动不仅仅是与企业最终产品直接相关，而且支持着企业的全部活动，成为判断企业实力的一个重要标志。

(3) 人力资源管理，是指企业员工的招聘、雇用、培训、激励、提拔和退休等各项管理活动。这些活动支持着企业每项主体活动和支持活动，以及整个价值链。人才作为企业一项重要的无形资产，人力资源管理在调动职工生产积极性上起着重要作用，也影响着企业的竞争力和发展空间。

(4) 企业基础设施，是指企业的组织结构、管理制度、预警机制、控制系统以及企业文化等各个方面。由于企业高层管理人员能在这些方面发挥重要影响，因此，企业高层管理人员往往也被视为基础设施的一部分。企业的基础设施与其他支持活动不同，基础设施是用来统帅和支持整个价值链的运行，既包括其余三项支持性活动本身，还包括五项基本活动。

(三) 价值链分析模型的运用与评价

波特的价值链分析理论及模型，从系统的角度对企业的整个价值创造过程进行了完整的描述，揭示了企业与价值创造活动有关的全部过程和全部职能。营销策划人利用价值链分析模型，可以完成以下两个方面的工作：

(1) 从系统的角度，分析企业的价值创造环节是否齐全，从而在对企业进行诊断的过程中，找到企业在价值创造过程中还存在的问题，为企业完善价值创造活动的某个环节提供基本依据。

(2) 对构成企业价值创造的各个环节和各个环节的要素，进行分析和评估，从而找到企业的竞争优势和劣势，为制定企业的竞争战略服务。

然而，波特的价值链分析理论及模型，同样还有其自身的局限性：

(1) 它是一个相对封闭的闭环系统，关注的是企业内部的价值创造和分工循环过程，而忽视了整个外部营销大环境的影响，也忽视了与企业相关的利益者的影响，因而在动态性和适应性方面具有一定的缺陷。

(2) 它忽视了顾客价值，没有把顾客价值纳入到企业的价值系统中去。波特的价值链分析模型的起点是从原料采购开始，终点是利润，而缺少对顾客需求和顾客价值的关注，这不符合我们提出的策划的价值关联原理的基本要求。

基于以上两点不足，营销策划人在运用这一模型时，要做到以下两点：

(1) 把企业内部的价值链放到整个企业生态价值系统（在第三章有阐述）中去进行全面考察分析，这就要求策划人既要运用本价值链分析模型，同时还要考虑外部整体营销环境、顾客价值系统、供应商价值系统、竞争价值系统等整个生态价值系统与企业价值链的关系和对企业价值链的影响，来综合分析。也就是要结合 PEST、利益相关者分析、行业竞争分析等模型来进行综合运用。

(2) 要以策划的价值关联原理为核心，关注顾客需求，把企业自身的价值创造过程与顾客需求价值系统进行有机对接和关联，来对企业的价值系统进行分析、评估和改进。

四、营销流分析模型

在国内，四川大学工商管理学院教授、博士生导师李蔚先生，首先提出了营销流概念并对营销流进行了系统的研究。在《营销流管理》一书中，李蔚先生就传统营销在资源配置缺乏主线、营销功能与企业其他功能割裂、缺乏对营销流的动态管理体系等方面的缺陷，针对营销流存在的客观性，提出了营销链、营销流和营销力的概念，并以此为基础建立起系统的营销流管理体系。

根据李蔚先生的观点，既然市场营销活动的本质是价值的交换活动，而价值必须有一种载体，其载体对企业而言是产品，对顾客而言是货币，产品与货币交换的过程则形成了产品流和货币流，而贯穿产品流与货币流之中的，则是信息流。因此，企业的营销活动实质上是产品流、货币流、信息流在企业从消费者需求的挖掘到产品生产、营销直至顾客满意的价值创造过程中的流动，通过这种流动，最终形成了企业的营销力。

李蔚先生对营销流概念及相应的营销流管理概念的提出，为策划人在目前纷繁复杂、乱项丛生而又瞬息万变的信息社会环境下，提供了分析企业整体营销运作并在此基础上寻求企业优势的又一种思路和方法。

（一）营销流分析模型和营销流管理体系

营销流分析模型如图 8-3 和 8-4 所示。

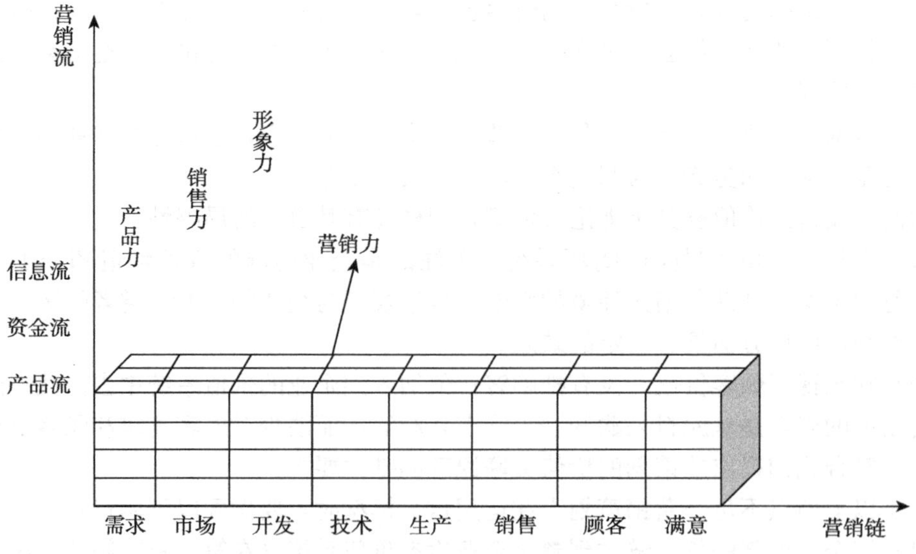

图 8-3 企业营销流三维结构分析模型

从以上营销流分析模型和营销流管理的基本模型可以看出，营销流管理是在企业的营销过程中，运用管理学的基本原理和方法，对营销流运行进行的组织、计划、指挥、

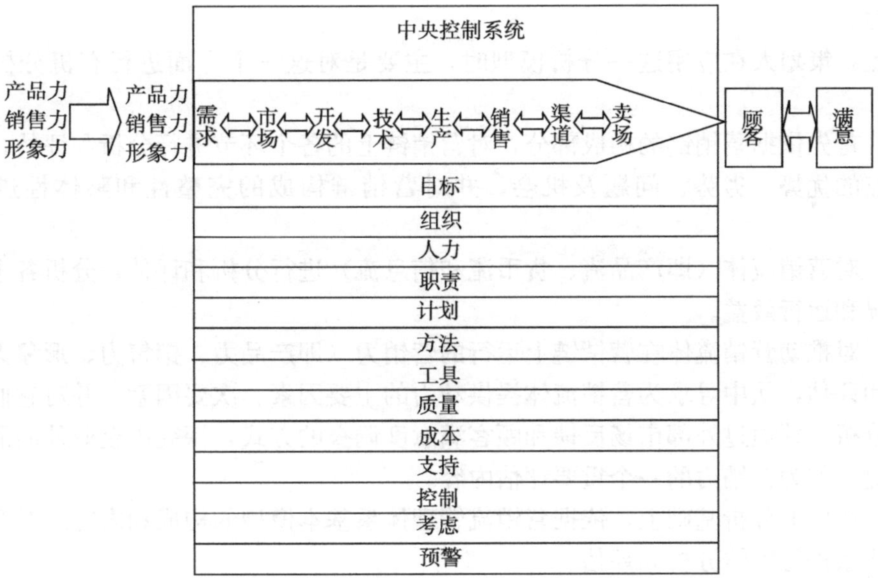

图 8-4　营销流管理体系基本模型

控制与监督，以降低营销流运行成本，提高营销流运行效率，实现营销流流量最大化、流速最快化、增值最大化、衰减最小化和运行安全化。

在这一过程中，营销流分析的基础是营销链，它是由从顾客需求出发到顾客满意结束的若干个环节构成的一个链条。

营销链分析及营销流管理的客体则是营销流的流体，它包括产品流、信息流和货币流。营销流流体的分析与管理就是对产品流、信息流和货币流的分析与管理，具体包括流量管理、流速管理、增值管理、衰减管理和运行安全管理五大方面。其目的是要通过对流量参数、流速参数、增值参数、衰减参数和安全参数的控制来实现流量最大化、流速最快化、增值最大化、衰减最小化和运行安全化。

营销流分析与管理的核心是营销力。营销力是整个营销流运行的动力，没有这个动力，营销流就无法运动，也就无法完成产品与货币的转换，企业经营目标就无法实现。营销力分析与管理的核心是对营销力的力源、力的生存机制、力的分解与合成、力的作用以及营销阻力的管理，其目的是实现营销动力最大化和阻力最小化，能够以满意的速度把企业的产品推向市场，实现产品流与货币流的快速运动，实现企业的经营目标。在这里，李蔚先生把营销力定义为推动营销流运动的一种动力要素，事实上，除了将营销力作为一种动力源泉外，策划人在构建出营销流运营及管理模式后，通过其运行和发展，最终形成外向的竞争力和内部的营销活力。因此，这里的营销力既是一种动力，同时还应是一种结果，作为策划人应用此模型的一个最根本的目的，就是通过对企业及策划项目营销流的分析与管理，最终实现提高企业竞争力的目的。

（二）营销流分析模型和营销流管理的应用

按照李蔚先生对营销流分析及管理模型的构建及其观点，营销流管理实质上就是对营销流运行路径——营销链、营销流运行客体——营销流体和营销流运行动力——营销力的管理。

因此，策划人在应用这一分析模型时，主要是对这三个方面进行有机分析和系统评估：

（1）首先依据营销链的构成部分，对营销链上的各个环节进行分析和评估，寻求每一个节点的优势、劣势、问题及机会，并对营销链构成的完整性和整体性进行评估分析。

（2）对营销流体（即产品流、货币流和信息流）进行分析和评估，分析各个流体的运行状况和运行效益。

（3）对推动营销流体在营销链上运行的营销力（即产品力、销售力、形象力等）进行分析和评估，从中寻求为营销流体提供动力的主要因素、次要因素，并对它们的协同性进行分析，并通过外部市场反馈和顾客满意度调查的方式，探究出企业外向的营销竞争力状况，作为营销力的一个重要评估内容。

（4）在以上分析基础上，依据营销流管理体系基本模型的构成和内容，对企业营销流管理体系进行整体分析和评估。

（5）依据评估结果，根据策划项目或企业的需要，为企业或策划项目完善或构建系统的营销流管理体系，包括营销链的建立或完善、营销流体的再造或完善、营销力的构建或完善，从而最终为企业或策划项目构建出一套系统化的营销流管理体系。

当然，以上应用过程，并不是每一个策划项目都必须做的，需要策划人根据策划项目的实际需求灵活运用。如果是为企业做诊断，则完成对企业的营销流管理体系进行分析和评估并从中找到结论即可。如果策划项目是要为企业构建一套完善的营销管理体系或营销管理模式，则需要完成全部的内容，这就包括在分析诊断的基础上，完成营销链的设计，营销流体的构建，营销力的分解、测量与完善等内容。

因此，无论是部分应用，还是全部应用，李蔚先生的营销流管理模型，都为策划人系统地分析企业营销管理与运营的整体系统和各个构成部分的要件，提供了一个基本的操作思路和应用模型。

五、波特五力分析模型

（一）波特五力分析模型的构成

五种竞争力量分析模型，是由迈克尔·波特于 20 世纪 80 年代提出的，该模型被用于对企业竞争战略的分析。五种力量包括供应商的讨价还价能力、购买者的讨价还价能力、潜在进入者的威胁、替代品的威胁、现有产业中的竞争者。这五大竞争驱动力，决定了企业的盈利空间和盈利能力，企业要以此来选择是否进入某个行业或在已经进入的行业中应该选择什么样的战略。

波特五种竞争力量分析模型如图 8-5 所示。

1. 潜在进入者的威胁

一个行业的新进入者通常会带来大量的资源和额外的生产能力，同时也必然会打破市场平衡，引发现有竞争者的竞争反应。

一个企业愿意成为潜在进入者并进入某个行业，主要会考虑三点：①这个行业的进

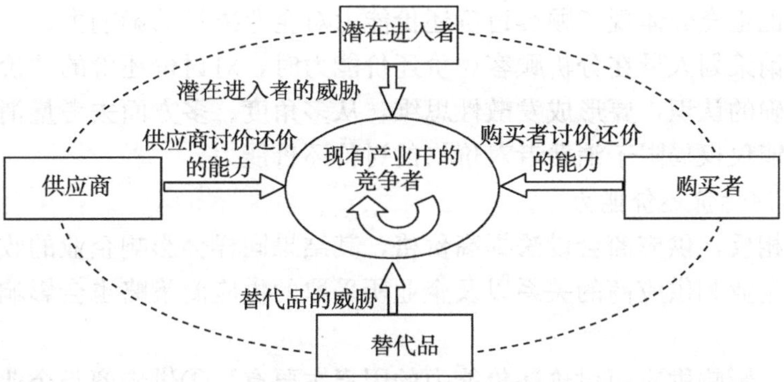

图 8-5　波特五种竞争力量分析模型

入壁垒低；② 行业的发展前景和盈利水平高；③ 这个行业的退出壁垒低。

因此，作为一个有意向加入某个行业的企业而言，理想的状况是这个行业的进入壁垒比较低、行业的发展前景比较好、退出壁垒也比较低，这样企业容易进入到这个行业，同时，当行业发展不景气或需要战略调整时，退出的成本也比较小。然而，对一个已经在某个行业有所发展或有所建树的企业而言，对潜在进入者的条件恰恰相反，它们希望：①这个行业的进入壁垒高；②行业的发展前景和盈利水平与自己的期望相符合；③这个行业的退出壁垒高。

这样，对潜在进入者而言，无疑提高了其进入这个行业的门槛，从而为现有企业形成了一道安全的防火墙。

2. 替代品的威胁

市场上可替代企业的产品和服务的存在意味着企业的产品和服务的价格策略将会受到限制。同时，替代品的威胁，也为企业的投资方向或战略决策提出了新的要求，而且在一个更加宽泛的层面上，改变了企业对竞争的看法和操作。

例如，传统的邮政服务，之所以在目前举步维艰，其中一个重要的原因就是随着信息技术、网络技术的快速发展，消费者传递信息的渠道更多，而且时间更短，所流行的E-mail、QQ、MSN 以及微信等各种各样的即时通信模式替代了传统的邮政方式。

3. 购买者的讨价还价能力

如果购买者拥有讨价还价能力，他们一定会利用它，这会影响企业选择产品的方式和一定的运作策略，其结果是影响收益率。

同时，这里购买者讨价还价的能力，绝大多数营销者都理解为购买者在价格方面的讨价还价能力。而笔者却认为，除了购买者在价格上的讨价还价能力之外，购买者在对产品的质量、样式、款式、服务上都能形成对企业的讨价还价能力，而这种讨价还价能力有的时候表现为现实的影响力，有时则表现为一种潜在的影响力，影响着策划人的决策。

例如，在早期的（2000 年左右）手机行业，中国消费者对折叠式的、外观精美的手机具有独特的好感和认同度，国产手机适应这一要求，很快赢得了很大的市场份额。而消费者的这种偏好形成了一种潜在的讨价还价能力，迫使一些跨国手机巨头如诺基亚，在坚持了一段时间的直板手机后，也不得不调整其产品线策略，开始生产一些折叠式的手机。这也正充分体现了顾客讨价还价能力对企业决策的影响力。

因此，营销策划人员在分析顾客讨价还价能力时，对讨价还价的“价”所包含的内容要有一个正确的认识，要形成发散性思维，从多角度、多方面去考量消费者讨价还价的能力，而不能仅仅局限于消费者对价格的讨价还价能力。

4. 供应商的讨价还价能力

与购买者相反，供应商会设法提高价格，其结果同样会影响企业的收益率。除了价格因素以外，企业和供应商的关系以及企业所采取的供应商策略也会影响供应商的讨价还价能力。

具体而言，影响供应商讨价还价能力的因素主要有：①供应商与企业在竞争与合作的互动博弈过程中的主动地位；②供应商所在行业的集中化程度；③供应商产品的标准化、复杂化程度；④企业对供应商原料或中间产品的依赖程度；⑤企业调换供应商的转换成本等。

5. 现有产业中的竞争

竞争会导致对市场营销、研究与开发的投入或降价，结果同样会减少企业的利润。这也是多数企业面对的最现实、最直接、作用力最大的竞争力量。

不同市场地位的企业，对竞争会有不同的看法，也会形成不同的竞争战略或策略，对领导型企业而言，主要考虑防御性竞争战略；对挑战型企业而言，主要考虑进攻性竞争战略；对追随型企业而言，主要考虑侧击性竞争战略；而对利基型企业而言，则往往只能选择游击性竞争战略。

因此，策划人在分析现有产业的竞争格局时，首先要分析企业自身在整个市场上处于一个什么样的地位，然后再选择相应的竞争战略或策略，以做到“知己知彼，百战不殆”。

（二）营销策划人应用波特五力分析模型时的注意点

波特五力分析模型主要用于竞争战略的分析，可以有效地分析企业的竞争环境和竞争强度，并根据竞争强度选择投资方向或竞争战略。

该模型的基本逻辑为：企业行为主要受其所在行业市场竞争强度的影响，竞争强度取决于市场上存在的五种基本力量，正是五种力量的联合强度，影响和决定了企业在行业中的最终盈利潜力。但同时，“五力”分析模型是对一个产业盈利能力和吸引力的静态断面扫描，说明的是该产业中的企业平均具有的盈利空间，所以其更多的是一个产业形势的衡量指标，而非完全是企业能力的衡量指标。

因此，策划人在运用此模型时，要注意：

（1）要把该模型置于整个宏观经济背景之中，结合宏观经济环境中的各种变量来运用该模型。

（2）要了解五种竞争力量之间是相互关联、相互影响的统一体，进行系统、综合的应用，而不能将五者割裂开来单独应用。

（3）要有动态的观点，而不能仅仅用做静态的分析，从而导致短视和错误的结论。

第二节　经营决策类营销策划模型

一、SWOT 分析模型

(一) SWOT 分析模型的构成

SWOT 分析表示分析企业优势、劣势、机会和威胁。因此，SWOT 分析实际上是将对企业内外部条件各方面的影响因素进行综合和概括，进而分析企业的优劣势、面临的机会和威胁的一种方法。其中，优劣势分析主要是着眼于企业自身的实力及其与竞争对手的比较，而机会和威胁分析将注意力放在外部环境的变化及对企业的可能影响上。但是，外部环境的同一变化给具有不同资源和能力的企业带来的机会与威胁却可能完全不同，因此，两者之间又有紧密的联系。

SWOT 分析模型应用非常广泛，无论是在企业的战略制定和企业的经营决策上，还是在一些战术性的策划项目上，都要用到 SWOT 分析模型。SWOT 分析模型如图 8-6所示。

优势	劣势
机会	威胁

图 8-6　SWOT 分析模型框图

图 8-6 简单地列出了策划人在利用 SWOT 分析模型时需要分析的要点。然而，策划人在利用此模型进行分析时，一方面，要注意各个因素之间的关联性，要把各个要素进行组合分析；另一方面，在组合分析的基础上，要得出与策划项目有关的结果，并依据此结果进行战略或策略的选择与设计。其应用过程和战略与策略选择过程如图 8-7 和图 8-8 所示。

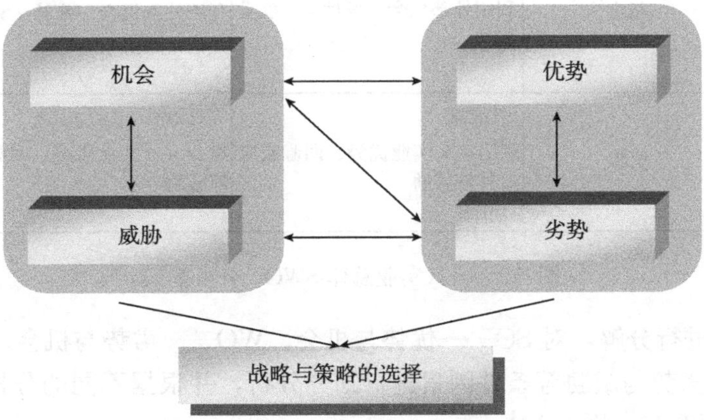

图 8-7　SWOT 分析模型应用过程

(二) 应用 SWOT 分析模型的典型案例

SWOT 分析既是战略分析的有效模型，也是战略制定的有效模型。在制定战略时，我们试图将其战略建立在其优势的基础上而消除劣势。根据××实业的现实情况和外部

内部能力 / 外部环境	优点 了解公司的优点	缺点 了解公司的缺点
机会 掌握外部环境的机会因素	SO 利用优点和外部环境机会的战略或策略方案	WO 利用缺点和外部环境机会的战略或策略方案
威胁 掌握外部环境的风险因素	ST 利用优点和外部环境威胁的战略或策略方案	WT 利用缺点和外部环境威胁的战略或策略方案

图 8-8 应用 SWOT 分析的战略与策略选择

环境，从 SWOT 分析中识别必要的资源，并采取措施获得优势而减少劣势。

××实业总的 SWOT 分析框架如图 8-9 所示。

优势→ / 机会↓	优势	劣势
机会	SO战略 利用外部机会，发挥××实业优势	WO战略 利用外部机会，弥补××实业内部弱点
威胁	ST战略 利用××实业优势，回避或应对外部威胁	WT战略 减少××实业劣势，回避外部威胁

图 8-9 ××实业总体 SWOT 分析框架

将 SWOT 进行分解，对 SO——优势与机会、WO——劣势与机会、ST——优势与威胁、WT——劣势与威胁等条件因素进行细分分析，并根据不同的分析得出相应的备选战略方向（图 8-10～图 8-13）。

二、波士顿矩阵分析模型

波士顿矩阵分析模型是由美国大型商业咨询公司——波士顿咨询公司首创的一种规划企业产品组合的方法。应用波士顿矩阵分析模型，要解决的核心问题是如何规划企业的产品组合和产品发展规划，即如何使企业的产品品种及其结构适合市场需求的变化，

优势 机会	S1 在食品行业积累了一定的运作经验； S2 建立了初步的客情关系和良好的客户信誉； S3 初步建立了食品分销的外向网络； S4 在××系列药品研制上具有领先的技术水平
O1 国际、国内抗癌药品巨大的市场潜力，具有广阔的市场前景； O2 以鹅血为原料的生物抗癌药品目前的市场处于空白期； O3 我省老工业基地改造将制药基地的建设列为重点产业发展之一； O4 以鹅为原料的食品发展具有极大的市场扩展空间； O5 人们对健康的关注和疾病的预防越来越重视	SO战略 • 确立两个业务单元：抗癌药品研发和食品加工 • 整合北方鹅产业资源，抓住老工业基地改造契机，确立高科技企业集团的发展战略方向

图 8-10　××实业可选 SO 战略

劣势 机会	W1 管理制度缺乏，组织结构设计不合理，不足以支撑战略转型； W2 作业流程设计缺失； W3 有销售，无营销，且销售环节薄弱； W4 财务制度不健全，缺乏财务规划，企业融资渠道过窄； W5 战略目标不清晰，重大决策缺乏科学依据
O1 国际、国内抗癌药品巨大的市场潜力，具有广阔的市场前景； O2 以鹅血为原料的生物抗癌药品目前的市场处于空白期； O3 我省老工业基地改造将制药基地的建设列为重点产业发展之一； O4 以鹅为原料的食品发展具有极大的市场扩展空间； O5 人们对健康的关注和疾病的预防越来越重视	WO战略 • 进行系统的管理规划设计；提高企业管理水平 • 整合营销资源，加大市场营销策划力度 • 明晰企业发展方向和战略目标 • 加强财务规划和成本控制，扩大融资渠道

图 8-11　××实业可选 WO 战略

优势 威胁	S1 在食品行业积累了一定的运作经验； S2 建立了初步的客情关系和良好的企业信誉； S3 初步建立了分销的外向网络； S4 在××系列药品研制上的领先技术水平；
T1 其他鹅食品加工企业对××实业在鹅食品产业上的阻击与挑战； T2 其他同类企业加入鹅血抗癌新药的研制和推广，对××实业形成市场冲击	ST战略 • 建立竞争对手进入的企业关系壁垒，增加市场份额 • 迅速形成××系列药品的产业化生产，并不断提高技术含量，开发新产品

图 8-12　××实业可选 ST 战略

如何将企业有限的资源有效地分配到合理的产品结构中去，以保证企业在激烈的市场竞争中获得理想的收益。

劣势→ 威胁↓	W1 管理制度缺乏，组织结构设计不合理，不足以支撑战略转型； W2 作业流程设计缺失； W3 有销售，无营销，且销售环节薄弱； W4 财务制度不健全，缺乏财务规划，企业融资渠道过窄； W5 战略目标不清晰，重大决策缺乏科学依据
T1 其他鹅食品加工企业对××实业在鹅食品产业上的阻击与挑战； T2 其他同类企业加入鹅血抗癌新药的研制和推广，对××实业形成市场冲击	WT战略 • 建立对竞争对手的跟踪与研究系统 • 建立××实业运营预警机制

图 8-13 ××实业可选 WT 战略

波士顿矩阵分析模型如图 8-14 所示。

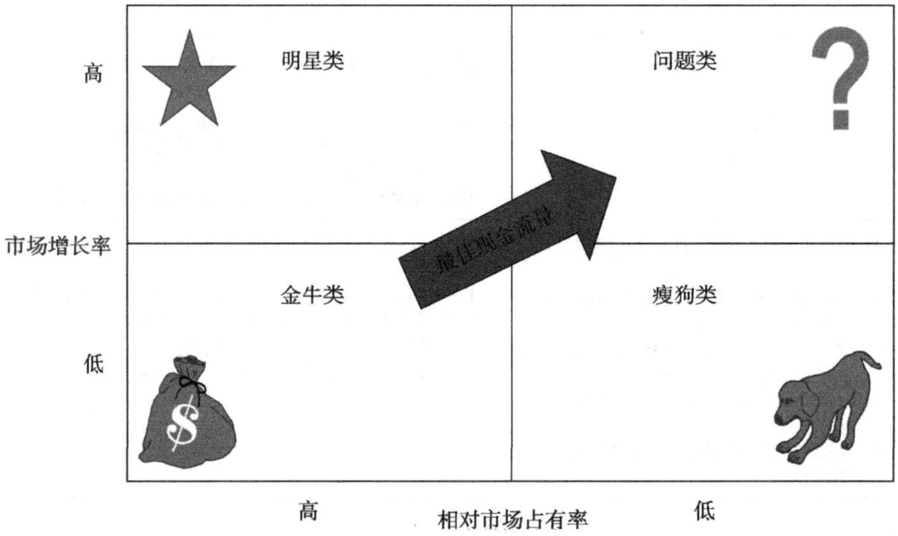

图 8-14 波士顿矩阵分析模型

从图 8-14 可以看出，决定产品结构的主要因素有两个，即市场增长率和相对市场占有率，二者相互影响，又互为条件。市场增长率和相对市场占有率两个因素相互作用，会出现四种不同性质和发展前景的产品类型：①市场增长率和相对市场占有率“双高”的产品群（明星类产品）；②市场增长率和相对市场占有率“双低”的产品群（瘦狗类产品）；③市场增长率高、相对市场占有率低的产品群（问题类产品）；④市场增长率低、相对市场占有率高的产品群（金牛类产品）。

（一）波士顿矩阵分析模型的基本原理

波士顿矩阵分析模型将企业所有产品从市场增长率和相对市场占有率角度进行再组合。在坐标图（图 8-14）上，以纵轴表示企业市场增长率，横轴表示相对市场占有率，各以 10%和 20%作为区分高、低的中点，将坐标图划分为四个象限，依次为“问题类（?）”、“明星类（★）”、“金牛类（￥）”、“瘦狗类（×）”。在使用中，策划人或企业决策者可将产品按各自的市场增长率和相对市场占有率归入不同象限，使企业现有产品组合一目了然，同时便于对处于不同象限的产品做出不同的经营决策。其目的在于通过产品所处不同象限的划分，方便企业采取不同决策，以保证不断地淘汰无发展前景的产品，保持“问号类”、“明星类”、“金牛类”产品的合理组合，实现产品及资源分配结构的良性循环。

（二）波士顿矩阵分析模型的应用步骤

1. 核算企业各种产品的市场增长率和相对市场占有率

市场增长率可以用本企业的产品销售额或销售量增长率来加以反映。时间可以是一年或三年甚至更长时间。相对市场占有率，即本企业某产品的市场占有率与同行中最大竞争者的市场占有率之比，基本计算公式为：本企业某种产品相对市场占有率＝该产品本企业市场占有率/该产品市场占有份额最大者（或特定的竞争对手）的市场占有率。

2. 绘制四象限图

以10%的销售增长率和20%的市场占有率为高低标准分界线，将坐标图划分为四个象限。然后把企业全部产品按其销售增长率和市场占有率的大小，在坐标图上标出其相应位置（圆心）。定位后，按每种产品当年销售额的多少，绘成面积不等的圆圈，顺序标上不同的数字代号以示区别。定位的结果即将产品划分为四种类型。

3. 明确各象限产品的定义及确定战略决策

根据所绘制的四象限图，形成产品所处的四个象限，四个象限具有不同的定义，并要求决策者或策划人根据各个不同象限的含义选择相应的战略决策。

（1）明星类产品（stars）。它是指处于高增长率、高市场占有率象限内的产品群，这类产品可能成为企业的金牛类产品，需要加大投资以支持其迅速发展。策划者可采用的战略决策是：积极扩大经济规模和市场机会，以长远利益为目标，提高市场占有率，加强竞争地位。对这一类产品最好采用事业部形式，由对生产技术和销售两方面都很内行的经营者负责。

（2）金牛类产品（cashcow），又称厚利产品。它是指处于低增长率、高市场占有率象限内的产品群，已进入成熟期。其财务特点是销售量大、产品利润率高、负债比率低，可以为企业提供资金，而且由于增长率低，也无需增大投资。因而现金牛产品是企业回收资金，支持其他产品，尤其是明星产品投资的后盾。对这一象限内的大多数产品，市场占有率的下跌已成不可阻挡之势，因此策划者可采用收获战略，即所投入资源以达到短期收益最大化为限。具体体现为：把设备投资和其他投资尽量压缩；采用榨油式方法，争取在短时间内获取更多利润，为其他产品提供资金。对于这一象限内的销售增长率仍有所增长的产品，应进一步进行市场细分，维持现存市场增长率或延缓其下降速度。对于金牛类产品，适合于用事业部制进行管理，其经营者最好是市场营销型人物。

（3）问题类产品（question marks）。它是处于高市场增长率、低市场占有率象限内的产品群。前者说明市场机会大、前景好，而后者则表明企业在市场营销上存在问题。其财务特点是利润率较低、所需资金不足、负债比率高。对问题类产品策划者应采取选择性投资战略，即首先确定对该象限中那些经过改进可能会成为明星的产品进行重点投资，提高市场占有率，使之转变成“明星类产品”；对其他将来有希望成为明星类产品的则在一段时期内采取扶持的对策。因此，对问题类产品的改进与扶持方案一般均列入企业长期计划中。对问题类产品的管理组织，最好是采取智囊团或项目组织等形式，选拔有规划能力、敢于冒风险、有才干的人负责。

（4）瘦狗类产品（dogs），也称衰退类产品。它是处在低增长率、低市场占有率象限内的产品群。其特点是利润率低、处于保本或亏损状态，负债比率高，无法为企业带来收益。对这类产品策划者应采用撤退战略：首先应减少批量，逐渐撤退，对市场增长率和市场占有率均极低的产品应立即淘汰，其次是将剩余资源向其他产品转移，最后是整顿产品系列，最好将瘦狗类产品与其他产品或事业部合并，进行统一管理。

三、麦肯锡 7S 分析模型

麦肯锡 7S 分析模型是由麦肯锡顾问公司研究中心提出并设计的用于系统全面分析企业组织要素的模型，它指出了企业在发展过程中必须全面地考虑企业发展各方面的情况，主要包括结构（structure）、制度（system ）、风格（style）、员工（staff）、技能（skill）、战略（strategy）、共有价值观（shared vision）。

麦肯锡 7S 分析模型如图 8-15 所示。

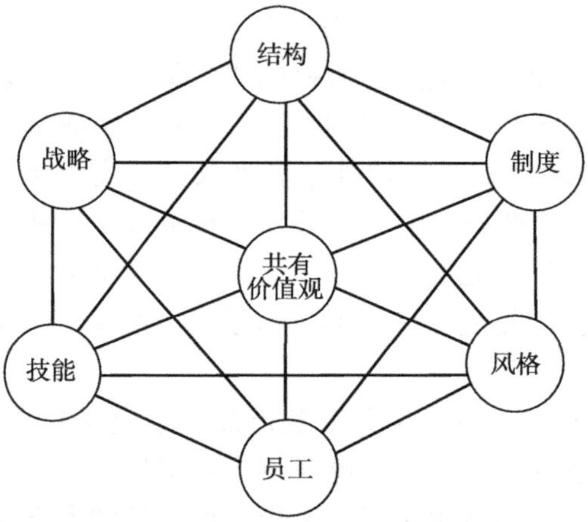

图 8-15　麦肯锡 7S 分析模型

7S 中既包括影响企业发展的“硬件”要素，又包括影响企业发展的“软件”要素。“硬件”要素体现为战略、结构和制度，“软件”要素则包括风格、人员、技能和共有价值观。麦肯锡 7S 分析模型认为企业的“软件”要素和“硬件”要素同样重要，它们共同构成了支撑企业发展的动力机制。

（一）硬件要素分析

1. 战略

战略是企业根据内外环境和企业自身的资源状况，为求得企业生存和长期持续的发展，对企业发展目标、达到目标的途径和手段的总体规划。它是企业价值观、经营思想的集中体现，是一系列战略决策的结果，同时又是制定企业各种策略和计划的基础。在

“知本”成为21世纪经济发展的一个重要资源的条件下，企业面临的将是一个更加规范化、挑战多于机会的战略型市场条件，所带来的是企业运作必须从机会型成长上升到战略型发展，相应地，对企业的战略意识、战略规划和战略管理提出了一个更高的要求。可见，战略已经成为企业取得成功的重要因素，企业的经营已经进入了“战略制胜”的时代。

2. 结构

任何战略的成功和可持续发展都需要健全的组织结构来保证实施。组织结构是企业的组织机体和组织机制赖以生存的基础，它是企业组织的构成形式，即企业的目标、人员、职位、相互关系、信息等组织要素的有效排列组合。组织结构的设计过程体现在：将企业的目标任务分解到职位，再把职位综合到部门，由众多的部门组成垂直的权利系统和水平分工协作系统的一个有机的整体。组织结构是为战略实施和企业的日常运作与管理服务的，不同的企业需要不同的组织结构与之对应，组织结构必须与战略和企业的资源要素相协调。

3. 制度

企业的发展和战略实施需要完善的制度作为保证，而实际上各项制度又是企业管理和战略思想的具体体现。所以，在企业的发展和战略实施过程中，应制定与企业战略规划思想相一致、与企业管理相符合的制度体系，要防止制度的不配套、不协调。企业的制度体系包括企业在财务、营销、行政、生产、人事等各个方面形成的系统化制度体系。

(二) 软件要素分析

1. 风格

一个企业经过不断的发展，最终都会形成或具备一定的风格，这种风格犹如一个国家、一个地区、一个民族的文化一样，具有稳定性和潜移默化的影响作用。

2. 共有价值观

企业共有的价值观，是企业所有成员对企业战略发展、策略执行、社会责任、企业使命等形成的共同的价值认识和愿景。企业成员共同的价值观对企业的所有成员具有导向、约束、凝聚、激励及辐射作用，可以激发全体员工的热情，统一企业成员的意志和行动，促使他们齐心协力地为实现企业的战略规划和长远发展目标而努力。

3. 员工

无论是战略的实施，还是企业战术体系的推进，都需要充足的人力资源，有时战略实施的成败确系于有无适合的人员去实施，实践证明，人力准备是战略实施的关键。

4. 技能

无论是推进企业的发展战略，还是执行企业的营销策略，乃至日常的经营管理等，都需要员工掌握一定的技能，它是企业获得持久发展的最终保障。要提高员工的技能，一方面，用人时要做到扬长避短，另一方面，有赖于严格、系统的培训。

因此，无论是整体上的战略规划，还是较微观的战术设计，麦肯锡7S分析模型，都为策划者提供了一个全面审视企业的分析方法。为此，策划者进行项目策划时，要全面考虑企业的整体情况，只有在软、硬两方面7个要素能够很好地沟通和协调的情况下，策划才能获得成功，企业才能得到全面健康的发展。

第三节 财务分析类营销策划模型

一、雷达图分析模型

（一）雷达图分析模型简介

雷达图分析法是一种从动态和静态两个方面分析企业财务状况的一个重要的财务分析模型。静态分析是将企业的各种财务比率与其他相似企业或整个行业的财务比率作横向比较；动态分析则是把企业现时的财务比率与先前的财务比率作纵向比较，从中发现企业财务及经营情况的发展变化方向。雷达图把纵向和横向的分析比较方法结合起来，综合计算企业的收益性、安全性、流动性、成长性及生产性这五类指标。

（二）雷达图五大指标体系分析

雷达图分析法的核心在于静态分析与动态分析过程中所涉及的几大指标，因此，对这几大指标的了解和应用就成为策划人在策划过程中能否正确、自如地应用雷达图分析法进行分析的关键。

1. 收益性指标

分析收益性指标，目的在于观察企业一定时期的收益及获利能力。主要指标含义及计算公式如表 8-1 所示。

表 8-1 企业收益性指标

序号	收益性比率	基本含义	计算公式
1	资产报酬率	反映企业总资产的利用效果	（净收益＋利益费用＋所得税）/平均资产总额
2	所得者权益报酬率	反映所有者权益的回报	税后净利润/所有者权益
3	普通股权益报酬率	反映股东权益的报酬	（净利润－优先股股利）/平均普通股权益
4	普通股每股收益率	反映股东权益的报酬	（净利润－优先股股利）/普通股股数
5	股利发放率	反映股东权益的报酬	每股股利/每股利润
6	市盈率	反映股东权益的报酬	普通股每股市场价格/普通股每股利润
7	销售利润率	反映企业销售收入的收益水平	利润总额/净销售收入
8	毛利率	反映企业销售收入的收益水平	销售毛利/净销售收入
9	净利润率	反映企业销售收入的收益水平	净利润/净销售收入
10	成本费用利润率	反映企业为取得利润所付代价	（净收益＋利益费用＋所得税）/成本费用总额

2. 安全性指标

安全性指的是企业经营的安全程度，也可以说是资金调度的安全性。分析安全性指标，目的在于观察企业在一定时期内的偿债能力。主要指标含义及计算公式如表 8-2 所示。

表 8-2 企业安全性指标

序号	安全性比率	基本含义	计算公式
1	流动比率	反映企业短期偿债能力和信用状况	流动资产/流动负债
2	速动比率	反映企业立刻偿付流动负债的能力	速动资产/流动负债
3	资产负债率	反映企业总资产中有多少是负债	负债总额/资产总额
4	所有者（股东）权益比率	反映企业总资产中有多少是所有者权益	所有者权益/资产总额
5	利息保障倍数	反映企业经营所得偿付借债利息的能力	（税前利润－利息费用）/利息费用

其中流动负债说明每 1 元负债有多少流动资金作为保证，比率越高，流动负债得到偿还的保障就越大。但比率过高，则反映出企业滞留在流动资产上的资金过多，未能有效利用，可能会影响企业的获利能力。根据经验，流动比率在 2∶1 左右比较合适。

所谓速动资产，就是可以立即变现的资产，主要包括流动资产中的现金、有价证券、应收票据、应收账款等，而存货的变现能力则较差。因此，从流动资产中扣除存货后则为速动资产。根据经验，速动比率在 1∶1 左右较为合适。

资产负债率越高，企业借债资金在全部资金中所占比重越大，在负债所支付的利息率低于资产报酬率的条件下，股东的投资收益率就越高，对股东有利，说明经营有方，善用借债。但是，比率越高，借债越多，偿债能力就越差，财务风险就越大。而负债比率越低，说明企业在偿债时存在着资金缓冲。因此，资产负债率也要保持适当水平，一般说来，低于 50%的资产负债率比较好；所有者（股东）权益比率与资产负债率之和等于 1，所有者（股东）权益比率越大，资产负债比率越小，财务风险就越小；利息保障倍数如果比率低于 1，说明企业经营所得还不足以偿付借债利息，因此，该比率至少应大于 1。利息保障倍数的比率越高，说明按时按量支付利息就越有保障。

3. 流动性指标

分析流动性指标，目的在于观察企业在一定时期内的资金周转状况，掌握企业资金的运用效率。主要指标含义及计算公式如表 8-3 所示。

表 8-3 企业流动性指标

序号	流动性比率	基本含义	计算公式
1	总资产周转率	反映全部资产的使用效率	销售收入/平均资产总额
2	固定资产周转率	反映固定资产的使用效率	销售收入/平均固定资产总额
3	流动资产周转率	反映流动资产的使用效率	销售收入/平均流动资产总额
4	应收账款周转率	反映年度内应收账款的变现速度	销售收入/平均应收账款
5	存货周转率	反映存货的变现速度	销售成本/平均存货

总资产周转率、固定资产周转率、流动资产周转率分别反映全部资产、固定资产和流动资产的使用效率，比率越高，说明资产利用率越高，获利能力强；应收账款周转率反映年度内应收账款转为现金的平均次数，比率越高，说明企业催收账款的速度越快，坏账损失的可能性越小；存货周转率越高，说明投入存货至销售收回的平均期间越短，资金回收越快，效率越高。

4. 成长性指标

分析成长性指标，目的在于观察企业在一定时期内经营能力的发展变化趋势，一个企业即使收益性高，但成长性不好，表明其未来盈利能力将会下降。因此，策划者要以发展的眼光看企业，动态地分析企业财务资料，这对策划者正确制定企业战略特别重要。计算这类指标比较简单，如表 8-4 所示。

表 8-4 企业成长性指标

序号	成长性比率	基本含义	计算公式
1	销售收入增长率	反映销售收入的变化趋势	本期销售收入/前期销售收入
2	税前利润增长率	反映税前利润的变化趋势	本期税前利润/前期税前利润
3	固定资产增长率	反映固定资产的变化趋势	本期固定资产/前期固定资产
4	人员增长率	反映人员的变化趋势	本期职工人数/前期职工人数
5	产品成本降低率	反映产品成本的变化趋势	本期产品成本/前期产品成本

5. 生产性指标

分析生产性指标，目的在于了解在一定时期内企业的生产经营能力、水平和成果的分配。主要指标如表 8-5 所示。

表 8-5 企业生产性指标

序号	生产性比率	基本含义	计算公式
1	人均销售收入	反映企业人均销售能力	销售收入/平均职工人数
2	人均利润	反映企业经营管理水平	净利润/平均职工人数
3	人均资产总额	反映企业生产经营能力	资产总额/平均职工人数
4	人均工资	反映企业成果分配状况	工资总额/平均职工人数

（三）五大指标汇总形成雷达图

上述五大指标分析结果可以用雷达图表示出来，如图 8-16 所示。

雷达图的绘制方法如下：

第一步，画出三个同心圆，同心圆的最小圆圈代表同行业平均水平的 1/2 值或最低水平；中间圆圈代表同行业平均水平，又称标准线；最大圆圈代表同行先进水平或平均水平的 1.5 倍。

第二步，把这三个 360 度的圆圈等分为 5 个扇形区，分别代表收益性、安全性、流动性、成长性和生产性指标区域。

第三步，从 5 个扇形区的圆心开始以放射线的形式分别画出相应的财务指标线，并标明指标名称及标度，财务指标线的比例尺及同心圆的大小由该经营比率的量纲与同行业的水平来决定。

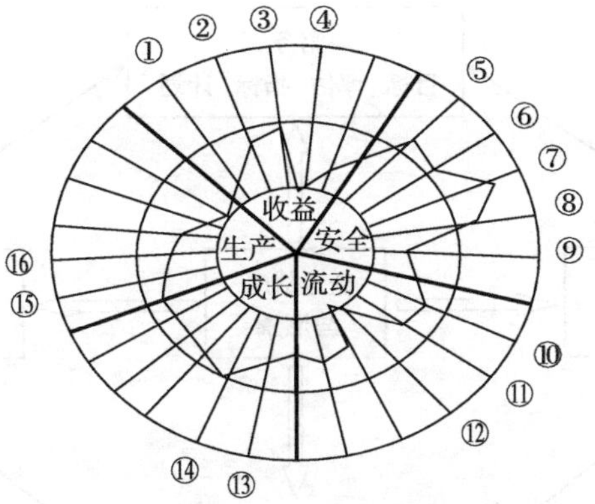

图 8-16　雷达图分析法

注：收益性：①资产报酬率；②所有者权益报酬率；③销售利益率；④成本费用率。安全性：⑤流动比率；⑥速动比率；⑦资产负债率；⑧所有者权益比率；⑨利益保障倍数。流动性：⑩总资产周转率；⑪应收账款周转率；⑫存货周转率。成长性：⑬销售收入增长率；⑭产值增长率。生产性：⑮人均工资；⑯人均销售收入

第四步，把企业同期的相应指标值用点标在图上，以线段依次连接相邻点，形成的多边形折线闭环，就代表企业的现实财务状况。

从图 8-16 可以看出，当指标值处于标准线以内时，说明该指标低于同行业水平，需要加以改进；若接近最小圆圈或处于其内，说明该指标处于极差状态，是企业经营有危险的标志；若处于标准线外侧，说明该指标处于较理想状态，是企业的优势所在。当然，并不是所有指标都处于标准线外侧就是最好，还要具体指标具体分析。

二、平衡计分卡分析模型

（一）平衡计分卡分析模型的构成

平衡计分卡的核心思想就是通过财务、客户、内部流程、学习与成长四个方面的指标之间的相互驱动的因果关系来展现企业的发展轨迹，实现绩效考核—绩效改进以及战略实施—战略修正的发展目标过程。它把绩效考核的地位上升到企业的战略发展层面，使之成为企业战略的实施模型和重要的经营决策模型。

平衡计分卡分析法的模型如图 8-17 所示。

从图 8-17 可以看出，平衡计分卡将企业的整体运作和战略实施整合为一套全面的目标和指标，这些目标和指标分为四个部分，即财务、客户、内部流程、学习与成长，每一部分各包括目标、对目标的评估、在评估基础上制定的目标值和依据目标值拟订的行动计划。平衡计分卡保留了传统的财务目标和指标，同时增加了作为财务目标的业绩驱动因素的非财务指标。策划者应用此分析方法，可以观察企业运行是否良好，随时发现在战略执行过程中和企业发展过程中哪一方面失衡、哪一方面出现了问题。这样，企业可以及时获得反馈信息，并根据这些反馈信息及时调整目标和指标，并制订相应的解决方案。

（二）平衡计分卡的四大互动指标体系

平衡计分卡通过对四大指标体系的目标设置与计划安排，形成了互相联系、互相支

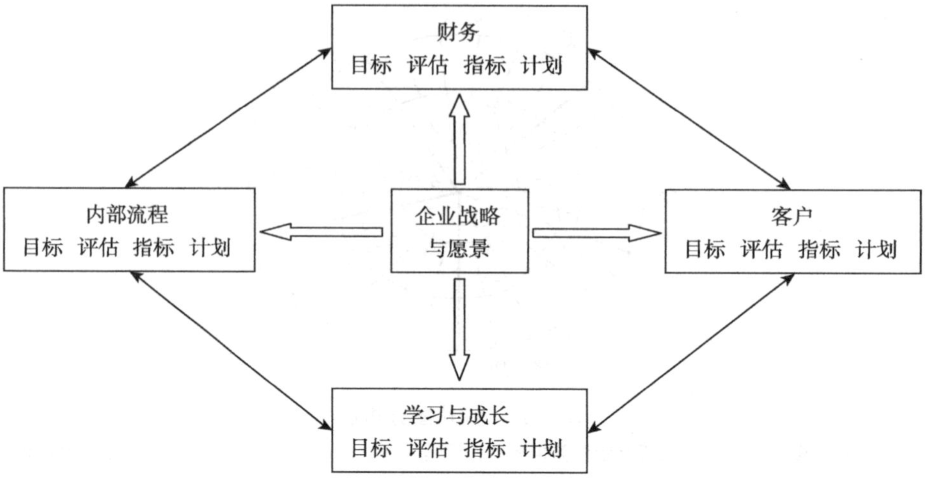

图 8-17 平衡计分卡分析法模型

撑的企业平衡发展系统。

1. 财务系统

财务系统包括：我们怎样满足股东？企业经营的直接目的和结果是创造价值，利润始终是企业所追求的最终目标。财务系统的具体指标体现为：

（1）现金流量：妥善管理公司的经营活动，保证其中产生的现金至少足以支付公司的资本支出、净融资成本以及相应的股东分红。

（2）实际投入资本回报：要将企业实际投入资本的回报率始终保持在产业领先的水平，而且不应低于企业的战略目标。

（3）盈利能力：通过提高销售利润率不断增强企业盈利能力。

（4）成本最低化：通过有效整合价值链中的各个部分将成本降至最低，从而赢得可持续竞争优势。

（5）实现盈利增长目标：策划者要使销售量的增长快于行业的平均水平，同时，在保证与企业发展战略保持一致的前提下，勇于抓住市场机会进军新的行业市场或产品市场，从而增加收入，实现企业业务的快速增长。

2. 客户系统

客户系统包括：客户如何看企业？如何向客户提供所需的产品和服务，从而满足客户需要，提高企业竞争力？具体指标体现为两个方面：

（1）不断取悦目标顾客：在不牺牲新进入顾客利益的前提下，兑现对公司目标顾客承诺的增值价值，这些增值价值包括服务速度、服务态度和企业努力等。

（3）提高中间商的盈利能力：中间商也是企业的重要客户，通过中间商向顾客提供令顾客满意的产品和服务，并帮助中间商提高其商业竞争能力来改善他们的盈利能力。

3. 内部流程系统

内部流程系统包括：企业擅长什么？企业是否建立起合适的组织结构、作业流程、管理体系？在这些方面存在哪些优势和不足？内部流程系统的设计应该从以上方面着手，并制定考核指标。具体指标体现为：

（1）产品、服务以及预备利润中心的开发流程：设计开发新颖的、有利可图的服务及产品流程。

（2）经销商以及批发商的选拔、考核、评估调整等流程：通过此流程提高中间商的经营水平和企业对中间商队伍的控制能力，以保持企业经营的稳定性。

（3）比竞争者更快地降低制造成本的流程：通过比竞争者更快地提高销售利润总额以及降低制造费用的流程设计，企业能够获得比竞争对手成本低、收益高的竞争优势。

（4）供货、交易及后勤流程：通过此流程设计，达到对雇员不断进行安全教育以及防范工作地点的危险来尽力消灭工伤现象的目的。

（5）存货管理流程：在不影响满意水平的前提下优化存货水平。

除了以上流程外，还包括营销作业、新产品开发、企业风险预警、财务审批等流程。

总结这些流程，在内部流系统程设计方面，主要体现为两大流程板块：一是具体的经营管理事务的流程设计；二是部门之间、岗位之间相互协调、相互配合的协调性流程设计。

4. 学习与成长系统

在21世纪经济全球化和竞争国际化的知识经济时代背景下，企业的成长与员工的能力素质和企业竞争力的提高息息相关，而从长远角度来看，企业唯有不断学习与创新，才能实现长远的发展。因此，学习与发展系统的规划与设计，对企业获得持续发展，具有重要的保障作用。

学习与发展系统的具体指标体现为：

（1）组织改进学习与发展系统：通过加强对企业战略的理解以及营造一个员工们主动参与并获得充分授权以实现公司愿景的氛围来实现公司的战略发展目标。

（2）核心技能学习与发展系统：一致性的企业观点，即鼓励并帮助员工对企业的价值观有更深入的理解；卓越的职能表现，即帮助员工为实现企业的愿景建立必要的技能水平；企业领导能力，即为提高领导综合业务思维能力、实现企业愿景而改进企业领导的技巧。

（3）开放战略信息资源和危机预警信息系统：为实施企业的战略和保障企业的正常发展，设计出战略信息支持系统和企业管理与营销危机预警信息系统的利用体系，并不断提高企业的学习能力。

（三）平衡计分卡四大指标体系的互动关系

以上四大指标，形成了围绕企业战略发展的平衡互动发展驱动体系。其互动促进关系表现为：

（1）财务指标是企业最终的追求和目标，也是企业存在的根本物质保证；

（2）要提高企业的利润水平，必须以客户为中心，满足客户需求，提高客户满意度；

（3）要满足客户需求，就必须加强自身建设，提高企业内部的运营效率；

（4）提高企业内部效率的前提是提高企业及员工的学习与发展能力。

最终，四大体系构成一个循环，从四个角度解释企业在发展中所需要满足的支撑因素，最终实现财务指标与非财务指标考核方法之间的相互补充“平衡”，定量评价与定性评价之间、客观评价与主观评价之间、组织的短期目标与长期目标之间以及组织各部门之间的“平衡”，在此基础上完成绩效考核与战略实施过程，并通过适当的管理和评估来促进企业的整体发展。

为此，策划者在应用平衡计分卡时，既要对每一个要素进行细致分析和论证，更重要的是，要将平衡计分卡的四大指标体系作为一个有机的整体，站在企业整体运营和系统管理的高度，来规划企业的战略与策略。

本章小结

本章主要阐述了战略类、经营决策类、财务分析类三类营销策划模型，包括 PEST 分析模型、利益相关者分析模型、价值链分析模型、营销流分析模型、波特五力分析模型、SWOT 分析模型、波士顿矩阵分析模型、麦肯锡 7S 分析模型、雷达图分析模型、平衡计分卡分析模型共十种具体的策划分析模型，这些模型也是营销策划人在实际的营销策划过程中可以有效运用的策划分析工具。

PEST 分析模型是在制定企业总体发展战略或营销战略时，对战略外部环境进行分析的基本模型，用于分析企业所处宏观环境对于企业总体发展战略、营销战略、竞争战略以及制定营销决策的影响。

利益相关者分析模型则主要侧重于对直接影响企业发展的相关因素进行分析，并从中找到策划的机会点或规避点，从而为策划项目服务。

价值链分析作为策划人的一个重要分析模型，通过价值链对企业的各项价值创造活动进行分解、识别，从而寻求竞争优势。

营销流分析模型为策划人系统地分析企业营销管理与运营的整体系统，以及各个构成部分的要件，提供了一个基本的操作思路和应用模型。

波特五力分析模型被用于对企业竞争战略进行分析。五种力量包括供应商的讨价还价能力、购买者的讨价还价能力、潜在进入者的威胁、替代品的威胁、现有产业间的竞争。这五大竞争驱动力，决定了企业的盈利空间和盈利能力，企业要以此来选择是否进入某个行业或在已经进入的行业中选择什么样的战略。

SWOT 分析表示分析企业优势、劣势、机会和威胁。因此，SWOT 分析实际上是将对企业内外部条件各方面的影响因素进行综合和概括，进而分析企业的优劣势、面临的机会和威胁的一种方法。

应用波士顿矩阵分析模型，要解决的核心问题是如何规划企业的产品组合和产品发展规划，即如何使企业的产品品种及其结构适合市场需求的变化，如何将企业有限的资源有效地分配到合理的产品结构中去，以保证企业在激烈的市场竞争中获得理想的收益。

麦肯锡 7S 分析模型是由麦肯锡顾问公司研究中心提出并设计的用于系统全面分析企业组织要素的模型，它指出了企业在发展过程中必须全面考虑企业发展各方面的情况，7S 包括结构、制度、风格、员工、技能、战略和共有价值观。

雷达图分析法是一种从动态和静态两个方面分析企业财务状况的一个重要的财务分析模型。雷达图把纵向和横向的分析比较方法结合起来，综合计算企业的收益性、成长性、安全性、流动性及生产性这五类指标。

平衡计分卡的核心思想就是通过财务、客户、内部流程、学习与成长四个方面的指标之间相互驱动的因果关系来展现企业的发展轨迹，实现绩效考核—绩效改进以及战略实施—战略修正的发展目标的过程。它把绩效考核的地位上升到企业的战略发展层面，使之成为企业战略的实施模型和重要的经营决策模型。

关键概念

PEST 分析模型；利益相关者分析模型；价值链分析模型；营销流分析模型；波特五力分析模型；SWOT 分析模型；波士顿矩阵分析模型；麦肯锡 7S 分析模型；雷达图分析模型；平衡计分卡分析模型

问题与应用

1. PEST 分析模型的构成是什么？在应用时需要注意哪些要点？
2. 利益相关者分析模型的构成是什么？在应用时需要注意哪些要点？
3. 价值链分析模型的构成是什么？在应用时需要注意哪些要点？
4. 营销流分析模型的构成是什么？在应用时需要注意哪些要点？
5. 波特五力分析模型的构成是什么？在应用时需要注意哪些要点？
6. SWOT 分析模型的构成是什么？在应用时需要注意哪些要点？
7. 波士顿矩阵分析模型的构成是什么？在应用时需要注意哪些要点？
8. 麦肯锡 7S 分析模型的构成是什么？在应用时需要注意哪些要点？
9. 雷达图分析模型的构成是什么？在应用时需要注意哪些要点？
10. 平衡计分卡分析模型的构成是什么？在应用时需要注意哪些要点？

第三篇

营销战略与营销管理策划

◇ 第九章　整体营销战略策划
◇ 第十章　STP 营销战略策划
◇ 第十一章　营销管理策划

第九章

整体营销战略策划

本章学习指引

内容提要

☆市场营销战略与企业总体发展战略

☆营销发展战略

☆营销竞争战略策划

思路和主线

本章在分析与界定市场营销战略与企业总体发展战略之间关系的基础上，重点介绍了营销发展战略、营销竞争战略两类营销战略的策划理论与方法。

学习目标

通过本章的学习，了解市场营销战略与企业总体发展战略之间的内在关系，并能够运用所学的方法，正确进行企业市场营销战略的策划，并初步了解全球市场营销战略的具体类型和制定过程。

企业的每一类业务单元和经营策略都是根据某种战略来进行的。战略是企业前进的方向和蓝图。整体营销战略策划是站在营销的层面，回答企业从哪里来、到哪里去的问题。它和企业的其他战略一样是企业的总体发展战略的一个重要组成部分。营销战略的目的在于建立企业在市场中的地位，在满足消费者需求的基础上同竞争对手进行竞争，从而获得卓越的业绩和市场表现。因此，每个企业都必须根据自己在行业中的地位以及它的市场目标、市场机会和可利用资源确定一个有价值、有挑战性的营销战略。

整体营销战略属于企业宏观规划层面，常常涉及企业在发展方向、业务结构以及资源匹配等方面的规划与调整，时间长、范围大，不但需要策划人要了解营销战略本身的构成，还要将营销战略与企业总体发展战略有机结合，调动各种资源，才能够保证战略方向的正确性。

第一节 市场营销战略与企业总体发展战略

一、市场营销战略的含义

市场营销战略是市场营销战略思想、战略目标及战略计划的集合。战略思想即战略指导思想，它表现为若干战略观念，体现战略方针，统帅战略总体，是战略的灵魂，如“优质名牌战略”、“多样化战略”等。市场营销战略目标是在战略思想指导下，企业市场营销活动在一定时期内要达到的总体水平。企业的市场战略目标一般由多个目标组成，形成一个目标体系，其中应有一个战略重点，并应以此为核心目标制订实施计划。战略计划则是贯彻战略思想、实施战略目标的具体安排。其具体的实施，需划分为不同阶段，以便根据企业内外部环境、条件的变化做必要的调整。

二、市场营销战略的特点

从市场营销战略内涵来看，市场营销战略具有以下特点。

1. 全局性

市场营销战略的制定事关企业整体和全局。因为企业营销活动本身关联着企业的方方面面，制定营销战略必然涉及并综合考虑企业的各种资源和条件，因而它是整体性、全局性的战略。它反映了企业高层领导对企业长远发展的战略思想，对企业的各项工作具有权威性的指导作用。

2. 长远性

市场营销战略是着眼于企业适应未来环境变化而制定的一个相当长时间内的指导原则和对策。一个战略目标，需要经过长期不懈的努力才能实现。而且，企业的营销战略，不仅在战略实施阶段对企业自下而上的发展关系重大，而且对企业的长远发展也将产生重大影响。

3. 导向性

市场营销战略不仅规定和指导企业一定时期的市场营销活动，而且规定和指导企业的一切生产经营活动。特别是战略目标，成为整个企业的奋斗目标和努力方向，企业中各种生产经营要素的安排，各种方针、策略、措施的制定，都是为实现企业的营销战略目标服务的。

4. 竞争性

市场营销战略的制定是基于对国内外市场竞争格局的认识，是就如何使企业在竞争中保持优势、立于不败之地所进行的筹划。在市场营销战略中，充分体现了经营管理者的竞争观念和竞争对策。从本质上来说，企业的市场营销战略就是企业如何获取竞争胜利的战略。

5. 原则性

一方面，市场营销战略规定了企业在一定时期内市场营销活动的方针，为企业各个方面的工作制定了可供遵循的基本原则；另一方面，由于战略更多考虑的是面对未来较长时期的营销决策，不可能对具体的营销活动进行细致的策划，因而只能是“粗线条”的决策和筹划，由此决定了营销战略具有原则性。

6. 稳定性

市场营销战略作为一定时期企业营销活动必须遵循的方针和原则，具有稳定性的要求。因为它是企业高层领导者通过对企业外部环境和内部条件进行了认真分析和研究所做出的慎重决策，在最初的制定过程中有一个整体的安排和考虑，因而不能随意更改。

三、营销战略与企业总体发展战略的关系

一方面，营销战略隶属于企业总体发展战略，企业总体发展战略指导营销战略的规划与执行；另一方面，一个科学、有效的营销战略，对企业能否顺利实现总体发展战略，往往具有关键性的支撑作用。

营销战略与企业总体发展战略的关系如图 9-1 所示。

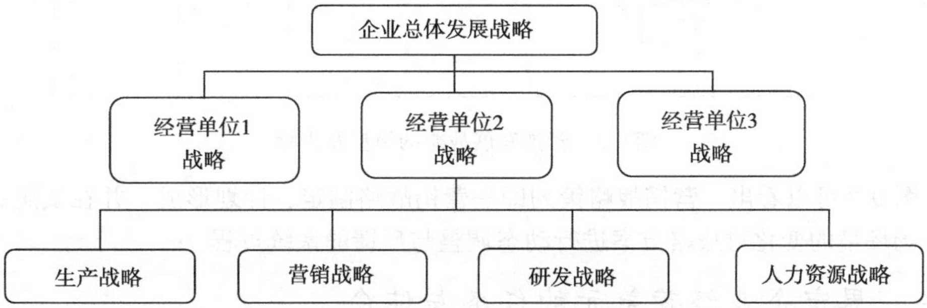

图 9-1　营销战略与企业总体发展战略

1. 企业总体发展战略

企业总体发展战略是企业为实现各种特定目标以求自身发展而设计的总体行动纲领或方案。它涉及企业发展中带有全局性、长远性和根本性的问题，包括企业最高层次战略任务、目标、发展领域、资源配置、组织模式、发展规模、投资决策等。

2. 经营单位战略

经营单位战略是在总体战略的统帅下，为各个战略业务单元发展而设计的行动纲领或竞争方案，包括经营单位发展战略、竞争战略、事业部、子企业的战略目标、任务、特色、战略点、组合方案等。

3. 职能战略

职能战略描述了在执行企业战略和经营单位战略的过程中，企业中每一个职能部门所采用的方法和手段。职能战略受制于企业总体战略和经营单位战略，每一个经营单位可确定出各自的职能战略，企业整体发展也可确定相应的职能战略，如何确定职能战略要结合企业的实际情况而定。职能战略之间必须相互支持和补充，用以保证企业总体发展战略和经营单位竞争战略的顺利实施，包括财务、生产、营销、研发、技术、采购、物流、人力资源配备、服务等各个职能战略。

从图 9-1 可以看出，营销战略在企业战略层次中属于职能战略范畴。明确营销战略与企业总体发展战略的关系及在其中的地位与作用，对正确处理营销战略与企业总体发

展战略的关系，科学有效地规划营销战略具有重要的指导意义。

第二节 营销发展战略

营销战略是根据企业总体战略制定的，是企业总体战略的重要组成部分，也是实现企业战略的重要保证。在每个业务单位内，市场营销的作用是帮助企业实现战略总目标。

营销发展战略的模型及步骤如图 9-2 所示。

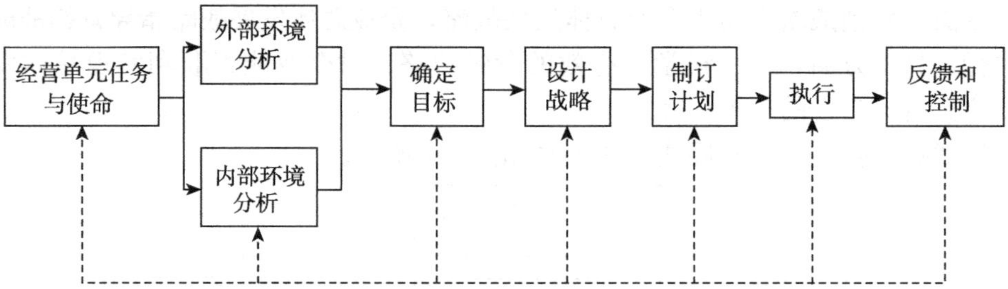

图 9-2 营销发展战略的模型及步骤

从图 9-2 可以看出，营销战略策划即是营销战略制定、计划形成，并在实施过程中根据市场环境的变化对战略方案进行动态调整与反馈的系统过程。

一、界定企业经营单元的任务与使命

营销战略策划的第一步就是根据企业的总体发展战略要求，明确企业的经营业务单元，并对选择的业务单元从战略的角度进行明确界定和对业务使命进行清晰陈述。在这一步骤中，要完成对以下内容的明确界定：

（1）企业所提供的产品或服务是什么？

（2）消费者需要满足的需求是什么？

（3）企业的目标客户/客户群是谁？

（4）客户（消费者）为什么从本企业购买而不从其他企业购买？

（5）企业将采取什么样的方式来满足消费者的需求？

（6）是什么使本企业同其竞争对手区别开来？

在回答以上问题的基础上，选择企业的经营业务单元，并在此基础上明确企业的经营任务和使命。企业的经营任务和使命决定了其在市场上的经营方向和价值取向。在界定企业经营业务时，策划者可以通过经营业务分析表来对企业的经营业务进行分析和归纳，如表 9-1 所示。

表 9-1 企业经营业务分析表

1. 企业名称：
2. 企业成立日期：

续表

3. 企业的目标客户主要是： □个人　□团体　□企业　□机关　□其他 4. 目前的产品与服务包括： 5. 企业最势均力敌的 3～5 个竞争对手是： 6. 可能的竞争来自： 1）行业中的其他企业 2）新进入本行业的厂商 3）其他行业生产替代品的企业 7. 企业在行业中的竞争地位： 弱____________________ 强____________________ 8. 对企业的产品或服务的需求情况：□递增　□递减 9. 企业可能中止的产品或服务是： 10. 企业可能引进的产品或服务是： 11. 企业可能撤出的市场是： 12. 企业可能进入的市场是： 13. 当前企业最大的营销障碍是： 14. 当前企业最大的营销机会是： 15. 企业总体的经营战略是： 16. 企业总体的经营目标和增长计划是：

将企业当前的业务系统清晰地描述出来并书面化，就形成了业务使命陈述书。一份有效的经营业务使命陈述书将向企业的每个成员明确地阐明企业的战略目标、方向和机会等方面的重大意义，引导企业全体员工朝着一个方向，为实现企业目标而努力工作。

一个优秀的企业经营业务使命陈述书有三个突出的特点：

（1）将企业的资源集中在有限的目标上；

（2）强调企业要遵守的核心信念和共享价值观；

（3）明确企业要参与的主要竞争范围，包括行业范围、产品与应用范围、企业能力范围、市场细分范围、地理范围等。

例如，麦当劳的企业经营业务使命陈述为：麦当劳企业的目标是占领全球的食品服务业。在全球范围内处于统治地位以及在建立客户满意度标准的同时，通过执行我们"服务便利·增加价值·履行承诺"的战略，提高我们的市场占有率和盈利率。摩托罗拉的企业经营业务使命陈述为：摩托罗拉的目标是为社会的需要提供好的服务，我们用公平合理的价格为客户供应优质的产品和服务；为了企业的整体发展，我们必须做到这一点和赢得适当的利润，并为我们的员工和股东提供机会以达到他们个人合理的目标。

企业经营业务使命陈述书的模板如表 9-2 所示。

表 9-2　企业经营业务使命陈述书

企业名称： 产品或服务：

续表

市场： 财务目标： 营销目标： 核心信念： 共享价值观： 竞争范围： 企业能力：＿＿＿＿＿ 市场细分范围：＿＿＿＿＿ 使命陈述书： ＿＿＿＿＿＿＿＿＿＿＿＿＿＿＿＿＿＿＿＿ ＿＿＿＿＿＿＿＿＿＿＿＿＿＿＿＿＿＿＿＿

二、企业内外部环境分析

企业外部环境分析，主要是发现营销机会和所面对的威胁及挑战；内部环境分析，通过对企业的资源、竞争能力、企业文化、企业管理状况及决策者的风格等企业内部要素进行客观的评估，找出企业自身相对于竞争对手的优势和劣势。

（一）企业外部环境分析（机会与威胁分析）

在外部环境分析中，营销策划人要明确的问题主要有：影响企业业务的外部环境有哪些？有哪些可利用的市场机会？有哪些需要预防的威胁与挑战？

外部环境分析内容如表 9-3 所示。

表 9-3 营销战略策划的企业外部环境分析：机会与威胁

影响因素	机会	威胁
宏观环境因素 • 宏观经济环境 • 人口统计情况（人口总量、人口结构、人口流动性等） • 技术因素 • 政治/法律的因素 • 政府及其管理机构 • 社会文化环境 • 自然环境		
微观环境因素 • 总体行业情况 • 竞争环境 • 目标客户 • 竞争对手 • 分销渠道 • 供应商		

任何一个企业，所能为和所不能为很大程度上受外部因素制约：什么是合法的？什么与政府的政策和管理条例相一致？什么与社会期望和社会责任标准相一致？现实的宏

观经济形势对企业的业务和财务有怎样的正面或负面影响？技术改造和技术创新会给企业业务带来什么样的机遇或威胁？

企业所面临的特定业务机会和具有威胁性的外部环境发展态势是企业制定营销战略的重要影响因素，这两点都要求企业采取战略行动。策划人必须精心分析，抓住最佳的成长机会，特别是那种很有希望建立持久的竞争优势、提高企业盈利能力的机会。同样，对于那些危及企业安全和未来业绩的威胁，策划人在规划营销战略时，必须采取必要的防卫措施。

企业要想取得运营的成功，就必须很好地适应市场机会和外部威胁，采取积极行动充分利用非常有希望的市场机会，并捍卫企业在市场中的竞争地位和长期盈利能力。

（二）企业内部环境分析（优势与劣势分析）

在内部环境分析过程中，策划者要明确：企业内部的竞争能力如何？企业经营的优势和劣势是什么？

识别环境中有吸引力的市场机会是一回事，拥有在机会中成功所必需的资源和竞争能力是另一回事。任何一个企业在进行营销战略策划时，都要定期检查自己的优势与劣势，其内容如表 9-4 所示。

表 9-4　营销战略策划的企业内部环境分析：优势与劣势

因素	优势	劣势
营销能力 1. 企业信誉 2. 市场份额 3. 产品质量 4. 服务质量 5. 定价策略 6. 分销策略 7. 促销策略 8. 营销队伍能力 9. 地理覆盖区域		
企业管理能力 10. 有远见的领导和企业家精神 11. 具有奉献精神的员工 12. 企业管理模式 13. 企业管理流程 14. 企业管理制度		
生产与制造能力 15. 设备状况 16. 生产规模 17. 生产能力 18. 按时交货能力 19. 制造与技术工艺		
研发能力 20. 新产品开发能力 21. 技术创新能力		

续表

因素	优势	劣势
财务运作能力 22. 会计制度 23. 资金运作 24. 财务分析		

（三）基于内外环境分析的 SWOT 分析总结

经过内外环境的分析，策划者在此基础上要进行总结并明确：如何善用企业的优势和市场机会？如何改善企业的劣势和防备企业所面对的外部威胁？

基于对企业内、外环境的分析，策划者要认真挑出不超过五个最可利用的优势和机会以及不多于五个最值得注意的劣势和威胁，确保企业的注意力集中在最重要的关键营销问题上。针对最有价值的优势和机会制定出有效利用的行动或措施（表 9-5）；针对必须改善的劣势和最值得注意的外部威胁制定出强有力的改善和防备行动或措施（表 9-6）。

表 9-5　在营销战略策划中如何利用企业的优势和市场机会

根据列出的企业主要优势和市场机会，制定出相应的行动或措施：
1. 优势或机会： 行动或措施：
2. 优势或机会： 行动或措施：
3. 优势或机会： 行动或措施：
4. 优势或机会： 行动或措施：
5. 优势或机会： 行动或措施：

表 9-6　在营销战略策划中如何改善企业的劣势和避开外部威胁

为了改善和避开所列出的企业的劣势和外部威胁，将采取下列的行动或措施：
1. 劣势或威胁： 行动或措施：
2. 劣势或威胁： 行动或措施：
3. 劣势或威胁： 行动或措施：
4. 劣势或威胁： 行动或措施：
5. 劣势或威胁： 行动或措施：

三、确定营销战略目标

企业的目标分为两个大的类别，即总体战略目标和职能层战略目标，这里的营销战略目标是在总体战略目标的基础上来确定的职能层营销战略目标，它是对总体战略目标的进一步分解和细化，也是实现总体战略目标的保证。

营销战略目标的规划，必须满足以下四个条件：

首先，营销战略目标必须按轻重缓急层次化地安排。例如，一个关键的目标是在这一阶段提高投资回报率，这又衍生出提高利润水平或减少投资额；提高利润又包括增加收入和减少费用；增加收入又转化为提高市场份额或价格。通过这种方法，可将较抽象的目标变为企业各部门和个人能够执行的特定目标。

其次，目标必须量化。例如，“提高市场占有率”这个目标就不如“提高市场占有率 15%”明确。

再次，企业所建立的营销战略目标水平应该切实可行。这就要求所确定的营销战略目标，既不能过于超前，无法实现；又不能过于简单，缺乏挑战性。

最后，企业的各项营销战略目标之间应该协调一致。例如，销售最大化和利润最大化要同时达到是不可能实现的。

在此基础上，企业要基于企业业务定位和内外环境的分析的结论，确定出具体的营销战略目标，如利润率、销售增长额、市场占有率的提高、产品创新、品牌塑造等。

四、选择营销战略

营销战略目标说明企业欲向何处发展，营销战略则说明如何达到目标。一个精雕细琢和周全缜密的战略是企业取得竞争成功的关键。营销战略要解决如下问题：如何完成企业营销目标？如何打败竞争对手？如何获取持续的竞争优势？如何加强企业长期的市场地位？

（一）营销战略的类型

依据迈克尔·波特的观点，可供策划者选择的五种最常见的营销战略为：

（1）低成本领先战略：企业致力于达到生产成本和销售成本最低化，这样就能以低于竞争对手的价格，赢得较大的市场份额。采取这一战略的企业必须善于管理、采购、制造和实体分配，并在此基础上建立以低价格实现规模化发展、规模化扩大降低价格的良性互动循环机制，同时保持一定的盈利空间。

（2）差别化营销战略：企业通过在质量、性能、服务、款式、领先技术和超支服务等方面中的一方面或几方面建立起区别于竞争对手的差别化优势，并将这些优势形成自己独特的竞争能力。

（3）集中化营销战略：企业通过对整个市场的评估找出某些重要的客户利益区域，集中精力在这些区域完善经营，并形成自己的竞争优势。企业集中化的途径可在市场集中化、行业集中化或产品集中化中进行选择与设计。

（4）基于低成本的集中化战略：企业将力量集中在几个细分市场上，通过为这些小市场上的购买者提供比竞争对手成本更低的产品或服务来战胜竞争对手。

（5）基于差别化的集中化战略：企业将其力量聚焦在有限的购买群体或细分市场上，而不是追求全部市场。企业从了解这些细分市场的需求入手，提供比竞争对手更能满足购买者的定制产品或服务战胜竞争对手。

同时，策划者在设计营销战略时，还要考虑如何配合营销组合中的4P——产品、价格、渠道、促销，以实现营销战略目标。为此，策划者还要进一步考虑下列因素：①细分市场；②目标市场；③定位；④差异化（产品、服务、人员、渠道、形象）；⑤新产品开发；⑥产品生命周期；⑦市场竞争地位；⑧产品线、价格、分销、广告和促销等。除此之外，还包括市场份额、增长率、成本特征、销售利润目标、后勤保障等。

（二）营销战略的要求

无论营销策划者最后确定的是何种营销战略，都必须做到：

（1）整体营销战略要具有很好的协调性，互相有矛盾或冲突的营销战略是无法顺利执行的；

（2）营销战略要有可行性，超出企业资源和能力范围的战略都是行不通的；

（3）营销战略必须是为企业全体员工所接受的，如果不能获得全体员工的支持，再好的战略也会失去赖以存在的基础。

五、制订营销计划方案

营销战略必须转化为营销计划方案才能加以实施和执行，这就需要在营销预算、营销组合和营销资源分配上制订出详细的计划方案。

首先，策划者必须决定要达到其营销目标所需的营销支出水平。如果期望获得较高的市场份额，营销预算比率可能比通常要高些。

其次，策划者还必须决定如何对市场营销组合中的各种工具进行预算分配。

再次，策划者必须决定如何将营销费用分配给不同的产品、渠道、促销媒体和销售领域。

最后，策划者要在以上基础上制定出营销活动与方案执行的具体时间表和人员安排，并制定有效的激励措施保证工作人员的积极性。

六、营销战略的执行与反馈

营销战略策划的最后一个环节是对营销战略的执行与反馈制订出系统的方案，即策划者要制定出系统的战略实施的基本思路，对过程实施进行有效控制，并通过实施过程中反馈的市场信息对计划进行评估改善，以确保营销战略目标的真正实现。

在营销战略的执行与反馈上，策划者可以按照如下思路进行策略设计：

（1）成立营销战略专项领导小组；

（2）对营销战略的目标体系进行分解，并根据责、权、利相匹配的原则，实施全员贯彻；

（3）在营销战略实施过程中，根据营销环境的变化及时对营销战略目标及战略方针进行适时监控与调整。

整个营销战略实施过程中的执行与反馈的设计流程如图9-3所示。

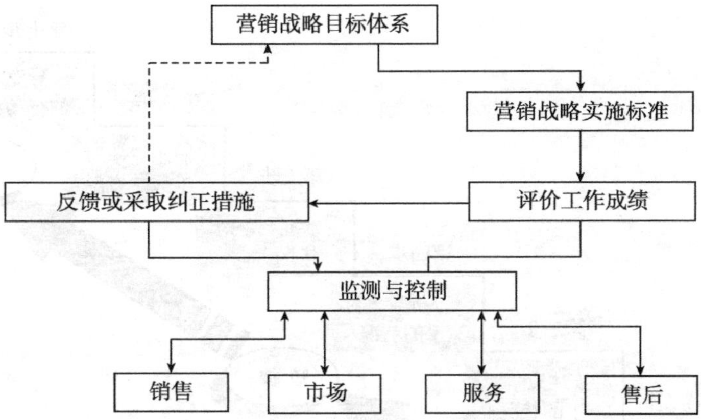

图 9-3 营销战略实施过程中的执行与反馈

第三节 营销竞争战略策划

整体营销战略策划，是从营销的角度界定企业的使命、确定企业的发展方向和经营策略；营销竞争战略策划则是根据市场竞争环境的演变和企业的实际竞争对手而选择符合企业自身战略目标和发展要求的竞争战略的过程。在今天国际国内竞争一体化的时代背景下，在中国完成由计划经济向市场经济的转轨过程中，可以说，不再有任何一个不存在竞争的行业。因此，一个是否科学、完善、有针对性的营销竞争战略，对一个企业的经营成败往往具有决定性的作用。

作为一个营销策划人，要树立竞争的意识，同时，要善于从竞争中找到企业的发力点。优胜劣汰、适者生存，永远是自然界、生物界的法则，同样也是商战中的法则。

营销竞争战略策划的模型如图 9-4 所示。

从图 9-4 可以看出，营销竞争战略策划的过程，就是一个在知己知彼的基础上战略交锋的过程。其中，第一步是知己的过程，第二步至第六步是知彼的过程，最后一步是在知己知彼的基础上的营销竞争战略选择与交锋过程。

一、认清自己的竞争地位

要形成一个清晰、准确的竞争战略，首要的是要准确把脉自己在整个行业、整个产业价值链上的地位，要知彼，首先要知己，这是营销竞争战略策划的前提。

一般而言，一个企业在整个行业或整个产业价值链上的竞争地位，取决于其在与主要竞争对手博弈过程中的力量大小或话语权的主动性，主要体现为四种不同的竞争地位。

（一）市场领导者

在市场中处于绝对的领导地位，是整个行业技术革新的引导者和行业标准的制定者。在竞争中，主要任务是在扩大整个市场需求规模的基础上保卫已取得的市场占有率、引导整个行业的发展和维护稳定的市场秩序。

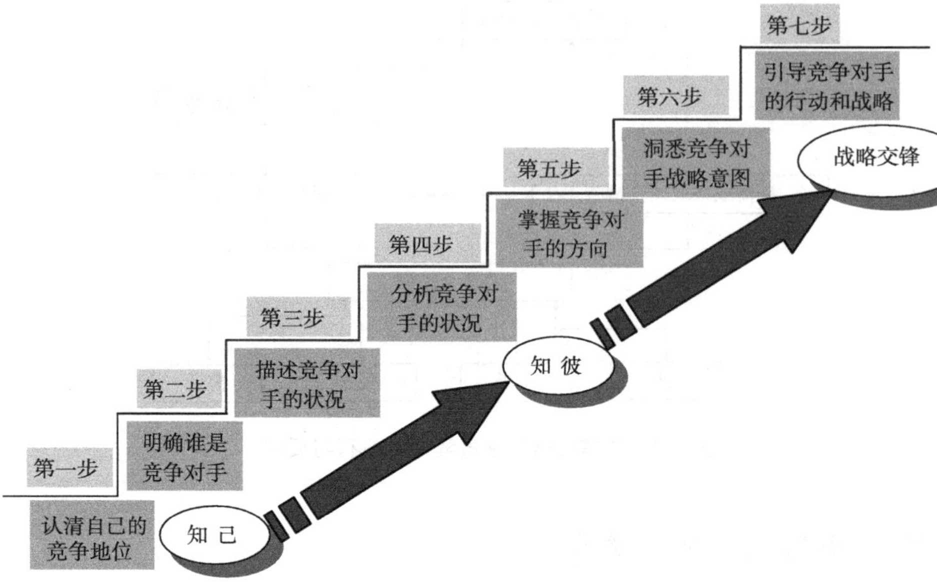

图 9-4 营销竞争战略策划的模型与流程

(二)市场挑战者

为挑战而生，在市场中要么是紧随市场领导者的亚军、季军企业；要么是刚刚进入某个行业但又具有强大的经济、技术、渠道等势力做支撑的新贵企业，这类企业的目的就是要对市场领导者发起挑战，颠覆传统的竞争秩序，改变原有的竞争规则。例如，农夫山泉进入市场对乐百氏、娃哈哈的强势挑战；奥克斯空调进入空调市场时采取的非常规竞争策略试图颠覆原有的空调行业竞争规则和市场格局。

(三)市场追随者

崇尚平平淡淡才是真，在市场中没有能力或不完全致力于在整个行业中占据主流地位，而是跟随主流企业在整个行业的利润空间或市场空间中分得属于自己的那一杯羹。这类企业的竞争策略往往是一种跟随性策略，既不讨好主流企业，也不惹怒主流企业，一副悠然自得的架势。

(四)市场利基者

信奉不以利小而不为，只要有机会，就要乘虚而入。在竞争的手法上，不属于正规军，没有固定的策略和系统的方法，一切视情况而定。这类企业通常处于生存的“温饱线”上，经过努力可能迈上“小康水平”，但一不小心可能就要“挨饿受冻”。

不同的竞争地位，对应的是不同的企业实力、资源整合能力、市场操控能力，并由此对应的是不同的竞争对手。因此，在这一步审视企业或策划项目自身的竞争地位时，要根据企业或策划项目的市场占有率、品牌知名度、地域覆盖范围、财务运作能力等指标来评估出企业的综合实力，并明确企业或策划项目自身所处的竞争地位是以上四类中的哪一类。

二、明确谁是竞争对手

完成了知己过程，就要完成知彼的过程。而完成知彼的第一步就是要明确谁是企业或策划项目的竞争对手，不是所有的同类企业或同类策划项目都是我们的竞争对手。同时，在所有的竞争对手里面，还存在一个谁是主要竞争对手，谁是次要竞争对手；谁是现实竞争对手，谁是潜在竞争对手的问题。

因此，只有明确了谁是竞争对手，才能做到后续的策划工作有的放矢。

（一）从不同的角度界定企业或策划项目的竞争对手

从不同的角度，可以界定出企业或策划项目的竞争对手，体现为：

（1）从企业或策划项目本身的角度：谁和我们在争夺同一个范围、同一个层次或同一类的目标客户群。找出这样的企业，就找到了企业或策划项目的竞争对手。例如，邮政和互联网之间，尽管它们不属于同一个行业，但它们争夺的是同一类利用工具进行交流信息的目标客户群，因此，它们构成了一对实质意义上的竞争对手，这也是为什么邮政在面对互联网的浪潮时，其传统的信件邮寄业务不断下滑而开始对其业务结构进行调整和完善并转向做物流商的缘故。

（2）从消费者的角度来界定竞争对手：消费者主要在哪两个品牌或哪两个企业之间做出选择，则这两个品牌或两个企业形成了直接竞争的局面。同样，如果两个企业或两个品牌之间，尽管它们所从事的行业可能是相同的，但消费者在选择时并没有把二者放在同一个平台上进行比较、选择，则它们就不是直接的竞争对手。例如，同是汽车制造商，目前的吉利和奥迪就不是竞争对手，因为它们的目标客户在选择汽车品牌时，很难将二者直接比较、取舍。

（二）从不同的层次界定企业或策划项目的竞争对手

从不同的层次界定竞争对手，也会产生不同的结果，主要体现为：

（1）通常竞争者：争取同一顾客群的企业或策划项目；

（2）形式竞争者：所有能提供相同服务的产品的企业或策划项目；

（3）行业竞争者：制造同业或同类产品的企业或策划项目；

（4）品牌竞争者：以相似的价格向相同的顾客提供类似产品或服务的企业或策划项目。

通过以上分析，策划者界定出企业或策划项目的直接竞争对手，可以为下一步工作奠定坚实的基础。

三、描述与分析竞争对手的状况

在明确了谁是企业或策划项目的竞争对手之后，就要对竞争对手目标的现实状况进行调查、描述、分析，并从中得出与策划项目相关的结论。

描述的过程，是对竞争对手在总体经营状况、市场占有率、营销队伍、市场区域、网络结构等方面实际情况的描述与反映，这是一个调查与客观反映竞争对手状况的过程。而分析的过程，则是在描述的基础上，根据描述的状况，策划者运用一定的方法或工具进行主观分析的过程，在主观分析的过程中，发现其优势、劣势，从中找到己方企业或策划项目与竞争对手相比的机会点和实施竞争战略的切入点。

具体而言，描述分析竞争对手，分为三个层次，如图 9-5 所示。

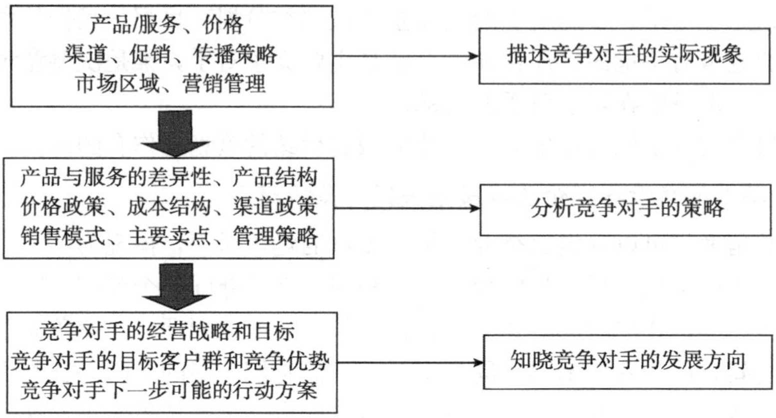

图 9-5 描述与分析竞争对手的内容和层次

四、掌握竞争对手的方向和明晰竞争对手的战略意图

经过以上对竞争对手的描述和分析，就进入了竞争对手战略方向和战略意图的预测与评估阶段，在这一阶段，策划者要完成的工作为：

（1）要预测出竞争对手在其现有的基础上，可能会在下一步要采取的策略和战略方向。

（2）要预测竞争对手在其战略方向的基础上，可能会采取什么样的具体竞争战略。

（3）明晰在竞争对手采取的竞争战略背后，其真正的战略意图是什么。例如，企业预测竞争对手可能会采取降价的竞争战略，那么，策划者要明确竞争对手采取降价行为背后的真正意图是为了清仓以消除原有的库存还是为新产品的上市让路呢？或者是试图通过降价形成规模化效应从而提高新进入企业进入这个行业的门槛？不同的意图代表后续不同的跟进策略，对策划者而言，其代表根据竞争对手的战略意图确定不同的跟进的竞争战略选择。

五、制定竞争战略并引导竞争对手的行动和战略

通过以上步骤，策划者就完成了知己知彼的过程，在知己知彼的基础上，策划者就要考虑自身营销竞争战略的选择问题了。也就是说，策划者在明晰竞争对手战略意图的基础上，要思考根据竞争对手的战略意图，结合自身在整个行业或产业价值链上的地位，是采取针锋相对的竞争战略还是继续观望，抑或由于竞争对手的竞争战略不是针对企业本身，所以不采取任何行动，策划者对此要做出判断和选择。

一般而言，在选择企业或策划项目的营销竞争战略时，要考虑企业或策划项目在整个行业或产业价值链上的地位和竞争对手的战略意图与战略方向，将二者结合进行营销竞争战略的选择和确定。

在选择和确定企业或策划项目的营销竞争战略时，可以选择的营销竞争战略主要有以下四大类型。

（一）防御型营销竞争战略

防御型营销竞争战略，一般是市场领导者，为了确保自身在市场中的领袖地位和面对行业里亚军、季军企业，以及实力强大的新贵企业等的挑战而采取的营销竞争战略。实力弱小的中小企业谈不上防御型的营销竞争战略。

在实施防御型的营销竞争战略时，策划者要坚持以下原则：

（1）不要轻率地断定自己一定居于行业中的领导地位，否则企业不会有足够的实力来实施真正的防御型竞争战略。

（2）在实施防御型竞争战略时，不要锋芒太露，要在适当的时机采取相对温和的手段，同时在防御的过程中，最好避免实现攻击竞争对手。“木秀于林，风必摧之”，实行比较温和的防御策略，可以避免其主要竞争对手联合中小企业群起而攻之。

（3）最好的防御型竞争战略是勇于挑战自己、攻击自己，也就是说，企业不能坐等挑战而不抢先推出新产品或新服务，而是要不断地通过引领技术革新、推出新产品等途径来确保自己站在竞争的制高点。

（二）进攻型营销竞争战略

进攻型营销竞争战略，一般是两类企业的选择：一类是行业中的亚军、季军企业对行业领导者采取的进攻型营销战略；一类是新进入某个行业但又有非常强的实力的新贵企业，它们通过进攻型营销竞争战略，试图通过非常规的手段迅速打破现有的竞争格局和游戏规则，并从中获利，实现自身跳跃式的发展。

但无论是亚军、季军企业，还是新贵企业，在选择实施进攻型营销竞争战略时，要坚持以下原则：

（1）在搞清楚市场领袖的实力的基础上，经过精心准备后再发动进攻，而不是盲目的进攻。

（2）从市场领导者那里发现薄弱环节、劣势环节，并奋起而攻之，只有以己之长，攻其之短，才能取得意想不到的成果。

（3）在进攻的线路上要机动、灵活，要给自己留有迅速撤退的空间，也就是说，要尽可能地缩短进攻线路。

（三）侧击型营销竞争战略

侧击型营销竞争战略，主要是在整个行业或产业价值链中占据大多数的中小企业选择的营销竞争战略。其核心思想是，在中小企业没有足够的实力向大企业发动进攻的条件下，中小企业扬长避短，采取差异化的思路，通过一定的运作方式，从而实现自己的营销目标。

实施侧击型营销竞争战略时，要坚持以下三方面的原则：

（1）充分贯彻差异化的思想，通过准确的市场细分和消费者定位，细分进入到尚未产生竞争的领域或大企业无暇顾及或忽略的市场，从而以最小的成本撬动最大的市场范围，实现差异化经营的成果。

（2）在实施侧击时，要注重战术上的有效安排，做到战略与战术的有机统一。战略上要具有长远性，同时战术上要具有突然性，做到出其不意。

（3）在侧击方式上要做到多元化，以有效分散竞争对手尤其是大企业的注意力。企业可以通过低价侧击、高价侧击、产品小型化侧击、产品大型化侧击、营销渠道侧击、销售方式侧击等多种侧击方式并进行有机组合来实施。

（四）游击型营销竞争战略

游击型营销竞争战略，主要是整个行业或产业价值链上的创业型或生存型企业所选择的营销竞争战略。这类企业实力弱小，疲于应付生存问题，还没有时间考虑企业的长远发展问题，只要哪里有机会，就在哪里发挥其短、频、快的优势。

实施游击型营销竞争战略时，同样要坚持以下几方面的原则：

（1）在实施游击战略时，企业要量力而行，最好的方式是瞄准一块小到能守住、资源可以满足的细分市场，然后加以开拓。

（2）在实施游击战略的过程中，无论已经取得了多大的成功，都不要试图像市场领导者那样去大规模、明目张胆地行动，也不要同自己没有实力战胜的企业直接竞争，过早地展示自己的成果和实力。

（3）在实施过程中如果无法取得成功或遇到太大的困难，而企业又没有足够的资源可以利用时，要做好时刻望风而逃的准备。这类企业在此阶段要明白，重要的不是地点，不是某一次的成功，重要的是首先要解决自己企业或项目的生存问题，要有“留得青山在，不怕没柴烧”的思想准备。

（4）在实施游击战的方式上，同样要注重多条腿走路，可以选择地理游击战、行业游击战、人口游击战、产品游击战、渠道游击战等多种方式。

本章小结

本章在分析与界定市场营销战略与企业总体发展战略之间关系的基础上，系统阐述了整体营销战略、营销竞争战略两类营销战略的策划理论与方法。

市场营销战略是市场营销战略思想、战略目标及战略计划的集合。一方面，营销战略隶属于企业总体发展战略，企业总体发展战略指导营销战略的规划与执行；另一方面，一个科学、有效的营销战略，对企业能否顺利实现总体发展战略，往往具有关键性的支撑作用。

营销发展战略即是营销战略制定、计划形成并在实施过程中根据市场环境的变化对战略方案进行动态调整与反馈的系统过程。

营销竞争战略策划是根据市场竞争环境的演变和企业的实际竞争对手而选择符合企业自身战略目标和发展要求的竞争战略的过程。在今天国际国内竞争一体化的时代背景下，在中国完成由计划经济向市场经济的转轨过程中，可以说，不再有任何一个不存在竞争的行业。因此，一个营销竞争战略是否科学、完善、有针对性，对一个企业的经营成败往往具有决定性的作用。营销竞争战略策划的过程，就是一个在知己知彼的基础上的战略交锋的过程。

关键概念

市场营销战略；营销发展战略；营销竞争战略

问题与应用

1. 市场营销战略的含义与特征是什么？
2. 如何正确理解和处理市场营销战略与企业总体发展战略之间的关系？
3. 营销发展战略的策划流程是什么？
4. 营销竞争战略策划的核心思想是什么？都包括哪些步骤？

第十章

STP营销战略策划

本章学习指引

内容提要

☆市场细分策划

☆选择目标市场策划

☆市场定位策划

思路和主线

本章系统全面地介绍了市场细分、目标市场选择、市场定位策划的含义、策划要点以及策划步骤。

学习目标

通过本章的学习，了解市场细分、目标市场选择、市场定位策划的含义、特点及作用，掌握目标市场战略策划的步骤，会进行SWOT分析、市场细分、选择目标市场和市场定位。

STP营销战略是市场营销最基本和最重要的战略，STP营销战略的核心思想是对目标市场战略的谋划、选择和制定，它包括四个步骤，即SWOT分析、市场细分、选择目标市场和市场定位。其中，SWOT分析的模型和内容在本书第八章第二节“经营决策类营销策划模型”部分已经进行了详细介绍，本章不再详细阐述。

第一节　市场细分策划

通过市场细分来正确地选择企业的目标市场和产品定位，是现代市场营销战略的核心。

一、市场细分的概念

市场细分是指以消费需求的某些特征或变量为依据，区分具有不同需求的顾客群体。市场细分不是对产品及其价格进行分类，而是对同种产品需求有差异的消费者进行分类，是识别不同消费者群的分类过程。值得注意的是，市场细分并不总是意味着把一个整体市场加以分割。实际上，它通常是一个聚集的过程而不单纯是分割的过程。所谓聚集的过程，就是把对某种产品特点最感兴趣的人或用户集合成群。例如，“时髦的人”、“朴素的人”、“热衷于古色古香的人”等。聚集的过程可以依据多种变量连续进行，直到鉴别出其规模足以实现企业利润目标的某一个消费者群。

二、市场细分的原则

进行市场细分策划时，应当遵循以下基本原则。

1. 可区分性

可区分性是指不同细分市场的特征可清楚地加以区分。例如，肉食品市场可依据民族变量区分为汉族肉食市场和回族肉食市场，而食盐市场就不可以按民族变量来细分。

2. 可衡量性

可衡量性是指细分的市场必须是可以识别的和可以衡量的，即细分出来的市场不仅有明显的范围，而且也能估量该市场的规模及其购买力的大小。为此，市场细分的标准必须是明确的、可以识别的和可以衡量的。例如，电冰箱市场上，在重视产品质量的情况下，有多少人更注重价格，有多少人更重视耗电量，有多少人更注重外观，或兼顾几种特性。当然，将这些资料予以量化是比较复杂的过程，必须运用科学的市场调研方法。

3. 可实现性

可实现性即企业所选择的目标市场是否易于进入，根据企业目前人、财、物和技术等资源条件能否通过适当的营销组合策略占领目标市场。

4. 可营利性

可营利性即所选择的细分市场有足够的需求量且有一定的发展潜力，使企业赢得稳定的利润。应当注意的是，需求量是相对于本企业的产品而言的，并不是泛指一般的人口和购买力。

三、市场细分的标准

（一）消费者市场细分的标准

细分消费者市场所依据的变量很多，可概括为四大类，包括地理变量、人口变量、心理变量和行为变量。

1. 地理细分（地理变量）

企业按照消费者所在的地理位置来细分市场称为地理细分。具体变量包括国家、地区、城市、城市规模、自然环境、气候条件、地形地貌、交通运输条件、通信联络条件、市政规划等。地理细分的主要依据是：处在不同地理位置的消费者，对于同一类产品通常会有不同的需要和偏好；他们对企业的产品、价格、分销渠道、广告宣传等营销措施的反应也各有不同。需要注意的是，企业在进行地理细分时，不仅要注意各个亚市场的潜力及其特点，而且要注意到本企业的成本费用会随所选择的亚市场的位置而发生变化，企业应选择最能发挥自身优势的、效益较高的地理市场为目标市场。

2. 人口细分（人口变量）

企业按照人口变量进行市场细分称为人口细分。人口变量包括一系列人类的自然特征和社会特征，如年龄、性别、国籍、家庭人数、家庭生命周期、收入、职业、受教育程度、民族、宗教信仰等。因为上述这些因素通常决定消费者的欲望、偏好和产品的使用率，而且这些变量一般都较易获得。

3. 心理细分（心理变量）

按照消费者的心理特征来细分市场称之为心理细分。心理因素十分复杂，包括消费者的生活方式、个性、购买动机、价值取向，以及对商品服务方式的感受或偏爱、对商品价格反应的灵敏程度等变量，其中，主要是生活方式和个性两方面。在有关心理因素的作用下，人们的生活方式可分为“传统型”、“新潮型”、“奢靡型”、“活泼型”和“社交型”等群体。

4. 行为因素（行为变量）

按照消费者的购买行为进行细分称为行为细分。具体细分变量很多，主要包括购买时机、追求的利益、使用、使用频率、忠诚程度等变量。消费者市场细分标准及细分变量，如表 10-1 所示。

表 10-1　消费者市场细分标准及细分变量

细分标准	细分变量
地理细分	国家、省区、城市、农村、面积、气候、山区、平原、草原、湖区、沙漠、交通条件、通信条件、城镇规划等
人口细分	人口总数、人口密度、家庭户数、年龄、性别、比例、职业、民族、文化、宗教、国籍、收入、家庭生命周期等
心理细分	生活方式、个性、购买动机、价值取向、对商品和服务方式的感受或偏爱、对商品价格反应的灵敏程度等
行为细分	购买时机、追求的利益、使用状况、忠诚程度、使用频率等

（二）生产者市场细分的标准

对生产者市场进行细分，除了可以不考虑个人心理因素的影响外，同样可以使用上述标准，只是细分市场的变量因素，具有更多和更复杂的特点。因此，可按以下三组因素，作为生产者市场细分的标准。

1. 地区及地理分布状况（用户地点）

由于生产者用户所在的地区特点不同，或者不同行业的地理条件不同，生产力布局就有很大的差别。不同行业与不同用户需要不同的生产资料商品，因而就有不同的市场特点。例如，普通机械制造业、化肥工业、肉食加工业、矿山开采业、畜牧业、种植业等的地理环境就有很大的不同，所需求的生产资料也有较大的差异。因此，可以把行业的地理特点作为细分生产者市场的一个标准，以利于企业做好对不同客户的供应工作。同样，也可以按客户的地理位置来细分市场，使企业的销售重点放在客户集中的地区，以降低费用开支、扩大销售数量、提高经济效益。

2. 最终用户的需求特点（用户要求）

由于生产者用户购买生产资料的目的，一般是为了科研、制造、修理、转售等生产业务上的需要，对所需的生产资料都有特殊的或不同的采购要求。因此，卖方就必须充分考虑买方的需求特点或追求的利益重点。最终用户的不同需求，是生产者市场细分的最重要和最常用的标准之一，必须予以充分重视。

3. 用户规模和购买力

由于生产者用户的规模不同，因而其购买力的高低存在很大差异，购买行为就有很大差别。一般而言，用户规模大，购买力高，每次购买数量则较多，购买周期较长，购买周期和购买品种也比较稳定。一些大用户的采购量可占供应量的70%～80%，而小用户的零星采购又必须给予保证。因此，必须从用户的规模及购买力等购买行为的角度，进一步细分生产者市场，采取不同的营销方法，以充分满足不同用户的需求，保持与不断扩大销售市场。

生产者市场的细分标准及细分变量，如表10-2所示。

表10-2　生产者市场的细分标准及细分变量

细分标准	细分变量
地理因素	地区、气候、资源、自然环境、企业地理位置、行业地理特点、生产力布局、交通运输、通信条件等
需求因素	采购目的、商品用途、使用者情况、追求利益重点、质量标准、功能要求、供货时间、使用频率、价格要求、交易方式、生产发展规划等
购买行为	客户规模、购买能力、付款方式、购买批量、购买周期、品种规格的要求、采购制度及手续等

四、市场细分的方法

市场细分的方法有四种，即单一变量法、综合变量法、系列变量法和多因素分析法。

1. 单一变量法

单一变量法是根据用户的某一种因素进行细分。以儿童玩具为例，其可以用“年龄”这个单一变量来细分。不同年龄的儿童对玩具的需求是不一样的，可以把儿童年龄划分为1～3岁、4～6岁、7～9岁、10～12岁、13岁以上等。

2. 综合变量法

综合变量法是按影响需求的两种以上因素细分。例如，可以将年龄、性别、收入三个因素综合起来，把服装市场细分为24个子市场，如图10-1所示。

3. 系列变量法

系列变量法是根据企业营销的需要，按照影响需求的各种因素由大到小排列，由粗到细进行系统细分。如图10-2所示为某钢铁公司运用系列变量法对钢材市场的细分。

由图10-2可知，该公司首先按最终用户把市场分为汽车制造业、建筑业、机床制造业、运输业四个分市场，并选择机床制造业为目标市场；其次，按所需产品划分为板材、棒材、坯材三个子市场，公司选择棒材为目标市场；再次，按企业规模划分为特大企业、大企业、中企业、小企业四个子市场，公司选择大企业为目标市场，向大型机床企业供应所需的棒材；最后按购买动机划分为经济动机、方便动机、质量动机三个子市场，公司选择满足大型机床制造企业购买棒材的质量动机为最终具体的目标市场。

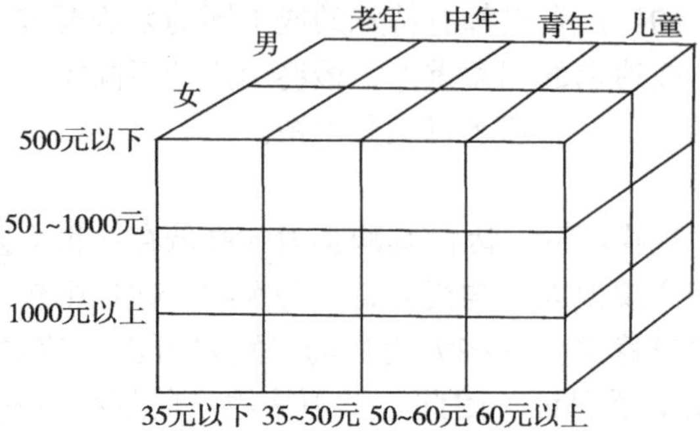

图 10-1　服装市场细分图

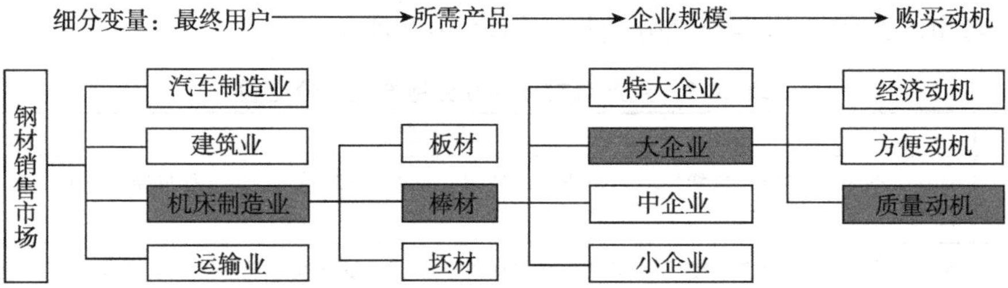

图 10-2　钢材市场细分

4. 多因素分析法

市场细分还可以采用多因素组合分析，创造性地运用细分标准。表 10-3 是一个由 9 个变量组合成的男性细分市场。若其中有一个变量变化，就形成一个细分市场。若把所有变量都加以组合，就会形成十多万个细分市场。企业可根据本企业的条件和目标，选择有实际意义和实用价值的细分市场。这无疑是一项创造性的劳动。

表 10-3　男性细分市场

年龄	性别	收入	职业	文化	婚姻	地区	住地	气候
婴儿 儿童 青年 中年 老年	男 女	低 中下 中 中上 高	农民 工人 职员 军人 学生 其他	文盲 小学 中学 学士 硕士 博士	单身 已婚 离异 鳏寡	东部 西部 中部 南部 北部	城市 郊区 乡村	温带 亚热带 寒带

五、市场细分的程序

企业进行市场细分的程序分为七个步骤，如图 10-3 所示。

1. 确定产品市场范围

产品市场范围应以市场的需求而不是产品特性来定。例如，一家住宅出租公司，打算建造一幢简朴的小公寓。从产品特性角度，如从房间大小、简朴程度等出发，可能会认为这幢小公寓是以低收入家庭为对象的。但从市场需求的角度来分析，便可看到许多并非低收入的家庭，也是潜在的顾客。举例来说，有的人收入并不低，在市区已有宽敞

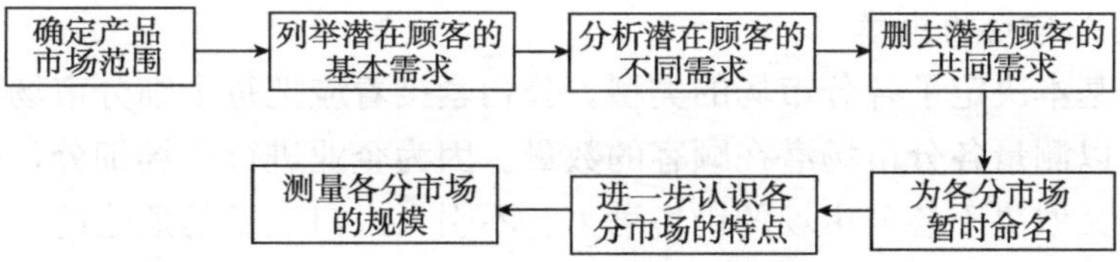

图 10-3　市场细分的步骤

舒适的居室，但又希望在宁静的乡间再有一套住房，作为周末生活的去处，所以，公司要把这幢普通的小公寓，看做整个住宅出租的一部分，而不应孤立地将其看成低收入家庭居住的房子。

2. 列举潜在顾客的基本需求

选定产品市场范围以后，可以通过“头脑风暴法”，从地理变量、行为变量和心理变量几个方面，大致估算一下潜在的顾客有哪些需求，这一步能掌握的情况有可能不那么全面，但却为以后的深入分析提供了基本资料。

例如，上文所述的这家住宅出租公司会发现，人们希望小公寓住房满足的基本需求包括遮蔽风雨，停放车辆，安全，经济，设计良好，方便工作，学习与生活，不受外界干扰，有足够的起居空间，满意的内部装修、公寓管理和维护等。

3. 分析潜在顾客的不同需求

接下来，公司再依据人口变量做抽样调查，向不同的潜在顾客了解，上述需求哪些对他们更为重要。例如，在校外租房住宿的大学生，可能认为最重要的需求是遮蔽风雨、停放车辆、经济、方便上课和学习等；新婚夫妇希望的是遮蔽风雨、停放车辆、不受外界干扰、满意的公寓管理等；较大的家庭则要求遮蔽风雨、停放车辆、经济、足够的儿童活动空间等。这一步骤至少应进行到有三个分市场出现才算结束。

4. 删去潜在顾客的共同需求

现在公司需要删去各分市场或各顾客群的共同需求。这些共同需求固然很重要，但只能作为设计市场营销组合的参考，不能作为市场细分的基础。比如说，遮蔽风雨、停放车辆和安全等项，几乎是每一个潜在顾客都希望的。公司可以把它作为产品决策的重要依据，但在细分市场时则要删去。

5. 为各分市场暂时命名

公司对各分市场剩下的需求，要做进一步分析，并结合各分市场的顾客特点，暂时安排一个名称。

6. 进一步认识各分市场的特点

公司还要对每一个市场的顾客需求及其行为，进行更深入的考察，看看自己掌握了各分市场的哪些特点，还需要了解哪些内容，以便进一步明确各分市场有没有必要再做细分，或重新合并。例如，经过这一步骤可以看出，上述案例中新婚者与老年人的需求差异很大，应当作为两个分市场。同样的公寓设计，也许能同时迎合这两类顾客，但对他们的广告宣传和人员销售的方式都可能不同。企业要善于发现这些差异。要是这两类顾客原来被归属于同一个分市场，现在就要把他们区分开来。

7. 测量各分市场的规模

以上步骤基本决定了各分市场的类型。公司紧接着应把每个细分市场同人口变量结合起来分析，以测量各分市场潜在顾客的数量。因为企业进行市场细分，是为了寻找获利的机会，这又取决于各分市场的销售潜力。不引入人口变量是危险的，有的细分市场或许根本就不存在顾客。

第二节 选择目标市场策划

目标市场是企业打算进入的细分市场，或打算满足的具有某一需求的顾客群。企业进行市场细分，就面临选择目标市场的问题。因为，并不是每个细分市场都值得企业进入，必须先对细分出的各市场进行评估，在分析判断的基础上，决定、选择最有利于企业的细分市场作为目标市场。

一、所选目标市场应该具备的条件

企业选择的目标市场应该具备以下条件。

（一）市场上有一定数量的潜在需求

市场上有一定数量的潜在需求是企业选择目标市场的首要条件。企业满足消费者的需求，通常不仅是现实需求，更重要的是潜在需求。因为企业只有进入具有一定需求潜力的市场，才能实现较长期的盈利目标。

（二）市场上有一定的购买力，即有足够的营业额

市场上有一定的购买力也是企业选择目标市场的重要条件之一。如果没有一定的购买力或购买力很低，就不能构成现实市场，如许多第三世界国家，存在很多未满足的需求，这些国家经济落后、购买力低，因而有些高档商品不能以这些国家和地区为目标市场。

（三）符合企业的目标和能力

上述选择目标市场的条件均属于外部条件，符合企业的目标和能力则是指选择目标市场必备的内部条件，主要包括企业的人力、物力、财力及经营管理状况。只有当企业确实具有一定的进入某个细分市场的优势时，才能以此为目标市场。

二、影响选择目标市场战略的因素

目标市场营销策略的三种类型各有优缺点，因而各有其适用的范围和条件。一个企业究竟采用哪种策略，应根据企业、产品、市场和竞争的具体情况来决定。

（一）企业能力

企业能力是指公司在生产、技术、销售、管理和资金等方面力量的总和。如果企业力量雄厚，且市场营销管理能力较强，即可选择差异性营销战略或无差异性营销战略。如果企业能力有限，则宜选择集中性营销战略。

（二）产品同质性

同质性产品主要表现在一些未经加工的初级产品上，如水力、电力、石油等，虽然产品在品质上或多或少存在差异，但用户一般不加区分或难以区分。因此，同质性产品竞争主要表现在价格和提供的服务条件上。该类产品适于采用无差异战略。如果产品的质量特性因制造者的不同而有很大差别，而购买者选购时主要以产品特性的差异作为根据，如服装、家用电器、食品、机械设备、汽车等，宜采用差异性营销战略或集中性营销战略。

（三）产品所处的生命周期阶段

新产品上市往往以较单一的产品探测市场需求，产品价格和销售渠道基本上单一化。因此，新产品在进入市场时可采用无差异性营销战略。而待产品进入成长或成熟阶段，市场竞争加剧，同类产品增加，再用无差异经营就难以奏效，所以成长阶段改为差异性或集中性营销战略效果更好。

（四）市场的类同性

如果顾客的需求、偏好较为接近，对市场营销刺激的反应差异不大，可采用无差异性营销战略；否则，应采用差异性或集中性营销战略。

（五）竞争者的营销战略

如果竞争对手采用无差异性营销战略，企业选择差异性或集中性营销战略有助于开拓市场，提高产品竞争能力。如果竞争者已采用差异性战略，则不应以无差异策略与其竞争，可以选择对等的、更深层次的细分或集中化营销战略。

三、目标市场覆盖模式

在企业的营销活动中，可供选择的目标市场覆盖模式一共有五种，具体如图 10-4 所示。

（一）产品与市场集中模式

产品与市场集中模式是指企业在众多的细分市场中只选择一个子市场作为营销的目标市场，进行集中营销。

适用对象：这一战略比较适宜实力较弱的小型企业。因为许多小企业由于受资源限制，只能集中力量开发某一种产品、服务于某一个专一的市场。

优势：使企业有限的资源得到最有效的利用；能使企业比竞争者更加了解专业细分市场的特性和变化趋势，从而在这一细分市场上获得较大的占有额，建立稳固的市场地位。专门化的生产和销售能使企业形成规模效益、技术优势，从而提高盈利能力。

劣势：以单一的细分市场作为目标市场，一旦市场发生突然变化或出现强有力的竞争对手时，企业就会处于被动状态，极有可能陷入困境。

（二）产品专业化模式

产品专业化模式是指以一类产品服务于各种不同的顾客群，即企业把整个市场不加

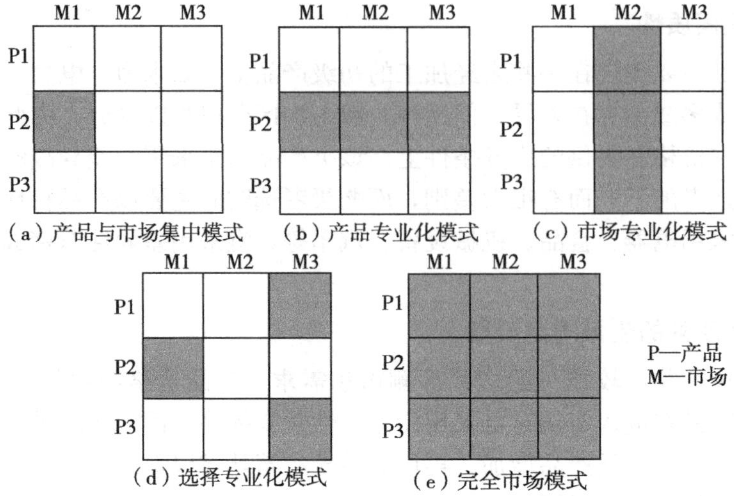

图 10-4　选择目标市场的五种战略

区分地作为自己的目标市场，企图运用一种市场营销组合方式来争取和满足市场上绝大多数消费者的共同需求。

适用对象：这一战略适用于差异性小、适应性强，且具有广泛需求的产品，如价格较低的日用百货等。

优势：有利于提高产品质量，降低产品成本，增加企业经济效益。

劣势：不能适应多变的市场形势，也不能适应不同层次、不同类型的消费者。同时，由于生产单一产品，采用单一策略，容易引起激烈的市场竞争，故而企业会逐渐失去原有的顾客。

（三）市场专业化模式

市场专业化战略使企业以其所有的不同种类的产品，为市场上某一顾客群服务。

适用对象：企业原有一种产品在某一类消费者中树立了良好形象，即已经成为这类消费者满意的名牌产品。据此不断开发系列产品，继续为原顾客群服务。

优势：这一战略有利于生产企业与用户建立稳固的联系，以便把新产品推向市场。企业可以利用固定的销售渠道，扩大产品销售量和销售额。

劣势：这一战略实际上是搭乘“名牌快车”。如果后继产品存在缺陷，将会影响原有名牌产品的形象。

（四）选择专业化模式

选择专业化战略是指企业以生命力较强的产品进入少数有吸引力的市场，在满足不同目标市场不同需求的同时，不断扩大产品销量，获取更多利润。

适用对象：这是各大企业或具有较强实力和某种优势的中小企业的战略选择。

优势：在竞争日益激烈、消费需求变化多端的买方市场情况下，生产企业根据自己的优势，开发具有吸引力的产品，选择理想的目标市场，做到有的放矢，对企业来说，意味着市场的扩大和利润源的增加。

劣势：企业资源分散在不同的细分市场，会降低企业在不同的细分市场上的竞争力。

(五) 完全市场模式

完全市场模式指企业为满足所有细分市场中的消费需求生产各种产品。只有大型公司才有能力选用这一模式，如计算机市场上的 IBM 公司、汽车市场上的通用汽车公司等。

四、目标市场营销战略

目标市场范围大小不同，所能采取的市场营销战略也不相同。其归结起来有三种，即无差异性营销战略、差异性营销战略和集中性营销战略。前两种营销战略都是以整个市场作为目标市场，属于为多个市场服务的战略；第三种战略是集中力量为一个选定的细分市场服务的战略。但是当作为目标市场的细分市场个数逐步增加时，集中性营销战略也相应地逐步扩大为差异性营销战略，如图 10-5 所示。

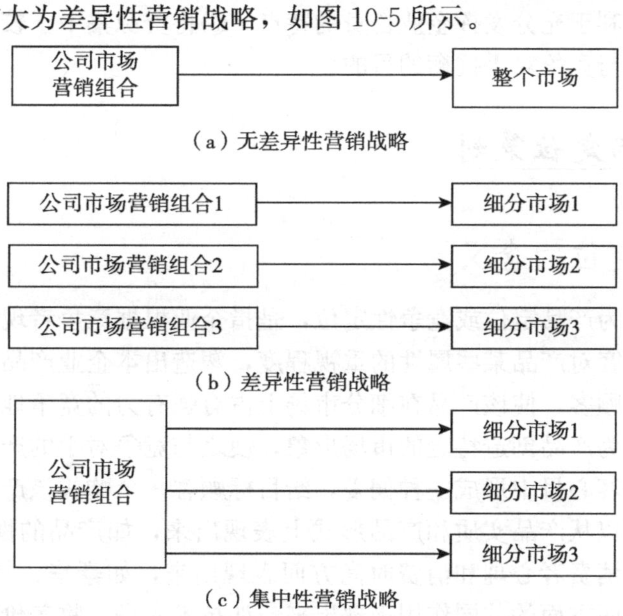

图 10-5 三种可供选择的目标市场营销战略

(一) 无差异性营销战略

企业采用无差异性营销战略就是把整体市场看做一个大的目标市场，不进行细分，推出一种产品，实施一种市场营销组合手段对待整个市场，包括单一型号、包装、价格、品牌长期不变，进行内容相似的宣传，采取广泛的分销渠道。例如，美国可口可乐公司拥有国际性专利，在很长的时期内只生产一种品味、一种瓶装的饮料，甚至连广告语句也只有一种："请喝可乐。"

(二) 差异性营销战略

差异性营销战略充分肯定消费者需求的差异，在市场细分的基础上选择若干个细分子市场，并针对不同的细分市场开展不同的营销活动。企业采用差异性营销战略就要推出多种产品，并配以多种宣传促销手段，力图满足各种消费者不同的兴趣和爱好。

差异性营销战略是目前普遍采用的战略。美国可口可乐公司现在已经采用了这一战略。它们不仅继续生产与销售可口可乐，还针对不喜欢可乐型饮料的消费者推出了芬达（Fanta）、雪碧（Sprite）、雪菲力（Chivalry）等各种口味的饮料。产品包装方面不仅有玻璃瓶装，还有塑料瓶装以及罐装；不仅有小瓶装，而且有大瓶装，甚至还推出水壶式的包装以满足小朋友的需要。

（三）集中性营销战略

集中性营销战略是企业在某一时期内集中企业的力量，采用一种或少数几种营销组合策略专攻一个或几个细分市场。

集中性营销战略的优点是：①对少数几个甚至一个细分市场进行“精工细作”，可深入地发掘消费者的潜在需要。②目标市场少，可以使企业的特点与市场的特征尽可能达到一致，从而有利于充分发挥企业自身的特点。③将资源集中于较小的市场范围，可以达到积聚力量，与竞争对手抗衡的目的。

第三节　市场定位策划

一、市场定位的含义

市场定位又称为产品定位或竞争性定位，是指企业根据竞争者现有产品在细分市场上所处的地位和顾客对产品某些属性的重视程度，塑造出本企业产品与众不同的个性或形象并传递给目标顾客，使该产品在细分市场上占有强有力的竞争地位。具体来讲，就是企业从各个方面为产品创造特定的市场形象，使之与竞争对手的产品显示出不同的特色，以求在目标顾客心目中形成一种偏爱，给目标顾客一个购买该产品的理由。这种产品形象和特色，可以从产品实质和产品形式上表现出来，如产品的性能、成分、形状、构造等；也可以从消费者心理和消费时尚方面表现出来，如豪华、朴素、典雅、时髦、舒适等；或者通过两方面的共同作用表现出来，如技术先进、物美价廉、服务周到等。

二、差别化分析

差别化是市场定位的手段，企业要进行市场定位，首先要进行差别化分析。差别化是指设计一系列有意义的差别，使本企业的产品与竞争者产品相区分的行动。差别化可以从产品、服务、人员、渠道和形象等方面来寻求。

（一）产品差别化

产品差别化是指在产品实体的属性方面实现差别化。产品实体属性包括类别、形式、特色、性能质量、一致性质量、耐用性、可靠性、可维修性、风格、包装、设计等。

（1）类别。每一种商品都有一种传统类别，企业可以改变商品原有的传统类别来实现差别。例如，有人把啤酒归入“清凉饮料”类，把打火机归入“钟表眼镜”高档商品类。

(2) 形式。许多产品在形式上是存在差别化的，包括一种产品的尺寸、形状或实体结构。

(3) 特色。大多数产品都提供各种不同的特色，特色就是产品的基本功能的某些增补。率先推出某些有价值的新特色无疑是一种最有效的竞争手段。

(4) 性能质量。性能质量是指产品主要特点在运用中的水平。大多数产品都属于下面四种性能中的一种，即低、平均、高和超级。企业必须选择其中的一种性能质量，随着时间的变化，有三种战略可供选择，包括改进产品质量、保持产品质量和降低产品质量。

(5) 一致性质量。一致性质量是指产品的设计和使用与预定标准的吻合程度。例如，波斯944型汽车被设计为在10秒钟内速度至每小时60英里（1英里＝1609.344米）。如果流水线上的每一辆波斯944型汽车符合这一标准，该汽车被认为具有高度一致性。一致性差意味着产品的预定性能指标无法实现。

(6) 耐用性。耐用性是衡量一种产品在自然或在重压条件下的预期的操作寿命。它是某些产品的价值增加属性。

(7) 可靠性。可靠性是指在一定时间内产品将保持不坏的可能性。购买者一般愿意为产品的可靠性付出溢价。

(8) 可维修性。可维修性是指一件产品出了故障或用坏之后可以修理的容易程度。理想的可维修性是指用户可以花少量的甚至不花钱或时间，自己动手修复产品。购买者偏爱容易修理的产品。

(9) 风格。风格是指产品给予顾客的视觉和感觉效果。购买者通常愿为有吸引力的产品多付一些钱。

(10) 包装。包装带给顾客对产品的第一印象，它能影响顾客的“进入”或“退出”。包装尤其在食品、化妆品、卫生用品和小型的消费品方面十分重要。

(11) 设计。设计是综合性要素，它是从顾客要求出发，能影响一种产品外观和性能的全部特征的组合。设计上的差异化特别适用于销售耐用设备、服装、零售服务等产品的差异化设计。

(二) 服务差别化

服务差别化是指向目标市场提供与竞争者不同的优质服务。企业的竞争力越能体现在顾客服务水平上，差别化就越容易实现。因为，服务差别化能够提高顾客总价值，树立企业形象，保持牢固的顾客关系，从而击败竞争对手。服务差别化可从以下几个方面入手。

(1) 订货方便。订货方便是指如何使顾客能方便地向公司订货。

(2) 交货。交货是指产品或服务如何送达顾客，包括速度、准确性和文明送货。

(3) 安装。安装是指确保产品在计划地点正常使用而必须做的工作。尤其对于那些重型设备的购买者，都希望厂家提供良好的安装服务。因而，对于那些生产复杂产品的公司来说，这一点在销售环节上尤为重要。

(4) 客户培训。客户培训是指对客户单位的雇员进行培训，以便使他们能正确有效地使用供应商的设备。

（5）客户咨询。客户咨询是指卖方向买方提供有关资料、信息系统和提出建议等服务。

（6）维修保养。维修保养是建立服务计划，帮助购买公司产品的顾客正常使用其产品。

（7）多种服务。多种服务是指公司为顾客同时提供多种服务的方式。

（三）人员差别化

人员差别化即是通过聘用和培训比竞争者更为优秀的员工以获取差别优势。新加坡航空公司之所以享誉全球，就是因为其拥有一批美丽高雅的空中小姐。麦当劳的雇员都彬彬有礼，IBM公司的人都是专家，迪斯尼乐园的雇员都精神饱满，这些都是人员差别化的经典案例。经过严格训练的人员应具备下面六种素质：①能力。雇员应具有所需要的各种知识和技能。②谦恭有礼。雇员热情友好，尊重别人，体贴周到。③诚实。雇员诚实可以信赖。④可靠。雇员能始终如一、准确无误地完成本职工作。⑤负责。雇员能对顾客的请求和困难迅速做出反应。⑥沟通。雇员力求了解顾客，并将有关信息准确地传达给顾客。

（四）渠道差别化

这种差别化是通过设计分销渠道的覆盖面、专长和绩效来取得竞争优势。例如，雅芳公司开发和管理高质量的直接营销渠道而实现差别化。

（五）形象差别化

形象差别化是在产品实体和服务都与竞争者类似的情况下塑造不同的产品形象以获取差别优势。一个最好的例子就是万宝路香烟。大多数香烟的味道都差不多，而且都是通过同样的渠道出售的。万宝路香烟之所以能获得如此大的市场份额（约占全世界香烟市场的30%），就是因为它独特的“西部牛仔”形象。

可以通过不同的途径创造性地树立企业独一无二的形象，较常使用的有口号、标志、媒体、气氛和事件等。产品差别化的基础是消费需求的差别化。顾客也是因此而被各种不同的产品或服务吸引。消费需求是产品差别化的前提，没有前者就没有后者。

三、市场定位策略

企业制定市场定位策略至少有以下几种选择。

（一）根据产品实体的属性定位

这种定位战略是通过技术创新，使产品具有优于其他同类产品的某些属性（包括产品类别、形式、特色、性能质量、一致性质量、耐用性、可靠性、可维修性、风格、包装、设计等）。例如，某汽车公司推出“后窗除霜”、“省油控制”和“电动驾驶”三种特色中的一种、或两种、或三种来定位。

（二）根据产品利益定位

这种策略是把品牌和顾客利益结合起来实现差别化定位。产品利益包括产品的实际效用和使用产品后的心理感受。

1. 实际效用定位

不同的产品有不同的效用。例如，牙膏的实际效用有经济（低价）、医用（防蛀）、化妆（洁白牙齿）和味觉（气味好）。生产牙膏的企业可以从中选择其中一种效用或多种效用来定位。

2. 心理感受定位

这是把品牌与其能带给顾客的心理感受相结合实现差别化来定位。例如，高档名牌西服让人感觉到自己尊贵。休闲时装让人感觉到轻松、舒适。即使是同一种商品也可以强调不同的感受，如柒牌西服广告语是“让女人心动的男人”，含义是穿上柒牌西服能够吸引女性，得到女人的青睐。而杉杉牌西服广告语是“不要太潇洒!”含义是杉杉牌西服使你更潇洒。

（三）根据产品或服务的质量与价格定位

根据产品或服务的质量与价格定位的策略是指企业依据产品的质量档次和价格高低来进行定位。产品可以定位于不同的质量/价格档次，质量和价格之间可以有不同的组合，如图 10-6 所示。

		价格：低	价格：高
品质	高	优质低价 品质实用、价格较低	优质高价
	低	低质低价	低质高价

图 10-6　价格与品质定位图

例如，国内的青岛啤酒定位于高质量、高价格，地方啤酒品牌则定位于低价格、低质量。又如，海尔实行高质量、优质服务、高档价格市场战略，在这种思想的指导下，海尔在质量与顾客服务方面实行了一系列创造性的做法，达到了中国家电业的一个高峰，在消费者中间建立了“海尔服务”的良好口碑。

（四）根据产品的不同用途定位

根据产品的不同用途定位的策略是指企业把产品定位于某项专门用途上。例如，耐克把运动鞋定位于篮球、排球、散步等多种用途上。海飞丝洗发水定位于“去头屑”这种用途上。

（五）根据产品使用人定位

根据产品使用人定位的策略是指企业选择特定的目标顾客实现差别化来定位。例如，万事发香烟定位于“医生、艺术家、影星和名流所用”。

（六）根据产品使用场合定位

根据产品使用场合定位的策略是指把品牌与使用产品的场合结合起来实现差别化来定位。例如，红双喜毛毯定位于“结婚用品”，金钱牌果酱定位于“早餐食品”。

（七）根据文化象征定位

根据文化象征定位的策略是指使用本民族的一种文化特征标志与本商品品牌结合起来实现差别化来定位。例如，中国餐馆使用红灯笼或女服务员穿旗袍来表现自身形象，就属于文化象征定位。

（八）根据竞争地位定位

根据竞争地位定位的策略是强调本企业产品在市场上的竞争位置实现差别化来定位。例如，百事可乐声称比可口可乐更好，来与可口可乐直接竞争。

四、市场定位的程序

市场定位的过程包括三个步骤：第一步，确认本企业的竞争优势。第二步，准确地选择相对竞争优势。第三步，显示独特的竞争优势。

（一）确认本企业的竞争优势

这一步骤的中心任务是要弄清以下三大问题：①竞争对手的产品定位如何？②目标市场顾客的欲望满足程度如何？③针对竞争者的市场定位和潜在顾客的真正需要，企业应该做什么？要搞清这三个问题，企业市场营销人员必须通过科学系统的市场营销调研活动，设计、搜索、分析并报告有关上述问题的资料和研究结果。通过回答上述三个问题，企业就可从中把握和确定自己的潜在竞争优势。

（二）准确地选择相对竞争优势

相对竞争优势表明企业能够胜过竞争者的能力。这种能力既可以是现有的，也可以是潜在的。准确地选择相对竞争优势是一个企业各方面实力与竞争者的实力相比较的过程。比较的指标应是一个完整的体系，只有这样，才能准确地选择相对竞争优势。通常的方法是分析、比较企业与竞争者之间的强项和弱项。

（三）显示独特的竞争优势

企业要通过一系列的宣传促销活动，使其独特的竞争优势准确传递给潜在顾客，并在顾客心目中留下深刻印象。

企业应使目标顾客了解、知道、熟悉、认同、喜欢和偏爱本企业的市场定位，在顾客心目中建立与该定位相一致的形象。企业要通过一切努力强化自己的产品在目标顾客心目中的形象、保持对目标顾客的了解、稳定目标顾客的态度和加深与目标顾客的感情，以此来巩固与市场定位相一致的企业形象和产品形象。例如，要确立优质服务定位的公司应该悄悄地增加服务人员，并加以训练，然后通过有效的媒体宣传自己的服务能力及其优势，即“某某公司……服务最佳”。

企业还应注意目标顾客对其市场定位理解出现的偏差或由于企业市场定位宣传上失误而造成目标顾客的模糊、混乱和误会，及时纠正与市场定位不一致的形象。

五、市场定位方式

定位方式不同，竞争态势也不同。市场定位主要有以下三种。

（一）避强定位

避强定位是指避开强有力的竞争对手的市场定位方式。其优点是能够迅速地在市场上站稳脚跟，并能在消费者或用户心目中迅速树起一种形象。由于这种定位方式市场费用较低，成功率较高，因此常常被企业采用。

（二）对抗定位

对抗定位是一种与在市场上占支配地位的、亦即最强的竞争对手“对着干”的定位方式。显然，这种定位有时会产生危险，但不少企业认为能够激励自己奋发上进，一旦成功就会取得巨大的市场优势。例如，可口可乐与百事可乐之间持续不断的争斗，“汉堡王”与“麦当劳”对着干，等等。实行对抗定位，必须知己知彼，尤其应清醒估计自己的实力，不一定试图压垮对方，只要能够平分秋色就是巨大的成功。

（三）重新定位

重新定位是对销路少、市场反应差的产品进行二次定位。这种定位旨在摆脱困境，重新获得增长与活力。这种困境可能是企业决策失误引起的，也可能是对手有力反击或新的强有力竞争对手进入市场。不过，也有重新定位并非因为已经陷入困境，而是因为产品意外地扩大了销售范围引起的。例如，专为青年人设计的某种款式的服装在中老年消费者中也流行开来，该服装就会因此而重新定位。

本章小结

本章系统全面地介绍了市场细分、目标市场选择、市场定位策划的含义、策划步骤。

SWOT 分析即是对企业的机会与威胁、优势与劣势进行全面的评估。市场细分是指以消费需求的某些特征或变量为依据，区分具有不同需求的顾客群体。市场细分要遵循可区分性、可衡量性、可实现性和可营利性原则。市场细分的方法有单一变量法、综合变量法、系列变量法和和多因素分析法。市场细分的程序分为七个步骤，即确定产品市场范围、列举潜在顾客的基本需求、分析潜在顾客的不同需求、删去潜在顾客的共同需求、各分市场暂时命名、进一步认识各分市场的特点、测量各分市场的规模。

目标市场是企业打算进入的细分市场，或打算满足的具有某一需求的顾客群。目标市场应该具备三个条件：第一，市场上有一定数量的潜在需求。第二，市场上有一定的购买力，即有足够的营业额。第三，符合企业的目标和能力。目标市场覆盖模式包括产品与市场集中模式、产品专业化模式、市场专业化模式、选择专业化模式。

市场定位又称为产品定位或竞争性定位，是指企业根据竞争者现有产品在细分市场上所处的地位和顾客对产品某些属性的重视程度，塑造出本企业产品与众不同的个性或形象并传递给目标顾客，使该产品在细分市场上占有强有力的竞争位置。差别化可以从产品、服务、人员、渠道和形象等方面来寻求。

常用的市场定位战略有 8 种，即根据产品实体的属性定位、根据产品利益定位、根据产品或服务的质量与价格定位、根据产品的不同用途定位、根据产品使用人定位、根据产品使用场合定位、根据文化象征定位、根据竞争地位定位。

市场定位的过程包括确认本企业的竞争优势、准确地选择相对竞争优势、显示独特的竞争优势。市场定位的方式主要有三种，即避强定位、对抗定位和重新定位。

关键概念

目标市场战略策划；市场机会；市场细分；目标市场；市场定位

问题与应用

1. 目标市场战略策划包括哪四个步骤?
2. 消费者市场与生产者市场的细分标准及细分变量各有哪些?
3. 市场细分有哪几种方法? 有哪几个步骤?
4. 目标市场的覆盖模式有哪几种?
5. 目标市场战略有哪几种?

第十一章 营销管理策划

本章学习指引

内容提要

☆营销管理模式设计策划

☆销售过程管理策划

☆销售团队管理策划

思路和主线

本章按照市场营销管理从组织、执行、控制到人员管理的逻辑顺序，先后介绍了营销管理模式设计的原则、形式及其运作方式；销售过程管理策划的基本原则及其程序；销售团队管理策划的具体内容。

学习目标

通过本章的学习，要求明确市场营销组织概念、原则、形式；了解市场营销管理模式策划的意义、设计和评价程序；掌握销售过程管理策划的技能及其程序，会使用销售团队管理的基本方法进行实际操作并能对销售人员实施有效的管理。

战略营销策划与后面第四篇各章所讲到的战术营销策划，分别从战略与战术的角度为企业的营销建立了操作规范，也为策划人提供了基本的策划思路和可参考的模型。目前中国企业所面临的现实营销状况，不是中国企业缺少营销战略，也不是中国企业不知道运用营销战术。在营销战术的层面，是很多善于捕捉机会的中国企业所擅长的。但是往往“成也战术、败也战术”，很多过于依赖战术的企业却最终败在了战术的脚下。究其原因，除了战略、战术本身的不科学以外，一个重要的原因则是中国企业在支撑战略、战术执行与规范化运作的营销管理层面，显得异常薄弱、混乱和空泛。

营销管理策划，正是从管理的角度，来完善企业内部营销管理，从而为营销战略与战术的正确、有效、快速执行提供基本支撑，为营销策划人规划企业的营销管理模式、制定营销管理政策、管理销售过程等提供了基本的策划思路和模型。

第一节 营销管理模式设计策划

营销管理模式设计策划，是在企业整体管理模式的框架下，根据企业的市场范围和企业营销特点，所建立起来的系统化的营销管理规范。它从宏观上和整体上明确了企业营销的组织结构、部门职能、作业流程和相应的管理制度，并从企业内部和外部两方面构建起企业营销系统运行的控制系统，以保证整个营销管理模式的正常进行。

营销管理模式设计策划的模型与流程如图 11-1 所示。

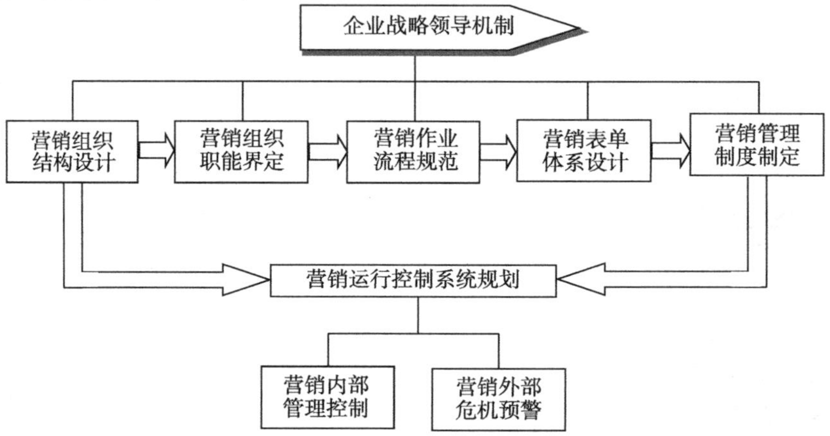

图 11-1 营销管理模式设计策划模型与流程

从图 11-1 可以看出，营销管理模式设计策划，是在企业战略领导机制的总体领导与规划下，从营销组织结构设计、营销组织职能界定、营销作业流程规范到营销表单体系设计、营销管理制度制定再到营销运行控制系统规划的逻辑过程。在这样一个逻辑过程中，一方面，从营销组织结构到营销管理制度，是建立营销管理模式的系统过程，各步骤之间环环相扣。另一方面，营销运行控制系统的规划，是整个营销管理模式设计策划的重要组成部分；同时，在营销管理模式建立起来后，营销运行控制系统又成为保障整个管理模式正常运行的必要条件。

一、营销组织结构设计

设计营销管理模式的第一步是要建立兼顾科学和企业实际并考虑企业未来发展的营销组织结构。

（一）营销组织结构设计的原则

营销组织结构的设计，要坚持以下基本原则：

（1）任务与目标原则。每一个组织和这个组织的每一部分，都与特定的营销任务、目标有关，否则就没有存在的价值。

（2）精干高效原则。企业所建立的营销组织机构应该是精干的、有力的、工作效率高效的。

（3）相对封闭原则。这要求企业营销管理组织系统内的管理手段和工具（机构、制度、人和信息），必须构成一个连续封闭的循环回路，才能形成有效的管理运动，才能自如地开展营销活动。

（4）兼顾企业现状与未来发展的原则。企业所建立的营销组织首先必须在科学规范的前提下，符合企业目前的发展状况、营销特点和资源条件。同时，还要为企业未来的发展在组织结构的调整方面预留空间，以使企业的营销组织能够随着企业的发展不断调整、不断完善，而并不需要对原有组织结构进行“大动干戈”式的改革，从而有效降低企业成本。

（二）营销组织结构设计的步骤

（1）围绕企业营销目标进行营销事务与流程的总体规划，并使流程达到最优化，这是企业营销组织结构设计的出发点。

（2）按照优化的营销事务与流程设计营销岗位，根据营销岗位数量和专业化分工的原则设计营销管理岗位和部门机构。

（3）对各岗位进行定职、定员、定编。经过科学的营销组织结构设计，整个企业营销组织应达到如下标准：①有直接的、明确的权力和职责路线；②有连续的运作体系和逻辑线路；③营销组织中各个层级向上、向下和横向传递信息迅速而协调；④营销组织中的每位成员都能胜任工作，并有良好的士气和高度的工作满足感。

（三）营销组织结构设计的模型

企业的实际营销状况不同，所建立的营销组织结构应是不同的。也就是说，在实际的策划过程中，所设计的营销组织结构，应该是个性化的。

这里所列出的营销组织结构，是从个性化中提炼出的共性化组织结构，提供给企业和策划人在设计营销组织结构时的参考模板。

（1）基于不同职能的营销组织结构如图 11-2 所示。

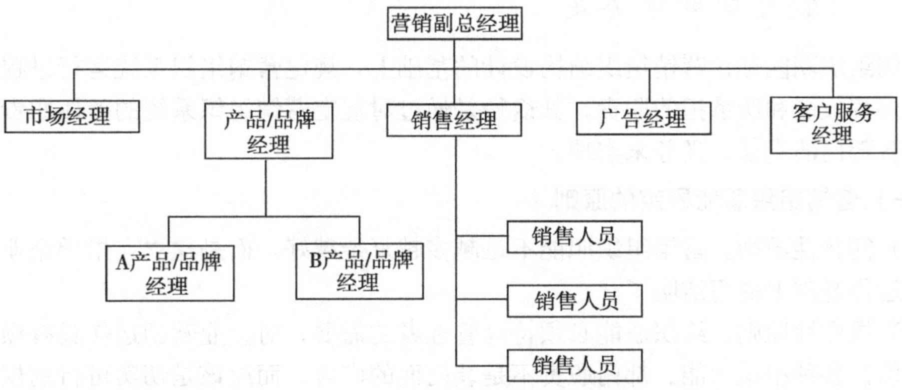

图 11-2 基于不同职能的营销组织结构

这种营销组织结构适用于产品种类有限、市场区域覆盖面较窄的公司，其优势在于方便管理。但是，随着公司产品种类的增多和市场区域的扩大，会暴露出其低效益的弱点。

（2）基于产品或品牌管理的市场组织如图 11-3 所示。

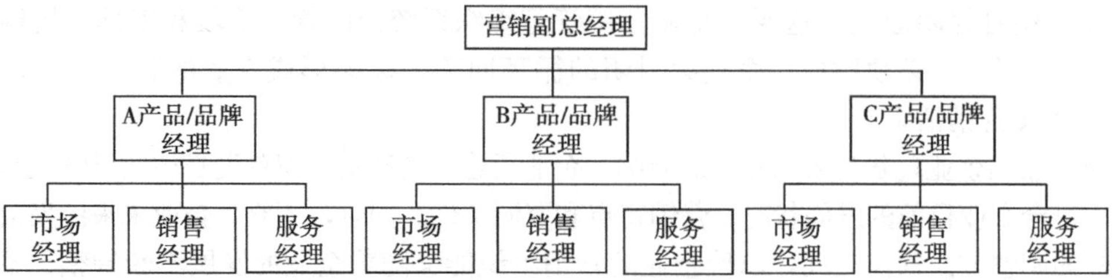

图 11-3 基于产品或品牌的营销组织结构

这种营销组织结构适用于产品种类较多，而且产品之间存在明显的消费者需求差异的公司。其优势在于产品经理能够将产品营销组合的各个要素较好地协调起来，更快地就市场上出现的问题做出反应。同时，各个产品或品牌经理和其营销团队之间能够形成相互的内部良性竞争，从而提高企业内部的运营效率。

（3）基于地理区域的营销组织结构如图 11-4 所示。

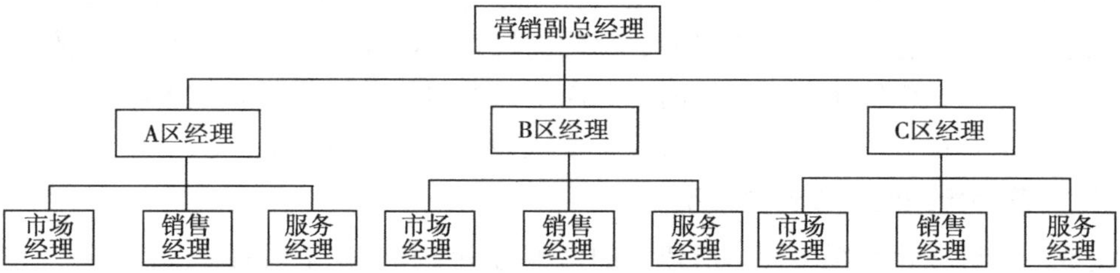

图 11-4 基于地理区域的营销组织结构

这种营销组织结构适用于在广泛地理区域开发产品市场的公司，特别是公司的产品范围有限，产品具有同质特点，而且需要迅速覆盖许多地区的公司。

二、营销组织职能界定

营销组织职能是在营销组织结构设计的基础上，规定营销组织系统运行过程中营销组织所发挥效能和所承担的职责。其途径是通过对规定营销组织系统的整体职责、权限和各个各部门的责任、义务来实现。

（一）营销组织职能界定的原则

（1）简化性原则。营销组织职能不是越多越复杂越好，而是建立在指导企业营销活动有效运作基础上的简洁明了。

（2）操作性原则。组织职能必须符合管理者的需要，对企业营销运作具有操作性的指导价值。各种组织功能、部门职责不是装门面的广告，而应该是切实可行的规定，是搞好营销活动、加强营销内部管理的依据。

（3）可容性原则。营销组织职能界定的基本框架要保留相当的弹性，增加可容度以满足企业营销组织功能调整或变革的需要，要为因未来因环境变化的要求而调整组织结构和组织职能时留有余地，以便适应未来的修订和补充。

（二）营销组织职能界定的内容

（1）对组织职能的整体界定。总体而言，整体营销组织职能，应在企业总体的管理模式框架和总体组织职能的指导下，在制度规范、管理协调、文化建设、组织变革与创新四方面发挥作用。

（2）对营销组织框架下各个部门的职能描述，包括部门职能、部门权限、部门考核等内容。

（3）对各个岗位职责的界定，包括职位名称、直接上级、直接下级、工作内容、权力范围、工作责任等内容，其格式如表 11-1 所示。

表 11-1　岗位职责说明

职位名称		所属部门	
直接上级			
直接下级			
工作内容 1. 2. 3. 4.			
权力范围 1. 2. 3.			
工作（领导）责任 1. 2. 3.			

三、营销作业流程规范

流程化运作已经成为 21 世纪现代企业的一个根本性标志，它保证了部门职能、岗位职责正确、高效的实施，同时，也提高了营销活动的效率，降低运营成本并且保证了营销系统运行的稳定性和衔接性。

（一）营销作业流程规范的内容

（1）岗位间流程。岗位间流程是营销组织结构下各个岗位间就某一个营销活动或营销事务如何衔接、如何运作而规定的流程。

（2）部门间流程。部门间流程是营销组织结构下各个部门就某一个营销活动或营销事务如何衔接、如何运作而规定的流程。如就制订销售计划这项事务，销售部与市场部以及其他部门如何衔接、如何分工而形成的一套销售计划制订的流程，就是部门间流程。

（3）组织间流程。组织间流程是把营销系统作为一个相对独立的组织系统，是指它在企业整体组织系统中，与其他组织系统，如财务系统、生产系统、科研系统等如何衔接、如何协调而形成的流程。

以上三类流程规范形成了整个营销组织系统的作业流程体系。

（二）营销作业流程规范的步骤

1. 流程识别

流程识别，即找出隐藏于营销组织系统中各部门之间、部门之内的各个大大小小的业务流程的过程。

对于流程的识别，在实际运作中一般可以通过时间结果逆行识别。也就是说，在试图识别一个流程时，首先确定我们关心流程的结果是什么，并找出与该结果直接相关的营销事件或人，即寻求流程的终点，然后再根据输入与输出的相应关系，逆向寻找和识别相应的流程。

2. 流程描述

在对营销流程进行分类和识别后，就要以工程绘图的方式将流程描述出来，以便对其进行进一步的技术分析。

从绘制流程图的实际来看，流程图可分为三类，即工艺视图、系统视图和信息视图。这三者之间是一种相辅相成的关系，需要结合起来绘制和研究。

3. 为流程命名

常见的命名方法，即流程中的起始活动和终点活动的名称，如 A 和 B，合称为流程名：A—B 流程。

四、营销表单体系设计

营销流程的高效率运作，除了营销流程本身的科学性、合理性以外，其中一个重要的支撑就是营销的表单体系。

一方面，在营销系统作业流程的运行过程中或在作业流程运行的相互衔接过程中，产生了一系列的表单。这些表单作为企业营销运作流程规范的一部分，与企业营销运营形成了相互的匹配关系。另一方面，企业的众多营销表单形成一个系统，成为企业营销系统的重要组成部分，与其他模块形成了企业营销运作模式。

（一）营销表单体系设计的原则

在设计营销表单体系时，要遵循以下两个基本原则：

（1）目标原则。目标原则就是要求策划人在设计表单体系时要考虑营销组织系统的整体目标和表单所反映的作业流程目标。

（2）考虑系统和程序原则。考虑系统和程序原则，即在设计营销表单体系时，要了解所设计的表单体系是否与营销工作过程相吻合。同时，要考虑表单与表单之间的连接是否能成体系。

（二）营销表单体系设计的内容

营销表单体系设计主要包括两方面的内容：

（1）与作业流程相互匹配的表单。其主要来源于企业营销作业流程运行过程，产生于作业流程又支持作业流程的运行。

（2）企业营销组织职能发挥需要而产生的表单体系，如营销管理、控制等方面的表单体系。

这两方面的内容构成了企业营销运作完整系统的表单体系。

五、营销管理制度制定

营销管理制度是在以上几大部分基础上，从管理制度的层面将部门职能、岗位职责、作业流程与表单体系所形成的运作内容进行系统化的巩固，并建立起一套完整的规则。

营销管理制度的制定，一方面，要注重系统性和完整性，即要根据营销组织结构的基本要求进行全面的设计；另一方面，要注重实用性，即所制定的管理制度不是美妙辞藻的堆积，要使所制定的管理制度在具体的执行过程中能对整个营销系统的正常运行起到有力的保障作用。

具体而言，营销管理制度的制定，包括以下主要内容：

（1）销售管理制度，包括销售计划管理制度、销售业务管理制度、合同管理制度、办事处管理制度等。

（2）营销管理制度，包括营销计划管理制度、广告媒介管理制度、促销活动管理制度、营销信息收集与管理制度等。

（3）经销商管理制度，包括经销商的选择、经销商的谈判与签约、经销商的供货价格政策与管理、窜货管理制度、经销商的销售支持、经销商巡访管理、经销商分类管理制度、经销商的业绩与考核管理制度等。

（4）销售人员管理制度，包括业务员薪酬制度、业务员行为规范、业务员出差管理、业务员汇报制度、业务员回款管理制度等。

（5）日常管理制度，包括销售会议管理制度、营销例会管理制度、对外联络管理制度、销售内勤管理制度等。

所制定的管理制度，最终的体现是营销管理制度文本或营销管理手册。

六、营销运行控制系统规划

以上从组织结构到管理制度，为营销系统建立了一套系统化的管理模式，余下的就是如何运行管理模式，而要正确、高效地运行管理模式，并在运行过程中不断调整、优化，以保持整个管理模式的动态性，则就需要营销运行控制系统来发挥作用了。

营销运行控制系统是为设计出来的营销组织系统能在平稳的状态下运行而设计的，它与营销组织系统一起构成了现代企业营销运作机制的有机整体。

营销运行控制系统规划主要包括两大部分内容，即企业营销运行内部控制系统和企业营销运行预警机制。

（一）营销运行内部控制系统的设计

营销运行内部控制系统，主要是对所建立起来的营销管理模式的运作和与营销管理有关的计划、组织、执行与成本等方面设计出的控制保障体系。其主要作用是对企业营销运行过程和营销管理中出现的偏差实施反馈，及时加以纠正，以保障企业营销活动在正常的轨道上运行。

（二）营销运行预警机制的建立

营销运行预警机制的建立主要是对企业营销运作过程中可能出现的市场、营销等风险与危机加以预防和规避。其主要包括：外部环境变动的预警机制；内部营销管理不良的预警机制；企业营销危机预警机制；预警信息管理系统等。

企业营销运行控制系统的内容体系如图 11-5 所示。

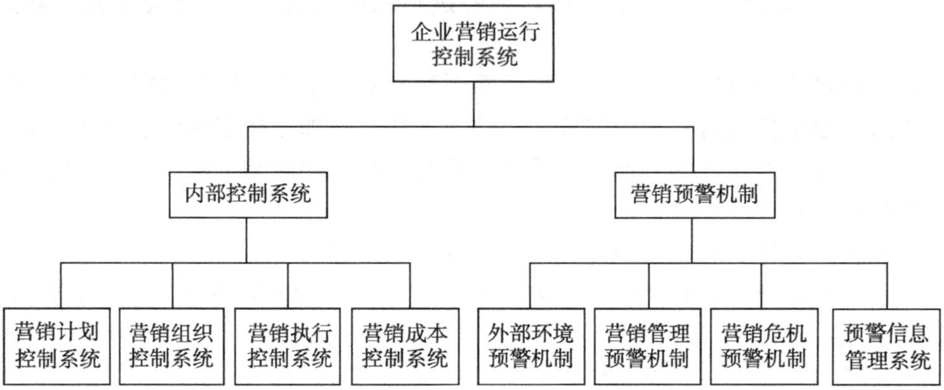

图 11-5　营销运作控制系统的内容体系

通过以上步骤和内容，就形成了一套系统化、规范化、科学化的营销管理模式，从而为企业营销战略、战术的正确执行提供了有力的保障。

总结以上内容，形成的企业营销管理模式的内容框架模板如表 11-2 所示。

表 11-2　营销管理模式框架内容体系

一、营销组织结构设计
二、部门职能描述和岗位职责说明（各大部门、各个岗位）
三、营销作业流程设计
（一）各个部门日常工作与运营的作业流程设计（市场部、销售部等部门）
（二）部门与部门之间形成的分工、合作、衔接等流程
（三）具体的营销事务（营销活动）的流程
四、表单体系
（一）各个部门根据职责分工与内部流程形成的表单体系
（二）部门之间按照流程化运作产生的表单体系
（三）具体的营销事务形成的表单体系
五、相关的手册与管理制度
（一）销售管理制度（销售计划管理、销售业务管理、合同管理、办事处管理制度）形成销售管理手册
（二）营销管理制度（营销计划管理制度、广告媒介管理制度、促销活动管理制度、营销信息收集与管理制度等）形成营销管理手册
（三）经销商管理制度（经销商的选择、经销商的谈判与签约、经销商的供货价格政策与管理、窜货管理制度、经销商的销售支持、经销商巡访管理、经销商分类管理制度、经销商的业绩与考核管理制度等）形成经销商手册（内部与外部）

续表

（四）销售人员管理制度（业务员薪酬制度、业务员行为规范、业务员出差管理、业务员汇报制度、业务员回款管理制度）形成销售人员手册
（五）日常管理制度（办公室工作管理制度、销售会议管理制度、营销例会管理制度、对外联络管理制度、销售内勤管理制度）
六、营销运行控制系统
（一）营销运作内部控制系统（营销计划控制系统、营销组织控制系统、营销执行控制系统、营销成本控制系统等）
（二）营销运作预警机制（内部营销管理不良的预警机制、企业营销危机预警机制、预警信息管理系统等）

第二节 销售管理策划

营销管理模式设计策划，从总体上为企业的营销组织和营销运作建立了一套系统化的运行机制。销售过程管理策划，则是依据企业售前、售中、售后的销售过程各个阶段所涉及的要素，而对销售过程如何管理进行的系统策划。

依据一个售前、售中、售后完整的销售过程，销售管理策划包括售前的销售计划管理、售中的销售过程管理和售后的销售结果管理。以此为基准，形成了销售管理策划的基本流程和模型，如图 11-6 所示。

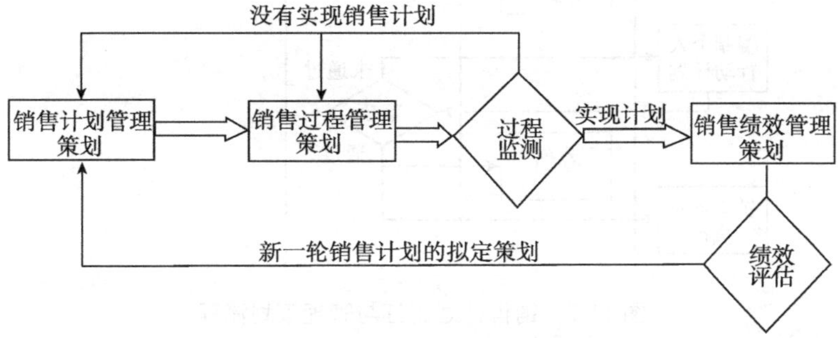

图 11-6 销售管理策划流程与模型

从图 11-6 可以看出，销售管理策划是一个由销售计划管理策划、销售过程管理策划、销售绩效管理策划组成的环环相扣的闭环系统。在这个闭环系统中，销售计划管理是起跑点、是基础；销售过程管理是支点、是接力棒，对能否实现销售计划起到重要的支撑作用；销售绩效管理是保障，是实现从产品或服务到客户价值体验的惊险一跳。三者相辅相成、相互促进，形成了销售管理策划的有机系统。

一、销售计划管理策划

一个科学、准确，既具有挑战性又具有可实现性的销售计划，无论是对调动营销人员的积极性，还是提高企业的销售业绩，都具有重要的作用。

销售计划的制订，一般遵循从下到上、再从上到下的循环过程，通过此过程，能够保证销售计划制订过程的严密性，更贴近市场实际，有效提高销售人员的积极性。

销售计划制订与管理策划的一般流程如图 11-7 所示。

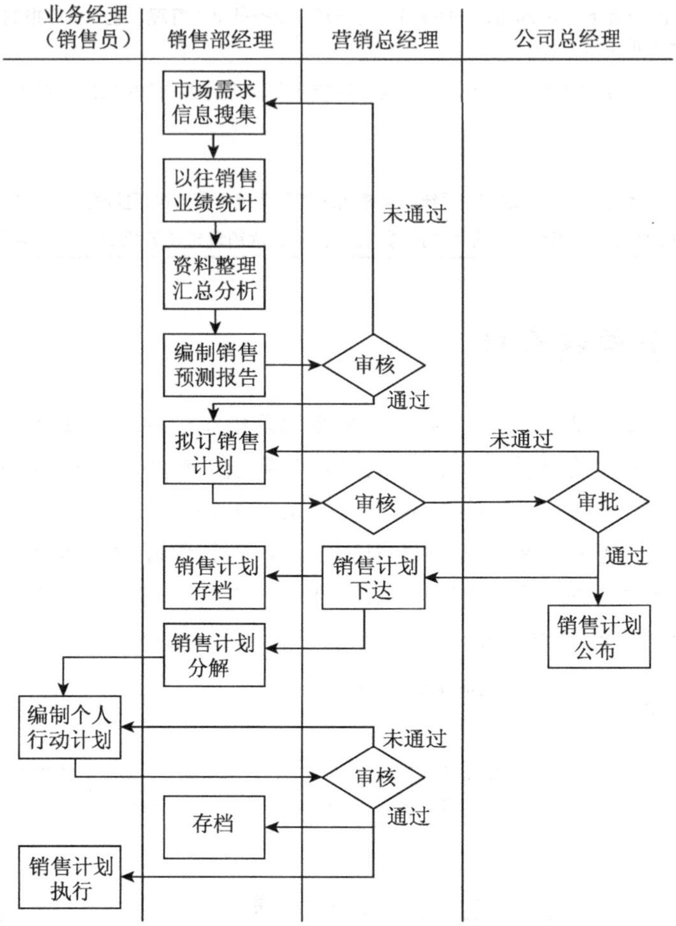

图 11-7 销售计划制订与管理策划流程

从图 11-7 可以看出，销售计划的编制与管理涉及业务经理（销售人员）、销售部经理、营销总经理、公司总经理，充分体现了自下而上和自上而下的过程。

（1）销售计划的编制首先要从销售资料的收集开始。销售资料包括外部资料与内部资料两种。外部资料包括市场供需变化情况、竞争对手销售情况及市场布局、经销商的销售经营情况等；内部资料包括企业以往不同时期的销售实绩、不同产品的销售实绩、不同区域的销售实绩、销售费用的实际支出及账款的回收情况等。

（2）销售部经理须将收集来的资料进行汇总整理分析，以书面的形式编制出销售预测报告，交营销总经理审核。报告中须注明资料分析情况、预测依据、预测结论。

（3）销售部经理在进行资料分析和销售预测时，需要着重考虑拟订的销售计划在公司战略中的位置、公司的销售业绩的发展趋势、市场环境变化情况及企业是否具备相应的销售能力等因素。

销售计划的撰写须具备以下内容：①销售产品计划：销售产品的类型。②销售渠道计划：透过何种渠道。③销售费用计划：各环节用多少钱。④销售组织计划：各项销售工作具体由谁来负责。⑤销售总额计划：全年销售总体额度以及各种渠道的销售额分配。⑥销售推广计划：如何进行销售公关及客户巩固。

（4）营销总经理在审核销售计划前，须与公司各部门负责人进行磋商讨论，并征求各部门意见和建议，一旦销售计划审批通过，各部门就应积极配合，以确保销售计划的实现。

（5）销售计划未通过审批的，须由销售部经理重新组织编制；销售计划通过审批后，销售部经理负责销售计划的下达，并由销售部经理指派销售内勤负责销售计划的存档，各业务经理根据自身的能力和所负责区域的市场发展状况申请计划份额，由营销总经理按照时间、地域、人员进行协调。

（6）各业务经理（销售人员）须根据自身的销售任务，将下一阶段个人重点的销售目标明确标明。这样做，既有利于业务经理有计划地分配自己的时间与精力，又便于销售部经理和营销总经理进行监控管理。

（7）销售内勤负责将业务员的销售行动计划存档，以便将预期计划与实际计划进行对比考核。

（8）营销总经理和集团（公司）总经理在审批通过销售计划后，须将销售计划向全体员工进行公布，使全体员工都能知晓公司本阶段的发展目标。

二、销售过程管理策划

一个好的销售计划，如果执行不当，就会使整个计划受损。有效的销售计划执行要求建立一个有很强执行能力的组织，将资源分配给对销售计划起关键作用的活动上，制定出相关的销售政策，合理分配企业资源，组建一支结构互补的销售团队，使得计划执行过程中出现任何问题都能快速予以解决，任何偏离行为都能予以及时纠正和改善。这正是销售过程管理策划的主要内容。

在实际的操作过程中，销售过程管理的主要内容，包括以下几个方面。

（一）销售过程的时间管理

销售过程的时间管理，包含两方面的内容，一方面是对销售团队在销售推进过程中的时间进行有效管理与控制，以确保在尽可能短的时间内实现企业最大化的销售目标；另一方面则是在把握市场销售周期过程中对时间的有效管理与控制，以把握住机会，实现企业的销售目标。

1. 对销售团队的时间管理

对销售团队时间管理的一大关键，就是要把过程管理当中的时间管理，从过去的年度追踪细化到每月、每周甚至每日，主要包括：①销售员与办事处主任要进行每日追踪或通过表单控制的自我管理；②中层主管如销售部经理或销售总监，要掌握销售团队的每周进度；③高层主管则必须控制整个销售团队的每月销售进度。

为实现以上时间管理，可通过两个途径：一是建立时间管理与控制的表单体系；二是在表单体系的基础上，建立销售的信息沟通与反馈系统。

2. 对销售周期的时间管理

大多数产品在市场上的销售是有周期性的，即所谓的销售旺季和销售淡季。企业销售部经理应通过对这一周期的有效控制和利用，一方面尽可能地扩大产品的销量，实现最大利润；另一方面打击竞争者，抢占尽可能多的市场份额，提高市场覆盖率。

（1）旺季进入淡季的时间管理。旺季是企业产品销售的最佳时期，企业应该在旺季结束之前，提前进行促销，以便尽可能地延长旺季持续时间。在这一过程中，策划者不仅要防止经销商为了减少淡季积压而提前减少订单，还要充分利用分销渠道的丰富的资金和仓储设施，为公司在淡季分担一定的压力。

（2）淡季进入旺季的时间管理。淡季是企业进入下一个旺季进行准备的最好时机。此时企业要与对手展开竞争，争夺市场空间，力求市场覆盖面的最大化。但启动促销或销售推广活动的时间至关重要，过早开始，虽然抢先于对手，但由于消费者反应不强烈，企业会浪费资金和精力；开始太晚，对手会抢先，错失良机，不但丧失市场份额，还有可能被挤出市场。因此，策划者必须进行认真的调查和周密的策划，做到在恰当的时间、恰当的地点采取恰当的促销推广活动，在进入旺季时获得竞争的主动和优势。

（二）销售过程的费用管理

任何企业的资源都是有限的，因此，在企业的销售过程中，必须对费用进行有效的管理，合理运用预算，降低成本。

一般而言，在产品销售过程中产生的费用主要有销售推广费用和销售管理费用。因此，对销售过程的费用管理，主要包括销售推广费用管理和销售管理费用管理。

1. 销售推广费用管理

销售推广费用，是指销售团队在对产品的整个市场推广过程中所产生的费用，包括促销费用、广告宣传费用和销售推广辅助用具费用等。其中重点是促销费用的管理和广告费用的管理，对广告费用的管理，要兼顾企业和经销商的共同利益。

销售推广费用管理的内容和标准如表 11-3 所示。

表 11-3 销售推广费用的管理项目与内容

管理项目	管理内容
促销费用	• 根据年度促销计划，安排每月的促销费用； • 合理制定促销活动的预算，并保留一定的备用金； • 根据区域的不同情况，分配促销活动经费； • 对于突发事件需要动用备用金的，要进行深入调查和评估； • 对按计划实施的促销活动，应保证经费的连续性； • 各区域要定期汇报费用的情况，公司要定期或不定期对费用的使用情况进行核查
广告宣传费用	• 根据年度广告计划，安排每月的广告费用； • 对广告宣传费用的使用情况进行监督和检查，若遇有问题，应与相关媒体协商解决； • 对各区域的广告宣传，合理制定预算，并监督其使用情况
市场辅助用具费用	根据区域的不同情况，分配相适应的市场辅助用具； 按市场销售情况，合理分配数量； 各区域要设置专人检查这些辅助用具的使用情况和实际效果

2. 销售管理费用管理

销售管理费用，是指对整个产品销售过程进行管理时所发生的费用，包括销售人员费用、日常管理费用和机构设置费用等。

销售管理费用管理的内容和标准如表 11-4 所示。

表 11-4 销售管理费用的管理项目与内容

管理项目		具体管理内容与方法
销售人员费用管理	费用自行负担	做法：适用于纯佣金方式。销售经理在制定佣金比例时，将费用支出计算在内 优点：处理简单，公平一致，保障了公司的利润，尤其适用于费用无法监督的情况 不足：销售人员的行动不易控制。有些支出由于业务不成功而无法收回。由于业务性质不同，支出也不同，对销售人员较不公平
	限额报销	逐项限制法：对人员的所有可能开支逐项制定一个最高限额 总额限制法：规定在一定时期内，人员所报销的费用总额的最高限额 关键在于限额的确定，而且有些费用很难定出限额。一般信用程度较高的人员易产生不信任感。此法使用较广泛
	无限额报销	逐项报销法：允许人员就其所支付的费用逐项列举，不限额度地予以报销 优点：灵活、有效，对销售人员的行动可以控制 不足：费用控制程度较差，执行时，既要定期核查，又要注意人员的甄选完全报销法：只要定期报告费用支出的总额，即可全额报销。可激发销售人员的责任感，但只限于能力和信用度较高的人员
日常费用管理		销售经理应对每个项目进行分析和评估，减少不必要的费用支出。在实际执行的过程中，要记录费用支出情况，并定期进行核查。同时费用控制要适度，切不可过分追求低成本，而影响销售工作的正常进行
机构设置费用管理		销售机构的设置要考虑目前市场的规模、市场发展潜力、公司的资源状况、竞争激烈程度和机构规模大小等因素

（三）销售员销售行为管理

销售员销售行为管理，是为了保障销售员在销售过程中不偏离销售计划，而对销售员的销售行动所进行的管理与控制。对销售员销售行为进行管理，主要是通过各种表单和各种会议来进行的。目前互联网与各种即时通信技术的发展，为提高销售员行为管理的效率提供了可靠保证。

1. 每日拜访计划表

销售员在了解企业分配的销售目标及销售政策后，应每天制订拜访计划，包括计划拜访的客户及区域；拜访的时间安排；计划拜访的项目或目的（开发新客户、市场调研、收款、服务、客诉处理、订货或其他），这些都应在“每日拜访计划表”上仔细填写。每日拜访计划表应由销售主管核签方可生效。

2. 每日销售报告表

销售员在工作结束后，要将每日的出勤状况、拜访客户洽谈结果、客诉处理、货款回收或订货目标达成的实绩与比率、竞争者的市场信息、客户反映的意见、客户的最新动态、今日拜访心得等资料，都填写在“每日销售报告表”上，并经主管签核、批示意见。销售经理可以通过客户拜访计划表，知道销售员每天要做什么；通过每日销售报告表，知道销售员今天做得怎么样。

3. 适时评价销售的效率

在了解销售员每日销售报告后，销售主管应就各种目标值累计达成的进度加以追踪，同时对今天拜访的实绩进行成果评估，并了解今日在拜访客户时花费的费用，以评价推销的效率。如有必要，应召集销售员进行个别或集体面谈，以便掌握深度的、广度的市场信息。

4. 市场状况反映表

销售员在拜访客户的过程中，会掌握许多有用的信息，如消费者对产品提出的意见、竞争对手进行的新的促销活动或推出的新品、经销商是否有严重抱怨、客户公司的人事更动等，除了应立即填在每日拜访表上之外，若情况严重并足以影响公司产品的销售时，则应立即另外填写市场状况反映表或客户投诉处理报告表，以迅速向上级报告。

5. 周进度控制

各区域市场的业务主管为了让公司掌握销售动态，应于每周一提出销售管理报告书，报告本周的市场状况。其内容包括销售目标达成、新开发客户数、货款回收、有效拜访率、交易率、平均每人每周销售额、竞争者动态、异常客户处理、本周各式报表呈交及汇报或处理、下周目标与计划等，这也就是中层主管的周进度控制。

销售员各种报表填写质量与报表上交的效率，应列为销售员的考核项目，这样才能使业务主管在过程管理与追踪进度时面面俱到。

6. 销售会议

除了各种表单传递以外，对销售员行为管理的一个重要手段，就是销售会议，包括早会、晚会及周会。由于销售主管需随时掌握最新市场信息，所以早会或晚会是每天不可忽视的重点。有些公司的销售员分布于全国各地，无法每日召开早会或晚会时，应将其拜访报告表以传真或电话联络方式，随时向公司反映。

在了解了各个销售员的工作情况后，业务主管要对那些业绩差的销售员、新销售员的工作态度及效率，随时给予指导、纠正和帮助。

三、销售绩效管理策划

销售过程决定销售绩效，企业忽视销售过程，只要绩效不管过程的销售管理是一种错误倾向。不过在实际工作中，从另一个角度看，绩效管理对企业的销售管理工作同样重要。因为销售绩效既是上一个销售过程的结果，也是下一个销售过程的开始，是销售工作循环过程中的重要环节。同时，对销售绩效的正确、全面和系统的评估与管理检讨是准确进行销售过程管理的前提。

对销售绩效的管理，主要是通过建立销售绩效管理评价指标体系，通过对指标体系的评估、控制、调整与完善的动态化管理过程来完成的。

销售绩效管理评价指标体系从大的范围来划分，主要包括对销售员的业务考核指标体系、对经销商的绩效评价指标体系、对销售后勤服务的评价指标体系。

（一）对销售员的业务考核指标体系

对销售员的业务考核指标体系的要点是各种报告（即表格）完成的质量和数量。这些报告主要包括月行动计划、每日销售报告、竞争对手分析报告、工作总结、三个月滚动销售预测、客户表现分析。其具体内容包括：①销售指标完成情况；②回款指标完成情况；③品种计划完成情况；④客户开发指标。

（二）对经销商的绩效评价指标体系

对经销商的绩效评价的重点是对下游客户的管理能力、业务员团队的素质、财务制度和财务管理、与厂家的协调性。其具体内容包括：①销售指标完成情况；②回款指标完成情况；③费用和利润指标；④品种计划完成情况。

（三）对销售后勤服务的评价指标体系

销售后勤服务，既是销售部与业务员、经销商保持密切关系的纽带，又是企业物流系统的操作者，也是企业市场信息处理中心。

对销售后勤服务的评价指标体系主要有：①发货的准确性、及时性；②对业务员、经销商的服务情况；③信息收集和传递情况；④与厂家相关部门的联系情况；⑤客诉处理情况。

除了建立以上绩效评估指标体系外，策划者还要明确管理与评估这些指标体系的周期，并制定出合理的管理方法和流程。

第三节 销售团队管理策划

企业之间的竞争，归根到底是人才的竞争。一支业务精通、富有开拓力和进取心的销售团队，对企业实现销售目标和长远发展，无疑具有重要的作用。

销售团队管理策划的流程与模型如图 11-8 所示。

一、明确销售团队的目标

明确销售团队的目标，就是要明确销售团队在企业销售过程中应该承担的职责与作用。一般而言，一个销售代表所承担的并不是单一的工作职责，而是工作职责的有机组合，除了最基本的完成销售任务之外，一个销售代表还应执行下述一个或几个特定的职责。

（1）寻找客户：销售代表负责寻找新客户或主要客户；

（2）传播信息：销售代表应能熟练地将公司产品和服务的信息传递出去；

（3）推销产品：销售代表要懂得“推销术”这门艺术——与客户接洽、向客户报价、回答客户的疑问并达成交易；

（4）提供服务：销售代表要为顾客提供各种服务——对顾客的问题提出咨询意见，给予技术帮助、安排资金融通、加速交货；

（5）收集信息：销售代表要进行市场调查和情报工作，并认真填写访问报告；

（6）分配产品：销售代表要对顾客的信誉做出评价，并在产品短缺时将稀缺产品分配给顾客。

许多企业对其销售团队的目标和活动都有比较明确的规定，如某企业指示它的销售

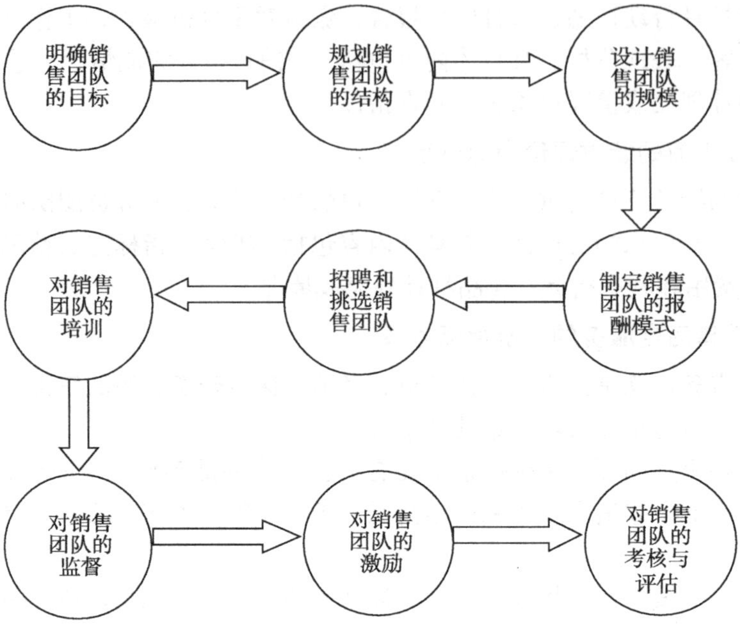

图 11-8 销售团队管理策划的流程与模型

代表，要将 80%的时间花在现有顾客身上，20%的时间花在潜在客户身上；85%的时间用于推销既有产品，15%的时间用于推销新产品。如果企业不规定这样的比例，那么销售代表很可能会把大部分时间花在向现有顾客推销既有产品上，从而忽略新产品和新客户方面的工作。

此外，销售代表应该了解如何分析销售数据、测定市场潜力、收集市场情报、指定营销战略和计划。销售代表应当具备能够进行分析的营销能力，这一点对较高一级销售管理部门的人员来说尤其重要。

二、规划销售团队的结构

销售团队战略还包括如何组织销售团队以对市场产生最大的影响，通常根据区域的大小和形状，由“区域主管”将销售代表派往组成区域市场的各“地区单元”，每个销售代表负责一个小单元。这样可以有很多好处，如责任明确、联系紧密、节省开支等。

另外，还有其他组织销售团队的方法，如按产品结构组织销售团队、按顾客结构组织销售团队、组建复合的销售团队结构等。

三、设计销售团队的规模

确定了销售团队的目标和结构后，便可以着手考虑销售团队的规模。销售代表是企业极具生产力和最昂贵的资产之一。因为销售代表人数增加就会使销售量和成本同时增加。一旦确定了它利用销售团队进入的顾客的数目后，就可以用“工作量法”来确定销售团队的规模。

利用“工作量法”来确定销售团队规模的步骤为：

(1) 按照年销售量将客户分成大小类型；

(2) 确定每类客户所需的访问次数（对每个顾客每年的推销访问次数），这反映了与竞争对手公司相比要达到的访问密度是多大；

(3) 每一类客户数乘以各自所需的访问数便是整个地区的访问工作量，即每年的销售访问次数；

(4) 确定一个销售代表每年可进行的平均访问次数；

(5) 将总的年访问次数除以每个销售代表的平均年访问数即得所需的销售代表数。

例如，估计某区域有 100 个 A 类顾客和 300 个 B 类顾客；A 类顾客一年需要访问 36 次，B 类顾客需要访问 12 次。这就意味着公司在该区域需要每年进行 7200 次访问的销售团队。假设每个销售代表平均每年可以做 1000 次访问，那么该地区需要 8 个专职销售代表。

四、制定销售团队的报酬模式

不同的企业，基础不同，资源不同，规模不同，报酬模式就不尽相同，在明确销售团队的规模之后，就需要制定出销售团队的报酬模式。

策划者对销售团队常用的报酬模式主要有以下几种。

(1) 纯薪金制。纯薪金制能够给销售代表稳定的收入，使他们更愿意完成非销售活动，并非用刺激来增加对客户的销售，使管理简化并降低了团队的流动性。

(2) 纯佣金制。纯佣金制吸引了更好的销售代表，提供了更多的激励，减少了督导，控制了销售成本。

(3) 薪金佣金混合制 。该模式融合了前两种制度的优点，并减少了前两种制度的缺点。

五、招聘和选拔销售团队

招聘和选拔销售团队的工作，主要包括两个方面。

1. 确定选择标准

选择标准如能承受风险、具有强烈的使命意识、有解决问题的癖好、认真对待顾客、仔细做好每次访问等。为了达到企业的销售目标，必须考虑特定销售工作的特点。如该工作是否需要经常外出？销售代表是否会经常遭到客户的拒绝？等等。

2. 通过恰当的途径进行招聘

通常的招聘途径有销售代表引荐、职业介绍所、人才市场、刊登广告（报纸、电视、电台、互联网等）等。

六、对销售团队的培训

对销售团队的培训，应以以下目标和内容为基本准则：

(1) 了解公司各方面的情况，如公司的历史和经营目标、组织机构设置和权限情况、主要的负责人员、公司财务状况和措施，以及主要的产品与销量等。

（2）通晓本公司的产品情况，包括产品制造过程及各种用途。

（3）让销售代表深入了解本公司各类顾客和竞争对手的特点。他们要了解各种类型的顾客和他们的购买动机、购买习惯；了解本公司和竞争对手的战略和政策。

（4）销售代表要知道如何进行有效的推销展示。让销售代表了解推销术的基本原理，此外，公司还应为每种产品概括出推销要点，提供推销说明。

（5）让销售代表懂得实地推销的工作程序和责任。销售代表要懂得怎样在现有客户和潜在客户之间分配时间，合理支配费用，如何撰写报告，拟定有效推销路线等。

七、对销售团队的监督

对销售团队的监督，实质上是要依据销售计划的分解，在销售代表执行销售计划、完成销售任务的过程中，对销售代表的行为跟踪、绩效考核与控制反馈的动态过程。其目的是为了保障销售团队的行为与公司的总体目标要求保持一致，从而使企业的销售系统处于科学、有序的运行过程中。

八、对销售团队的激励

通过有效的、科学的激励方法，能够引导、激发销售人员蕴藏的巨大潜力，使他们的能力、积极性和创造性得以充分发挥，获取最佳的工作绩效。

（一）激励的原则

（1）物质与精神相结合原则。根据行为学家的试验，人的全部潜能的发挥，有60%是由物质因素引发的，有40%是靠精神因素引发的。所以，对销售人员进行激励时，不能只用金钱物质奖励方法，还必须使用精神奖励方法，两种方法哪个为主、哪个为辅则要根据销售人员所处的需求序列而定。

（2）公平合理原则。激励必须建立在合理确定任务基数的基础上，做到因地制宜，公平合理；否则就失去了奖勤罚懒的积极意义。

（3）适用性原则。激励作为管理制度要长期保持，但激励的某一力度对于个人应是短期的；否则会产生惰性，不利于销售人员向更高的目标奋斗。

（4）效用性原则。激励的程度要能对提高销售人员工作绩效有直接作用，有驱动意义。

（5）目标明确原则。激励的目标、定量、范围和方法要简单明确，易于操作，使每个销售人员都明确认识到自己应做什么和不应做什么。

（二）激励的方法

（1）目标激励法。建立科学而又符合实际的目标体系，可以激励销售人员不断进取，使公司的目标变成销售人员自觉的行动，在实现目标的过程中看到他们自己的价值和责任，工作也增添了乐趣。

（2）强化激励法。强化分为正强化和负强化。正强化是对销售人员的积极表现和进步给予肯定和奖赏；负强化是对销售人员不正确的行为给予否定和惩罚，该方法也称为奖励惩罚激励法。两者相互配合和交替使用能够使销售人员保持高昂的斗志。正强化可采取晋升、赏识和称赞、销售会议等形式进行。

（3）反馈激励法。该法就是利用任务完成进度表之类的形式，把各个销售人员在不同阶段所负责的各项指标的实绩统计上来并公布于众，以此激发他们的竞争意识和成就感，增强工作信心。

（4）竞赛。销售竞赛是最常用的激励方法。按照销售业务性质开展多种形式的竞赛，可以从不同角度挖掘销售人员的潜力，发挥他们的工作能动性和创造力，促进销售任务的完成。

九、对销售团队的考核与评估

考核与评估是企业对销售人员实施有效监督和控制的一种重要手段，通过考核与评估，对销售人员的工作状况进行全面检查，对促进销售人员增强遵守企业规章制度和职业道德的自觉性、调动积极性有重要的意义。

对销售人员进行考评的内容主要有业务成绩和对企业、商品、顾客、竞争者、地区职责的认识和热爱程度，以及仪表、态度、口才和修养状况等。

管理者可从几方面获得有关销售人员的情报信息，最重要的来源是定期销售报告。定期报告制度是比较容易操作和能系统反映工作绩效的手段，因为定期报告制度要求销售人员把销售活动的基本情况写成书面材料向销售主管人员汇报。汇报的主要内容包括：销售业务计划执行情况；销售进度报告；费用开支报告；市场调查报告；综合销售活动情况；等等。这些报告为销售经理选择反映销售绩效的主要指标提供了原始数据。

除此之外，还可以通过个人观察、顾客信件及抱怨、消费者调查以及同其他销售代表的交谈等途径来考核和评估销售人员。

本章小结

营销管理策划，正是从管理的角度，来完善企业内部营销管理，从而为营销战略与战术的正确、有效、快速执行提供基本支撑，为营销策划人规划企业的营销管理模式、制定营销管理政策、管理销售过程等提供了基本的策划思路和模型。

营销管理模式设计策划，是在企业整体管理模式的框架下，根据企业的市场范围和企业营销特点，所建立起来的系统化的营销管理规范。其具体包括：营销组织结构设计、营销组织职能界定、营销作业流程规范到营销表单体系设计、营销管理制度制定再到营销运行控制系统规划的逻辑过程。

销售管理策划，是依据企业售前、售中、售后的销售过程各个阶段所涉及的要素，而对销售过程如何管理进行的系统策划。依据一个售前、售中、售后完整的销售过程，销售管理策划包括售前的销售计划管理、售中的销售过程管理和售后的销售结果管理。

对销售团队管理进行策划，首先明确销售人员的素质要求、业务要求；其次是熟悉销售活动实施步骤，掌握销售基本技法；最后是做好销售人员的选拔和培训以及销售人员的合理配备。

关键概念

市场营销组织；销售过程管理；销售团队人员管理

问题与应用

1. 营销管理模式设计策划包括哪些具体内容?
2. 市场营销组织建立的原则是什么?有哪些营销组织内容可供选择?
3. 销售过程管理策划都包括哪些要素?
4. 销售团队管理策划的流程是什么?
5. 结合一个企业的实际情况，为其设计营销管理模式和具体的管理制度。

第四篇

营销策略（战术营销）策划

第十二章

产品策划

本章学习指引

内容提要

☆产品策划概述
☆新产品开发策划
☆新产品上市推广策划
☆产品组合策划

思路和主线

为了使读者更好地掌握产品策划的技能，本章首先介绍了产品的整体概念，为具体的产品策划打下了基础，然后全面阐述了有关产品各个方面的策划，包括新产品开发策划、新产品上市推广策划、产品组合策划。

学习目标

通过本章的学习，了解产品策划的内容，掌握产品策划的基本方法和产品策划的基本技巧，并能够利用产品策划各方面的综合知识进行实际的产品策划与运作。

产品是企业市场营销活动的核心和灵魂。产品好、受目标客户喜爱，市场营销成功的可能性就大；否则，市场营销就很难长期地持续下去。事实上，如果一家企业要取得持续发展和稳健发展的优势，就必须向消费者提供一些真正有价值的产品或服务，并保证这些产品或服务在客户眼里必须有明显的特色或优点。否则，尽管企业可以通过促销策略、渠道策略等其他营销策略取得一时的市场成功，但并不能保证获得持续稳定的现金流。

消费者的眼睛是雪亮的，企业产品价值决定了消费者愿意为其付出的成本。

第一节　产品策划概述

一、产品的概念

产品是指向市场提供的，引起消费者注意、获取、使用或消费，以满足消费者的欲望或需要的任何东西。产品不仅包括有形产品，广义的产品还包括实物、服务、事件、人员、地点、组织、观念或者上述这些的组合。

产品整体概念包含三个层次，即核心产品、实体产品和扩展产品，如图 12-1 所示。

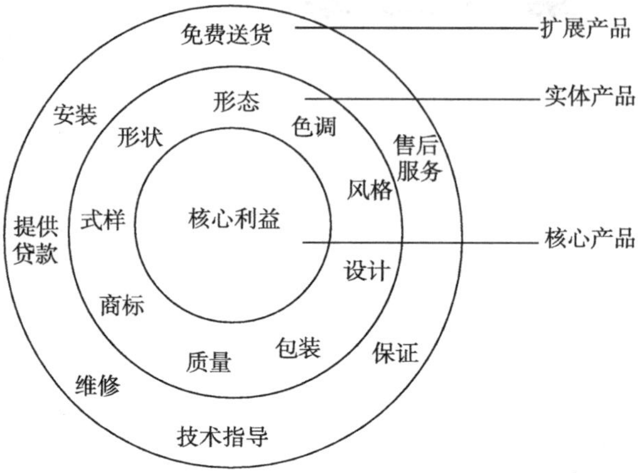

图 12-1 产品的三个层次

1. 核心产品

这是产品整体概念最基本、最主要的层次。它是顾客购买的目的所在，是顾客追求的效用和利益。顾客购买一种产品，不仅是为了占有一件有形的、可触摸的物体，而是为了满足自身特定的需要和欲望。因此，在产品策划中必须以产品的核心为出发点和归宿，设计出真正满足消费者需要的产品。

2. 实体产品

实体产品是指消费者通过自己的感觉器官可以接触到、感觉到的有形部分，这是对目标顾客某一需求的特定满足形式。要满足买主追求的利益，必须通过有形产品体现出来，可以说，有形产品是核心产品的转化形式。产品存在的物质形式主要有五种特征可供辨认，即质量水平、产品特色、产品款式、品牌以及包装。以电冰箱为例，有形产品不仅指电冰箱的制冷功能，而且还包括它的质量、造型、颜色、容量、品牌等。加深对产品实体上述五个方面的认识，有助于产品策划的全面开展与实施。

3. 扩展产品

扩展产品即顾客在购买产品时所获得的各种附加服务或利益的总和。它能满足顾客更多的需要。它包括提供产品说明书、产品保证、安装、维修、送货、技术培训、售前与售后服务等。例如，计算机生产者，其不仅出售计算机，而且还提供工作指令、软件程序、规划系统、人员培训、安装维护、产品保证等一系列服务项目。可以预见，未来市场竞争的关键，在于产品所提供的附加价值，包括安装、服务、广告、用户咨询、购买信贷、及时交货和人们以价值来衡量的一切东西。因此，企业期望在激烈的市场竞争中获胜，必须极为重视服务，注重售前、售中和售后服务的策划。

二、产品策划的内涵

产品策划也可称为商品企划，是指企业从产品开发、上市、销售至报废的全过程的活动及方案。产品策划从类型上说包括新产品开发、旧产品的改良和新用途的拓展三方面的内容，从现有产品的营销策划角度上说，其过程和内容主要是：新产品开发与推广策划、产品组合策划和产品生命周期管理策划。本章主要是从新产品开发、新产品上市推广和产品组合三方面介绍相关产品策划的内容。

三、产品策划的意义

产品策划在企业的市场营销活动中处于十分重要的地位，具有十分重要的意义。

第一，保证企业产品的适销对路和利润的实现。通过产品策划，企业的生产经营能够有的放矢，用合适的产品适应消费需求。

第二，减轻市场竞争压力，增强竞争实力。面对日趋激烈的市场竞争，为了使企业更好地生存和发展，一方面产品策划要减轻市场竞争给企业带来的压力，规避环境威胁；另一方面产品策划要依据企业内部资源，充分利用市场机会。

第三，通过产品策划提高企业的营销水平，树立和优化企业市场形象，强化企业产品和产品整体组合效果，提高市场满意度。

第二节 新产品开发策划

新产品开发在企业经营战略中占有重要地位。新产品是指产品的结构、物理性能、化学成分和功能用途与老产品有着本质的不同或显著的差异。它又分为全新产品、换代新产品、改进型新产品等几种情况。

一、新产品开发的出发点

新产品开发可以从消费者需求和产品功能以及市场竞争力三方面来着手。

（一）从消费者需求出发

通过问题分析、缺口分析、细分市场、相关品牌归类等方法，以顾客为关注焦点，来分析、满足顾客的现实需求、潜在需求和未来需求。例如，市场补缺战略，就是满足特殊顾客的要求，或者是顾客的特殊要求。著名的运动鞋制造商耐克公司，通过市场调查，不断开发适合不同运动项目的特殊运动鞋，如登山鞋、旅游鞋、自行车鞋、冲浪鞋等，这样，就开辟了无数的补缺市场。

（二）从挖掘产品功能出发

所谓挖掘产品功能，就是通过功能分析、用途分析、品质扩展、系统分析、独特性能分析、等级设计、弱点分析等方法，来分析企业现有产品存在的问题，挖掘产品新的功能、新的用途。在现成的产品的基础上挖掘新的产品功能，无疑是一条风险较小的能迅速获得市场认同的途径。这是典型的开发改进型新产品，既可以在技术上得心应手，又可以利用原有的产品商标来推广新产品。例如，在收音机的基础上采用自用录音技术，开发成收录两用机；在随身听上增加一些新的功能，如自动倒带功能等。

（三）从提高新产品竞争力出发

新产品的竞争力除了取决于产品的质量、功能以及市场的客观需求外，也可以采取其他一些策略来提高新产品的竞争力，如抢先策略、紧跟策略、低成本策略等。

二、新产品开发的分类

按产品开发的新颖程度进行分类，有四种新产品开发策略可供选择：

第一，全新型新产品开发策略。全新型新产品是指新颖程度最高的一类新产品，它是运用科学技术的新发明而开发和生产出来的，具有新原理、新技术、新材质等特征的产品。选择和实施此战略，需要企业投入大量资金，拥有雄厚的技术基础，开发实力强，同时花费时间长，并需要一定的需求潜力，故企业承担的市场风险比较大。调查表明，全新产品在新产品中只占10%左右。

第二，换代型新产品开发策略。换代型新产品使原有产品发生了质的变化。选择和实施换代型新产品开发策略，只需投入较少的资金，费时不长，就能改造原有产品，使之成为换代新产品，具有新的功能，满足顾客新的需要。

第三，改进型新产品开发策略。所开发的新产品与原产品相比，只发生了量的变化，即渐进的变化，同样能满足顾客新的需求。这是代价最小、收获最快的一种新产品开发策略，但容易被竞争者模仿。

第四，仿制型新产品开发策略。开发这种产品不需要太多的资金和尖端的技术，因此比研制全新产品要容易得多，但企业应注意对原产品的某些缺陷和不足加以改造，并结合市场的需要进行改进，而不应全盘照抄。

以上四种产品开发策略中，第一类新产品开发，一般企业实施较难，只有大型企业或特大型企业在实行“产学研”联合开发工程的条件下，才能仿效；第二、三、四类开发策略，多数企业选择和实施较为容易，且能迅速见效。多数企业应着重考虑选择第二、第三和第四种新产品开发策略。

三、新产品开发策划的流程

新产品开发策划的流程如图12-2所示。

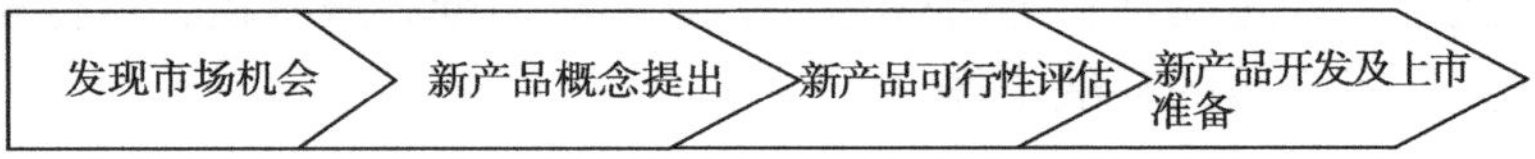

图12-2　新产品开发策划的流程

（一）第一步：发现市场机会

新产品的开发要有的放矢，先创意新产品，然后给这个新产品找市场是赌博游戏式的做法，正确的思路是：先去分析市场，了解市场整体趋势、了解目标市场上的竞品有哪些弱点可以利用，消费者还有哪些需求没有满足、有没有还处于空白阶段的细分市场区格，最终通过理性的分析找到市场空当，把自己的产品根植于这块“肥沃的土地”上。

1. 把握市场大势

寻找正在上升和即将上升的市场机会，锁定新品立项于哪一个领域。在对市场整体趋势的把握分析过程中应注意以下问题：

(1) 历史总是惊人的相似，国外市场的很多发展经历总是不断在国内市场一遍遍的验证，说明已开发地区的“今天”很可能就是还未充分开发地区的“明天”。企业决策者，特别是管理最高层应利用出国考察、企业家联谊等各种机会，把握先进市场的最新趋势，了解前沿市场的最新动态。

(2) 专业市场研究公司的“产业研究报告”和行业管理部门的相关统计数据可作为市场趋势研究的参考依据和佐证。

(3) 市场研究的理性要掌握合适的“度”，没有把握的事不可做，绝对有把握的事也不能做。因为，其一，市场竞争不可能没有风险，苛刻追求完全无风险的项目会浪费更多的时间，造成更大的机会成本。其二，对于表面上论证起来毫无风险的项目，你能看到，别的企业也同样能看到，最后必然导致重复建设和恶性竞争，结果是企业疲惫不堪地把巨额资金投入到微利行业。

2. 对消费者的研究

初步确定新品领域后，要研究该领域内消费者使用和购买此类产品的习惯，消费者对目前已有产品的满意程度和抱怨点，找到本企业新品的具体切入点。消费者对产品的接受度决定着未来新产品的市场命运，企业可以从消费者 U&A（使用和态度）研究中获得新产品创意及市场机会发掘的有益信息。对消费者研究的具体内容包括：

(1) 调查消费者对该品类现有品牌的认知度和购买率，可以了解目前该市场的市场格局以及各品牌的市场地位，指导自己设计相对竞品的竞争策略。

(2) 调查目前市场各品牌的销量、消费群的数量、此类产品的消费频率，可以推算出该产品目前的市场容量和未来的市场容量增减趋势。

(3) 研究该品类产品的消费群主要是哪些人，他们的年龄、收入、教育素质、性格特征、业余爱好等要素。可以为下一步如何设计产品的包装、广告等消费者沟通方式定下基调。例如，喜之郎市场调查研究确定果冻的消费群为女性和儿童，所以在其产品的包装、广告、诉求上以温馨、亮丽为色彩基调；以童贞童趣、少女情怀、情侣世界为广告传播“主线”；产品命名为“水晶之恋”、“少女情怀”；广告场景克隆爱情大片《泰坦尼克号》。

(4) 研究消费者购买使用这些产品的地点、时间、数量以及消费者对现有产品的满意程度和抱怨点，从而发现新的市场机会。例如，碗装方便面很多是在办公场所和旅途中食用。调查显示，消费者反映康师傅碗面很好吃，但在泡面时碗盖的铝膜受热后会上翘，必须用东西压住，很不方便。所以华龙集团推出今麦郎碗面，新品专门设计扣盖式的碗盖以及相应的面饼防尘防潮密封包膜，解决消费者的这个抱怨点。

(5) 研究消费者对这一产品的期望和判别标准，发现新的未满足的消费者需求点，创造新的细分市场。例如，同样是洗发水，有的人认为好的洗发水会使头发柔顺、易梳理、不变形；有人则希望洗发水能使头发亮泽有弹性；还有人要求洗发水能去头屑——所以宝洁公司针对不同消费需求推出不同品牌、不同功效和诉求点的洗发水满足细分市场的需求。

3. 该品类主要竞品分析和学习

产业领导者通常也是产品发展趋势的“标杆”，其产品上市的步伐实际上也反映了整个市场的发展方向。新品创意要学习市场上该品类领导品牌的优势，找到它的破绽，针对竞品的弱点，塑造自己的优势。竞品分析要从以下几方面着手：

（1）锁定主竞品品牌，了解各品牌的销量、占有率、品项组合、区域分布、旺销品项、旺销区域，从而掌握产品目前在各细分市场的优劣（竞品在哪些品项、哪些区域已占优势？哪些市场尚有空白?），寻找本品的入市机会和市场空间。

（2）调查主竞品各品项的规格、包装、克重、口味等，学习竞品在产品设计上的优点，寻找产业领导者尚未涉足的薄弱环节。

（3）调查主竞品的各级价格和通路利润，探求本品在价格和通路利润方面形成的优势，打击竞品的可能性和切入点。

（4）调查主竞品在各渠道中的市场表现和销量排名，了解竞品在各渠道的优势和空白点，为本品入市后合理设置首攻渠道、销售主渠道、回避竞品强势渠道、攻击其网络弱点提供思路。

（5）调查竞品的市场精耕程度和销售人力投入，为本品未来的销售队伍建设、分支机构设置提供参考依据。

（6）分析竞品广告诉求及投放策略，探求本品差异性诉求方向。

▶小贴士　开展“消费者使用习惯和态度调查”应注意哪些问题?

（1）调查目的是否明确：消费者U&A研究的目的只能是“发现”市场机会，在制订调查计划和问卷时千万不要“预设”任何结论，然后在调查过程中有意给这个结论找数据支持。

（2）调查样本要具广泛性：要严格按照统计学原理进行抽样，对诸如样本数、样本城市的选择需慎重考量。不能集中于自己准备要上市的产品进行消费者的态度询问。

（3）调查项目力求全面，否则无法了解市场全貌：除了通常的购买（使用）地点、购买（使用）量、购买（使用）频次、购买（使用）者、购买价格和品牌外，各品牌认知、使用评价以及消费者消费观念、影响购买的因素等都是把握市场机会重要的决策信息。例如，在一次关于手机消费者的调查中可能发现——国产手机的潜在购买者在小城市或乡镇比较集中，但是如果没有对受访者消费观念、生活习惯的调查，我们就不能决定究竟用什么广告形式和语言向他们做宣传比较有效。

（二）第二步：新品概念的提出

市场机会给我们指明了方向，新产品概念的具体化（产品的克重、规格、价格、包装、诉求点等要素的初步确定）是为了锁定新市场机会，新品概念的提出不是闭门造车，而是针对市场机会的“量身定做”。具体而言，新产品概念的生成，要经历如下主要步骤：

（1）产品经理在产业发展趋势、消费者研究和竞争者研究的信息基础上经过一线考察、与销售人员反复沟通等方法，分析相关潜在市场，初步形成一系列的产品创意并将创意具象为具体的产品概念。

(2) 把初步形成的产品概念用细致、简单、易理解的文字进行描述。召集消费者进行座谈，了解他们对这个产品概念的接受程度和意见。此处的产品概念测试和下文将提出的产品实物测试不同，产品概念测试阶段没有实物，只是对这个“新品”做描述，然后请消费者对这种通过描述表达的“产品”提出自己的看法。

(3) 根据消费者座谈测试结果对原创产品创意修正改良，撰写新产品概念提案单。新产品概念至少应包括以下几项：

第一，品牌：新产品叫什么名字？

第二，产品定位：与其他产品相比，新产品有哪些特殊之处？目标消费群是谁？

第三，目标消费群特征：年龄、职业、性别、收入、文化水平、价值观等。

第四，目标市场总量：目标消费群可能实现的总消费量。

第五，产品描述：口味、规格、重量、包装材质、零售价、毛利。

第六，销售通路及价格：在哪些通路进行销售以及出货价格是多少？

第七，包装特征：设计稿。

▶小贴士　　产品创意与产品概念有巨大的不同

创意是从厂家的角度上讲产品的可能设想，而产品概念则是以消费者的观点对新产品的描述。例如，“开发一种大脱水蔬菜包的方便面”是一个新产品创意。而根据这个创意具象化的产品概念可能是“一种全新的营养型方便面，没有酱包，有超大的蔬菜包，并有多种配菜口味可供选择，特别适合孩子及注重营养的消费者”。

(三) 第三步：新产品可行性评估

根据市场机会量身定做的新产品从逻辑上推断应该是可以成功上市的，但问题是本企业是否有实力去完成这个新品的开发及上市？上市这个产品所要求的生产设备、财务支持、必备销售网络等方面企业是否存在先天不足的障碍——市场上机会很多，但这个机会是不是属于你，还得根据自身情况进行可行性评估。具体而言，新产品可行性评估主要从以下四个方面展开。

1. 组织可行性评估

如果说“发现市场机会”还只是企业营销部门的职责，那在整个可行性评估阶段，营销部门、研发部门、生产部门及财务部门就必须通力合作才可以顺利完成。不是每一个企业都可以“顺利”地开发出新产品的！营销、研发、生产、财务，任何一个环节出了问题都会使新品变成“怪胎”，甚至“胎死腹中”。各部门具体分工如下：

(1) 市场部产品经理负责新产品可行性研究、开发、上市准备、价格制定、上市推广活动追踪和检核；

(2) 研发部门负责新产品开发研制、试车、成本核算基本资料提供及制造过程工艺制定等；

(3) 生产部门负责生产设备评估及采购、试车及批量生产等；

(4) 财务部门负责提供费用成本核算、企业资金实力与产品上市资源品配程度等资料；

（5）销售部门负责评估新品上市与现有销售团队、销售通路的品配程度，并实际展开新产品销售动作。

2. 生产可行性评估

对开发能力、生产设备及工艺水平进行评估，不是所有的“伟大创意”都可以变成现实的。市场上流行PET（Polythylene terephthalate）茶，但你的吹瓶技术不过关，出来的产品不是瓶子变形就是盖子打不开，那么PET茶的市场机会就不属于你。汇源靠餐饮渠道热销750毫升纸包装果汁一家独大，但很多果汁厂就是因为包装生产线无法调节成这一容量，只能考虑重新购置生产线或干脆放弃。

3. 财务可行性评估

新产品上市通常会占用巨额的营销和研发费用，财务部门、研发部门必须对市场部门的销售预测进行仔细的损益分析，“赚钱”的产品才能上市。财务可行性评估的具体内容如下：

（1）销售部要参照市场竞品价格对产品提出建议出厂价。成本＋毛利＝价格的计算方式已不再适用，产品价格设定要倒推，零售价格定多少才有竞争力？通路利润留多少才更有优势？最后定出产品的生产成本上限不能超过多少，这个产品才可能成功。生产研发部门要做出回应，按这个成本上限可否研发出符合要求的产品。

（2）研发部、营销部要有该产品的销量、利润初步预估和营销、研发费用初步预算。

（3）财务部衡量目前企业资金实力是否足够新品开发费用，按照销量预估费用预算，企业在这个新品上多长时间才能实现损益平衡，产品最终可否盈利。

4. 市场可行性评估

销售新产品往往要求有新的渠道、通路、销售政策与之匹配。而企业现有的销售能力、现有的销售网络往往也会成为产品上市不可行的原因。最后，造成产品大量生产上市之后又滞销，占用巨额资金，甚至拖垮一个企业。这一条企业最容易忽略，危害也最大。为此，在本章的第三节将专门从新产品上市推广的角度对新产品上市推广策划进行重点介绍，从而为新产品开发与上市的市场可行性评估提供支持。

（四）第四步：新产品开发及上市准备

确认该新品上市切实可行后，就要马上行动，把停留在创意阶段的新产品概念变成实物。新品上市准备涉及企业内外多个部门，是一个典型的合作工作链，需要产品经理对每项工作细致排期、落实责任、内联外动、确保各项工作按时完成。新产品上市准备具体工作包括包装设计、广促品设计、广告创意、条码申请、包材制版、样品研发/提供、新产品测试、标准毛利计算、包装印刷。在上述工作事项中，包装设计、产品测试、毛利试算是几个最重要也是最容易出问题的环节。

1. 包装设计

包装是产品的脸面，是产品与消费者沟通最直接的工具。包装的材质及外观设计要符合产品的价格定位，避免优质产品劣质包装或过分夸大产品价值感，造成华而不实的印象。包装的色调、图案、文字设计和整体风格要符合目标消费群的心理特征，使之产生情感共鸣。

（1）成功包装的关键点在于能否从卖场货架上成百上千的同类产品中凸显出来，所以包装测试最简单的方法就是货架模拟测试，看你的包装能否“跳出来”抓住消费者的眼球！

（2）包装设计力求风格统一。不同产品的包装从外观、形式、色调上必须有统一的视觉效果，你的十几种产品摆在货架上，消费者一眼看过去就知道这是同一厂家的产品，对消费者产生强有力的视觉冲击。

（3）包装设计不可过分复杂。一般来讲，产品包装上需要突显的要素不要超过3个，即品牌、规格/口味、产品利益点/广告语。产品利益点的突显尤其重要，消费者就是根据这些广告语识别不同产品的，而且厂家也可以借此最大限度地突显其产品特色。例如，康师傅绿茶的“绿色好心情”；统一鲜橙多的“多C多漂亮”；佳洁士防蛀牙膏的“氟泰配方、防蛀健齿”；等等。

（4）切记不要在产品包装上表现太多的内容，“太多的重点等于没有重点”。如果确实有一些较复杂的传播内容，可以把它设计在包装的其他侧面。否则只能使用附在产品外包装上的告知卡、促销条及DM（direct mail）来补充新品上市信息，但是这会增加包装成本。

2. 产品测试

产品测试是整个产品开发乃至新品上市成败的关键，成熟的企业会在产品成型之前反复测试、改良产品，直至确认产品在口味、包装等方面较竞品有明显优势，而且消费者乐于接受。这一阶段企业必须投入必要的人力、物力并且做好在投入巨大研发费用之后进行测试发现产品口味不成功，然后推翻以前的研发成果暂缓上市重头来过的思想准备。新品测试做得客观、精确，产品上市就更安全。新品测试主要包括产品品名测试、产品价格测试、产品包装测试、产品口味测试。在具体测试的过程中要注意以下问题：

（1）测试样本广泛性。例如，全国区域销售食品新品口味测试要规定全国十个以上目标城市，每个城市测两场以上，每场测试不少于100人。

（2）测试样本的代表性。在测试过程中要排除在收入、年龄、性别等方面与目标消费群差异太大的人群，要排除广告界及同类企业中的业内人士。

（3）真正做到盲测。要教育市调人员、明确现场纪律，在与竞品进行口味测试时，完全做到盲测（将本品与对比竞品的外包装去掉，消费者在完全不知道这些产品是哪个品牌的前提下进行口味对比）。

（4）市调问题不能开放式询问。例如，你觉得这个产品好吃吗？如果让他更咸一点你能接受吗？这种问题会让消费者无所适从，影响市调结果的客观性。正确的方法是让消费者选择填空，即你觉得这个产品的口味：非常好、很好、好、一般、还是较差；你觉得这两个产品（本品与竞品）相比那一个你更喜欢。

3. 毛利试算

新产品设计得再“漂亮”，我们最终都是想让它创造利润或提高市场占有率。产品毛利试算会让你明确将来产品一旦上市能不能赚钱。

（1）由产品经理向研发部门、生产部门收集新产品配方资料、采购单价、人工编制、生产效率及生产损耗等成本核算资料，然后提供给财务部门，并由其进行新产品成本核算。

（2）由营销部门根据产品标准定价及成本核算预估新产品毛利水平，有重大异常必须对价格体系进行合理的修正或者要求研发部门降低生产成本。否则，一旦产品上市很容易出现“卖的越多，赔的越多”的尴尬局面。

第三节　新产品上市推广策划

新产品上市的过程也是一个参与市场竞争的过程，竞争伴随着新产品上市的始终，因此，企业至少要“眼观四路”，即外部环境、顾客、竞争者、内部环境，只有将这四个因素协调匹配起来，新产品上市的成功率才可能会上升。企业应从战略的高度来探讨新产品上市的流程，避免上市的粗放性和随意性。新产品上市推广策划的流程和内容分为上市准备策划、入市策划、入市保证体系策划三部分。

一、新产品上市准备策划

在新产品上市的准备阶段，主要是做好新产品上市前的各项分析工作，通过分析，确保新产品上市决策的科学性和正确性。

（一）新产品上市的环境分析

尽管在新产品研发前企业一般都进行了环境分析，但由于有些新产品开发周期长，需要几年甚至十几年的时间，等到新产品上市时，早已“时过境迁”了。即使对于一些开发周期短的新产品，由于当今市场变化越来越不易预测，所以新产品上市前仍然需要对环境进行分析。新产品上市前的环境分析包括宏观环境分析、竞争环境分析和企业内部环境分析。

1. 宏观环境分析

宏观环境分析包括人口环境、经济环境、物质环境、技术环境、社会文化环境、政策法律环境的分析等，宏观环境分析的主要目的是辨别机会和威胁，尽可能地识别潜在威胁，采取措施回避或消除这些威胁。尽管分析宏观环境让企业觉得有点小题大做了，但它却关系着企业的上市时机问题，所以企业不可忽视。

2. 竞争环境分析

竞争环境的分析一方面是要分析竞争对手的动向，预测对手的反应以及反应的速度和力度，了解与新产品相关的竞争者及其规模、产品、有关营销策略、未来计划及市场竞争特点等；另一方面是对市场上业已存在的同类老产品的分析，找出这些产品的优势和劣势，分析消费者最看重这些产品的哪些方面，为以后的产品定位做准备。

3. 企业内部环境分析

企业内部环境分析主要分析组织的资源条件：企业内部是否有足够的人力、物力、财力、管理、营销资源来支持新产品的上市，是否有足够的能力来应对后来者的追击，并建立起行业领导者所应该设置的行业壁垒和担当起行业领导者的领导责任等。

（二）新产品上市的战略性 4Ps 调查与分析

新产品上市的 4Ps 分析与调查是新产品上市前关键的一步，主要包括：第一，产品调查与分析，如市场上竞品的产品结构、包装、产品生命周期等。第二，价格调查与分析，如目前同类产品的市场价格现状、未来趋势，是否存在价格战等；第三，渠道状况调查与分析，如经销商的经营能力、经营质量以及是否适合自己的产品运营，零售商的业态和数量分布以及在不同类别的零售商处可能的销售分配比例；第四，传播途径调查与分析，如电视、报纸、电台、户外、网络以及其他的媒体的分布特征、同类产品的媒体组合策略、目标受众接受媒体信息的特点。

在上述内容中，新产品上市的市场细分和市场定位是形成 4Ps 组合策略的关键。其中，市场细分的目的是找出新产品的目标顾客。由于企业资源有限，不可能满足所有的细分市场，因此，进行市场细分和确定目标市场，可以使新产品被最需要它的目标顾客买到，同时也不会让企业的资源被一些“无关”的顾客浪费。目标顾客分析主要从两个方面入手，即顾客感知价值和顾客感知风险。在顾客看来，与竞品比较，企业新产品中的哪些属性为他们创造了利益和价值，他们就会更看重新产品的那些属性。

市场定位是企业根据实际情况，塑造其产品的特殊形式，寻找在市场上的一个特殊位置。这个位置主要取决于顾客如何认识这种产品，取决于他们对产品的评价，所以市场定位实际上是一种心理效应。市场定位要在顾客心目中塑造新产品独特的卖点，这个卖点一定要明确、专一、简洁，只有这样顾客才能在纷杂的信息中记住这个卖点。

（三）新产品试销与组织设计

企业新产品是否决定进行试销需考虑以下因素：

（1）考虑新产品上市的成本、成功的概率以及相关利润间的关系。如果估计成本很高，成功概率很低，那么就应该考虑进行试销；反之，则可直接进入市场。

（2）考虑竞争者模仿的可能性和速度。如果产品能轻而易举被复制，那最好直接将产品推向全国市场而不必进行市场测试。

（3）考虑为试销生产产品所需的投资与直接上市生产所需的投资。如果产品所需的投资与直接上市生产所需的投资两者之间的差异很大的话，那么在决定向全国推广产品之前进行市场测试是非常有必要的。

（4）考虑新产品上市失败的后果。失败可能会损害公司分销渠道的其他成员（零售商）的声誉，并破坏企业为以后推出产品而获取合作的能力。在这种情况下就需要进行市场测试。

在企业决定了是否试销后，为新产品上市设计一个组织是非常必要的。由于新产品上市要牵涉到各个部门，因此，成立一个专门的新产品上市小组或委员会，由各个部门的管理人员和技术人员组成，及时解决新产品上市中的突发问题，这样能够保证新产品上市的速度和效率。

二、新产品入市策划

新产品入市策划的内容主要包括新产品切入决策、新产品竞争决策和新产品市场扩张决策三部分内容。

(一) 新产品切入决策

新产品切入决策包括新产品切入时机和切入方式决策。选择好新产品的投放时机是非常关键的，如果能在旺季到来之前上市，季节推动、人员推动、政策推动三股力量同时推动，新产品推广速度将会快得多。切入方式可以依赖原有产品渠道切入，也可以重新开启一个新的渠道进行铺货。

新产品的市场切入作为一个过程，包括启动期、进入期和立足期三个阶段。与之相应，这三个时期的进入活动可分别称为试探性进入（包括策划、调研和试销等）、正式进入（包括正式成立分支机构或确立合作关系，针对当地的广告宣传和营销策划，各种准销、许可证等手续的完成等）、初具规模进入（为达到企业的初期进入目标，而能连续稳定地向市场追加销售，包括市场渗透和初期扩张）。

(二) 新产品竞争决策

营销实践中流传一句话叫“定好产品结构，管控好产品的价差体系，市场就成功了40%”。可见产品结构及价差管控的重要性。定好层次分明、分配合理的通路价差体系，是分销利益控制链上的枢纽。各个通路要有合理的利润空间，只有这样，产品才能很好地流动。新产品不仅面临着原来同类产品的竞争，还面临着竞争对手的模仿，因此，突出产品的卖点和概念，形成自己的差异化形象，是保证新产品能够站稳市场的基础。新产品竞争的实质是对顾客的竞争，所以企业要将新产品的产品概念与顾客的价值和利益联系起来，并大力传播这种概念。在价格制定上，企业要考虑到整体发展战略和市场战略、快速切入和逐渐渗透战略将导致企业采用不同的定价方式。

进入新市场的新产品可供选择的渠道策略有两种，即直接销售和间接渠道。直接销售的优势是节约流通成本、提高利润率，并且不受中介渠道的各项限制。但若要占领较大市场则启动成本大、风险增大。如果新产品的可得到性或售后服务很重要，或者消费者往往将此新产品与其他产品共同购买，则采取间接渠道销售比较合理。在新产品推广过程中，需要特别考虑促销、季节等因素，制定合理的铺货量，以便能够有效地执行终端营销策略。

沟通亦是新产品竞争最有力的武器，由于顾客对新产品有一个知晓、认识、喜爱、信任和购买的过程，所以在不同阶段传播的方式和手段各不相同。在新产品的传播战略上，整合营销传播由于采用立体传播方式，用“一个声音说话”，从全方位、多角度与消费者沟通，电视广告、POP广告、事件营销、人员推销、销售推广等相互配合，这也是目前实践中经常采用的一种形式。需要注意的是，应该从战略高度来科学设计沟通组合，使整合沟通的方式效果最好、成本最低，而不能随意使用几种媒体组合就当做整合营销沟通。

(三) 新产品市场扩张决策

新产品市场扩张是在企业立足的基础上继续求得更大的发展。它可分为如下两种情况：

一是新产品进入市场后的下一个演进过程的行为，即企业只有在新产品进入市场并完全立足后，才转入市场扩张期。因此，新产品市场扩张必须建立在成功的市场进入的基础上。

二是在市场份额达到并稳定在一定的水平后，为得到更大的份额而采取的行为。同样，市场扩张也要把握时机，扩张过早会使资源过早投入，而此时企业尚未站稳脚跟，扩张会受到限制。扩张太晚又会贻误商机，使竞争对手抢先占领市场。

三、新产品上市后的保证体系策划

新产品上市后能否顺利地按照预期设计来运行并取得良好绩效，还需要一定的保证体系。

（一）服务体系与组织保证

服务体系包括两部分：一部分是对经销商的服务，包括送货、补货、帮助经销商促销、与经销商及时沟通、及时处理未上货架的不合格产品等；另一部分就是对消费者的服务，包括设立专人负责投诉的接受、处理工作，设立咨询热线。目前对保健品、化妆品的投诉较多，这类企业一定要设立专人探访制度，以实际行动安慰、理解消费者，并根据投诉来改进、提高产品品质。售后服务是产品上市营销公关活动中的重要组成部分，通过良好的售后服务，全面沟通与经销商、消费者的联系，对树立新产品的形象、提升企业形象都起着重要的作用。

新产品上市后，新产品上市小组不可过早解散，因为从新产品上市到占领市场需要一段时间，这段时间新产品承受的风险仍然很大，随时需要各个部门的员工相互配合解决。因此，原来的新产品上市小组，或者重新成立一个专门的团队来保证新产品顺利占领市场是非常必要的。

（二）新产品反馈与控制体系

反馈、控制系统作为新产品上市流程的最后一个环节，不仅是对新产品上市效果的保证，也为下一次的实施提供反馈信息，修正甚至改变上一次实施中的失误。没有反馈，企业就无法判断自己的决策力和执行力，也无法判断执行是否到位、产品概念如何、促销是否独树一帜、价格体系是否混乱、竞争对手的销量如何等。因此，新产品上市需要经常进行实施效果的评估和控制，对实施中出现的问题及时调整和修正，使其沿着上市规划的方向运行。

第四节　产品组合策划

产品组合策划，就是策划者根据消费者的需求，通过对现有产品线或产品系列的分析、评估、筛选，最终确定出企业最优化的产品组合，并针对消费者的需求特点提炼出产品的独特销售主张，在此基础上完成差异化的产品定位，从而建立起产品价值系统与消费者需求之间的内在关联。

产品组合策划的模型和流程如图 12-3 所示。

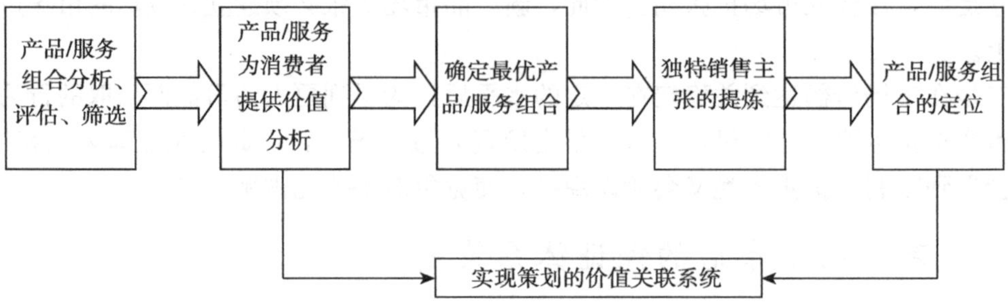

图 12-3　产品组合策划的模型与流程

一、对现有产品进行全面分析与评估

进行产品组合策划，第一步就是要对现有的产品进行全面分析与评估，分析与评估的目的是要知道什么产品为企业赚钱？什么产品正在导致企业亏损？策划者的任务就是要找出最好、最坏和中间类型的产品，然后进行筛选和组合。

对产品进行全面分析与评估的指标主要体现在现金流和市场份额两个方面。产品组合的构成取决于现金流量的平衡，高增长的产品需要有现金投入才能获得增长；低增长的产品则应该产生大量的现金，这两类产品缺一不可。为此，策划者可以借助第八章中的波士顿矩阵分析模型来完成评估。

依据波士顿矩阵分析模型，企业的各类产品的现金流量如图 12-4 所示。

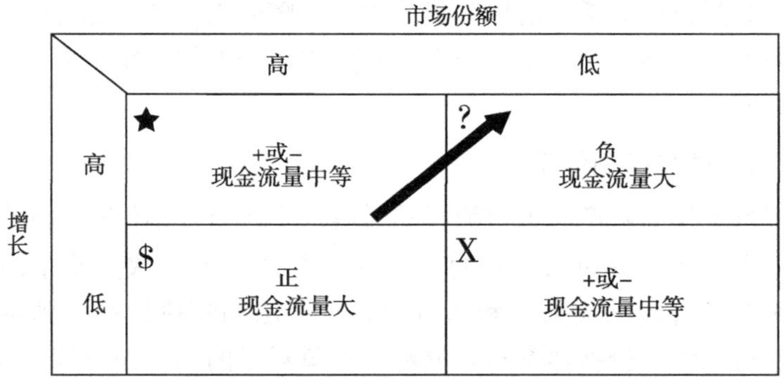

图 12-4　企业的各类产品的现金流量

从图 12-4 可以看出，企业要获得理想的现金流量和市场份额，就需要对产品进行有效组合。策划者要保证在产品组合里，既要有需要投入现金的产品，同时又要有能够产生现金的产品。

为此，在合理的产品/服务组合中，策划者要做到：①高市场份额、高增长的明星类产品是未来的保障；②金牛类产品供给了未来增长所需的资金；③增加投入，将问题类转变为明星类，如图 12-5 所示。

而对瘦狗类产品，因为它们象征着失败，说明企业没能在增长阶段取得市场领导地位，或者没能及时撤退，及时止损。因此，策划者对此类产品要坚决放弃，如图 12-6 所示。

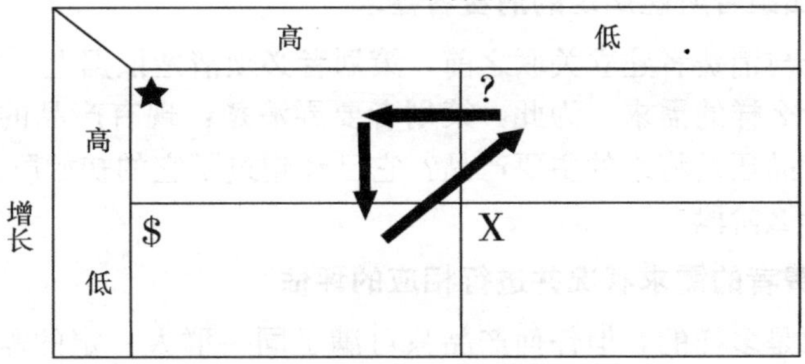

图 12-5 问题类转变为明星类

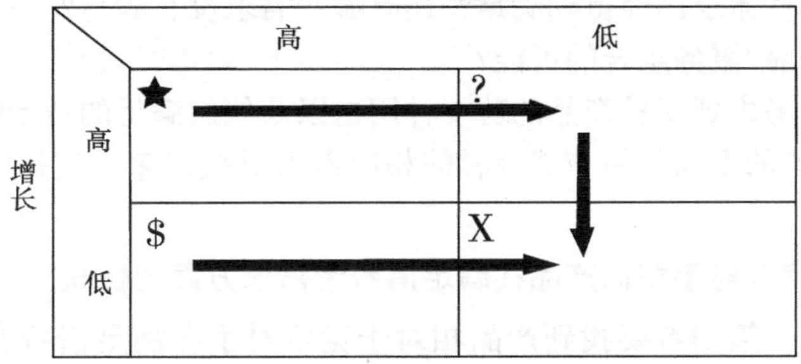

图 12-6 放弃瘦狗类产品

根据波士顿矩阵分析模型分析的结果，策划者对现有的产品进行分类，结合其盈利或亏损情况进行最终产品/服务的选择，最终确定理想的产品组合模式，如表 12-1 所示。

表 12-1 根据波士顿矩阵分析模型对产品/服务组合进行分析、评估与最优组合

产品/服务	盈利或亏损情况/元
1. 金牛类	
2. 明星类	
3. 问题类	
4. 瘦狗类	
确定理想的产品/服务组合	

二、产品/服务能为消费者提供的价值分析

策划者利用波士顿矩阵分析模型对现有产品/服务组合进行分析、评估并确定出理想的产品组合，但这样的产品组合是站在企业的角度得出的结论。依据营销策划的价值关联原理，还要从消费者的角度，即要明确产品/服务能为消费者提供的价值是什么？只有明确了这一点，才能保证经过最终取舍得出的产品组合是最优的，也是最有保证能够得到消费者满意的。

为此，策划者在对产品组合进行消费者价值分析时，可从以下途径加以明确：

（一）列出产品组合所能满足的消费者需求

在把产品组合与消费者建立关联之前，策划者必须清楚依据上一步所选择出的产品能够满足消费者什么样的需求。为此，策划者要弄清楚：现有产品的核心功用是什么？它是现在的主要产品还是将来的主要产品？它已经越过了它的初始阶段吗？产品在它的生命周期上处于什么阶段？

（二）调查消费者的需求状况并进行相应的评估

消费者的需求是多样的，但任何产品只可满足同一群人一定的需要和愿望。同时，人们不是总能知道他们为什么买他们所买的东西。因此，策划者要有意识地通过调研得出一些有用的结论并加以引导。例如，消费者对企业初步确定的产品组合对其需求满足的程度如何？有哪些需求已经得到满足？还有哪些需求没有满足？根据消费者的需求是否还有改进现有产品/服务组合的可能？

在此基础上，考虑到每种产品的若干种用途以及他们满足的若干组需要和愿望。策划者要对产品/服务的不同效用与消费者的相应需求对接起来，这样就能增加产品与服务的市场吸引力。

（三）找出与竞争对手相比产品在满足消费者需求方面的优缺点

通过对比分析，策划者要找到产品相对于竞争对手在满足消费者需求方面的优缺点，并制定有效的策略，进一步突显优点，采取措施改善缺点。

同时，策划者还要考虑：企业的产品/服务还存在哪些替代品？它们分别构成怎样的威胁？应制定什么样的策略来化解这些威胁以确保企业的产品/服务在满足消费者需求方面的竞争地位？是否有新的发展机会（诸如新技术、市场需求的变化等）可能导致满足消费者需求与愿望的新产品的出现？

通过以上分析，策划者最终得出结论：经过上一步挑选出的产品/服务组合里，有哪些在满足消费者需求方面有优势，能为消费者提供更大的价值？有哪些对消费者的满足不会提供太大的价值？

在此基础上，策划者就要对产品/服务组合做出最终取舍，保留那些能为消费者提供较大价值或在满足消费者需求方面有更大作用的产品组合，剔除没有太大价值的产品组合，从而最终确定出最优化的产品组合。其分析内容如表 12-2 所示。

表 12-2　产品/服务能为消费者提供的价值分析表

目前理想的产品组合：	
它的特点是什么？	
它能满足消费者哪方面的需求？	
它处在生命周期哪一段？	
消费者在现有需求上是否还有新的需求？	
产品/服务组合是否还可以通过一定的途径开发出新的需求满足系统？	
产品/服务组合的其他可能用途及满足的需求是什么？	
竞争品或可能的替代品是什么？	
最终确定的最优化产品/服务组合：	

三、为最优化产品组合提炼基于消费者需求的独特销售主张

通过以上两个步骤，明确了最优化的产品/服务组合，余下的工作就是要建立产品/服务与消费者需求之间的价值关联系统。在产品组合策划方面，价值关联系统的建立过程，实质上是寻求差异化的过程。而差异化的一个关键就是要提炼出基于消费者需求的独特销售主张。

独特的销售主张，就是产品/服务与市场上同类的或竞争对手的产品/服务相比，所具有的唯一的、排他的、能够打动消费者的独特价值。它可能是产品的功能、技术先进性、设计等有形要素，也可能是外观、品牌、质量、售后服务等无形要素。不管是有形要素，还是无形要素，策划者在这一阶段的任务就是要通过各种途径寻找到产品/服务组合独特的销售主张，并用精练的语言提炼出来，能够产生对消费者的视觉、听觉冲击并能和其内在需求系统建立共鸣。

一般而言，产品/服务的独特销售主张，可能蕴涵在产品/服务的质量、式样、耐用性、可靠性、设计、包装、价格、广告与促销、递送或交货、方便性、售后服务等要素中，策划者要练就一双火眼金睛，从这些要素里找到适合自身产品/服务的独特销售主张。

四、依据独特销售主张进行定位，最终完成与消费者的价值关联

只有消费者知晓、接受、认可了策划者为产品/服务所提炼的独特销售主张，上一步工作才有价值，同时才能建立与消费者的价值关联系统，实现产品/服务组合策划的最终目标。

因此，策划者必须依据独特销售主张，对产品/服务进行定位，将产品/服务的独特性、卖点通过定位根植到消费者的头脑中。

为此，产品/服务的定位须清晰明确，要突出最有价值、最具特色并且能在目标市场产生最大震动的差异性。可供策划者选择的定位策略主要有特色定位、利益定位、使用定位、使用者定位、竞争者定位、质量定位、价格定位等，策划者要依据所提炼出的独特销售主张来加以最终确定。

同时，策划者在为产品/服务定位时，还要避免定位过低、定位过高、定位混乱和定位怀疑等常见定位误区。

本章小结

产品策划也可称为商品企划，是指企业从产品开发、上市、销售至报废的全过程的活动及方案。产品策划从类型上说包括新产品开发、旧产品的改良和新用途的拓展三方面的内容，从现有产品的营销策划角度上说，其过程和内容主要是新产品开发与推广策划、产品组合策划和产品生命周期管理策划。

新产品开发策划是指对企业开发新产品与消费者的需求进行动态适应的市场开发过程的谋划。新产品的开发可以从消费者需求、产品功能以及市场竞争力三方面来着手。按产品开发的新颖程度进行

分类，有四种新产品开发策略可供选择：第一，全新型新产品开发策略；第二，换代型新产品开发策略；第三，改进型新产品开发策略；第四，仿制型新产品开发策略。新产品开发策划的流程和内容主要包括发现市场机会、新产品概念提出、新产品可行性评估、新产品开发及准备。

新产品上市的过程也是一个参与市场竞争的过程，竞争伴随着新产品上市的始终，因此，企业至少要“眼观四路”，即外部环境、顾客、竞争者、内部环境，只有将这四个因素协调匹配起来，新产品上市的成功率才可能会上升。企业应从战略的高度来探讨新产品上市的流程，避免上市的粗放性和随意性。新产品上市推广策划的流程和内容分为上市准备策划、入市策划、入市保证体系策划三部分。

产品组合策划，就是策划者根据消费者的需求，通过对现有产品线或产品系列的分析、评估、筛选，最终确定出企业最优化的产品组合，并针对消费者的需求特点提炼出产品的独特销售主张，在此基础上完成差异化的产品定位，从而建立起产品价值系统与消费者需求之间的内在关联。

关键概念

产品；产品策划；新产品开发策划；新产品上市推广策划；产品组合策划

问题与应用

1. 产品策划的含义和意义是什么？
2. 新产品开发的出发点是什么？
3. 请简述新产品开发策划的流程。
4. 新产品上市推广策划的步骤和内容是什么？
5. 如何进行产品组合的策划？

第十三章

价格策划

本章学习指引

内容提要

☆价格策划的程序

☆定价方法策划

☆定价策略策划

☆变动价格策划

思路和主线

本章从价格策划的概念入手，对价格策划的程序、定价方法、价格变动策略以及对价格策划风险的防范等做了全面、系统的阐述。

学习目标

通过本章学习，了解价格策划的概念、原则和程序，掌握基本的定价方法、修订价格的各种策略、变动价格的策略和技巧。能综合运用价格策划理论，为企业进行具体的产品价格策划。

在营销组合里，价格是直接影响销售收入的因素，定价所涉及的运作过程与变数相当复杂，如何在消费者可以接受的价格范围内，制定出对公司最有利、最能吻合公司目标与政策的价格，是一门需要仔细谋划的艺术，是对企业市场营销的重大挑战。

第一节　价格策划概述

一、价格策划的概念

价格策划是指企业在一定环境条件下，为实现长期的营销目标，协调配合营销组合其他方面的策略，进行价格决策的全过程。

价格策划不是企业定价。企业定价是企业根据商品成本和市场供求情况，在经营目标的制约下制定商品的销售价格。价格策划的过程包含了定价的过程，除此之外还要运用各种有关的定价方法和定价策略等。

二、价格策划过程中的主要影响因素

（一）内在因素

影响价格策划的内在因素是指因企业内部运营环境的不同而对价格策划产生的相关影响，其主要包括以下几个方面。

1. 产品成本

产品成本包括原材料成本、产品生产成本等。原材料成本包括原材料的采购价格及采购费用；产品生产成本主要包括固定资产折旧费用、人工费用、管理费用等。

2. 产品定位

根据产品所承担的任务不同，产品一般定位为形象型产品、主导型产品及战术型产品，不同的产品定位决定了不同的价格策划策略。

3. 利润目标

根据企业的整体发展规划及产品生命周期的不同，企业对产品的预期利润存在不同的目标，这在一定程度上会影响企业对产品的定价策略。

（二）外在因素

影响价格策划的外在因素是指外部环境对价格策划产生的相关影响，其主要包括以下几个方面。

1. 市场需求

对于需求，主要是了解产品的市场需求弹性。需求弹性大的产品，价格一经调整就会立即影响市场需求；而需求弹性小和无弹性的产品，调整价格一般对销售量无大影响。所以，如果某一时期在某一市场上对某一产品的需求量是增加的，则可以采取适当的提价措施；反之，则应适当降价。

2. 竞争环境

完全竞争市场环境下，企业定价活动几乎发挥不了作用，只能接受市场竞争中形成的价格；完全垄断市场环境下，企业没有竞争对手，独家或少数几家企业联合控制市场价格，主要通过市场供给量来调节市场价格；垄断竞争市场环境下，同类产品在市场上有较多的生产者，市场竞争激烈，由于产品存在着差异性，少数拥有某些优势的企业可以创造一种独特的市场地位，影响并控制一定的市场价格。

3. 营销成本

营销成本是指产品在销售过程中所产生的成本，主要包括物流成本、渠道推广费用、消费者推广费用、品牌传播费用等。企业在实施定价时，需要估算产品推广过程中预计会产生的成本，并实现预留，以确保产品的顺利上市。

4. 政府政策

随着价值规律、供求规律和竞争规律的自发作用，市场经济在发展过程中会产生某些无法自我完善的弊端。为此，政府就需要通过运用经济、法律、行政的手段对市场进行宏观调控，有时甚至需要直接对市场价格进行宽严程度不同的管制。企业在经营过程中应密切注意货币政策、贸易政策、法律和行政调控体系等对市场流通和价格的影响，尽可能地规避政策风险。

三、价格策划的程序

企业在选择和决策定价策略时要经过一个反复调研、评价、取舍、优选的过程，这个过程包括了一系列步骤，如图 13-1 所示。

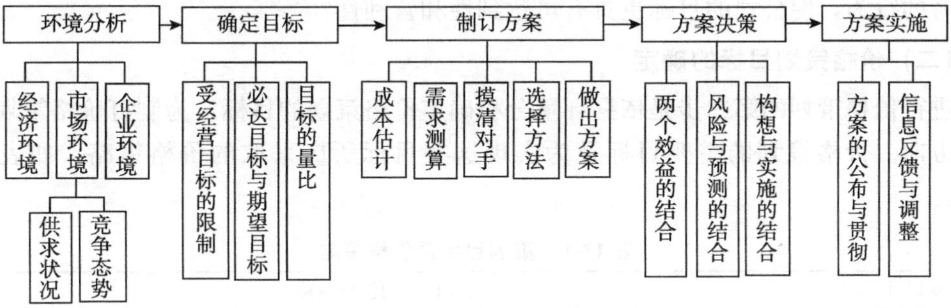

图 13-1 价格策划程序

(一) 价格策划的环境分析

企业的环境是指作用于企业生产经营活动的一切外界因素和力量的总和。企业就是在这些因素和力量的作用下进行价格策划的。影响策划的环境因素涉及很多方面，主要包括财务成本、消费者和竞争三个方面。不过此时各种信息开始相互关联起来，财务分析通过价格、产品和目标市场的选择来更好地满足顾客需要或创造竞争优势。公司选择目标市场要考虑为市场细分服务的增量成本以及公司比竞争者更有效的或者成本更低地服务于该市场的能力。竞争者分析一定程度上是为了预测竞争者对某个以深入到顾客细分为目的的价格变动的反映。

1. 财务分析

财务分析要回答如下问题：对于潜在的价格、产品或促销变动，销售量需要变化多少才能增加利润？对于新产品或新市场，销量应至少达到多少才能回收增量成本？在基准价格水平下，贡献毛益是多少？为了从减价中获取更多的贡献毛益，销售量应该增加多少？在提价变得无利可图之前，可以允许销量减少多少？为了覆盖与决策相关的追加固定成本（如广告、审批的费用），销量需提高多少？已知与销售水平相联系的增量固定成本，销售新产品或将老产品打入新市场需要达到什么样的销售水平才是有利可图的？

2. 市场细分分析

市场细分分析要回答如下问题：不同细分市场的顾客的价格敏感度不同，购买动机不同，为他们服务的增量成本也不同，如何给不同的细分市场定价？如何能够最有效地向不同细分市场的顾客传达产品的价值信息？如何在购买之前区分不同细分市场的顾客？如何在市场细分之间建立“隔离栅栏”，使低价市场不影响产品在高价市场的价值？公司如何避免违反有关价格细分的一些法定规则？

3. 竞争分析

竞争分析要回答如下问题：竞争者对公司将要采取的价格变动会做出什么反应？他们最可能采取什么行动？竞争者的行动和反应将如何影响公司的盈利和长期生存能力？已知竞争者的生产能力和意图，公司在盈利的前提下能达到什么样的目标？公司如何利用竞争优势选择目标市场，以避开竞争对利润的威胁？如果不能从无法避免的竞争对抗中获取利润，公司应该从什么样的市场上战略性地撤回投资？公司如何利用信息来影响竞争者的行为，使公司的目标更具有可达到性和营利性？

（二）价格策划目标的确定

进行价格策划的第二步是依据环境分析确定价格策划的目标，为制订价格策划方案指明方向。价格策划的主要目标及为实现这些目标所应采取的价格策略，如表 13-1 所示。

表 13-1　策划目标及价格策略

价格策划目标	实现目标的价格策略
资本增值目标	根据商品供求状况，把希望实现的投资回报有针对性地分配到价格中去，以确保资本增值
扩大当前利润目标	高价策略。条件：卖方市场，供不应求，较弱竞争，购买力强 平价或低价策略。条件：促销得力，能够多销
提高市场占有率目标	薄利多销策略。条件：生产能力强，产品需求富有弹性，市场容量大，成本降低，质量提高
提高企业及产品形象目标	单一高价策略。条件：名牌产品 稀贵平贱价格策略。条件：名牌产品分档定价
适应竞争和规避竞争目标	高价策略。条件：人无我有 同价或略低。条件：人有我有
生存目标	低价。条件：不低于变动成本

企业在确定价格策划目标时，还必须综合考虑以下三个方面的因素。

1. 价格目标受经营目标制约

企业经营目标有市场地位、企业规模、资产增值、公共责任等，企业价格策划必须与之配合，以期实现企业经营目标。企业价格策划目标是隶属于企业经营目标系统的。

2. 以价格必达目标为主，兼顾价格期望目标

价格目标通常分为必达目标和期望目标。在进行价格决策时需针对必达目标进行决策，以期能实现企业整体目标。在实现必达目标的同时，由于不同目标之间具有一定程度的关联性，因此，也能顺带在不同程度上实现期望目标。

3. 定性目标与定量目标结合

价格策划目标不仅要有质的要求，而且要量化，这样才便于检查。例如，“提高市场占有率”的目标要具体明确到何时达到什么样的百分比。

（三）制订价格策划方案

价格策划方案是价格策划内容的具体体现，它包括产品成本估计、需求的测算以及竞争者的价格、产品分析。

1. 产品成本估计

企业营销策划人员必须熟悉产品成本，掌握成本结构，进行盈亏平衡点的计算与分析，明确产品价格的最低限度在哪里，从而在定价的进退之间有所依据。

2. 需求的测算

价格不同会导致形成不同水平的需求量。测算顾客需求实际上是对产品需求曲线进行估计，大致确定企业产品价格的上限，也就是消费者心目中的“认识价值”，它指出了消费者能接受的最高价格水平。

3. 竞争对手的价格、产品分析

价格是在市场竞争中形成的，市场竞争的程度和状况对生产经营者的产品定价有着极大的制约作用。这就要求价格策划人员必须熟知企业竞争者产品的价格，并对其产品特性和质量等进行详细分析，以此作为定价及实施相应价格策略的参考依据。

（四）价格策划方案的选择

价格策划方案制订以后，就需要对备选方案进行选择。对价格策划方案的选择应遵循如下原则。

1. 企业效益与社会效益相结合

价格方案的选择涉及企业效益与社会效益的关系。企业效益与社会效益有时一致，有时相矛盾。互相一致时，相得益彰；当两者发生矛盾时，应以社会效益为主，兼顾企业效益。

2. 经营风险与科学预测相结合

价格方案的选择涉及企业经营风险，风险与收益相关。一般来说，风险大，收益高；风险小，收益低。对于企业家来说，要敢于在科学预测的基础上冒适当的风险。

3. 方案构想与方案实施相结合

价格策划方案最终要付诸实施，因此要有可靠性，并且有可操作性。可行性研究就是根据实际情况对方案在经济上的合理性及在操作上的可行性进行分析论证。

（五）价格策划方案的实施

价格策划方案确定以后，就要付诸实施。一方面要保持与方案实施者的联系，另一方面要搜集方案实施后的信息。

1. 保持与方案实施者的联系

价格策划方案集中在价格的制订和变动上。管理部门将新定价格或调整价格与方案的有关实施者进行联系。有几项工作必须要做：第一，及时通知基层实施单位；第二，及时通知有关客户；第三，改变明码标价。

2. 价格信息反馈

价格方案实施之后的一定时间内，需要调查方案的效果。为此，搜集的信息主要有：第一，新价格实施后购方的反应；第二，与价格目标有关的各项数据，用于实施效果和目标的比较；第三，新价格实施后的市场供求状态、竞争对手动态等，以便修正已定新价，或进一步策划新方案。

第二节 定价方法策划

定价方法是指企业为了在目标市场上实现定价目标，而给产品制定一个基本价格或浮动范围的方法。影响价格的因素比较多，然而在制定价格时主要考虑的因素是产品的成本、市场需求和竞争情况。根据定价时所采用的基本依据，企业定价方法一般可区分为三大类，即成本导向定价法、需求导向定价法和竞争导向定价法。基本定价方法的分类及具体的定价方法如图 13-2 所示。

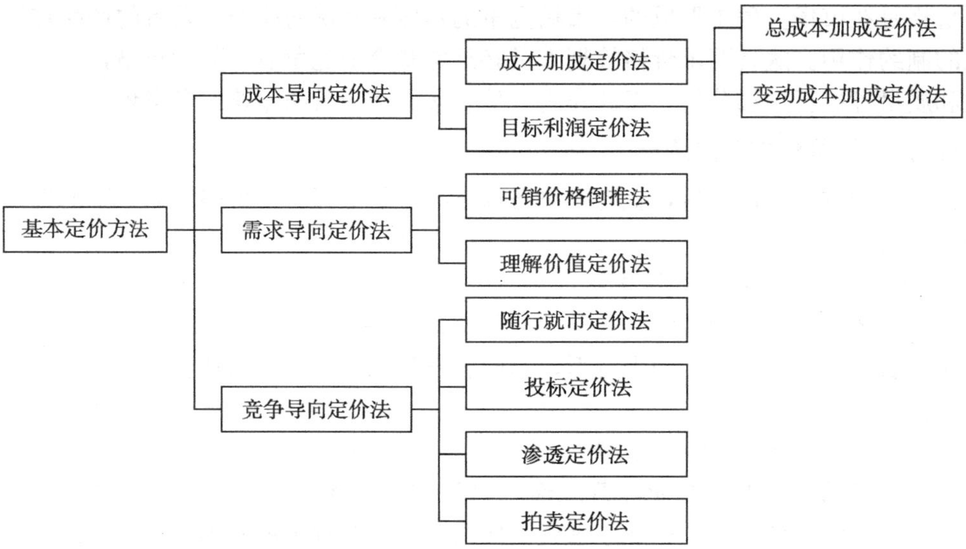

图 13-2 基本定价方法分类

一、成本导向定价法

（一）成本加成定价法

1. 总成本加成定价法

总成本是企业在生产产品时花费的全部成本，包括固定成本和变动成本两部分。总成本加成定价法是指在单位产品成本上加一定比例的利润，再加上税金来构成单位产品的价格。

计算公式一：

$$单位产品售价=\frac{单位产品成本（1+成本利润率）}{1-税率}$$

其中

$$成本利润率=\frac{可能实现的利润总额}{总成本}\times 100\%$$

计算公式二：

$$单位产品售价=\frac{单位产品成本}{1-销售利润率-税率}$$

其中

$$销售利润率=\frac{可能实现的利润率总额}{销售收入}\times 100\%$$

此种方法多用于零售业，加成率（销售利润率）因不同商品而异，一般为5%～30%。

2. 变动成本加成定价法

变动成本加成定价法也叫边际贡献定价法，即在定价时只计算变动成本，而不计算固定成本，在变动成本的基础上加上预期的边际贡献，再加上税金。边际贡献等于边际收入减去边际成本，边际成本是企业每增加一单位产品所必须支付的成本，边际收入是指每增加一单位产品所获得的收入。

计算公式：

$$单位产品售价=\frac{单位产品变动成本+单位成本边际贡献}{1-税率}$$

此方法是企业在供过于求的市场条件下，为了迅速开拓市场经常采用的方法。

（二）目标利润定价法

目标利润定价法是根据企业所要实现的目标利润来定价的一种方法。其计算公式（未考虑税金因素）为

$$目标价格=\frac{总成本+目标利润}{产量}$$

二、需求导向定价法

（一）可销价格倒推法

产品的可销价即为消费者或进货企业习惯接受和理解的价格。可销价格倒推法就是企业根据消费者可接受的价格和中间商愿意接受的利润水平确定其销售价格的定价法。一般在两种情况下企业可采用这种定价法：

(1) 为了满足在价格方面与现有类似产品竞争的需要，而在价格方面设计出能参与竞争的产品。

(2) 对新产品的推出，先通过市场调查确定出购买者可接受的价格，然后反向推算出厂价格。

例如，消费者对某型号电视机的可接受价格为2500元，电视机零售商的经营毛利为20%，电视机批发商的批发毛利为5%，计算电视机的出厂价格。

$$\begin{aligned}零售商可接受价格&=消费者可接受价格\times(1-20\%)\\&=2500\times(1-20\%)=2000（元）\end{aligned}$$

$$\begin{aligned}批发商可接受价格&=零售商可接受价格\times(1-5\%)\\&=2000\times(1-5\%)=1900（元）\end{aligned}$$

该型号电视机的出厂价格为1900元。

（二）理解价值定价法

理解价值定价法是企业根据买方对产品或服务项目价值的感觉，而不是根据卖方的

成本来制定价格的定价方法。

理解价值定价法实际上是企业利用市场营销组合中的非价格变数，如产品质量、服务、广告宣传等来影响消费者，使他们对产品的功能、质量、档次等属性有一个大致的“定位”，然后定价。

例如，卡特彼勒公司的理解价值定价法。卡特彼勒公司利用理解价值对机械设备进行定价。它在竞争对手的相似拖拉机定价 9 万美元的情况下，给自己的拖拉机定价为 10 万美元，而销售量却高于竞争对手，奥妙在哪里呢？答案如表 13-2 所示。

表 13-2 卡特彼勒公司的拖拉机的价格构成 单位：美元

价格说明	价格
与竞争对手的拖拉机相同时的价格	90 000
更高耐用性方面的加价额	7 000
更高可靠性方面的加价额	6 000
更高服务质量方面的加价额	5 000
较长零件保修期的价格加成	2 000
总价值的价格	110 000
折扣	10 000
最终价格	100 000

卡特彼勒公司的经销商对拖拉机价格构成的每个组成部分都制定一个价格或价值，从而形成总的定价（称为组成价值定价）。顾客在购买卡特彼勒拖拉机时尽管要比购买其他厂商的拖拉机多付 1 万美元，但他还是觉得比应有价值便宜了 1 万美元，并且他还确信卡特彼勒公司的拖拉机具有更低的使用成本。这就是卡特彼勒公司产品热销的奥秘。

三、竞争导向定价法

（一）随行就市定价法

随行就市定价法就是把本企业产品按当时市场上通行的价格定价。

（二）投标定价法

投标定价法，这是买方引导卖方通过竞争成交的一种方法，常用于建筑工程承包、大型设备制造、政府大宗采购等。一般由买方公开招标，卖方竞争投标，密封递价，买方按物美价廉的原则择优选取，到期当众开标，中标者与买方签约成交。企业投标的价格依据竞争者可能的递价、本企业的边际成本及本企业的期望利润来制定。

（三）渗透定价法

渗透定价法是以打进某市场或扩大市场占有率、巩固市场地位为目标的定价方法。它的特点是价格偏低，低到什么程度完全根据竞争形势，而不顾成本，采取这种定价方法时，成本和利润需要较长时间才能收回。

（四）拍卖定价法

拍卖定价法是商品所有者或委托代理人（如拍卖行）事先规定商品底价、加价幅度，在拍卖地点进行公开叫卖，根据不同买主的报价，选择一个最高价格作为成交价格的一种方法。

第三节 定价策略策划

在市场营销实践中，企业还需要考虑或利用灵活多变的定价策略，修订或调整产品的基础价格，以适应市场变化，实现营销目标。企业修订价格的策略一般有以下几种。

一、新产品定价策略

（一）基于价格高低的新产品定价策略

新产品的定价策略有撇脂定价策略、渗透定价策略和满意定价策略三种。

1. 撇脂定价策略

撇脂定价策略是一种高价格策略，即在新产品上市初期，价格定得高，以便在较短时间获得较大利润。例如，美国雷诺公司的圆珠笔入市，中国市场的手机、呼机入市，都采用的是撇脂定价策略。

撇脂定价策略是一种短期策略，其使用条件限定为：①具有独特技术，竞争者跟进慢；②认可度高，需求迫切；③市场需求大，企业短期不能满足。

2. 渗透定价策略

渗透定价策略是一种低价策略，即在新产品投入市场时，以较低的价格吸引消费者，从而很快打开市场。

渗透定价策略是一种长期策略，其使用条件限定为：①市场容量大，薄利可以多销；②产品生命周期长，市场有后劲；③企业生产能力能够满足市场需求。

3. 满意定价策略

满意定价策略是一种折中价格策略，它吸取上述两种定价策略的长处，采取比撇脂价格低，比渗透价格高的适中价格。

（二）基于新产品类型的新产品定价策略

从新产品的开发类型来看，新产品又分为创新型新产品、改进型新产品及模仿型新产品，不同类型的新产品应采取不同的定价策略。

1. 创新型新产品的定价策略策划

一般来说，创新型新产品会为自己创造一个市场，在市场上根本没有相似的产品跟该产品比照，因此很难量化产品提供给消费者的利益。有时消费者自己也会在预测这些产品的利益时遇到麻烦。对供应商来说，向未经试验过的市场解释自己新产品的利益是一件需要技巧的工作。如果价格低于最优水平，企业进行调整的空间就会减小，并严重限制行业潜在的利润率。

2. 改进型新产品的定价策略策划

改进型新产品包括新版本、升级产品和对原有产品的改进。如果新产品提供了许多新的利益，而价格定得很低，那么随之而来的将会是一场价格战，因此紧紧抓住潜在竞争企业的反应是至关重要的。同样关键的是，要保证在这个新的利益水平上有足够大的消费者基础。

3. 模仿型新产品的定价策略策划

模仿型新产品可以使企业与市场上的其他竞争企业保持一致，它们不会使消费者获得更多的利益。为了避免悲剧的发生，企业必须认真进行成本分析。想在已成熟的市场上找到有利可图的细分市场，并制定不会与品牌定位相冲突的价格不是易事。

二、产品组合定价策略

企业生产或经营多种产品，在销售和使用上具有相互关联性，对此可用产品组合定价策略。该策略有如下具体形式。

1. 替代产品定价

性能和使用价值相似的产品为替代产品，企业灵活安排其所生产和经营的替代产品价格比例，有利于扩大销售量，推出新产品，调整产品结构。替代产品定价策略有三种做法：

做法一：降低一种产品的价格，不改变另一种替代产品的价格，以扩大前者的销售量，降低后者的销售量。企业利用这种效应可以调整产品结构，发展节能降耗的产品。

做法二：提高一种产品的价格，不改变另一种老替代产品的价格，以淘汰前者，将社会需求转移到后者，稳定和发展后者。企业利用这种效应也可以达到不减少收益，而调整产品结构的目的。

做法三：降低一种产品的价格，提高另一种替代产品的价格，扩大前者的销售量，突出后者豪华、高档的特色。企业利用这种效应可以在不影响收益的前提下，为新产品创造声望，带动其他产品的销售。

2. 互补产品定价

互补产品是指需要配套使用的产品，在互补产品系列中，有一个在连带消费关系中起主导作用的产品或服务项目。互补产品价格策略就是降低起主导作用的产品或服务项目的价格，以扩大该产品的销售，促进系列产品的销售。例如，降低照相机的价格，使照相机的销售量增加，对胶卷的需求量则自然增加，企业就能获得更多的利润。

3. 副产品定价

企业在生产过程中，利用边角废料制造副产品，进行综合利用。如果不生产这些副产品，对于边角废料不仅要花钱加以处理，而且还会影响主产品的生产和售价。企业要为副产品寻找市场，就应制定合理的价格。一般来说，能补偿生产和储运副产品所耗费用，略有盈利就是比较合理的价格。

4. 产品大类定价策略

产品大类定价是同时对一组产品或一系列产品统筹考虑、统一定价，所以又叫“一揽子”价格策略。具体方法有分级定价策略和配套定价策略。

（1）分级定价策略。企业把其生产的产品分成几个档次或类型，然后按级别或类别定价。例如，家具厂把家具分为大众型、高雅型、豪华型，按型号定价。这样既便于满足不同的消费需要，又使定价简单、合理。运用分级定价的关键是，分级要符合目标市场的需要，级差要适当，否则达不到营销目标。

(2) 配套定价策略。企业把相关的多种产品搭配成套，按套定价，一起卖出。例如，家具组合、礼品组合、三件套装等。成套定价和销售，使消费者感到比单件购买便宜方便，从而促进销售，同时也能保证企业在总体上获利。

5. 任选商品定价策略

任选商品是相对于主要商品而言的。许多企业在经营主要商品时，还经营某些与主要商品密切相关的任选商品。例如，饭馆除了出售体现其特色的饭菜之外，还提供饮料等，饭菜是主要商品，而饮料则是其任选商品。经营者常用任选商品定价策略，若主要商品是一般商品，则将主要商品的价格定得较低以吸引客户，将任选商品的价格定得较高，以获取较大利润。若主要商品是企业传统的特色产品，则将主要商品的价格定得较高，以获取较大利润，将任选商品的价格定得较低，以吸引客户。

三、地理定价策略

地理定价策略的实质就是根据买主所在地域，考虑物流费用由谁承担的一种定价策略。根据买卖双方承担物流费用的情况，该策略又分为以下几种。

1. 产地价格

由卖方规定出厂价格或产地价格，由买方负担全部物流费用。这种定价策略价格单一，适合于各个地区的客户。

2. 目的地交货价格

在国际贸易中，目的地交货价格又分为目的地船上交货价格、目的地码头交货价格、买方指定地点交货价格。这种价格包括合同规定的物流费用（如装船、理仓、运输、保管）、一切手续费、保险费等。

3. 统一交货价格

由卖方将货物送到买方所在地，无论物流费用多还是少，对所有客户都按一个价格收取货款。这种方法与邮政服务相类似，所以又称为定价法。当运输半径不大，物流费用占变动成本的比例较小时，卖方乐意采用该种价格策略。同时，这种价格策略也使买方认为运送商品是一项免费的附加服务，对巩固卖方的市场地位有利。

4. 分区送货价格

卖方将市场划分为几个大的区域，以每个区域与卖方距离的远近分别定价，各区域内的价格保持一致。

5. 津贴运费价格

卖方将商品按出厂价统一出售，为了扩大商品销售的覆盖面，对远距离、物流费用大的用户，给予部分或全部津贴。

6. 基点价格

基点价格是企业设定一个或若干定价基点，即单一基点或复数基点，以基点与购买地点之间的运费加上基点价格，作为交货价格。不管企业从其所属的哪一个生产地点发货，买方承担的运费都从其距离最近的基点起算。基点价格使价格结构缺乏弹性，竞争者不易加入，避免了价格竞争。买方可任意向任何基点购买，卖方也可推销其产品到较远的市场，有利于扩大市场。

四、价格折扣与折让策略

在交易过程中，把一部分价格转让给购买者，以此来争取更多顾客的价格策略即为价格折扣与折让策略。这种策略又分为以下几种。

1. 现金折扣

现金折扣也称付款期限折扣，即对现款交易或近期付款的顾客给予价格折扣。买方如果在卖方规定的付款期以前若干天内付款，卖方就给予买方一定的折扣，目的是鼓励提前付款，以尽快收回货款，加速资金周转。例如，企业规定提前10天付款者，给予2%的折扣；提前20天付款者，给予3%的折扣。

2. 数量折扣

数量折扣是指卖方为了鼓励买方大量购买，或集中购买其一家的产品，根据购买者所购买的数量给予一定的折扣。这种策略又分为以下两种。

(1) 累计数量折扣。累计数量折扣即规定在一定时间内，如果购买总数超过一定数额，按总量给予一定的折扣。例如，一个客户在一年中累计进货超过1000件，每次购货时按基本价格结算收款，到年终，企业按全部价款的5%返还给该客户。

(2) 非累计数量折扣。非累计数量折扣即规定顾客每次购买达到一定数量或购买多种产品达到一定的金额所给予的价格折扣。例如，根据每次交易的成交量，按不同的价格折扣销售，购买100件以上按基本价格的95%收款，购买500件以上按基本价格的90%收款，购买1000件以上按基本价格的80%收款。

3. 职能折扣

职能折扣也称功能折扣，即厂商根据各类中间商在市场营销中所担负的不同职能，如储存、分销和记账等，给予不同的价格折扣。例如，给批发商的折扣较大，给零售商的折扣较小，从而使批发商乐于大批进货，并有可能进行批转业务。

4. 季节折扣

季节折扣是出售者向非时令性商品的购买者提供的一种优惠价格。例如，冬天是空调销售的淡季，空调生产企业为了减少资金积压，合理安排生产，每台空调按10%的折扣卖给购买者。

5. 折让

(1) 推广折让。推广折让是指中间商为商品销售所做的各种促销工作，如刊登地方性广告、布置专门的橱窗等，生产者给予中间商的减价报酬。

(2) 运费让价。对距离远的顾客，减价以弥补其全部或部分运费，目的是吸引远方的顾客以扩大市场范围。

五、心理定价策略

这是运用心理学原理，根据不同类型的顾客购买商品的心理动机来制定价格，引导消费者购买的价格策略。

1. 尾数定价策略

尾数定价策略也称非整数定价策略，即给产品定一个零头数结尾的非整数价格。消费者一般认为整数定价是概括性的定价，定价不准确。而尾数定价可使消费者产生一种减少一位数的感觉，同时，消费者还会觉得企业定价认真、一丝不苟，经过了精确计算。

2. 整数定价策略

整数定价策略即企业在定价时，采用凑整的方法，制定整数价格。这种策略适合于高档名牌产品。

3. 声望定价策略

声望定价策略即针对消费者“价高质必优”的心理，对在消费者心目中有信誉的产品制定较高的价格。

4. 招徕定价策略

招徕定价策略是针对消费者求廉的购买心理，将一些商品价格定得低于常价，以利招徕顾客。这些价格定低的商品称为牺牲品，其目的在于吸引顾客在大量购买这些特价品时还会购买其他价格正常的商品。

5. 习惯定价策略

习惯定价策略是企业依照长期被消费者接受和承认的已成为习惯的价格来定价的一种定价策略，如火柴、方便饮料、大众面包等商品必须依照习惯价格定价。

六、差价策略

差价策略是指相同产品以不同价格出售的策略，目的是通过形成数个局部市场以扩大销售，增加利润。

1. 地理差价策略

地理差价策略即企业以不同的价格在不同地区营销同一种产品，以形成同一产品在不同空间的横向价格策略组合。差价的原因不仅是运输和中转费用的差别，而且由于不同地区市场具有不同的爱好和习惯，具有不相同的需求曲线和需求弹性。

2. 时间差价策略

时间差价策略即对相同的产品，按需求时间的不同而制定不同的价格。这只能在不同时间需求的紧迫性差别很大时采用。例如，电信局夜间和节假日实行廉价的长途电话费；保龄球馆在每天 23 时到次日 13 时每局 3 元、13 时到 18 时每局 6 元、18 时到 23 时每局 8 元；旺季的产品在淡季廉价出售等。

3. 用途差价策略

用途差价策略即根据产品的不同用途制定有差别的价格。例如，奥运会专用饮料要比同等质量的其他品牌的饮料价格要高一些。实行这种策略的目的是增加产品的新用途，来开拓市场。

4. 质量差价策略

质量差价策略即对不同质量的产品制定不同的价格，但这个价格对于它们各自的成本不成比例。

5. 式样差价策略

式样差价策略即对不同式样的产品制定不同的价格，这个价格对于它们各自的成本是不成比例的。

6. 顾客差价策略

顾客差价策略即对同一产品或服务的不同顾客制定不同的价格。例如，铁路对于大学生和1.10米以下的儿童收取半票，对成人收取整票。又如，游泳馆对本企业系统内的职工制定的月票价格为每张90元，可游30次，而对于系统外的人员月票的价格为每张120元。

第四节　变动价格策划

产品变动价格策划是指企业根据客观环境和市场形势的变化而对原有价格进行调整的策略。从导致企业产品价格变动的原因和发动者出发，产品价格变动可分为主动的价格调整和被动的价格调整两类，相应地形成了两类具体价格调整策略。

一、企业主动调整价格

这是企业在市场竞争中对某些商品的供求状况已有准确的预测，为了先发制人，取得竞争的主动权，企业主动削价或提价。

（一）发动降价策划

1. 引起企业降价的动机

（1）企业的生产能力过剩，产品出现积压。当市场供过于求，企业库存积压严重，需要扩大销售，但采用其他非价格竞争手段，如增加销售力量、改良产品、加强促销等都不能达到扩大销售的目的时，企业就要考虑降价促销。

（2）企业遇到激烈的价格竞争，市场占有率逐渐下降。

（3）产品进入成长期或成熟期后，平均成本随销售量增加而下降，企业通过降价增加销售来获得更多利润。

（4）本企业或其他企业的新的同类产品上市，就要降价销售老产品。

2. 降价的方式与技巧

（1）价格不变，增加服务项目。在价格不变的情况下，企业增加运费支出，实行送货上门，或免费安装、调试、维修以及为顾客保险等。

（2）价格不变，提高产品的质量或性能。

（3）价格不变，加大各种折扣。

（4）价格不变，馈赠礼品。

（5）直接降价。

（二）发动提价策划

这是指在市场营销活动中，企业为了适应市场环境和自身内部条件的变化，而把原有的价格调高。

1. 企业主动提高产品价格的原因

(1) 产品品牌声誉提高，建立了质量信誉，对相当数量的消费者具有吸引力。

(2) 新产品采取渗透定价，经过一段时间对市场已经有了一定程度的控制能力。

(3) 产品供不应求，企业通过提价抑制超前需求。

(4) 产品成本上升，企业通过提价转嫁负担，这是企业提价的最主要原因。

2. 企业提高价格策略

(1) 直接提价，即直接提高产品价格。例如，柯达公司在了解了日本人对商品普遍存在重质多于重价的倾向后，于20世纪80年代中期以高出"富士"1/2的价格在日本市场推出"柯达"胶片，经过几年的努力和竞争，终于在日本市场上成为与"富士"平起平坐的企业，销售额直线上升。

在采用这一方式时，要注意一些技术性问题：

第一，要掌握好适当的涨价幅度，不危及自身已有的市场地位。如果是差别较大的产品，对消费者吸引力强，需求价格弹性小，涨价幅度可以大些；反之，涨价幅度应该小一些。如果是由于成本上升，而且该行业竞争激烈，产品涨价幅度一般不宜超过成本上升幅度。实行渗透定价的产品涨价幅度，应以不损害已经建立的市场稳固的地位为前提。

第二，要根据各类产品的不同情况选择适当的涨价时机，提高市场的接受能力。例如，把涨价放在通货膨胀时期，而且涨价幅度高于通货膨胀率，消费者也容易接受。

第三，涨价时，企业应通过各种方式与消费者沟通，并通过广告宣传，向顾客说明原因，在消费者心目中树立好的产品形象，使消费者认为应该涨价，以求得消费者的理解与接受。

(2) 间接提价，即企业采取一些方法使产品价格保持不变，但实际价格却隐性上升。这些方法主要有：①压缩产品分量而价格不变。例如，食品公司保持0.5元一块蛋糕的价格不变，但缩小了蛋糕的规格。②使用便宜的材料或配件做代用品。例如，食品公司用人造肉代替天然肉，以降低成本。③减少或改变产品的功能来降低成本。例如，美国西尔斯公司简化了许多家用电器的设计，以便与折扣店销售的商品进行价格竞争。④改变或减少服务项目。例如，取消安装、免费送货或长期保修等项目。⑤使用价格较为低廉的包装材料，以降低包装的相对成本。⑥缩小产品的尺寸、规格。⑦创造新的更为经济的品牌或无品牌产品。例如，西铁城、精工手表公司为价格敏感的消费者开发了较低价格的手表。

二、企业被动调整价格

企业被动调整价格是指在竞争对手率先调价之后，本企业在价格方面所做的反应。在此情况下，企业应认真研究竞争者价格变动的意图和可能持续的时间，分析这种变动对自己的市场可能产生的影响，对自己是否应调整价格做出决策。

(一) 对竞争对手价格变动的分析

当竞争者降价时，要冷静思考、仔细评估、考虑种种相关因素，谋定而后动，依据不同的情况，采取适当的措施。

1. 评估

（1）竞争者的降价意图。竞争者究竟是蓄意攻击，希望抢夺更大的市场占有率？还是在竞争中失败，不得已降价？抑或是山穷水尽，降价求售？如果竞争者的降价行动攻击性很强，则应迅速做出反应。

（2）竞争者的降价幅度。降价幅度的大小会显示出竞争者意图的强烈程度，也会对企业的销售情况造成大小不一的影响。因此，小幅度的降价犹可观望，大幅度降价则必须速谋对策。

（3）消费者对价格的敏感程度。如果消费者对价格变动很敏感，则必须立即反应；反之，则可暂时驻足观望。

（4）市场地位。企业在衡量降价竞争者和本企业的市场地位后，据此做出反应。如果市场领导者降价，一般来说，本企业应当跟进。如果是第二品牌对第一品牌发动进攻，则须小心防守。至于排行第三位以后的品牌所发动的进攻，除非恰逢时机、师出有名、引起消费者的注目，或来势汹汹、引起市场震撼，否则，都可以静观其变。

（5）产品替代性。如果降价者的产品与本企业的产品有较强的替代性，则应及时做出反应，否则，可以静观其变。

2. 观察

企业在评估以上诸多因素后，就可以决定要跟进，还是要静观其变。如果要静观其变，则可以从四个角度进行观察。

（1）消费者的反应。消费者反应的热烈程度，可以当做参考的指标。例如，长虹电视降价受到消费者的热烈欢迎，而使得其他厂商觉得有必要跟进。

（2）销售状况。企业本身的业绩受影响的程度，是最明显的决策依据。如果深受影响，则不想跟进也得跟进。例如，1999 年夏天熊猫大屏幕彩电在南京率先降价后，各家电厂商的销售量都深受影响，以致虽然当初宣布不予降价，但碍于现实，也只好降价求售。

（3）同业反应。当有人发动价格战时，同行业的各厂家会有不同的反应，如不予跟进、率先跟进、随后跟进等。企业要根据自己的情况对此做出抉择。

（4）渠道反应。当有的厂家降价以后，本企业的经销商会做出不同的反应。如果反应强烈，则应考虑跟进；反之，则可进一步观察。

（二）对竞争对手价格变动的对策

竞争对手的调价策略也分为调高价格策略和调低价格策略。一般情况下，对调高价格的反应和对策比较容易，方法主要有跟随提价和价格不变。而对调低价格的反应和对策就比较复杂，需要慎重对待，一般可分为五种类型。

1. 维持价格不变

这一策略主要是在差别产品市场上运用。在差别产品市场，由于顾客要考虑产品品质、服务水平、商标信赖等因素，就会抵消顾客对价格的敏感程度。这种情况下，竞争者降价就不可能夺去本企业较多的市场占有率，或者只是夺去较差的市场。使用这种策略的另一种情况是竞争者的降价是短期的，并对本企业的销售不会造成损害。

2. 相应降价

这一策略主要用于同质产品市场。在同质产品市场，由于这类产品没有差别，顾客是按技术规格指标购买，这样，如果竞争对手降价，大部分顾客会转向最低价的销售者，本企业不予降价就会失去太多的市场占有率，所以只能跟随竞争对手而采用相应降价策略。采用相应降价策略时，可根据竞争者降价幅度的大小做出不同的选择，如推出折价券、降价幅度为竞争者的一半、降价到竞争者的水平。

3. 提高顾客理解质量

企业可以维持价格不变，但要改进产品、服务和信息沟通，以便使顾客认为支付的每一元钱都是物有所值，价格相对于质量还是廉价的，稳定其购买信心。

4. 提高价格同时改进质量

企业可以在提高价格的同时，引入一些新品牌商品，来对进攻性品牌进行夹击。

5. 推出低价进攻性产品

企业维持受到攻击的产品价格不变，同时增加低价品种，或者另外创立一个廉价品牌。当丧失的特定细分市场对价格十分敏感时，就可以采取这种方法，因为该市场不会对更高质量的产品做出反应。

三、价格变动反应图

当竞争对手发动价格进攻时，企业一般没有时间对可行方案进行广泛的分析。因为竞争对手可能会花费大量的时间用于准备，而企业必须在几天之内甚至是几小时之内迅速做出反应。要想在竞争对手发动价格进攻时迅速做出反应，唯一的方法是提前预测可能的竞争者如何调价，并计划好本企业的反应及对策。

图 13-3 表示企业预计竞争者降价并对此做出反应的方法。其具体过程是：

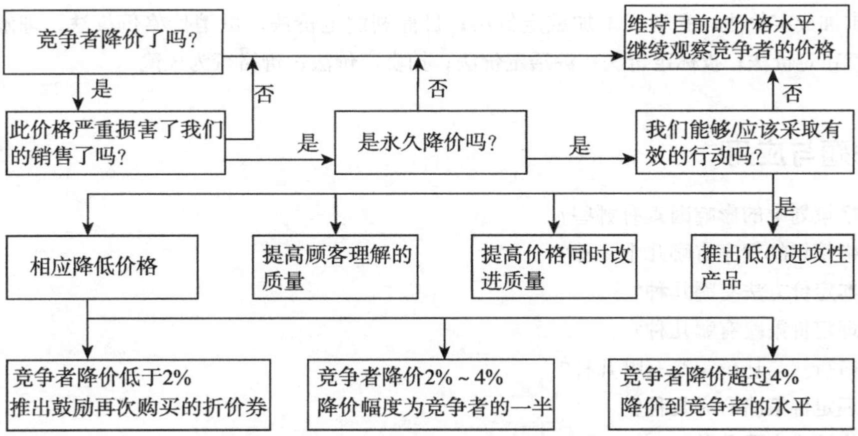

图 13-3 应付竞争者降价的对策

第一步，确定竞争者是否降价？如果是进行第二步，如果不是则静观其变。第二步，确定降价是否会损害企业的销售和利润？如果是进行第三步，如果不是则静观其变。第三步，确定这一降价是否是永久性的？如果是进行第四步，如果不是则静观其变。第四步，确定企业是否能够或应该采取有效的行动？如果是进行第五步，如果不是则静观其变。第五步，依据具体情况采取相应的对策，其中降低价格又可分为三种对策。

本章小结

价格策划是指企业在一定环境条件下，为实现长期的营销目标，协调配合营销组合的策略，进行价格决策的全过程。价格策划应遵循目的性、新奇性、适时性、阈限性、动态性、整体性、前瞻性和有效沟通的原则。价格策划的程序包括环境分析、确定目标、制订方案、方案决策和方案实施五个步骤。

企业定价的基本方法分为成本导向定价法、需求导向定价法和竞争导向定价法三大类，每一大类在又包含几种具体的定价方法。

定价策略有六大类，包括新产品定价策略、产品组合定价策略、地理定价策略、价格折扣与让价策略、心理定价策略、差价策略，其中每一类定价策略又包括几种具体的定价策略。

企业变动价格分两种情况：一种是主动调整价格，另一种是被动调整价格。企业主动调整价格又分两种情况：一种是发动降价，另一种是发动提价。企业不论是降价还是提价都有一定的动机或原因，降价或提价的方法与技巧较多，在实践中要结合实际情况选择恰当的方法。企业被动调整价格时首先要分析竞争对手的价格变动，然后采取相应的对策。其对策主要有五种，即维持价格不变、相应降价、提高顾客理解质量、提高价格同时改进质量、推出低价进攻性产品。

价格变动反应图给出了针对竞争对手的价格进攻快速做出反应的模式，熟练运用价格变动反应图，有利于企业对竞争对手的价格进攻做出快速反应，而不至于惊慌失措。

关键概念

总成本加成定价法；变动成本加成定价法；目标利润定价法；可销价格倒推法；理解价格定价法；随行就市定价法；投标定价法；渗透定价法；拍卖定价法；价格行为风险

问题与应用

1. 价格策划中的影响因素有哪些？
2. 价格策划的程序有哪几个步骤？
3. 基本定价方法有哪几种？
4. 地理定价策略有哪几种？
5. 价格折扣与让价策略有哪几种？
6. 心理定价策略有哪几种？
7. 差价策略有哪几种？
8. 新产品定价策略有哪几种？
9. 产品组合定价策略有哪几种？
10. 引起企业降价的动机有哪些？
11. 企业降价的方式与技巧有哪些？
12. 企业主动提高产品价格的原因有哪些？

13. 企业提高价格的策略有哪些?

14. 对竞争对手价格变动的对策有哪些?

15. 价格变动反应图包括哪几个步骤?

16. 某公司生产一种品牌的热水器，刚入市时零售价定价为 240 元，后来比照市场同类产品的价格把零售价调整为 500 元，试分析其中的原因。

17. 某铁路分局游泳馆的价格表如下，请分析这个价格表，说明该馆应用了何种定价策略？所定价格合理吗？有什么长处和不足?

票别	场次	时间	价格	
			路内	路外
全月票	晨练票	5：00～7：00	80 元	100 元
	全天票	8：00～21：30	100 元	150 元
半月票	全天票	8：00～21：30	60 元	80 元
零售票	晨练票	5：00～7：00	3 元	6 元
	全天票	8：00～21：30	5 元	10 元
	学生票	8：00～21：30	5 元	7 元
桑拿票	（含备品、不限游泳时间）		7 元	12 元

第十四章

分销渠道策划

本章学习指引

内容提要

☆分销渠道网络设计策划

☆分销渠道的管理策划

☆分销渠道中的实体分配策划

☆分销商渠道模式策划

☆代理商渠道模式策划

☆零售终端渠道的策划与管理

思路和主线

本章从分销渠道的基本构架入手，依次阐述了如何设计分销渠道系统、如何管理分销渠道和如何在分销渠道中进行实体分配。同时，对分销商渠道模式、代理商渠道模式和零售终端渠道模式几种典型渠道模式的策划进行了专题介绍。

学习目标

通过本章的学习，要求熟记分销渠道网络的基本构架形式，会运用相关理论为企业设计分销渠道，能对分销渠道进行有效的管理，并会设计渠道管理中的实体分配系统。同时，能对分销商渠道模式、代理商渠道模式和零售终端渠道模式几种典型渠道模式进行策划与管理。

分销渠道策划是企业市场营销策划的一个重要组成部分。分销渠道策划主要包括分销渠道网络设计、分销渠道管理和实体分配三个部分。同时，还要对分销商渠道模式、代理商渠道模式和零售终端渠道模式几种典型渠道模式的策划有所了解。

第一节　分销渠道网络设计策划

分销渠道网络设计策划是指为实现分销目标，对各种备选渠道结构进行评估和选择，从而开发新型的分销渠道或改进现有分销渠道的过程。

一、分销渠道的基本构架

(一) 分销渠道层级结构

分销渠道层级结构指的是一个渠道系统中包含的中间机构的层次数量，也就是通常所讲的渠道的长度。每个中间机构只要在产品及其所有权向最终买主转移的过程中承担若干工作，就是一个渠道级。中间机构的级数被用来表示渠道的长度。由于生产者和最终消费者都担负了某些工作，它们也是渠道的组成部分。图 14-1 和图 14-2 显示了分销渠道的级数，即不同长度的分销渠道。

依据分销渠道中含有中间机构数目的多少，可以将分销渠道划分为零级渠道、一级渠道、二级渠道、三级渠道。依据分销渠道级数的多少，可以将分销渠道划分为长分销渠道和短分销渠道。依据产品是否通过中间机构到达消费者手中，可将分销渠道划分为直接渠道和间接渠道。

由于消费品市场与工业产业市场在分销渠道上有差异，又可以分为两大类，如图 14-1 和图 14-2 所示。

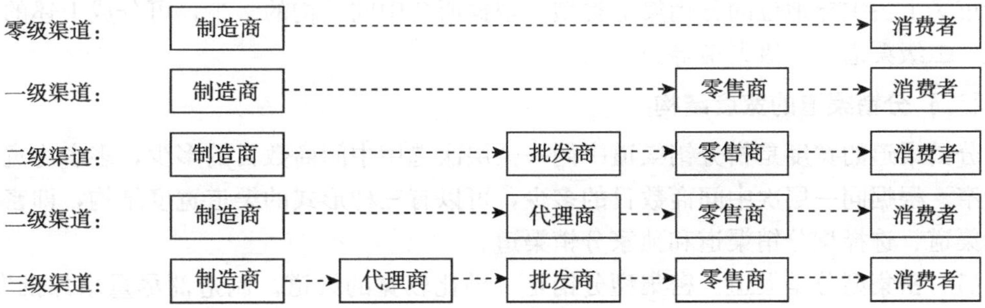

图 14-1　消费品市场分销渠道

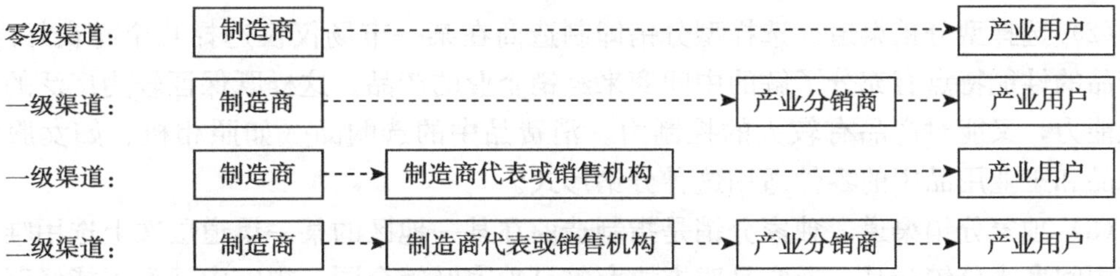

图 14-2　产业市场分销渠道

1. 零级渠道

在零级渠道中，产品不经过任何中间商转手直接卖给消费者或用户。它适合于产业用品和单位价值较大的消费品的分销，有些鲜活消费品也适合这种分销渠道，直接分销渠道是产业用品的主要分销渠道。

2. 一级渠道

在一级渠道中，产业用品不经过零售商，一般由产业分销商、制造商代表或销售机构将产品分销出去；消费品则要经过零售商，零售商分布广泛，可以使产品经过这一环节之后有效地满足消费者的需求。

3. 二级渠道

在二级渠道中，对于消费品而言是制造商首先将产品分销给批发商或代理商，然后再经零售商转卖给最终消费者。对于产业用品而言，则是由制造商代表或销售机构将产品分销给产业分销商，再由产业分销商卖给产业用户。

4. 三级渠道

在三级分销渠道中，对于消费品而言，是依次分别经过代理商、批发商和零售商的渠道，在产品种类繁多，目标市场分散的情况下，采用此种渠道形式，有利于提高产品分销的有效性。

5. 长分销渠道与短分销渠道

渠道长短是根据分销渠道级数的多少来划分的，级数越多，渠道越长；级数越少，渠道越短。

6. 直接分销渠道与间接分销渠道

直接分销渠道就是零级渠道。间接分销渠道指至少含有一个中间机构的情况，是消费者市场上占主导地位的分销渠道类型。根据所含中间机构的多少，可分成上述的一级渠道、二级渠道、三级渠道等。

（二）分销渠道的宽度结构

分销渠道的宽度是指分销渠道中同一个层次选用中间商数目的多少，多者为宽，少者为窄。根据同一层次中间商数目的多少，可以有三种形式的渠道宽度结构，即密集型分销渠道、选择型分销渠道和独家分销渠道。

（1）密集型分销渠道。密集型分销是一种比较宽的渠道。制造商尽量增加批发商、代理商或零售商数目，使产品能够广泛地分销出去。消费品中的便利品和产业用品中的办公用品等产品适合采用密集型分销的形式。

（2）选择型分销渠道。选择型分销即制造商在某一市场仅仅选择几个有良好声誉、对产品的性能特点有充分了解的中间商来经销企业的产品。这样既保证较为广泛的产品扩散能力，又能对产品有较大的控制力。消费品中的选购品（如照相机、妇女服装）、特殊品和工业用品中的零件适用这种分销形式。

（3）独家分销渠道。独家分销是指制造商在某一地区的某一渠道层次上选用唯一的一家中间商来分销产品。通常是双方协商签订独家经销合同，规定中间商不能经营竞争者的产品，明确双方的权利和义务。这种方式可使制造商对分销渠道拥有强大的控制力，可以使中间商在销售上更积极用心。一般情况下，对于品牌价值很高的产品或为了防止假冒伪劣产品败坏企业的声誉时，可以采用独家分销的形式。

（三）垂直分销渠道系统

垂直分销渠道系统是由生产者、批发商和零售商根据纵向一体化原理组成的一种统一的联合体，如图 14-3 所示。垂直分销渠道系统有利于控制渠道行动，消除渠道成员为追求各自利益而造成的冲突。它们能够通过其规模、谈判实力和重复服务的减少而获得效益。

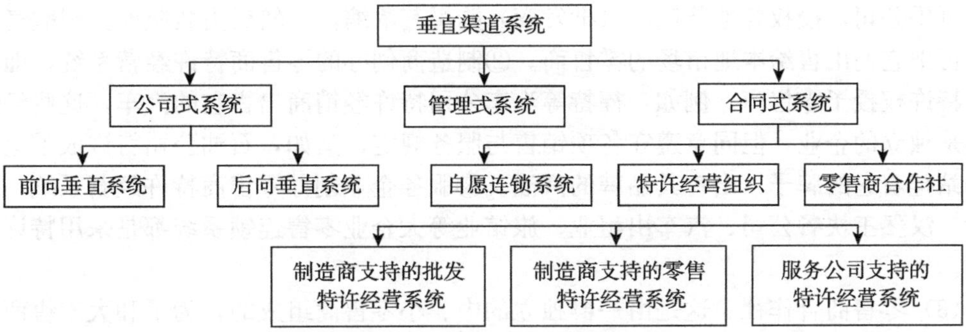

图 14-3　垂直分销渠道系统

对于垂直分销渠道系统，根据其成员间所有权关系及控制程度的不同，可分为以下几种形式。

1. 公司式系统

公司式垂直系统是指一家公司拥有并统一管理若干个工厂、批发机构、零售机构等，控制分销渠道的若干层次，甚至控制整个分销渠道，综合经营生产、批发和零售业务。简而言之，生产及分销各个阶段是在单一所有权下的组合。

公司式渠道系统又分为两种，即前向垂直系统和后向垂直系统。

(1) 前向垂直系统。前向垂直系统指的是大工业企业拥有并统一管理若干生产单位和商业机构，采取工商一体化经营方式。

(2) 后向垂直系统。后向垂直系统指的是大零售企业拥有并统一管理若干批发机构、工厂等，采取商工一体化经营方式，综合经营零售、批发、加工生产等业务。

2. 管理式系统

管理式系统是指享有盛誉的大制造商为了实现其战略计划，在销售促进、库存管理、定价、商品陈列、购销业务等问题上与中间商协商一致，或予以帮助和指导，从而与中间商建立协作关系。管理式渠道系统不是通过共同所有权或合同来约束，而是依靠渠道中实力雄厚的渠道成员的影响力发挥作用。一般而言，实力雄厚的制造商，如宝洁、通用电器等公司都能得到批发商和零售商的大力协作。中国的海尔、长虹、小天鹅、小鸭等著名电器公司也能得到大型百货公司和电器商店的协作。

3. 合同式系统

合同式系统是指分销系统中不同层次的独立制造商和经销商为了实现其单独经营难以达到的经营效果和利润，通过签订某种协议而结成的联合体。合同式系统又分为以下三种形式：

(1) 批发商组织的自愿连锁系统。这是由一家批发商领头与若干独立的零售商签订自愿连锁合同而组成的自愿连锁系统。批发商制订一个方案，根据这一方案，使独立零售商的销售活动标准化，并获得采购成本降低的好处，这样，就能使这个群体有效地和其他连锁组织竞争。

(2) 特许经营组织。根据特许者和被特许者的不同，特许经营组织又可分为三种：①制造商创办的批发商特许经营系统，即制造商将特许权授予批发商，如软饮料行业的可口可乐公司，授权各地装瓶厂（批发商）购买其浓缩汁，然后由装瓶商充碳酸气、装瓶，再把它们出售给本地市场的零售商。②制造商创办的零售商特许经营系统，即制造商将特许权授予零售商。例如，福特等汽车公司特许经销商出售它的汽车，这些经销商虽然是独立的企业，但同意遵守各项销售与服务规定；又如，石油公司特许成千上万的加油站挂着它的牌子，出售其品牌的汽油。③服务企业创办零售商特许经营系统，如麦当劳、汉堡王快餐公司、汽车出租业、旅馆业等大企业零售连锁系统都是采用特许经营方式。

（3）零售商合作社。这是由一群独立的中、小零售商组成的，为了和大零售商竞争而联合经营的批发机构。各个参加联营的独立中、小零售商要缴纳一定的股金，各个成员通过这种联营组织，以共同名义统一采购一部分货物、统一进行宣传广告活动以及共同培训职工等。成员之间根据购买量按比例分配利润，非成员零售商也可以通过合作组织采购，但是不能分享利润。

（五）水平分销渠道系统

水平分销渠道系统是指分销渠道内同一层次的若干企业采取横向联合的方式，合资或合作开辟新的营销机会，组成新的渠道系统。例如，中国农业银行哈尔滨分行在中央商城内设营业所和自动提款机，农行降低了业务开办成本，中央商城则为顾客提供了店内存取款项的便利。

（六）多渠道分销系统

多渠道分销系统是指一个公司建立两条或更多条分销渠道以到达一个或更多顾客细分市场时的做法。例如，电脑公司可以直接向组织购买者出售个人电脑产品，还可以通过大众化电器零售商、电脑专卖商店出售电脑产品，这样它就有了三条分销渠道。

二、分销渠道设计的原则

分销渠道的设计目标必须遵循一定的原则，主要表现在以下几个方面。

（一）经济性原则

经济性原则就是从成本与收益的角度对不同的分销渠道进行评价。首先要推算一种分销渠道的成本水平。例如，针对是采用本公司的销售人员还是采用销售代理商的问题，企业的选择是：销售量在 S 以下时，宜采用销售代理商，因为销售代理商已建立了健全的网络，容易与客户接触，单位产品均摊的分销费用低。但是，如果销售量达到 S 以上时，则适合采用本公司的销售人员，即自己组建销售队伍。因为，大规模的销售足以为企业带来良好的利润回报，如图 14-4 所示。

这给我们一个普遍性的启示：大企业适合采用自己组建的销售队伍和分销网络，小企业一般应采用经销代理商。

（二）目标差异性原则

制造商使用销售代理商必然会遇到中间商的目标与制造商的目标不一致的问题。中间商往往不能有效地配合制造企业的整体营销战略。因此，制造商要评价这种差异的程度究竟有多大？这种背离是否会影响企业的长远利益？如果中间商是在积极合作的前提

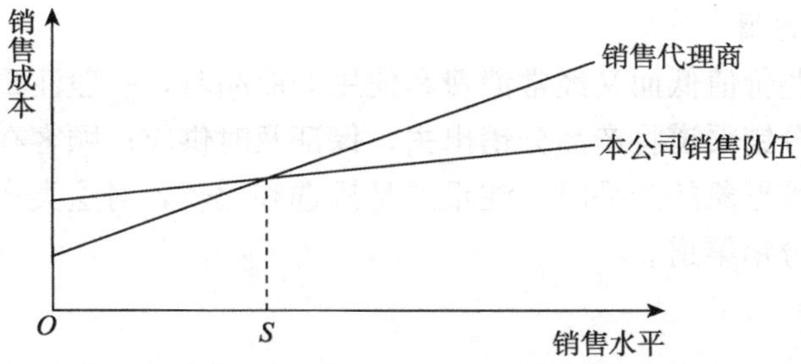

图 14-4　依据经济性原则设计分销渠道

下追求自身利益的最大化，这是可以接受的，但如果与制造商的目标相去甚远，甚至相抵触，则应及时调整渠道成员。

（三）适应性原则

分销渠道的设计要本着适应环境和企业总体发展规划要求的方针，灵活应变。分销渠道的设计方案要能够体现出适应性的特征，特别是与销售机构签订销售合同时，合同的有效执行年限不宜过长，要为企业灵活变动分销渠道留有余地。

（四）维护声誉原则

企业的声誉影响企业对分销渠道的选择，要达到通过正确选择分销渠道而提高企业声誉的目的，首先企业要精心选择中间商，对声誉差的中间商，拒绝与其建立业务关系，同时，要适当激励在渠道建立方面对企业贡献大的中间商。

三、影响企业分销渠道设计的因素

影响企业分销渠道设计的因素主要有顾客、产品、中间商、竞争、企业本身和环境等。

（一）顾客因素

考虑顾客因素时，主要包括顾客的性质、顾客的数量、顾客的地理分布和顾客的购买习惯四个方面的内容。

1. 顾客的性质

消费者购买的次数多、一次购买的数量少，适合采用间接分销渠道或较长的分销渠道；产业用户购买的次数少、一次购买的数量大，适合采用直接分销渠道或较短的分销渠道。

2. 顾客的数量

如果潜在顾客数量少、规模小，适合采用直接的或较短的分销渠道；如果顾客的数量多、市场大，适合采用间接或较长的分销渠道。

3. 顾客的地理分布

如果产品的最终消费者和用户分散在广大的地区，适合采用间接或较长的分销渠道，将产品有效地分销出去；如果产品的最终消费者和用户布局比较集中，分布在有限的几个区域中，适合采用直接或较短的分销渠道。

4. 顾客的购买习惯

顾客在购买一些价值低而又经常消费和使用的商品时，一般注重方便性，企业应该通过较长而广泛的分销渠道将产品分销出去，保证及时供应；顾客在购买单位价值高又有鲜明的特点和品牌形象的产品时，注重的是挑选和比较，对这类产品的分销，一般要采用较短而集中的分销渠道。

（二）产品因素

产品因素也会对分销渠道产生影响。下面列出了不同的产品因素对分销渠道的影响情况，如表 14-1 所示。

表 14-1　产品因素对分销渠道设计的影响

相关因素	产品特点：高或低（大或小）	渠道特点：长或短
单价	高	短
	低	长
易腐易毁性	高	短
	低	长
体积/重量	大	短
	小	长
标准化程度	高	长
	低	短
技术和复杂性	高	短
	低	长
时尚性	高	短
	低	长
新颖程度	高	短
	低	长

（三）中间商因素

中间商是制造商和顾客之间的桥梁，如果中间商能够较好地与制造商配合，并广泛地联系客户，制造商就可以将很多销售职能交给中间商，采用较长的分销渠道；如果中间商不能有效地贯彻生产商的意图，则生产商只好担负更多的销售职能，采用较短的分销渠道。

（四）竞争因素

企业设计分销渠道还要考虑竞争者的渠道情况，在这里，依据企业的指导思想，可以采用与竞争者不同的分销渠道或采用与竞争者相同的分销渠道。采用与竞争者不同的分销渠道，有利于避开强大的竞争对手，独辟蹊径，获得渠道优势；采用与竞争者相同的分销渠道，则要求企业的产品及其资金实力足以与竞争对手抗衡，有利于顾客进行全面的比较。

（五）企业本身的因素

企业的实力及其控制渠道的能力也会影响分销渠道的选择。如果制造商的实力雄厚、产品的类别广泛，又有着强烈的控制渠道欲望，一般采取短的、直接的分销渠道。这样，一方面企业有力量达到渠道的要求，另一方面也可以稳固地控制渠道的运作。相反，如果企业的力量有限、控制渠道的愿望较低，可以采用间接、较长的分销渠道，有利于企业集中力量从事生产。

（六）环境因素

外部的环境会影响分销渠道选择。例如，经济萧条时，生产者一般希望采用比较经济的方式，将产品送到市场上，采用直接和较短的分销渠道可以免除一些不必要的服务费用，降低成本支出。政策法律也是一项重要的环境因素，如在我国禁止多层次传销的渠道安排，如果企业触犯了这条法律，将受到制裁。

四、分销渠道设计的程序

一般来说，分销渠道的设计要经过六个步骤，如图 14-5 所示。

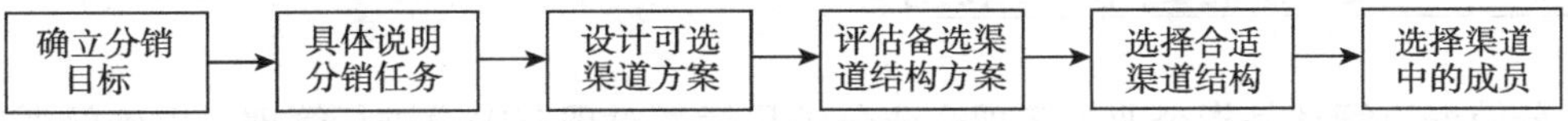

图 14-5　渠道设计流程图

（一）确定分销目标

在这一步，渠道设计人员要做以下三项工作：

（1）熟悉营销组合领域的目标、策略及公司其他相关目标、策略。

（2）制定分销目标，并明确地表述出来。

（3）检查所制定的分销目标是否与营销目标、策略及公司其他整体目标、策略相一致。

（二）具体说明分销任务

确定了分销目标之后，就面临着根据这些目标分解分销任务的事宜。渠道设计者必须详细具体地说明存在什么分销职责或任务。

（三）设计可选渠道结构

在具体说明为达到分销目标而执行的分销任务之后，渠道设计者应该考虑完成这些任务的可供选择的方案，也就是设计可能的渠道结构。在开发备选的渠道结构时，要考虑三个方面的因素：①渠道级数；②各等级的密度；③各等级渠道成员的类型。

通过对以上三个方面的考虑，渠道设计者可以得到可供选择的渠道结构数量。理论上，可供选择的渠道结构的数目一定很高。例如，对于有 3 个等级、3 种密度和 3 种不同的中间商类型的可能的渠道组织数是 $3\times3\times3=27$。然而实际上，可供选择的渠道结构数很少超过 12 个，通常的渠道结构数也远远少于 12 个。

（四）评估备选渠道结构方案

在拟出若干可供选择的渠道结构之后，渠道设计者下一步的工作就是评估方案。在评估时，渠道设计者要考虑影响渠道结构的许多因素。影响渠道结构的选择因素主要有六个方面，即顾客、产品、中间商、竞争、企业本身和环境。这些因素是如何影响渠道设计的，参见前面的阐述。

（五）选择合适渠道结构

选择最佳渠道的确切方法不存在，但可以通过一些手段或方法来大致估算和比较备选的渠道结构，通行的方法主要有三种，包括财务方法、交易成本分析方法和经验法。

（六）选择渠道中的成员

渠道成员的选择就是从众多相同类型的分销成员中选出适合公司渠道结构的、能有效帮助企业完成其分销目标的分销伙伴的过程。渠道成员的选择意义重大，如果选择不当，可能引起巨大的投资损失；如果选择得好，则可以锦上添花。

一般来讲，制造商选择渠道成员需要经历三个基本阶段：获得潜在渠道成员名单，了解并评估潜在的渠道成员，谈判和获得渠道成员。

第二节　分销渠道管理策划

分销渠道管理是指企业为实现企业分销目标而对现有渠道进行管理，以确保渠道成员之间、企业和渠道成员之间相互协调和通力合作的一切活动。分销渠道管理包括明确渠道管理目标、分销渠道价格管理、销售终端管理、激励渠道成员、产品生命周期渠道管理、渠道冲突处理、评估分销渠道，以及调整分销渠道等内容，如图 14-6 所示。

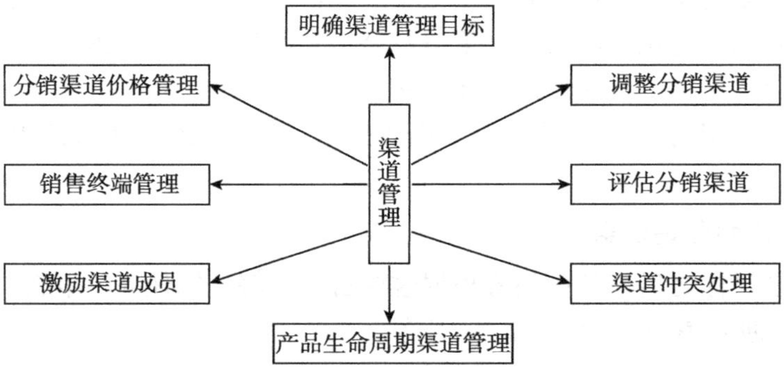

图 14-6　分销渠道管理的内容

一、渠道管理的目标

渠道管理的目标体系包括基本目标、二级目标和高级目标，如图 14-7 所示。

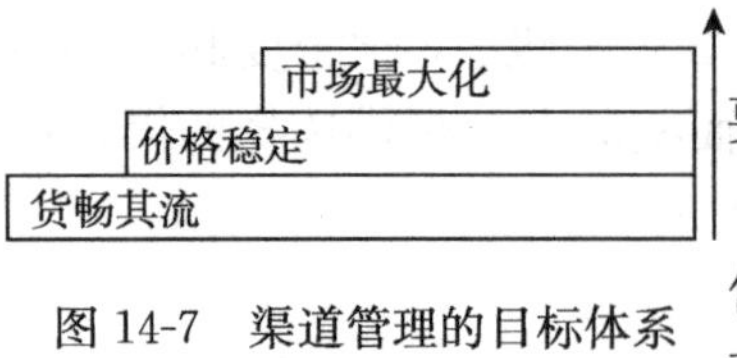

图 14-7　渠道管理的目标体系

（1）基本目标：保证货畅其流，即确保货品在顾客需要的时间和地点出现。

（2）二级目标：保证价格稳定，即维护和确保合理的价格体系，确保每个渠道层面价格稳定，杜绝和限制任何有可能引起价格混乱的行为。

（3）高级目标：促使市场最大化，即最大限度地提升产品销售量和扩大市场占有率。

二、分销渠道价格管理

一般来讲，多级渠道结构中价格实行级差价格体系，即在销售网络内部实行级差价格体系，构建级差利润分配结构，使每一层次、每一环节的经销商都能通过销售产品取得相应的利润。

级差价格体系是指在将销售网络内的经销商分为总经销商、二级批发商、三级零售商的基础上，由制造商销售网络管理者制定的包括总经销价、出厂价、批发价、团体批发价和零售价在内的综合价格体系。在实际操作中，设计级差价格体系应注意以下三点：

第一，为保障总经销商的利润，厂家应要求总经销商在各地按出厂价出货，总经销商的利润应包含在出厂价当中；厂家在各种场合，可以公布出厂价，而对总经销价格要严格保密。

第二，为保障二级批发商的利润，总经销商对外应实行四种价格，即对二级批发商执行出厂价，对零售商场执行批发价，对团体消费者实行团体批发价（高于正常对商业单位的批发价），对个人消费者实行零售价。这样做的目的在于使二级批发商可以按相同的价格销售给商场、团体和消费者，并以确保应得利润水平为前提。

第三，为保障零售商的利润，总经销商和二级批发商在对团体消费者和个人消费者销售时，要严格按照团体批发价和零售价销售，确保零售商在相同的价格水平上销售也有利可图。

三、销售终端管理

销售终端即是零售商。制造商对销售零售终端的管理主要体现在铺货和商品展示两个方面。

（一）认真铺货，直面零售店

铺货也称铺市，是指制造商与经销商（或上线经销商与下线经销商）之间相互协作，在短期内开拓目标区域市场的一种渠道营销活动。具体来讲，铺货过程包括以下活动：厂商的销售代表跟随或驾驶本企业的货车（或由经销商派车），装载本厂的产品和促销赠送品，与经销商代表一起，按预定的拜访路线，拜访与该经销商有交易往来的销售零售终端的所有成员（包括商场、超市、街头杂货店、夫妻店等），有时也包括拜访下线的经销商。拜访的目的是：凭借经销商与零售商长期的合作关系，由销售代表积极主动地向零售店介绍公司的背景情况以及产品的特色，使零售店同意进货。同时张贴广告，赠送促销品，并通过实际观察和口头交流，使零售店了解企业和竞争企业的情况。

铺货具有三大特点：

(1) 快速开拓市场。通过铺货，公司可以集中人力、物力和财力，快速高效地在目标市场开拓批发商、零售商和消费者业务。

(2) 营销高效。通过一次铺货过程中的多种营销方式，如营销人员口头介绍、使用产品、张贴广告、赠送促销品等，可以在零售商等处留下深刻的印象。

(3) 营销活动的短期性。一般铺货活动多数是针对公司推向市场的新产品，包括全新的产品，也包括老产品的新规格、新款式等改良品。因此，铺货多具有短暂性，且持续时间不长，只要使新产品顺利地进入了市场，铺货活动就宣告结束，通常在3个月内结束。

铺货能够迅速地将新产品铺进市场的每一个角落，以便广告活动展开后，消费者能方便地买到该产品。同时，铺货能够创造新产品的行情价格。对新产品而言，铺货就是抢滩登陆，铺货即是“挤货”。产品一旦铺进商店，该商店便可能成为产品的永久阵地，同时占用了零售商的有限资金，降低了销售零售终端对竞品进货的可能性。因此，铺货就成为零售终端管理很重要的一环。

为了确保铺货成功，在进行铺货之前，必须制订周密的铺货计划，确定铺货路线，对铺货的业务人员进行销售技巧辅导，并事先了解零售店的经营特点。铺货活动结束后，铺货人员还必须进行总结和分析，形成书面报告，并安排好人员负责铺货后的跟进工作。

（二）科学地进行商品展示，有力推动销售

商品展示又称商品陈列，是指通过管理商品在销售场所的展示和陈列方法而达到直接推动商品销售的一种途径。商品展示不是一般意义上的商品的摆设，而是强调通过对商品展示的管理来增强商品的销售，提升销售量。为了做到这一点，商品展示应促使消费者“停、看、买”，以增加销售。

商品展示包括以下几个内容：①争取有利的商品展示位置；②扩大商品展示的空间；③确保展示空间里包括所有规格、种类的商品；④确保展示空间里的商品没有缺货、断货情况发生；⑤通过合理和有创意的商品展示，以及POP广告等吸引消费者的兴趣，制造有利的售点气氛，刺激消费者冲动性的购买欲望。其具体内容将在零售终端渠道模式策划部分进行详细介绍。

四、激励渠道成员

激励渠道成员是指企业为促进渠道成员完成分销目标而采取的激励措施。激励中间商的形式，有直接激励和间接激励两种。

（一）间接激励

间接激励就是通过帮助中间商进行销售管理，以提高销售的效率和效果来激发中间商的积极性。其做法多种多样，如帮助经销商建立进销存报表、建立安全库存数和先进先出库存管理。

针对零售商提供的间接激励，就是帮助零售商进行零售终端管理，如前所述。

针对经销商提供的间接激励，可以通过帮助经销商管理其客户网络等活动来进行。帮助经销商建立客户档案，包括客户的店名、地址、电话，并根据客户的销售量将它们分成等级，并据此指导经销商对待不同等级客户应采用不同的支持方式，从而更好地服务于不同性质的客户，提高客户的忠诚度。

（二）直接激励

直接激励是指通过给予物质或现金奖励来肯定经销商在销售量和市场规范操作方面

的成绩。在实践中，企业多采用返利的形式奖励经销商的业绩。

根据返利的目标，可以分为过程返利和销量返利两种。过程返利是一种直接管理销售过程的激励方式，其目的是通过考察市场运作的规范性以确保市场的健康培育。通常，实行过程返利，企业将考察中间商以下几个方面，包括铺货率、售点气氛（即商品陈列生动化）、开户率、全品项进货、安全库存、指定区域销售、规范价格、专销（即不销售竞品）、积极配送、守约付款。

销量返利旨在提高销售量和利润。事实上，销量返利就是为直接刺激经销商的进货力度而设立的一种奖励。在实际操作中，销量返利有三种形式。

（1）销售竞赛，即对于在规定的区域和时段内销量居于前列的经销商，给予丰厚的奖励。

（2）等级进货奖励，即对于进货达到不同等级数量的经销商，给予一定的返利。例如，年累计进货达 10 000 件，每件返利 0.5 元；累计进货达 20 000 件，每件返利 0.7 元等。

（3）定额返利。若经销商达到一定数量的进货，给予一定的奖励。例如，每进货 100 件赠送 1 件。

返利的副作用是：可能为经销商实施低价越区销售（即冲货或砸货）酝酿机会。为避免出现这种扰乱市场的情况，可以考虑将代理制和经销制的优点结合起来，采取“定点＋定量＋定价＋定利”的四定政策。“定点”即给经销商确定经销地区；“定量”即给经销商确定销量；“定价”即规定经销商按照公司确定的零售价格进行销售和回款；“定利”即在成功实现上述目标后，由企业在年底给予经销商一定的返利。

返利最好采用物质奖励的形式，如奖励生活用品、参加旅游或者奖励一些经营设备，如传真机、货车等，这样可以改善经销商的经营条件，方便日后的发展和提高。

五、对渠道冲突的处理

（一）冲突产生的原因

1. 制造商与中间商目标不一致

例如，制造商往往希望通过低价格而达到提高市场占有率的长期目标，而分销商则追求高回报的短期利益。

2. 不明确中间商的作用与权利

例如，制造商的分销网络既有自己的销售队伍又有分销商时，就存在市场区域、销售信用等方面的冲突。

3. 制造商与分销商感觉上的差异

例如，制造商对经济前景看好，因而希望分销商增加库存，而分销商则在对经济发展前景持悲观态度的前提下，会尽可能地减少存货，二者必然出现冲突。

4. 沟通失败

沟通失败主要表现在：没有沟通或沟通不及时，以致失去解决冲突的机会；沟通受到“噪音”的干扰，致使渠道成员之间产生误解。

5. 中间商对制造商的过分依赖

有研究表明，渠道成员之间互相依赖的程度越大，发生冲突的可能性就越大。

除以上原因外，制造商和中间商相互之间的不满意也是导致冲突的原因，它们之间不满意的问题很多，如表 14-2 所示。

表 14-2 制造商与中间商冲突的问题举例

来自制造商的不满	来自中间商的不满
分销商的人员未提供服务	产品缺货
信息交流无效	新产品开发存在时滞
中间商越权管理	为解决问题进行的交流无效
中间商付款不及时	产品存在质量问题和缺陷
回扣和付款争议	错误的销售预测
产品运输损失和损坏	包装问题造成产品损坏
广告费用争议	淡季财务负担

（二）渠道冲突的表现形式

（1）根据冲突涉及对象的范畴将冲突分为四种类型，即同质冲突、水平冲突、垂直冲突和多渠道冲突，如图 14-8 所示。

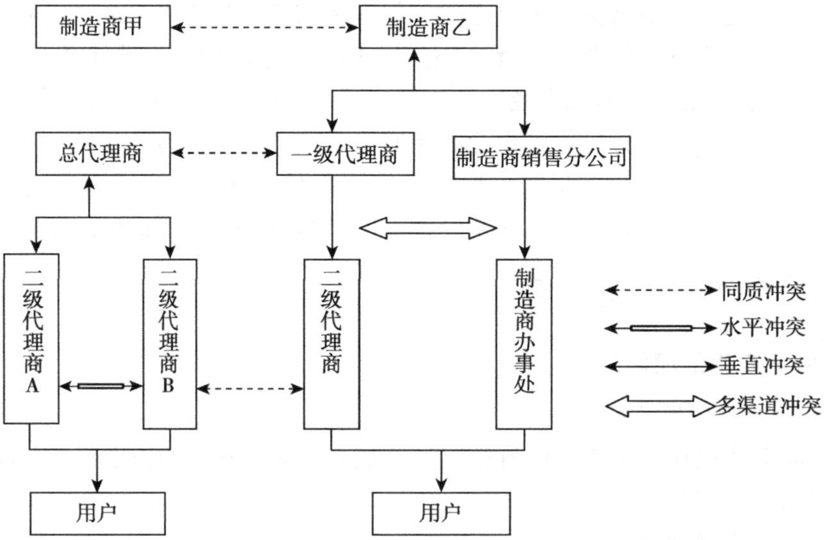

图 14-8 渠道冲突类型

其一，同质冲突。同质冲突是指在一个宏观环境的市场中一家企业的分销渠道与另一家企业的分销渠道在同一层级上的冲突。

其二，水平性冲突。水平性冲突是指某一公司的渠道系统中在同一层级上的不同中间商之间的竞争。例如，某些经销商为了牟取利润而违反销售合同，将货物在其他区域低价销售，以冲击其他经销商的合法权益，就属于这种性质的冲突。

其三，垂直性冲突。垂直性冲突是指发生在某一公司的渠道系统中不同层级渠道成员之间的竞争。

其四，多渠道冲突。多渠道冲突发生于一个制造商建立了两个以上的相互竞争的渠道系统，而面对的是同一市场的时候。

(2) 根据是否阻碍或促进公司的渠道管理和分销目标的实现，可以区分出两种冲突形式，即良性渠道冲突和恶性渠道冲突。

良性渠道冲突可以从两种情形中看到：第一种情形是指适当的压力或冲突可能会加强系统中的联合，提高系统的稳定性。第二种情形是指在系统发生变化时，系统中不可避免地会发生冲突，但这种冲突产生的压力将导致业绩的提高，就像生物进化过程一样“适者生存，优胜劣汰”。因此，这时的冲突被认为是良性的。

相反，当系统中出现相互交叉的冲突，渠道成员的资源部分浪费以及渠道成员们利用各自的资源来增加冲突而非解决冲突时，便是恶性渠道冲突，如“越区销售”就是一种恶性冲突。

(三) 解决渠道冲突的方法

形成冲突的原因多种多样，而且冲突并非全是恶性的、有害的。对于企业来讲，有些冲突是可以避免的，有些是难以避免的。因此，分销渠道中经理的目标不是去规避所有的冲突，而是要避免恶性的冲突。同时对于良性的冲突加以利用，化冲突中的压力为发展的动力，促进渠道的发展。解决冲突的方法主要有：①解决问题；②劝说；③谈判；④仲裁；⑤诉讼；⑥退出分销渠道。

六、评估中间商

生产商还必须定期评估中间商的业绩，了解中间商的活动是否符合生产商的分销目标，是否符合生产商的利润计划。

(一) 评估的标准

评估标准有三个方面，即中间商的工作业绩、与制造商的合作和综合发展能力。

1. 工作业绩

工作业绩主要包括以下几个方面：①销售量。是否完成了规定的销售额。②存货控制。存货水平、存货成本和管理存货的能力。③市场目标。是否具有市场开拓能力及市场占有率的提高情况。④货款回收。交回货款的及时程度，拖欠货款的时间及数量。⑤促销。主动开展促销活动的热情、能力及效果。⑥服务。提供客户服务的项目及水平。⑦其他。对特殊事件的处理能力，如破损、遗失货物的处理能力。

2. 与制造商的合作

与制造商的合作包括对制造商提出的分销要求的理解程度，对制造商整体营销规划的理解及执行情况，参与制造商培训计划的积极程度。

3. 综合发展能力

综合发展能力包括现有的市场地位、知名度、信誉度、今后的发展目标设计、企业人力资源构成等。

(二) 评估的步骤

对中间商评估的步骤一般包括以下四个环节：

（1）制订计划，规定企业的分销规划，包括分销政策、中间商的选择标准、目标市场战略，以及如何衡量中间商的业绩，对中间商评估的标准、评估的方法等。

（2）与中间商签订销售协议，明确中间商的责任，以及对中间商评估的程序、评估的标准和评估的方法。

（3）依据评估的标准和方法对中间商实施评估，归纳出渠道中存在的问题及对企业的影响情况。

（4）对严格执行协议的中间商予以奖励，对不能完成销售任务的中间商给予处罚，并对个别中间商做出撤销处罚的决定。

（三）评估的方法

依据上述评估标准，对中间商评估有以下两种方法。

1. 横向比较法

这是以整体的业绩上升比率为标准，看各个中间商的业绩是高于平均水平还是低于平均水平。

2. 纵向比较法

这是将每一个中间商的销售业绩与上一期的业绩相比较，看各个中间商完成的销售业绩的升降情况。

七、调整分销渠道

企业要根据市场的发展变化情况及时对渠道进行调整，特别是分销渠道的运行偏离了计划、消费者的购买模式发生了变化、市场进一步扩大、新的竞争对手出现、新形式的分销渠道出现、产品进入生命周期的衰退阶段等情况下，更需要对分销渠道进行调整。

分销渠道的调整涉及三个层面，第一个层面的调整幅度最小，不改变分销渠道的整体构成，仅仅是增加或减少个别中间商；第二个层面是对分销渠道进行较大幅度的调整，增加或减少某些业绩低于某种控制线的所有分销渠道成员；第三个层面是调整分销渠道的构成，形成新的渠道方式，因此，要大幅度地调整中间商及其职责。

（一）增减渠道成员

根据企业的整体战略规划和对中间商评估的结果，对那些不能完成生产商的销售定额，并影响生产商市场形象的个别中间商，要终止与它们的购销关系。另外，通过认真地评估，吸收有积极性、业绩良好、形象信誉卓著的中间商。

在实际业务中，增减渠道成员最好的办法是：采用整体系统模型来测量某一决策对整个分销渠道系统的影响，而不是单纯依据增量分析的结果采取具体行动。

例如，在某大城市中，某汽车制造商授予另一新经销商特许经营权这一决策，会影响其他经销商的需求、成本和士气，而该新经销商加入渠道系统后，整个系统的销售额就很难代表整个系统应有的销售水平。

（二）增减分销渠道

分销渠道有许多种方式，随着形势的发展和变化，原有的分销渠道会在很多方面表现出不适应，而仅仅增减个别的渠道成员已经不能解决问题，这时，往往需要对渠道进行大的调整，增加一些新的渠道或减少一些不适应新形势要求的渠道。

（三）调整渠道结构

随着市场环境的变化，生产商要对渠道的结构进行调整，以提高产品的竞争力。这是对企业市场营销组合和市场政策的重大变革，要十分谨慎。例如，汽车的制造商为了加强对渠道的控制，由原来的独立代理商制度，改为自己直接设立销售分支机构。在产品生命周期的不同阶段，需要不断改变其分销渠道结构，例如，米兰德·李利（Miland Lele）设计了一套方格，用以表示小包装商品和新款服装产品生命周期不同阶段的渠道变化情况，如图 14-9 所示。

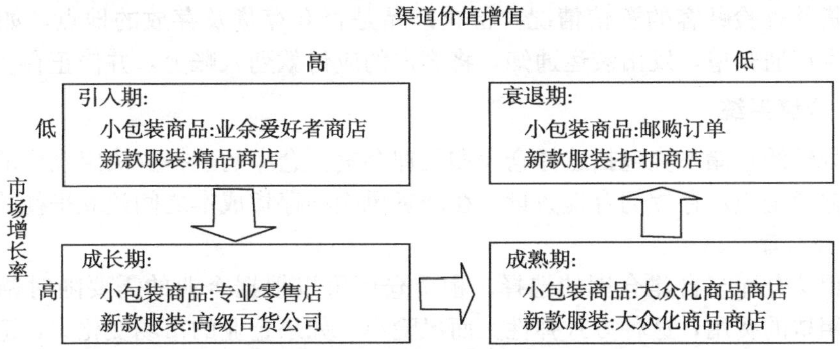

图 14-9　分销渠道价值增值与市场增长率关系图

（1）引入期。新产品或新款式的商品一般经由专业的渠道（如业余爱好者商店、妇女装饰品小商店）进入市场。这种渠道能够发现流行趋势并能吸引早期的采用者。

（2）成长期。随着购买者的兴趣增长，高销售额的分销渠道便会出现。这些渠道也提供服务，但不如前面的分销渠道提供得多。

（3）成熟期。随着销售增长速度的减慢，一些竞争对手便会将其产品转入低成本渠道（如大型综合商场）去销售。

（4）衰退期。当衰退开始时，成本更低的分销渠道（如邮购商店、折扣商店）也会介入进来。

第三节　分销渠道中的实体分配策划

实体分配是指商品的实物流通，包括订货、仓储和运输等环节，它反映的是商品在时间和空间上的变化。实体分配是企业降低成本、扩大销售、提高竞争力的关键性环节。

分销渠道中实体分配可以使产品在合适的时间及地点到达顾客手中，没有实体分配环节，市场营销活动不能构成一个完整的体系。从广义上讲，实体分配包括了生产之前和生产之后所有的企业后勤活动过程。从狭义上讲，实体分配涉及产品移动的整个活动过程。

一、实体分配系统的构成

实体分配系统包括三个子系统，即订货系统、仓储系统和运输系统。

（一）订货系统

订货是实体分配过程的开始，对订单处理的要求是准确、及时，要尽量缩短订单处理的时间，及时向客户发货，提高服务的水平。

1. 订单处理的要求

订单处理的基本要求是及时准确，及时是指要尽量缩短订单处理的时间，避免不必要的耽搁；准确是指对订单的产品种类、数量、交货地点、付款方式、交货期限等内容进行准确的把握，做到无误差。

2. 订单处理的程序

销售人员及时将订单传递给负责订单处理的部门或人员。负责订单处理的部门或人员接受订货并查验顾客的资信情况，检查产品是否有存货及存放的地点，如果需要生产，下达生产通知单，发出装运通知，将客户的应付款列入账上，并修正存货记录。

（二）仓储系统

实体分配的仓储系统包括选择仓库和处理存货。仓库的选择要决定仓库的数目与位置，处理存货是决定存货的合理数量，在缺货风险和存货成本之间建立平衡关系。

1. 选择仓库

（1）租赁仓库与自建仓库的选择。租赁仓库可以根据企业的需要随时调整租赁空间，降低租赁的费用，这种方式弹性大而风险小。如果企业的市场变化大，适合采用租赁仓库的方式；如果企业的市场变化较小，则适合采用自建仓库的方式。租赁仓库和自建仓库的费用比较如图 14-10 所示。

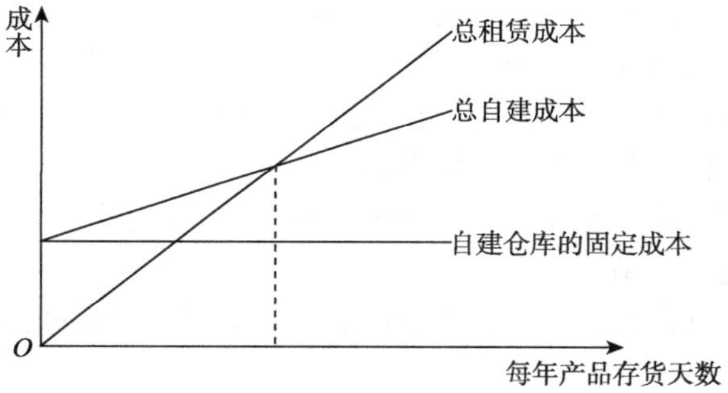

图 14-10 租赁和自建仓库的费用比较

从图 14-10 可以看出，租赁仓库存货的时间较短，费用水平较低。但是随着存货时间的增加，存货的成本会迅速上升。而自建仓库在存货的时间较短时，成本较高，但是存储的时间较长时，平均成本较低。因而，得出的结论是：如果存货的时间短，适合采用租赁仓库的方式；如果存货的时间长，适合采用自建仓库的方式。

（2）仓库数目的选择。利用计算机模拟的方式可以算出最佳的仓库数目，最佳的仓库数目是成本最节约、分布最合理的仓库布局。例如，在一定的市场区域内有 10 000 名顾客和三个工厂，设多少个仓库为最佳，就是一个决定仓库数目的问题。

（3）仓库位置的选择。根据工厂和市场的情况确定仓库的位置。在选择区的地图上建立一个坐标系，X 轴代表东西方向，Y 轴代表南北方向，在坐标系中标明各分销点所在的位置。

确定各分销点的运输量和吨/千米的运费率，主要依据的指标有运输量、运输距离和运费。考虑到运输量，应使仓库尽量靠近运量较大的分销点，从而使较大的运量走相对较短的路程，这种方法称为重心法，即求出本地区实际运量的中心位置。计算公式为

$$X=\frac{\sum_{i=1}^{n}(X_i \times T_i)}{\sum_{i=1}^{n}T_i}$$

$$Y=\frac{\sum_{i=1}^{n}(Y_i \times T_i)}{\sum_{i=1}^{n}T_i}$$

式中，n 为分销点的数目；X_i 和 Y_i 分别为各分销点的横坐标和纵坐标；T_i 为第 i 个分销点的运输量；X 和 Y 分别为仓库设置点的横坐标和纵坐标。

从距离方面考虑，在一个地区内，仓库到各个分销点的总距离（D）应该最短，这是最小运距法，计算公式为

$$X=\frac{\sum_{i=1}^{n}\frac{X_i}{D_i}}{\sum_{i=1}^{n}\frac{1}{D_i}}$$

$$Y=\frac{\sum_{i=1}^{n}\frac{Y_i}{D_i}}{\sum_{i}^{n}\frac{1}{D_i}}$$

$$D=\sqrt{(X_i-X)^2+(Y_i-Y)^2}$$

式中，n 为分销点的数目；X_i 和 Y_i 分别为分销点的横坐标和纵坐标；X 和 Y 分别为仓库设置点的横坐标和纵坐标；D_i 为各分销点到仓库的直线距离。

将运量、运距和运费综合考虑之后，可以找到运输总费用最低的一点，其坐标位置的确定用以下公式计算

$$X=\frac{\sum_{i=1}^{n}\frac{C_i X_i T_i}{D_i}}{\sum_{i=1}^{n}\frac{C_i T_i}{D_i}}$$

$$Y=\frac{\sum_{i=1}^{n}\frac{C_i Y_i T_i}{D_i}}{\sum_{i=1}^{n}\frac{C_i T_i}{D_i}}$$

式中，C_i 为各分销点到仓库的运输费用。

2. 处理存货

营销人员希望保持足够的存货，以便能随时满足顾客的需要，及时提供商品供应，而保持较高水平的存货又会增加企业的储存费用，因此，需要在存货数量和成本之间建

立平衡关系，找到最佳的存货水平。

(1) 订购点。存货的基本特点是随着商品的卖出而逐渐减少，因此要决定在何种剩货水平发出新的订单，以避免缺货。企业发出订单时的剩货水平称为“订购点”。订购点的高低和订购的前置时间、使用率、服务水平等因素相关。

订购前置时间是指订单发出到接到货物所需要的平均时间。这段时间越长，订购点就越高。

使用率是指在某一段时间内，顾客平均的购买数量，使用率越高，订购点就越高。

服务水平是指企业希望从存货中直接用来完成顾客订单的百分比，服务水平越高，订购点就越高。

使用率与订购前置时间中的任何一项或两项同时具有变动性，则需要较高的订购点，以避免缺货。

(2) 订购量。企业订购货物数量的多少也有一个最佳决策的问题。一次订购的数量与订购成本、商品的储存成本有着直接的关系。最佳的订购量可以用以下公式得到

$$Q=\sqrt{\frac{2DS}{C}}$$

式中，Q 为订购量；D 为年商品需要量；S 为每次订购的成本；C 为单位商品的年储存费用。

(三) 运输系统

运输是借助于各种动力，实现商品在空间位置上的转移。在运输决策中，首先根据要运输的产品，对运输时间与运输条件的具体要求选择适宜的运输方式，其次，企业还要做出决定运输路线等其他方面的决策。

1. 运输方式的选择

运输方式主要有五种基本的方式，即公路运输、铁路运输、水路运输、管道运输和航空运输，还有这五种方式的组合，即多式联运方式。每一种运输方式都有不同的成本，也各有其优点和缺点。

选择不同的运输方式，要考虑以下几个方面的因素。

(1) 成本。航空运输的成本最高，它适合于价值高、重量轻的商品，或鲜活产品的运输；水路运输的成本最低，适合于重量大、体积大的商品，或低值商品的运输。

(2) 速度。航空运输最快，其次是公路运输，最慢的是水路运输。

(3) 方便性。卡车运输最方便，可以深入到广泛的区域，其次是火车运输。水运、航空运输和管道运输都需要特殊的条件和设施。

(4) 重量和体积。重量大、体积大的商品，适合采用水路运输，因为水路运输的运价相对较低。航空运输的空间有限，成本高，不适合这类商品的运输。

(5) 损坏率。管道运输的损坏率最低，铁路运输的损坏率最高，企业应根据商品的要求选择适当的运输方式。

此外，在运输决策上，企业还要做出整车与零担的决策。在整车运输和零担运输之间，选择的标准是费用水平。运输的费用计算公式为

$$运输成本 = 单位运价 \times 运输数量$$

整车运输的单位运输成本一般低于零担运输的单位成本，但整车运输也要相应地支付一些储存方面费用，因而需要在二者之间进行比较。

2. 运输路线的选择

运输路线的选择标准是：运输的速度最快，运输的里程最短，要尽量减少迂回和倒流，提高运输的效率，保证大用户得到较好的服务。

二、实体分配的基本目标

实体分配的最理想的目标是“以最低的成本将适当的产品在适当的时间送至适当的地点”。然而，在实践中，很难达到这一目标。因此，实体分配的目标中要分别设立投入和产出目标。

（一）投入目标

实体分配的投入是指实体分配的费用和成本，降低成本和费用是投入的目标。实体分配的投入目标主要包括以下几个方面。

（1）降低运输费用。缩短运输里程，合理搭配运输工具。

（2）降低仓储费用。合理利用仓储空间，选择合适的仓库类型，根据产品特性决定是选择专用仓库还是普通仓库。

（3）减少延误费用。减少由于运输延误而造成的销售额损失。

（二）产出目标

企业实体分配的产出目标主要可以归纳为提高对顾客的服务水平，具体要达到以下几个方面的目标。

（1）为顾客提供可靠的服务。要保证商品的品种齐全，便于顾客挑选；接到顾客订单后，要能够按照顾客的要求提供商品；按照顾客要求的时间，将货物准时送达顾客要求的地点。

（2）降低缺货的比率。保持适量的存货，以降低缺货的百分比。

（3）缩短订货的周期。降低从顾客发出订单到最终收到货物的时间间隔。

（4）为顾客特殊服务提供选择运输工具和运输形式的便利。如果条件允许，由顾客选择运输工具和运输形式。

三、实体分配的总体协调

实体分配是企业市场营销工作的一项重要内容，需要进行系统化的协调。

（一）建立组织机构

为了达到协调实体分配各项工作的目的，建立一个专门负责实体分配的组织机构是十分必要的，它是控制实体分配成本以及其他各项活动的有效保障因素。实体分配部门应隶属于市场营销部门，主要任务就是保障市场营销目标的实现。但实体分配部门又有其特殊性，即它要与企业的后勤保障部门发生多种联系，因此，要对实体分配部门的权限、汇报关系进行明确的界定，如图 14-11 所示。

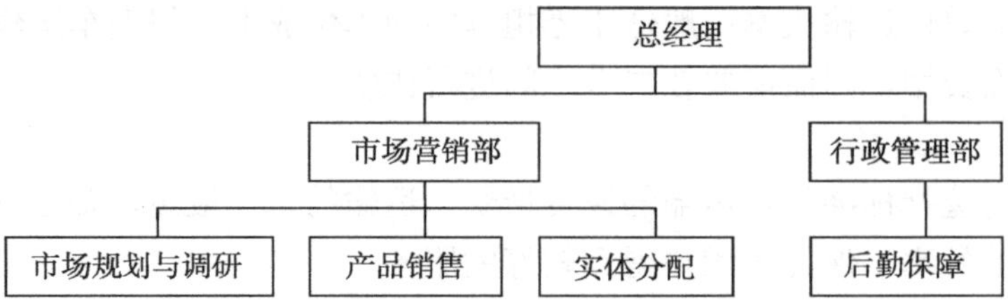

图 14-11 产品的实体分配与企业后勤保障部门的联系

(二) 制订计划

实体分配的计划包括以下几个方面的内容：

(1) 分析企业的内外环境。

(2) 制定实体分配的目标。

(3) 确定实体分配的程序，如图 14-12 所示。

(4) 实体分配效果分析。

(5) 反馈信息及改进措施。

图 14-12 实体分配的程序

(三) 定期研究

实体分配直接影响到企业的市场营销效果和企业形象。因此，要经常召开有关的会议，研究前一阶段的实体分配效果和今后的发展思路，做到有的放矢。

(四) 经理责任制

实体分配属于顾客服务内容，要指派专人负责，从处理订单、确定运输方式，到确定存货水平和订购商品补充货源，都必须一丝不苟。对于实体分配的重要内容，如仓库的位置、数量等问题更需要经理人员做出决定。

第四节 分销渠道专题策划

企业在分销渠道模式的运营过程中，常常选用的渠道结构主要包括经销商模式、代理商模式和零售终端模式。这几类渠道模式决定了企业渠道体系的完整性，也决定了企业渠道运营的成败。

一、经销商模式的选择与策划

经销商模式，就是企业的产品销售基本上由经销商来承担的销售模式。由于同一区域市场层级选取的经销商数量不同，分为区域总经销制和区域多家经销制两种形式。企业在选择何种经销商模式的过程中，要考虑各种模式的优缺点，在此基础上进行综合考量。

（一）区域总经销制

区域总经销制是生产企业在同一市场层级只选择一家经销商的经销体制。区域总经销制的优点是，厂家在发货、价格控制、零售终端市场、广告促销等方面管理更为便利。一是厂家与经销商关系密切，出现问题容易协调解决；二是厂家在某一区域的销售业务全部由一家经销，对经销商的业务状况和要求比较重视，而作为经销商来说，经销利润比较丰厚，积极性高，也会把经销品牌作为主推品牌；三是便于市场价格和区域内窜货的控制。

但是区域总经销制也有其弊端：一是厂家在销售上过于依赖经销商，容易受经销商的要挟；二是相对于多家经销，总经销商没有竞争压力，会把营销目标从重销量转向重利益，致力于获取最大的自身利益，从而导致生产企业销售下滑或增长迟缓，下级分销商利益受损，不利于提高铺货率和零售终端市场渗透力，更不利于产品销量和市场份额的提高。

（二）区域多家经销制

区域多家经销制是生产企业在同一市场层级同时选择多家经销商的经销体制。对于多个经销商各自的销售区域与销售范围，有的厂家严格划分、严格规范，有的厂家则任其自由竞争与自然发展。

区域多家经销制的优点是，经销商在价格上不可能进行垄断，只能靠拓展自己的销售网络，在产品配送、零售终端促销等方面加倍努力来提高竞争力、扩大销量，这对于厂家来说有利于铺货率的提高、网络的拓展和销量的提升。但同时也会暴露出其缺点：多家经销商之间的竞争往往容易出现为了冲量而各自压价倾销，从而导致价格混乱、窜货等现象，最终使经销商无利可图，积极性受到挫伤，降低经销商与厂家的亲和力和对品牌的忠诚度。

在区域多家经销制中，为了能够从根本上规范经销商的行为，培育好通路网络系统，稳定市场，最终提升销量，厂家与经销商可以探索新的合作模式，采取区域内的多个经销商共同入股、设立销售分公司的做法。例如，格力空调在一些区域就在采用这种新型合作方式。其具体做法是：将销售分公司改造成由集团控股、当地数个一级批发商和一级市场大零售商共同入股的独立法人公司。这样形成厂家与经销商利益共同体，有利于维护市场稳定、控制市场和市场秩序问题，作为经销商也愿意主推本品牌。

二、代理商模式的选择与策划

代理商模式是现代国际商务中普遍采用的一种销售模式。近年来，在国内市场销售中也有采用。代理商模式是指生产企业与具有优秀销售网络与分销能力的代理商以契约的形式建立稳定的代理销售关系。通过代理，生产企业不必建立庞大的销售体系与网络，可以集中资源和精力从事生产制造。

代理商模式的优点是：①迅速进入市场。对于自身没有销售机构或者在新的销售区域尚未建立自己的销售机构和网络的生产企业，采用代理制，可以充分利用代理商的现有网络优势，迅速进入市场，节约了自建网络机构的时间和成本。②规避经营风险。对于不熟悉的市场、不熟悉的商业环境，生产企业如果贸然进入的话，会面临很大的风险，通过可靠的代理商运作，可以规避风险。③运营成本较低。由于代理商的收入是代理佣金，相对于自建网络自行销售的费用和经销模式的利润让渡来说，费用较低。与其他方式相比，代理商模式更适合于迅速运作大市场，1997 年 VCD 市场的迅速增长，就与代理制有着重要关系。

根据分销的不同需要，还可以选择相应的代理方式。

（一）独家代理与多家代理

独家代理是指厂家在一个市场区域只委托一家代理商销售其某种或多种产品。独家代理关系确定后，厂家对独家代理商的约束是不得再代理竞争品牌的同类产品；独家代理商对厂家的约束是厂家不得在同一市场区域内同时委托给其他代理商销售其产品。

独家代理的优点是，双方都容易获得对方的支持，代理商有较高的积极性开发市场。缺点是，由于是独家代理，厂家过于依赖代理商，难以控制渠道和市场，久而久之，厂家开拓市场的能力会渐渐萎缩。为此，有些企业如商务通采取小区域独家代理制以克服其缺点。

多家代理是指厂家的某种产品在一个市场区域同时委托两家以上同一层级的代理商销售。代理商没有市场销售独占权。采用多家代理方式的优点是厂家处于比较有利的地位，不受代理商牵制，还可以利用多个代理商的营销网络，销售见效快。缺点是代理商之间可能会产生恶性竞争从而破坏整个市场。因此，对厂家的市场管理能力要求比较高。

一般来说，新上市的产品，可以采用独家代理制，待市场成熟后，品牌力增强了，可以再考虑增加代理商数量；市场潜力小的产品，不宜采用多家代理制，因为容易导致恶性竞争；厂家同一种产品线内产品项目型号较多，可以错开型号，交多家代理商销售。

（二）总代理与分代理

总代理与独家代理享有相同的权利。不同之处在于，总代理必须是独家代理，但独家代理不一定是总代理。总代理享有按区域指定分代理的权利，而独家代理则没有。

分销模式是自销、经销还是代理，关键取决于不同分销模式产生的成本、效率和效益。企业委托中间商进行经销和代理，必然要让渡一部分利益给中间商，这部分利益就是企业采取中间商渠道而发生的交易成本。企业建立自己的销售系统直接销售，交易成本就不会发生，但企业在自建销售系统时的投资和建成后的控制和管理，则必然会发生在委托中间商时不会发生的管理成本。从经济学的角度讲，在假设各种分销模式的效率和效益不变的情况下，如果交易成本大于管理成本，企业就倾向于建立自己的销售系统进行自销；如果管理成本大于交易成本，企业则应当委托中间商进行经销或代理。

三、零售终端的策划与管理

销售零售终端是指产品销售渠道的最末端，是产品到达消费者完成交易的零售终端口，是商品与消费者面对面的展示和交易的场所，具体表现形式有商场专柜、专卖店、连锁店、零售店等。通过这一端口和场所，厂家、商家将产品卖给消费者，完成最终的交易，进入实质性消费；通过这一端口，消费者买到自己需要并喜欢的产品。零售终端是竞争最激烈的、具有决定性的环节，在零售终端柜台货架各种品牌在这里短兵相接，如何吸引消费者的眼光和影响消费者的购买心理是零售终端工作的关键所在。零售终端的分类如表 14-3 所示。

表 14-3　零售终端的分类

门店类别	门店业态	市场等级	门店面积/平方米
A	大卖场/购物广场/量贩店/仓储超市/会员店	省会市场	大于 8000
		地市级市场	大于 5000
		县级城市	大于 3000
B	标准超市/百货超市/传统副食店	省会市场	大于 1000
		地市级市场	大于 600
		县级城市	大于 400
C	中小型超市/便利店/传统副食店/杂货店	省会市场	大于 40
		地市级市场	大于 30
		县级城市	大于 20
D	杂货店/流动摊点	省会市场	小于 40
		地市级市场	小于 30
		县级城市	小于 20

随着渠道多元化，零售终端形式多样化格局的形成，尤其是近年来，随着大型连锁超市、量贩店、货仓式商场的出现，零售终端的地位已经越来越突出。企业之间的竞争逐渐延伸到零售终端，而且愈演愈烈。如何抢占零售终端已经成为企业零售终端策划中的重中之重。在实践的零售终端企划工作中我们发现，做好零售终端的分销及分销促进工作，对于迅速占领零售终端市场，在零售终端抢占消费者，有效压制竞争对手，把零售终端销售工作深入并细化，有着积极的促进作用。为了能使零售终端策划迅速“起效”，策划人在零售终端策划工作中主要可以从三大方面着手，即零售终端进入策划、零售终端陈列策划、零售终端销售促进策划。

1. 零售终端进入策划

随着零售终端竞争的加剧，产品多元化趋势的出现，进入零售终端的障碍也越来越大。调查表明，每年都有成千上万的新产品，在零售终端销售表现不佳的情况下被零售终端店主或零售终端销售商退出货架，从而失去了零售终端市场。同时，由于产品多元化的出现，货架少、品牌多的情况也已越来越严重。有些零售终端如大卖场、仓储式商场等，为了提高货架利用率，对入场的产品实行收取“入场费”等种种方式，来限制实力不足产品或新品进场。所以，对于新品牌或者在零售终端市场表现持续不佳的产品，对于零售终端策划人员来说，就更应该想办法在进入零售终端、稳定零售终端的情况下，通过各种零售终端策划提高产品的零售终端销售力量，确保零售终端战的胜利。零售终端进入策划主要包括零售终端进入、零售终端维持、零售终端促进、零售终端提升，如图 14-13 所示。

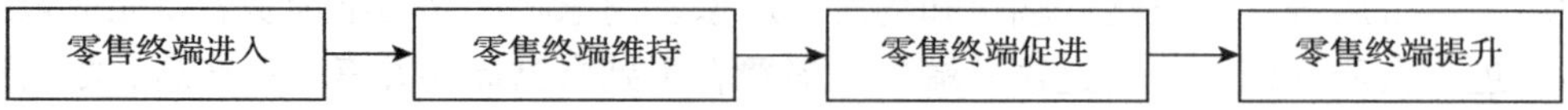

图 14-13 零售终端进入策划的内容

（1）零售终端进入：获得货架或产品陈列空间；

（2）零售终端维持：稳定产品在零售终端有限的空间内的销售量；

（3）零售终端促进：零售终端促进使有限的空间发挥最大的销售力量，并通过各种销售促进方式，提升销售量；

（4）零售终端提升：随着产品的零售终端销售量的提升，有了更多地获得更大更优惠的空间的机会，使产品的陈列及产品堆头占据更大的陈列空间、更好的陈列位置，从而取得更大的销售量。

2. 零售终端陈列策划

市场调查研究发现，在日用消费品市场，有 70％的顾客在零售终端会发生冲动性购买，尤其对于女性消费者来说，以“逛街”为购物兴趣的她们，往往从“冲动性”购买中获得更多的乐趣，这是她们购物的天性。在“冲动性”购买的诱因主导之下，品牌的力量在零售终端似乎并不能产生神奇的不可替代的力量，取而代之的将是采取什么样的手段，引起她们的兴趣及好奇心，并通过零售终端的吸引力刺激她们的购买欲望，实现消费目的。零售终端陈列一般由四大要素组成，在进行零售终端策划的过程当中，把这几大要素进行充分整合，往往能够起到意想不到的效果，如图 14-14 所示。

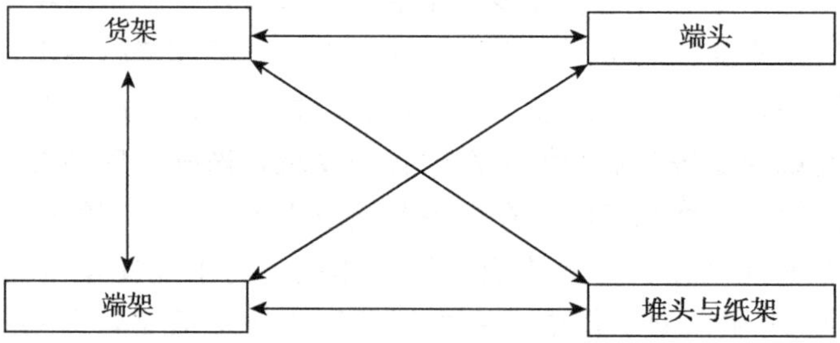

图 14-14 零售终端策划的构成要素

零售终端陈列的过程中，要坚持如下关键原则：第一，品牌集中原则，所有的产品应该集中在一起陈列；第二，品项集中原则，在品牌集中的前提下，某个品项的产品应该集中在一起陈列，如全麦三角系列的产品应该集中在一起陈列；第三，垂直原则，在集中陈列的前提下，要求做到局部块状竖直陈列；第四，重点品项突出原则，重点品项要增加陈列面，保证有 50％的陈列面积，潜力产品与应节产品占 30％排面，助攻产品占 20％排面，追求较高的货架占有率。

基于上述原则，零售终端策划的内容和注意事项如表 14-4～表 14-9 所示。

表 14-4 零售终端陈列规划的总体内容

零售终端规划	空间位置规划原则
货架	第一陈列点：货架区内人流走向的 1/2 处且处于视平线高度与取物线高度之间（1.2～1.45 米） 第二陈列点：货架区内人流走向的 1/4 或 3/4 处，且处于视平线高度与取物线高度之间（1.2～1.45 米） 第三陈列点：货架区的其他位置
端架	第一陈列点：货架区内人流走向 1/4 处，最靠近主通道 第二陈列点：货架区内人流走向 1/2、3/4 处，离主通道较远 第三陈列点：货架区的其他位置
端头	第一陈列点：位于主通道旁并面向收银口的端头 第二陈列点：位于主通道旁端头 第三陈列点：位于副通道旁端头
堆头、纸架	第一陈列点：位于主通道中央位置或电梯区位置 第二陈列点：位于主通道尽头/拐角处的位置 第三陈列点：零售终端内的其余位置

表 14-5 零售终端陈列产品的配置原则

配置类型	货架	端架	端头	堆头	纸架
排位配置（垂直）	主攻产品居中 潜力产品居上 副攻产品居下	主攻产品居中 潜力产品居上 副攻产品居下	垂直陈列 包装规格上轻下重	垂直陈列 包装规格上轻下重	垂直陈列 包装规格上轻下重
排序配置（水平）	主攻产品居中 潜力产品与应节产品居右 助攻产品居左	主攻产品居中 潜力产品与应节产品居右 助攻产品居左	只陈列一个品项	只陈列一个品项	只陈列一个品项
排面配置（面积）	主攻产品占 50% 排面 潜力产品与应节产品占 30%排面 助攻产品占 20% 排面	主攻产品占 50% 排面 潜力产品与应节产品占 30%排面 助攻产品占 20% 排面	只陈列一个品项	只陈列一个品项	只陈列一个品项

表 14-6 零售终端产品货架成列标准

项目	陈列标准
商标方向	所有商标均应正面面向消费者
品种顺序	同一排面，品牌集中、规格集中、口味集中，不可重叠 垂直排面，遵循“上轻下重”原则，小包装在上、中包装在中、大包装在下
生产日期	同一排面产品摆放遵循“先进先出”原则，确保产品新鲜，按旧货在前、中期存货居中、新货在后的顺序摆放产品
价格牌/促销牌	货架陈列应放置正确而清晰的价格牌，条件允许时应放置产品 POP，如跳跳卡等加强视觉冲击力，在开展促销活动时则应加放促销牌
产品排列	竖立，饱满，前后对齐

续表

项目	陈列标准
货架空位	在满陈列的前提下后部可留有1～2个产品的适当空位以显示产品畅销状况
陈列数量	确保货架产品饱满，并保持足够的库存量

表 14-7 零售终端产品端架陈列标准

项目	陈列标准
商标方向	所有商标均应正面面向消费者
品种顺序	同一排面，品牌集中、规格集中、口味集中，不可重叠 垂直排面，遵循“上轻下重”原则，小包装在上、中包装在中、大包装在下 不允许端架上有其他产品出现
生产日期	同一排面产品摆放遵循“先进先出”原则，确保产品新鲜，按旧货在前、中期存货居中、新货在后的顺序摆放产品
价格牌/促销牌	端架陈列应放置正确而清晰的价格牌，应尽可能放置产品POP，如跳跳卡等加强视觉冲击力，在开展促销活动时则应加放促销牌
产品排列	竖立，饱满，前后对齐
端架空位	在满陈列的前提下后部可留有1～2个产品的适当空位以显示产品畅销状况
陈列数量	确保端架产品饱满，并保持足够的库存量

表 14-8 零售终端产品端头陈列标准

项目	陈列标准
商标方向	所有商标均应正面面向消费者
品种顺序	1个端头只允许陈列1个品项，不允许端头上有其他产品出现
生产日期	同一排面产品摆放遵循“先进先出”原则，确保产品新鲜，按旧货在前、中期存货居中、新货在后的顺序摆放产品
价格牌/促销牌	端头陈列应放置正确而清晰的价格牌，尽可能放置产品POP，如跳跳卡等加强视觉冲击力，在开展促销活动时则应加放促销牌
产品排列	竖立，饱满，前后对齐
端头空位	在满陈列的前提下后部可留有2～3个产品的适当空位以显示产品畅销状况
陈列数量	确保端头产品饱满，并保持足够的库存量

表 14-9 零售终端产品堆头陈列标准

项目	陈列标准
商标方向	所有商标均应正面面向消费者
品种顺序	同一排面，品牌集中、规格集中、口味集中，不可重叠 垂直排面，遵循“上轻下重”原则，小包装在上、中包装在中、大包装在下 不允许堆头上有其他产品出现
生产日期	同一排面产品摆放遵循“先进先出”原则，确保产品新鲜，按旧货在前、中期存货居中、新货在后的顺序摆放产品
价格牌	堆头陈列应放置正确而清晰的价格牌，价格牌必须包含原价、现价、降价原因等信息
产品排列	竖立，饱满，下大上小采用金字塔式陈列
四周挡板	堆头四周挡板应充分布置品牌形象海报，采用纸箱垫底时，应注意纸箱应用的一致性

续表

项目	陈列标准
POP 布置	所有堆头陈列均应放置产品 POP，如跳跳卡、爆炸牌等加强视觉冲击力，在开展促销活动时则应加放促销牌
堆头空位	在满陈列的前提下堆头底部可留有 4～5 个产品的适当空位以显示产品畅销状况
陈列数量	确保堆头产品饱满，并保持足够的库存量

3. 零售终端销售促进策划

随着零售终端争夺战的加剧，光有好的陈列还不够，在零售终端运作各种分销促进的手段及方法，也是加强零售终端分销竞争力的重要手段之一。零售终端分销促进主要表现在以下两个方面。

1）销售促进策划

零售终端销售促进主要包括对消费者的零售终端促销，如打折、抽奖，现场促销等手段，另外，近来在各大卖场出现的导购服务，也是比较好的方式。导购服务主要表现在现场的导购方面，通过导购人员的讲解、推荐和演示，调动消费者的兴趣，使消费者认可产品并为之满意，导购服务对人员的素质要求比较高。再比如对现场销售人员采用按件提成，对现场销售经理或主管采取有效奖励等方式，也属此列。同时，为了增强零售终端的销售量与品牌的知名度，越来越多的企业也喜欢在销售零售终端进行现场促销活动，如搭台、表演、抽奖、问答等，也都取得了不错的效果。

在销售促进策划的过程中，其主要内容如表 14-10 所示，促销活动策划的策略设计如表 14-11 所示。

表 14-10　零售终端促销活动策划的主要内容

内容	说明
促销目的	包含“为什么要搞这次促销”、“这次促销要达到什么样的目标”
促销主题	包含“这次促销活动以什么样的主题向消费者展示”
促销时间	包含“什么时间做这次促销活动”、“这次促销活动持续多长时间”
促销地点	包含“在哪个 KA（关键位置）、哪个网点，以及是在网点内还是在网点外做这次促销活动”
促销形式	包含“这次促销活动采用什么形式（如抽奖、积分、买赠、降价等）”
促销产品	包含“本次促销活动促销哪些 SKU（商品编号）”
促销道具	包含“执行本次促销活动需要用到哪些道具（如海报、跳跳卡、礼品等）”
促销的执行办法与步骤	包含“具体执行本次促销活动时应采用哪些步骤，注意哪些要点等”
促销费用预算	包含“要达到以上目的，本次促销活动需要多少费用（如人员费用、零售终端费用、道具费用等）”

表 14-11　零售终端促销活动策划的策略设计

组合类型	说明
形式组合	每次主题促销均应确定明确促销的目的与对象，考虑公司本阶段推广的重点，并以此目的来选择采取的最佳组合形式，不得发生促销目的与形式不符的现象，可采用的形式有买赠、降价、捆绑销售、抽奖、现场派发、免费品尝活动等

续表

组合类型	说明
产品组合	主题促销时应该根据不同类别产品的特点、市场拓展阶段、消费群结构、销售政策等因素，对主攻产品、助攻产品与应节产品/潜力产品进行有效组合，在零售终端形成交叉销售，相互带动销量提升
消费群组合	主题促销可针对竞争对手的消费者、从未购买过产品的消费者以及产品的忠诚消费者展开，如可针对儿童＋母亲、女性＋恋人、个人＋家庭的消费者组合展开，不同的促销对象促销形式各有不同
品牌＋利益组合	避免单纯以价格吸引消费者的做法，学会以价值带给消费者的利益来说服顾客，并利用品牌效应进行消费者说服工作，可采用明星＋特价、明星＋赠品、明星＋买赠等形式
时间组合	主题促销应考虑节日（如双休日）与假日（如情人节、五一劳动节、十一国庆节等）之间的联系，公司的整体推广态势以及竞争对手促销活动的周期，在促销时间上掌握最佳切入点，从而有效借势和造势

2）公关促进策划

除了销售促进之外，零售终端分销促进也表现在与零售终端卖场的公关及争取更好的分销竞争机会方面。例如，可口可乐为了能使其产品无所不在，采取几大标准的分销促进策略：跟客户打招呼；检查户内外广告；了解客户的销售情况；检查陈列情况；了解剩余，建议库存；同客户探讨销售技巧；帮助客户寻找滞销品牌的销售途径及索取订单；向客户致谢。

本章小结

分销渠道网络设计策划是指为实现分销目标，对各种备选渠道结构进行评估和选择，从而开发新型的分销渠道或改进现有分销渠道的过程。

分销渠道的基本构架系统包括分销渠道的层级结构、分销渠道的宽度结构、传统的分销渠道系统、垂直渠道系统、水平渠道系统和多渠道系统。构建或改进分销渠道有多种诱因。影响企业分销渠道设计的因素包括顾客、产品、中间商、竞争、企业本身和环境等因素。分销渠道设计的原则包括经济性原则、目标差异原则、适应性原则和维护声誉原则。分销渠道设计的程序包括5个步骤，即确立分销目标、具体说明分销任务、设计可选渠道方案、选择合适渠道结构和选择渠道中的成员。

分销渠道管理是指制造商为实现公司分销目标而对现有渠道进行管理，以确保渠道成员之间、公司和渠道成员之间相互协调和通力合作的一切活动。分销渠道管理的内容包括明确渠道管理目标、分销渠道价格管理、销售零售终端管理、激励渠道成员、产品生命周期渠道管理、渠道冲突处理、评估渠道成员，以及调整分销渠道等内容。

实体分配是指商品的实物流通，包括订货、仓储和运输等环节，它反映的是商品在时间和空间上的变化。实体分配是企业降低成本、扩大销售、提高竞争力的关键性环节。

企业在分销渠道模式的运营过程中，常常选用的渠道结构主要包括经销商模式、代理商模式和零售终端模式。这几类渠道模式决定了企业渠道体系的完整性，也决定了企业渠道运营的成败。

关键概念

分销渠道网络设计策划；分销渠道层级结构；分销渠道的宽度；垂直分销渠道系统；水平分销渠

道系统；多渠道分销系统；分销渠道管理；级差价格体系；铺货；商品展示；激励渠道成员；渠道冲突；实体分配；经销商模式；代理商模式；零售终端策划

问题与应用

1. 构建或改进分销渠道的诱因有哪些？
2. 影响渠道设计的因素有哪些？这些因素各有什么影响？
3. 分销渠道设计的原则有哪些？
4. 分销渠道的设计要经过哪几个步骤？
5. 分销渠道管理包括哪些内容？如何激励渠道成员？
6. 渠道冲突有哪几种形式？冲突产生的原因有哪些？如何解决渠道冲突？
7. 怎样评估中间商？
8. 如何调整分销渠道？
9. 实体分配的基本目标有哪些？实体分配有哪几个环节？
10. 经销商渠道模式的优缺点是什么？
11. 代理商渠道模式的优缺点是什么？
12. 零售终端渠道策划的内容包含哪些？

第十五章

广告策划

本章学习指引

内容提要

☆广告策划概述

☆广告调查与分析

☆广告目标、广告任务和广告定位

☆广告媒体与诉求策略

☆广告创意与广告表现策略

☆广告预算编制

思路和主线

本章遵循以市场分析为基础，以定位策略、诉求策略、表现策略、媒体策略为主线，追求广告活动进程的合理化和效果最大化的逻辑顺序，对广告策划的相关问题做了详细的介绍。

学习目标

通过本章的学习，掌握如何控制宣传媒介和选择广告形式，并能在实际的广告策划活动中，通过一定的程序，对产品、服务和观念进行社会化、群体化的传播，从而有效地影响公众，促进营销目标实现。

第一节　广告策划概述

一、广告策划的含义

广告策划是根据整体营销策略，按照一定的程序，对广告活动进行前瞻性的运筹规划活动。它以市场分析为基础，以定位策略、诉求策略、表现策略、媒体策略为核心内容，以策划文本为直接结果，以效果评估为终结，追求广告活动进程合理化和效果最大化。

对广告策划含义的理解要把握以下几点：

(1) 广告策划决定于营销策略，服务于营销策略。

(2) 广告策划必须依据一定的程序。

(3) 广告策划必须以市场分析为依据。

(4) 广告策划的核心内容是四大策略，创意是这四大策略的灵魂。

(5) 广告策划的结果以文本方式表现。

(6) 广告效果评估须在策划中预先设定。

(7) 广告策划的目的是广告活动合理化和效果最大化。

二、广告策划的分类

从广告策划涉及的广告活动来看，可分为单一广告策划和总体广告策划。

(1) 单一广告策划是指针对某一个广告活动来进行的策划。例如，对某一新产品上市进行的广告策划活动等。单一广告策划目的明确，内容单一，策划活动相对简单。

(2) 总体广告策划是指针对企业和产品在某一时期的全部广告活动所进行的策划。总体广告策划涉及企业发展的方方面面，内容复杂，策划活动也比较复杂。

三、广告策划程序

广告公司接到策划任务之后，一般按下列工作程序进行：

第一步，组建以该客户或其产品命名的广告策划小组，负责整体策划工作。广告小组由以下人员组成：

(1) 组长。一般由业务部经理或总经理、副总经理、创作总监、策划部经理等人担任。业务主管的水平是衡量一个广告公司策划能力的标志之一。

(2) 策划人员。一般由策划部的正副主管和业务骨干担任，主要负责编拟广告计划。

(3) 文案人员。专门负责拟定各种广告文案。

(4) 美术设计人员。负责进行各种视觉形象设计，需具有较强的领会能力和将创意转化为文字和画面的能力。

(5) 市场调查人员。负责市场调查，并有写作、研究和分析市场报告的能力。

(6) 媒体联络人员。熟悉每一种媒体的优势和缺陷、媒体价格，与媒体有良好关系，并能按照广告战略部署购得所需要的媒体空间和时间。

(7) 公关人员。能提出公关建议，并进行各种必需的公关活动。

第二步，向有关部门下达任务。经过广告策划小组的初步商讨，根据企业要求，初步向市场部、媒体部、策划部、设计制作部等部门下达任务。

第三步，策划小组商讨本次广告活动的战略战术，进行具体的策划工作。

讨论和商定本次广告活动的各种具有长远指导意义的决策（战略）和实现这一决策而采取的手段和方法（战术）。具体地讨论以下广告策略：①产品广告策略；②广告市场策略；③广告时机策略；④广告媒体策略；⑤广告表现策略；⑥广告促销策略。

第四步，撰写广告策划书。

第五步，向客户递交广告策划书并由其审核，根据客户的反馈，再加以修订。

第六步，将策划书交各职能部门实施。最终实施广告策划的部门是：

(1) 设计制作部。它要将广告创意转化为可视、可听的广告作品。

(2) 媒体部。要按照广告策划书的要求购买媒体的时间和空间。

广告策划小组监督广告战略战术的实施，并对不适处加以修正，同时安排调查部测定广告效果。当然这些程序的划分是相对的，在实际工作中应该灵活掌握，以便提高广告策划活动的艺术性。广告策划的一般程序如图 15-1 所示。

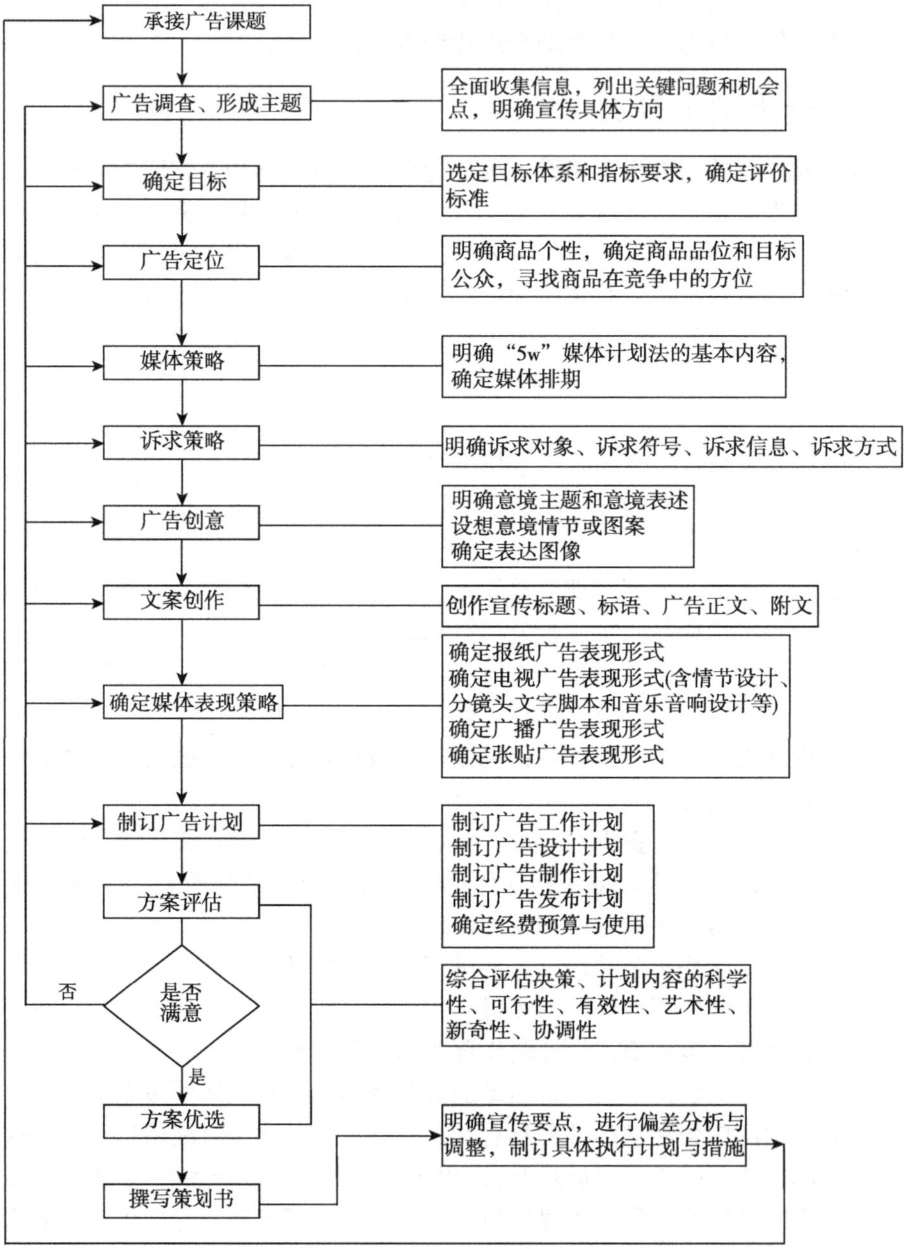

图 15-1 广告策划程序

资料来源：何修猛．现代广告学（第三版）．上海：复旦大学出版社，2001：266

第二节 广告调查与分析

广告调查与分析是广告策划的基础，是开展广告活动的前提。通过系统地收集有关资料，运用科学的研究方法，对其进行分析，提出调研报告，为广告策划提供决策依据，以提高广告的促销功能。

一、广告调查

广告调查是指与广告活动有关的部门或单位为完成广告活动目标所做的一切调查，其目的是为编制广告计划提供可靠资料，为构思广告设计提供素材，为评价、检测广告效果提供科学依据。

（一）广告调查的基本程序

广告调查一般要经过六个步骤，如图 15-2 所示。

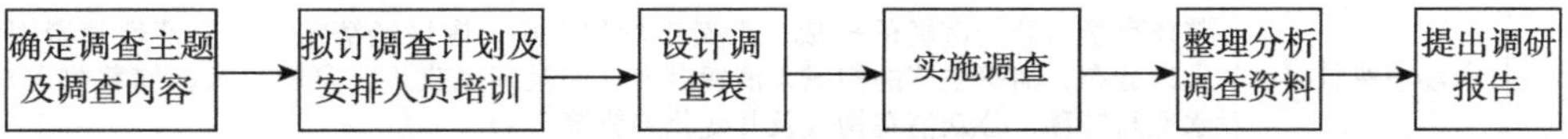

图 15-2　广告调查的程序

（二）广告调查范围和指标体系

广告调查所涉及的范围分为三个方面，每一方面又包括了若干个项目，每一项目又包括具体的内容指标，如表 10-1 所示。这些信息资料将对市场环境的分析、广告目标及其广告策略的制定提供重要的数据支持。

表 15-1　广告调查范围和指标体系

调查范围	调查项目	调查内容
产品信息	企业背景状况	企业人员的基本构成、企业管理概况、企业资产实力和科技开发实力等
	产品历史信息	产品开发典故、生产历史、生产设备、产品技术革新史、生产过程、生产技术、公众消费典型事例、原料特色与运用、产品生命周期等
	产品个性信息	产品外形特色、基本规格、花色、款式、价格、质感、包装设计、产品属于生产资料还是生活消费资料、产品基本性能及技术指标等
	产品相关信息	产品定位、产品在同类产品中的地位、使用产品的环境要求、顾客从产品消费中所能获得的利益
	产品服务信息	售前服务、售中服务与售后服务及其他服务制度、措施
	产品市场适销信息	目标市场及其经济发展状况、目标公众构成及生活水准分布、公众对产品满意的内容和抱怨的内容、公众对包装和价格的态度、产品适销时间与地区、基本促销手段及其效果等
	产品形象信息	质量形象、技术形象、功能形象、产品形象、心理形象、文化形象、地位形象、高附加值形象、产品的知名度、美誉度和认可度等

续表

调查范围	调查项目	调查内容
公众信息	公众对企业的认知和评价	公众对企业的基本职能、系列产品、特色服务项目、员工及领导者的态度
	公众的消费能力状况	基本经济收入，储蓄状况，职业、年龄、性别、地区构成
	公众的需要状况	需求类型、需求变化趋向、影响公众需求的因素（如经济因素、社会因素、心理因素、文化因素）、特殊公众对企业的特殊要求、公众消费变化周期等
	顾客的消费方式、消费特点和消费习惯等	
	公众需求与企业产品、顾客消费与企业服务措施之间的一致性程度、存在的差距等	
	公众对企业产品质量、性能、技术、价格、包装的评价状况	
	公众目前与未来的消费时尚、消费心态等	
市场环境信息	市场文化信息	社会主导文化、习俗文化、民族文化、消费文化、法规文化、性别文化、心理文化、音乐文化、色彩文化等
	市场消费状况	整体市场与分割市场的构成、消费市场的大小、国民经济情况、季节性消费因素、人口分布、消费主体的构成、消费潜力（涉及国民收入、家庭收入、储蓄收入）的水准与转移、公众消费构成及其变化趋势等
	市场商品格局状况	市场上商品的数量、品种、规格、质量对比、外观对比、基本结构、供求状况（包括现有市场容量、潜在市场、市场占有率、销售渠道、配销、促销手段）、市场价位情况及其变化趋势等
	市场竞争对手情况	竞争对手的市场占有率、促销策略、产品特性、市场优势以及公众对它的评价
	国家宏观经济政策，地区的经济管理措施	

（三）广告调查报告写作

调查报告可分成两种：一种是给广告业务部门最高主管人的汇报，内容应尽可能简明扼要；另一种是给广告设计制作部门的技术资料报告，资料要尽可能详细完整。

调查报告的内容通常包括：

（1）题目，包括广告调查题目、报告日期、为谁制作、撰写人。

（2）调查过程概述，也称摘要。

（3）调查目的，又称引言，简要说明调查动机、调查要点及所要解答的问题。

（4）调查结果分析，这是调查报告正文，包括调查方法、取样方法、关键图表和数据。

（5）结论与建议，对调查目的、调查问题的解答和可行性建议。

（6）附录，包括资料来源、使用的统计方法、阶段性图表、公式、附属资料及鸣谢等。

二、广告分析

广告分析主要包括以下四方面的内容。

（一）广告环境分析

广告环境分析包括对自然环境、政治环境、经济环境、国际环境、产业环境、企业环境、商品环境等因素的分析。环境分析就是要概括判断各种环境对广告活动的影响力。

（二）广告主体分析

广告主体包括商品、品牌、劳务、观念和企业形象。广告主体分析的主要任务是确定广告定位。广告定位也就是广告商品的市场定位，它要遵循一定的定位方法与技巧。

（三）广告主分析

对广告主的分析主要集中在以下两个方面：①广告主需求分析，即要分析广告主究竟需要什么样的广告，这种广告究竟要达到什么样的目标，广告传播究竟要达到什么样的效果，等等。②广告主预算分析，即分析广告主在以往广告业务中已经进行的投资预算水平以及在该次广告业务中应该达到并可能达到的预算水平。

（四）广告受众分析

广告受众分析主要包括三个方面：①广告受众的确认。要分析广告信息接受者有哪些，并且进一步分析在广泛的信息接受者中，哪些可能经由广告来调整自己的消费观念和消费行为并采取购买行为，即要找出有效的广告受众。②广告受众的关心点。要分析有效广告受众对该产品或该企业的关心点是什么，如技术、品牌、包装、服务等。③广告的适应性。要分析广告是否适应消费者，广告选择什么样的角度，确立什么主题，使广告内容与广告受众在心理上、情感上相互沟通。

第三节　广告目标、广告任务和广告定位

一、广告目标决策

广告的目标就是整个广告活动要达到的最终目的。

（一）广告目标的作用

广告目标的作用主要有：①能为广告活动的有关人员或机构指明行动方向；②可作为媒体计划、广告表现计划、评估计划以及广告实施的判定依据；③可作为广告效果的评估基准。

（二）广告目标的分类和种类

广告目标可以根据不同的标准进行分类。

1. 时间分类

从目标的期限上讲，广告目标有长远目标、中程目标、短期目标和具体工作目标。

（1）长远目标往往是要树立企业良好的社会形象，建立经得起时间考验的品牌信誉和巩固品牌忠诚度。

（2）中程目标往往是在一定时期内扩大和保持市场占有率，提供更为有效的服务，

将市场区域逐步扩展，以使品牌形象在更大的市场范围内得以树立等。

（3）短期目标常常是尽快建立商品知名度，培养一种新的消费需求，在一定时间内进入某一市场等。

（4）具体工作目标是为某项专门的广告活动而制定的目标，也可以叫操作目标。在具体工作中，要对广告宣传主题活动取得什么影响、达到什么效果等做出明确的规定。

2. 地区分类

从目标的地域上讲，广告目标又分为国际目标、全国目标、区域目标和地方目标。

3. 内容分类

从内容上，广告目标可以分为商品目标、企业目标和观念目标。

（1）商品目标以推出新商品、介绍新功能为目的。这种广告目标比较急功近利，以推销产品为目的，完成产品的促销任务，广告工作即告结束。以产品促销为目标的广告，在内容上一般侧重介绍产品的原料、性质、价格、功能、用途、使用方法等，是一种比较常规的广告目标。

（2）企业目标以公众对企业形象产生认同为目的。这种目标不求一时一刻的促销数量，而是立足于企业整体形象的塑造，以提高企业的知名度、美誉度、认可度为目的。这种目标广告活动时间跨度长、形式上也更强调艺术性和科学性。

（3）观念目标是指使社会形成新的消费意向及产生对本企业产品独特的好感。

4. 功能分类

广告目标从功能上可分为通知性目标、说服性目标和提醒性目标。

（1）通知性目标主要有：①描述所提供的各项服务；②提出某项产品的若干新用途；③通知市场有关价格的变化情况；④说明新产品如何使用；⑤向市场告知有关新产品的情况；⑥纠正错误的印象；⑦减少消费者的恐惧；⑧树立公司形象。

（2）说服性广告目标主要有：①建立品牌偏好；②鼓励消费者转向本企业品牌；③改变顾客对产品属性的知觉；④说服顾客马上购买；⑤说服消费者接受一次推销访问。

（3）提醒性目标主要有：①提醒消费者可能需要这个产品；②促使消费者在淡季也能记住这些产品；③提醒消费者去何处购买这个产品；④保证最高的知名度。

（三）广告目标的设定

广告目标的设定必须符合企业发展战略规划，符合产品定位，符合企业迫切需要，符合公众的状况。具体而言，广告目标的设定，要满足以下几项要求。

1. 符合企业整体营销的要求

广告不是一项独立的活动，而是企业整体营销活动中的一项具体工作。所以，广告目标必须在企业的整体营销计划指导下做出。广告目标特别要反映整体营销计划中的考虑重点，如广告发挥影响的范围、时限、程度等，以便使广告运动配合整体营销活动。

2. 清楚明确、可以被测量

因为广告目标将会成为广告主同广告公司之间相互协调的宗旨、一系列广告决策的准则以及最后对广告效果进行测定的依据，所以广告目标不能够含含糊糊、模棱两可，使得人们可以对其肆意加以解释。对广告目标的确立要求清楚明确，可能还是一个容易实现的要求。要求广告目标可以被测量，就有一定的困难了。广告目标无法被测量带来的最大的缺点就是无法准确地评价广告的效果。因此，广告主应尽可能在广告运动规划之前，将广告运动的目标具体化，使人们可以以一套公认的标准对其进行测量。当然可测量不一定是严格地要求广告目标定量化，可测量是要求广告目标具有可以明确进行比较的性质。前文中我们介绍的广告目标，只是一系列广告目标的趋向，广告主在将其定为真正的广告目标时，一定还要对其加以限定和具体化，使得其可以被测量。

3. 切实可行、符合实际

广告目标虽然主要由广告主来确定，但是因广告活动是集团与个人相互协调的产物，所以这就要求广告目标必须切实可行、符合实际。也只有切实可行、符合实际的广告目标，才能保证广告运动的顺利进行。

4. 能够被其他营销部门接受

广告活动只是整体营销中的一个组成部分，为了配合整体的营销活动，广告目标就一定要让其他营销部门能够接受，这样才可以让广告运动同其他营销活动相互协调起来。

5. 要有一定的弹性

广告目标必须明确，只有这样才能够起到指导整个广告运动的作用。但是，正因为广告目标要指导整个广告运动，所以必须考虑环境的种种变化对广告运动的影响。广告运动为了更好地配合整体营销的进行，可能会做出适当的调整。而这样的调整，又应该是广告目标所能够允许的。因此，广告目标还应该具有一定的弹性。

6. 能够被化为一系列具体广告活动的目标

因为广告运动是由一系列具体的广告活动组成的，而每一项具体的广告活动又都需要一个具体的目标来指导，所以广告目标若要发挥其指导整个广告运动的作用，就要能够分解成为一系列广告活动的具体目标。而这些具体的广告目标的一一实现，将能够使总的广告目标逐步实现。

基于上述要求，广告目标包含的要素有目标量值、诉求对象、期间与地区。

广告目标实例：在此广告活动的前 4 个月，使哈尔滨 80%的中学生对本企业的最新产品达到“知名”的程度。这个广告目标明确、具体、严密，它包含了以上四个要素。

二、广告任务决策

广告任务，是指策划人员为实现广告目标而安排的具体活动。广告任务的决策，要求策划人员对广告活动的方式、内容、程度和流程做出选择。

（一）广告活动方式的决策

1. 直接的“硬广告”

“硬广告”是指由广告主出资（或通过代理商）买下广告媒体的某个时空单位的发布权，直接向消费者发布广告，使广告信息能直接便捷地向目标市场传递。

2. 间接的“软广告”

“软广告”是指并非由广告主直接出资在广告媒体上发布广告，而是搭载在其他传播作品中的广告商品信息。

3. 广告性的公益活动

广告性的公益活动是指以广告主或广告主体的名义资助公益活动，把公益活动冠以资助者的名称。例如，“×××杯足球邀请赛”、“×××杯知识竞赛”等。

（二）广告活动内容的决策

广告活动内容的基本决策方法为：首先确认向目标市场传递的广告信息内容；其次要考虑传递这一信息所需的最佳方式；最后要选择适合传递方式运作的行动内容。例如，生产万宝路香烟的菲得普·莫里斯集团为扩大在中国的影响，出资赞助每年一度的上海国际足球邀请赛，冠名为“万宝路上海国际足球邀请赛”，使之成为中国足球运动的一项重要的传统赛事。这项广告活动的主要内容是树立“万宝路”在中国市场上的品牌形象，对形式的决策是采用公益性的活动（体育比赛）来传递广告主、广告主体的信息。形式确定后，决策者们就要考虑选择哪一种类型的活动内容，即在公益活动（赞助体育比赛）的框架中选定哪一项具体的活动，最后它们选择了最易激发观众感情的足球运动。

（三）广告活动程度的决策

广告活动的程度通常指广告信息传递给消费者的质量保证程度。广告程度一般表示广告活动（信息）对接受者的传递次数。其决策过程包括：决定信息传递的人数范围（程度）；决定每个接受广告信息的人至少应该听（看、收）到广告信息的次数。

（四）广告活动流程的决策

广告活动流程指一个广告活动的整体行动计划，这个计划的制订就是广告活动流程的决策。它包括两方面的内容：一个是广告活动的技术性流程，如广告活动的启动、发展、高峰、收尾诸阶段的划分，每个阶段的目标、任务、效果以及实施步骤等。第二个是广告活动的策略性流程。

三、广告定位策略

所谓广告定位就是在广告宣传活动中，企业通过突出商品符合消费公众需要的个性特点，确定商品的基本品位及其在竞争中的方位，促使公众树立选购该商品的稳固印象。

一般而言，广告定位有五种基本策略，即市场定位策略、产品属性定位策略、观念定位策略、企业形象定位策略和品牌定位策略。

（一）市场定位策略

市场定位策略是依据市场细分原理，找出符合产品特性的基本顾客类型，确定自己的目标公众。在广告宣传中，如果市场定位失误，那么整个宣传活动就会失败。反之，市场定位准确，那么广告形象就能发挥市场促销的作用。这一点，万宝路香烟的经历就颇具代表性。20 世纪 40 年代前，万宝路香烟的广告定位是女性，相应的宣传主题是“像五月天空一样温和”，结果只有被少数吸烟妇女接受，销量持续多年一直不佳。50 年代该公司求助于帕内特广告公司，将其重新定位于硬铮铮、征服大自然的牛仔形象，在广告作品中强调万宝路的阳刚之气，永远无敌，结果吸引了所有爱好、欣赏和追求这种境界的顾客，产品消费市场扩大了。由此可见，如何运用市场细分法则，选择最有利消费性的目标市场，在广告策划中具有极其重要的意义。

（二）产品属性定位策略

产品属性定位就是在产品的诸多属性（如原料、设计、性能、价格、使用方法、品种、规格、款式等）中找出符合目标公众要求和产品形象的主要属性。例如，汽车的属性定位，有的突出噪音低与安静，有的强调快捷与速度，有的突出奔放个性，有的强调安全牢固，有的突出时尚新潮。在广告策划中，产品的属性定位要符合企业一贯的形象要求，要符合目标公众的要求，并避开竞争产品的常规宣传内容。这样，广告作品中所塑的产品形象，才会具有个性特色，形成市场冲击力，为企业开拓市场服务。

（三）观念定位策略

观念定位策略是在广告策划过程中，根据公众的接受心理，确定主题观念所采用的一种策略。根据诉求方式的不同，观念定位策略可分为正向定位和逆向定位两种。

（1）正向定位就是在广告作品中正面宣传产品的优点、给顾客带来的利益。

（2）逆向定位则在广告作品中“宣传”产品的缺点，针对现代人所持有的逆反心理思维进行宣传，以反诉求的手法引起公众的注意。例如，香港有家酒吧有门口放着一个巨型酒桶，外面写着四个醒目的大字：“不准偷看!”许多过往行人感到十分好奇，偏偏要看个究竟。人们一接近酒桶，便闻到了一股清醇芳香的酒味，还可以看到桶底酒中隐藏的“本店美酒与众不同，请君品尝享用”字样。这个实例告诉我们，运用逆向定位策略的关键在于巧妙地引发公众的好奇心，并引导公众采取你所期待的购买行为。

（四）企业形象定位策略

把定位的重点放在如何凸显企业的形象和树立一个什么样的企业形象上。通过注入某种文化、某种感情、某种内涵于企业形象之中，形成独特的品牌差异。真正成功的企业形象，是恰到好处地把握住时代脉搏，击中人类共同的感动与追求。定位可以从企业文化的角度、企业情感的角度、企业信誉的角度、企业特色的角度来树立企业的形象。

例如，四川全兴大曲，其广告定位中融入了四川源远流长的酒文化，通过“品全兴，万事兴”的广告语，树立其在众多中国酒品牌中的独特文化定位；“孔府家酒”一句“孔府家酒叫人想家”，注入了浓浓的思乡情感；号称中国第一酒的“茅台酒”，融入的是企业的信誉和品质。这些都成功地树立了企业独特鲜明的形象。“大红鹰胜利之鹰”的这个广告定位是从企业的文化和内涵出发，树立企业的形象。每个人的内心深处都渴望胜利，都渴望被认同，没有人会心甘情愿地主动放弃胜利选择失败。大红鹰定位“胜利之鹰”，符合时代特点和企业精神。

（五）品牌定位策略

品牌定位策略即把广告定位的着眼点落在扩大和宣传品牌上。目前的市场竞争已进入了同质化时代，很多同类商品使消费者无法从简单的识别中辨别出优劣，正如人们很难说出可口可乐和百事可乐哪个更好喝些。企业之间的竞争就在于品牌的竞争，谁抢先树立了自己的品牌，就抢先赢得了商机。消费者有时购买商品就是选择自己所喜爱的品牌。

我们可以通过求先定位、求新定位、空隙定位、竞争定位等手段来在第一时间树立起自己的品牌，建立起自己的消费群。例如，阿迪达斯、耐克、李宁都有自己的品牌特色，人们购买商品就是选择这个品牌。

成功的广告定位策略能帮助企业在激烈的竞争中处于不败之地，能够赋予企业其竞争者所不具备的优势，赢得特定而且稳定的消费者，树立产品在消费者心目中与众不同的地位。因此，在广告策划中，应准确把握广告定位。

第四节 广告媒体与诉求策划

一、广告媒体策略

在一次广告活动中往往需要利用多种媒体以获得一种媒体达不到的效果。为了达到这一目的，就必须在了解广告媒体特点的基础上，结合整体广告战略的需要，选择、组合媒体，并制订出媒体计划。

（一）广告媒体的特点

1. 大众传播媒体的特点

大众传播媒体包括报纸、杂志、广播、电视等，它们的特点如表 15-2 所示。

表 15-2 大众传播媒体的特点

特点 媒体	视觉特点	听觉特点	信息容量性质	保存性	成本	目标受众	时效性、便利性
报纸	直观形象印象深刻	无法表现声音及动画	信息量大，可表达抽象性能	较易保存重复性高	投入较小产出较大	较稳定受众面广	时效性较好
杂志	印刷精制直观形象印象深刻	无法表现声音及动画	信息量大，可表达抽象性能	容易保存重复性高	成本略高	较稳定受众范围有限	时效性较差
广播	形象性差	效果较好	较大	不易保存转瞬即逝	成本较低	较稳定受众面广	传播信息及时迅速
电视	视觉形象生动、逼真，感染力强	听觉效果好	信息量小，较难表现复杂面理智的信息	不易保存转瞬即逝	成本高	受众面广影响力深针对性差	迅速，及时

2. 小众传播媒体的特点

小众传播媒体包括户外、交通、店铺和直接反应等媒体，它们也各有各自的特点。

（1）户外。户外广告主要有路牌、霓虹灯、旗帜、招贴、灯箱、液晶显示屏等几种类型。户外广告色彩艳丽、夺目、面积巨大，视觉便利程度高，可以以恢宏的气势表现出产品或企业的形象，它的展示时间长，表现手段灵活，费用相对较低。但是，户外广告受到地点的限制，除液晶显示广告外，一般修改的难度较大，时效性差。

(2) 交通。交通广告是指印制在交通工具内、外，或者车站、机场、港口、候车亭等地的广告。交通广告制作简单，费用低廉，标题醒目，文字说明简洁，突出主题。宣传面较为广泛，用于补充报纸、电视广告，帮助提高消费者的品牌回忆度和知晓度。

(3) 店铺。店铺广告是商品销售点的广告，它包括商品销售点门前及周围的广告和商店内的广告两类。销售点的广告可以告知新产品，唤起顾客潜在意识，吸引顾客驻足于自己商品前，激发他们的兴趣，诱导他们产生即时消费的欲望，另外还可以美化销售点环境，烘托销售点的气氛。但是如果一个销售网点的各类产品的广告太多，就会产生混乱的感觉，降低宣传的效果。

(4) 直接反应。直接反应媒体是指引起消费者做出直接反应的所有广告媒体的总称，其中包括直接邮寄、电话、网络、赠券和奖券。这些广告媒体的共同特点是立即唤起消费者对广告做出各种反应，因而称之为直接反应媒体。直接反应广告直接瞄准目标消费者，对象比较单一，反馈及时、直接、有效，所传递的信息专业、详尽，并且制作费用低廉。其不足是市场的范围有限。

(二) 选择广告媒体的依据

选择广告媒体主要依据广告目标、产品性质、消费者习惯、媒体特性、媒体成本、广告时机、编辑环境和国家法规等方面的要求。

1. 广告目标

广告的目标不同，选择的媒体类型也不相同。如果广告的目标是在短期内迅速地提高产品的知名度，那么电视是最佳的媒体，因为它能在瞬间将广告信息传达到各个角落。例如，“康师傅”方便面为了迅速打开市场，结合广告的创意和表现方式，恰当地选用了电视媒体，使“康师傅”方便面一夜成名。如果广告的目标是以说服性为主时，可以采用报纸和杂志广告，这类媒体的文字容量大，能够详尽表述广告信息。

广告的目标如果是推出产品或服务，则较多地使用电视、报纸和店铺等广告媒体，而树立形象较多地使用报纸等印刷媒体。

2. 产品性质

不同的产品对广告传播效果的要求是不一样的，科技含量高的产品需要对产品进行专业化的说明，可以采用邮寄信函或在专业期刊上刊登广告的方式；而需要体现产品的外观、生动形象以及用后效果的广告，则可以采用电视广告的方式。例如，海飞丝、飘柔、潘婷洗发水是日用消费品，广告内容相对简单，另外这些产品还强调使用后的效果，因此这些产品适合于用电视做广告。

3. 消费者习惯

选择媒体要考虑消费者的生活习惯，要在消费者经常接触的媒体上做广告。例如，少年儿童接触的主要媒体是电视，因此在电视的儿童节目中插播儿童用品广告将十分有效。又如，出租车司机主要收听收音机的交通台，因此，有关汽车配件、汽车护理品的广告，选用广播的交通台将十分有效。

4. 媒体特性

企业选择媒体，应该与企业的整体营销战略相一致，要在媒体覆盖区域、传播速度、影响力方面做出科学的抉择。

（1）媒体覆盖区域。选择媒体时要使媒体覆盖区域与企业的销售区域保持一致。前者大于后者，浪费广告资源；后者大于前者，影响产品销售，降低市场发展速度。

（2）传播速度。传播速度快的媒体可以及时将企业要发布的信息传播到市场上。电视和报纸广告，以及新兴的网上广告就具有传播速度快的特点。

（3）影响力。媒体的影响力与许多因素有关。首先，与广告的展露次数有关，展露次数越多，影响力越大；其次，与媒体本身的特点有关，例如，集视听于一体，动静结合的电视广告就具有较强的影响力。印刷精美的期刊广告要比报纸广告更具有影响力。

5. 媒体成本

广告是一种付费的促销方式，需要在选择不同媒体时，认真核算其成本，获得尽可能大的效益。成本核算，最主要的是要核算预选的几种媒体的每千人成本。每千人成本的核算比较简单，以报纸为例，如果一版报纸广告的支出是 20 000 元，该报纸发行量是 2 000 000 份，经调查，报纸的阅读者中，有 80%的人将阅读广告，则该广告的千人成本是：$\frac{20\,000\times 1\,000}{2\,000\,000\times 80\%}=12.5$ 元。

当然，仅仅依据每千人的广告成本还不够，还要综合考虑广告媒体的类型、媒体的声望和质量等因素。

6. 广告时机

结合不同的时机选择恰当的媒体，能收到较好的广告效果。节假日人们外出机会多，因此报纸、广播和户外等媒体被人们接触到的可能性很高。另外，节假日也是发布销售产品的广告和公共关系广告的最佳时机。

7. 编辑环境

所谓编辑环境，是指广告所发布的空间和时间中不要有与该广告的内容相抵触的其他内容。例如，电视中刚刚播完一个治脚气的药品广告，画面不美，令人作呕，可是紧接着播出一则饮料的广告，可以想象后面这则广告有多少人在看，而且看的人有何感觉。人们往往在看到药品广告的时候就转换频道，以清洁视觉；即使不换频道的人，也多视而不见；即使看了的人，其作呕心理还未完结，一直延续到饮料广告，这种效果不言而喻。

8. 国家法规

选择广告媒体还要在国家法规允许的范围之内，如路牌广告要符合城市及道路管理的要求，一切广告都要遵守《中华人民共和国广告法》的有关规定。

（三）特定媒体的选择方法

1. 选择媒体的过程

选择媒体的过程包括四个步骤，如图 15-3 所示。

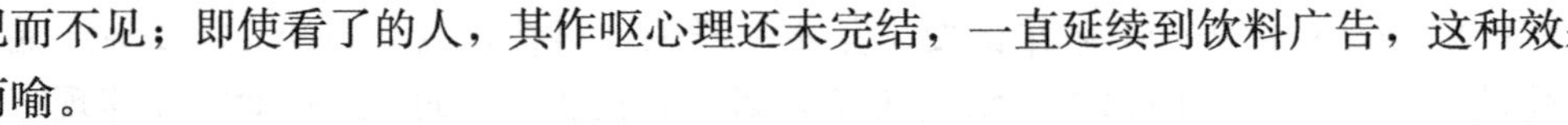

图 15-3　选择媒体的过程

（1）确定媒体类型。媒体类型要根据上述的八个方面的依据来确定。

（2）确定具体的媒体。确定具体的媒体是在所确定的媒体类型中，找到在覆盖范围、成本支出等方面最合适的具体媒体。例如，确定的媒体类型如果是报纸，确定具体的媒体就是要在众多的报纸中选择某种报纸，如《北京晚报》刊登广告。

（3）确定媒体日程安排。媒体的日程安排包括年度安排、月度安排和频率安排。

（4）确定媒体的地区分布。媒体的地区分布是指广告出现的地方。全国销售的产品一般在对媒体进行地区选择的时候有三种选择：①100％直接投入全国性媒体；②由全国性媒体与地方性媒体混合组成；③在全国各地只使用地方性媒体，或在全国相当大的部分内使用地方性媒体。采用何种策略要视广告产品在销售上的具体情况而定。

2. 选择媒体的方法

媒体选择的方法有以下几种可以借鉴：

（1）媒体接触机会比较法。以媒体覆盖面大小、收视（听）率与发行量的高低作为对比参数，实行纵向型（同类媒体之间）和横向型（不同媒体之间）比较。可将对比参数作任意排列，从中选择出理想的媒体。

（2）信息到达程度筛选法。以到达率、开机率和基本读者量作为比较参数，进行横向或纵向比较，从中选择出与目标对象吻合度高的媒体。到达率指不同的个人或家庭在某一特定的媒体计划期内，信息接受者在特定群体中的百分比；开机率是指在一天中的某一特定时间内，开启电视或广播的个人或家庭在“两机”拥有总量中所占的百分比。

（3）信息传送效果推断法。根据信息传达的准确性、突出性、时效性、直接性等多种项目，进行综合比较，选择信息表现和传达效果最佳的媒体。这种推断方法不是一种量化的比较，更多依赖于实践经验的判断，因此必须综合多方面的因素和做必要的调查研究。

（4）视听心理取向权衡法。受众的视听心理取向具有一定的规律性，以节目的视听心理取向和以年龄、职业、性别、收入、文化层次等为成因的视听心理取向作比较，选择与传播目标心理取向吻合度高的媒介。

（5）诉求定位判断法。以广告的诉求定位为判断标准，选择与诉求定位相适应的媒体，如感性诉求宜选择影视媒体，而理性诉求宜选择印刷媒体等。

（6）千人成本效率比较法。千人成本效率比较法是通过计算结果的比较，选择与传播目标相吻合、千人成本较低的媒体。

（四）媒体的日程安排

媒体的日程安排包括年度安排、月度安排和广告量安排三个方面。

1. 年度安排

媒体的年度安排一般有三种方法可供选择，即连续式、周期式和脉冲式。

（1）连续式发布法。连续式发布法是指在一年内连续不断地发布广告，一年52周，每周一次。此种形式仅用于生产常年消费品、拥有全国市场、实力雄厚的大型企业。由于广告费用投入极高，一般企业难于承受（图15-4）。

图15-4　连续式发布法

（2）周期式发布法。周期式发布法是指将广告发布时间分成若干段，两段时间之间有一个广告停止期，发布时间可能持续 1 周至数周，停止期可能为数周或数月（图 15-5）。这种方法被经常采用，主要原因在于媒体费用昂贵，如果连续发布，会造成很大的成本压力，因此可以通过周期式的发布来降低成本，且不影响广告效果。一般广告停止期人们会对广告的产品淡忘，但随之而来的一个新周期又会以较大的广告量加以提高。

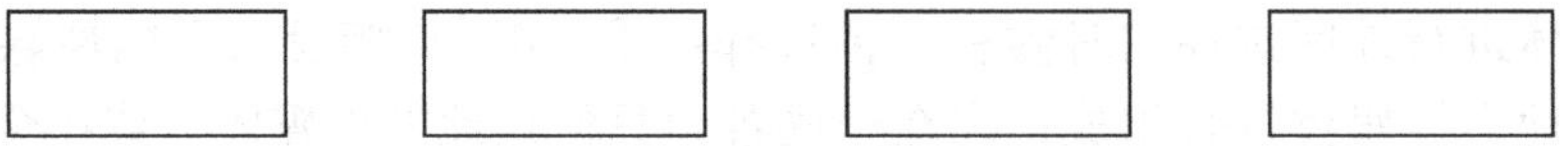

图 15-5 周期式发布法

这种方法适用于以下情况：广告经费有限；较长时间才购买一次的产品；季节性和阶段性消费的产品；或服务于建立市场占有率计划与市场推广计划。

（3）脉冲式发布法。脉冲式发布法是指广告发布不中断，随着时间不同，发布量有大、有小。一般是以较低量的广告保持它，不使其中断，然后加上周期性的、量大的广告以加强效果（图 15-6）。

图 15-6 脉冲发布法

比如当我们确定了某个消费者群体后，我们就采用针对他们的个别的广告媒体，以较低的比重地向他们发布，然后到了促销期或销售旺季时便采用大比重、高密集度的广告，发起较强的广告攻势。

2. 月度安排

月度安排是指在一个月中，广告在不同日期的分布。例如，一则电视广告在 4 月的第一个星期的时间安排如表 15-3 所示。

表 15-3 某电视广告 4 月第一个星期的时间安排

星期	日期	广告的时段	广告的持续时间
二	6	晚上	晚上 30 秒
四	8	晚上	晚上 30 秒
五	9	中午、晚上	中午 15 秒、晚上 30 秒两次
六	10	上午、中午、晚上	上午 15 秒、中午 15 秒、晚上 30 秒两次
日	11	上午、中午、晚上	上午 15 秒、中午 15 秒、晚上 30 秒

3. 广告量安排

在一个广告活动期间应该排多少广告，即确定媒体广告的到达率和频率问题。对于这个问题，没有定论说多少到达率和频率最好。一般视具体营销目的、竞争状况等情况而定。

一般在遇到下列情况时，广告发布往往强调到达率：①广告产品是新产品；②广告产品是发展中的类型；③有了更强的品牌加盟市场；④目标市场不限定；⑤难得买一回的产品。比如康师傅利用电视媒体打开知名度，扩大到达率的做法就是一例。

当遇到下列情况时，广告发布较看重发布频率的多少：①竞争者较强大；②产品说明复杂；③经常购买的产品；④品牌忠诚度较低；⑤目标市场有限，消费者对该品牌抵触时。

广告发布的次数并不是多多益善，而要根据实际情况进行科学的安排。一般情况下，在一个购买周期内，发布 1 次广告没用，2 次有些用，3 次才有效果，最佳接触广告次数为 6 次，如果人们接触超过 8 次，人们便开始对它有所厌倦，之后便没有什么效果，并有可能产生负面的效果（图 15-7）。

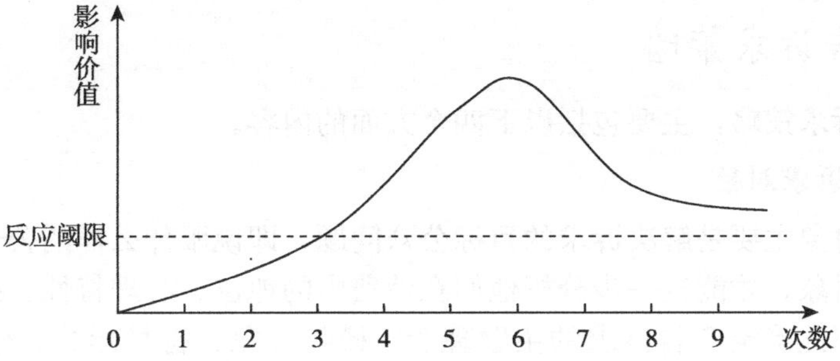

图 15-7 广告次数与影响价值的关系

（五）媒体组合的运用

在现代广告活动中，孤立地运用某一个别媒体往往不能达成广告目的，通常需要使用两种或多种不同媒体，相互配合，协调运用。在进行媒体组合时，要遵循一定的原则和使用一定的方法。

1. 媒体组合原则

在进行媒体组合时应遵循以下原则。

1）相互配合，不重复覆盖，也不要有被忽视的空间

有时电视已经覆盖的受众群体就没有必要再用报纸覆盖之，这样易浪费。一般是在第一种媒体达到最佳到达率之后，再以较便宜的第二种媒体提供额外的覆盖，以保持和延续第一种媒体达到的效果。

2）充分发挥各种媒体之长处，避免其短处

比如电视长于展示形象、过程，长于感情诉求，因而多用于告知型信息；说理性的信息要用报纸等以文字见长、解释见长的媒体，可以用报纸补充电视广告信息深度不够、用电视补充报纸广告形象不足的缺陷。

2. 媒体组合的方法

（1）点面效应互补法。这是一种以媒体覆盖面大小为互补条件的组合方法。当我们选定某一大众媒体作一个或数个目标市场覆盖时，可选择一种或多种局部区域覆盖的媒体，以提高信息的重复暴露度。

（2）时效差异结合法。这是一种以媒体时效长短互补结合的组合方法。媒体的时效有长有短，短的如电视、广播，多为 15～60 秒；长的可达一年，如路牌、霓虹灯；报纸一般为 1～3 天；杂志为 1 个月以上。在现实生活中，人们对媒体的接触具有多样化特征。不同时效媒体的组合可扩大信息接触，提高信息扩散度。

(3) 时间交替组合法。通过时间上的交替形式进行媒体组合。当个别主要媒体达到最佳到达率之后，另一种较便宜的媒体与之交替使用，提供重复性暴露，使信息送达主要媒体未达到的受众。

(4) 媒体个性互补组合法。其是以媒体个性作补充的一种组合方法。当以某一个别媒体为主时，以另一个与主媒体有互补作用的其他媒体为补充，使信息传达更具全面性和完整性。例如，当一新品上市时，可以电视作品牌和产品外观诉求，同时运用报纸或杂志作产品质量和功能诉求。

二、广告诉求策略

确定广告诉求策略，主要包括以下四个方面的内容。

(一) 明确诉求对象

明确诉求对象主要是解决诉求的目标公众问题，即说服什么样的公众。只有找出广告诉求的具体对象，才能进一步分析他们在消费中的地位、心理特性、接受机制、知识水平状况，并据此确定广告诉求的主题理念、模特形象、符号形式、信息内容和表达方式。

(二) 明确诉求符号

选用诉求符号涉及的内容主要包括人物形象、动物形象、卡通形象、色调氛围、音乐、线条模式等。选用什么样的类型，应该充分考虑到目标公众的心理特性和接受机制。一般而言，如果诉求对象是青少年，那么可优先选择明星形象，如果是中老年人则宜选用大众化人物形象。

(三) 明确诉求信息

诉求信息主要有两大类：一类是实体化信息，它们依附于商品、企业或公众存在，如商品信息、企业信息和社会生活信息；另一类是程序化信息，它们依附于活动程序而存在，如促销活动的信息。为了强化广告的宣传效果，应该根据公众对信息的关心点以及展示商品形象的需要，选择商品或促销活动某一个方面的信息，作为重点宣传内容，创造出宣传上的“点射效应”，以少而精的信息内容给公众留下深刻的印象。

(四) 明确诉求方式

广告诉求方式就是广告作品陈述信息的形式，说服的方式影响着说服的客观效果。广告宣传作为一种特殊的大众化说服型宣传模式，如果其诉求方式具有科学性、逻辑性和鼓动性，就能产生巨大的市场冲击力。在实际运用中，广告诉求方式主要有三种。

1. 感性化的诉求方式

感性化诉求方式的特点是“以境动人”，通过营造理想化、实体化的意境画面，刺激公众的感官系统，引导公众进入一种浪漫化的境界。感性化诉求方式的表述语言充满了刺激性和鼓动性，虽然没有逻辑性，但是能够影响公众的联想心理和梦幻心理，在青少年公众中颇具影响力。

2. 理性化的诉求方式

理性化诉求方式的总体特点就是“以理服人”。这种诉求方式主要是作用于公众讲究实用的理性思维，其语言特色在于逻辑性和条理性，内容往往侧重于商品的功能、价值等，能够给公众营造具体、实在的消费意境，使公众直接从语言中发现商品带来的实际利益。这种诉求方式有利于宣传新式商品，对中老年公众比较有效。

3. 情感化的诉求方式

情感化诉求方式主要是利用公众的情感生活施加影响的，其特点是“以情感人”，通过营造情意融融的气氛，刺激公众的情感心理，引导公众产生情感向往和满足感，从而对商品留下美好的印象。

第五节 广告创意与广告表现

一、广告创意

(一) 广告创意的含义

广告创意是广告创作人员按照一定的原则和方法所进行的构思和想象，是表现广告主题并最终形成美好意境的一种创造性思维活动。理解广告创意的含义，要把握以下几个方面。

1. 广告创意的目的：寻求和获得新思想

广告创意的精髓就在于创造性，寻求一种新的思想和方法，获得一种前所未有的新感觉，作品令人耳目一新。例如，1990 年台湾一则庆祝“母亲节”的平面路牌广告，确定的广告主题是“母亲的伟大，母亲的爱”，策划人员为突出这一主题而形成的创意是：在广告牌上方排列了 24 位世界伟人的照片，正面的广告词是：“在妈妈心中，他们只是孩子。”广告牌下方又排列出 24 个新生婴儿照片，广告词却是：“在妈妈心中，他们都是伟人。”这是一个极佳的广告创意，它较好地表现了母性的无私、无畏、真挚和高尚。

2. 广告创意的前提：科学的调查与分析

广告创意不是随心所欲的，应充分地占有各种素材，把所掌握的材料，塑造成一个形象或形成一个意念。在材料占有的基础上，加以科学的分析，是寻求最佳创意的唯一出路。

3. 广告创意的表现形式：创造与优化

形成一个科学健康而有品位的广告创意，是一个反复酝酿、反复构思的过程，需要集思广益，同时要备有多套方案，进行优选。在这一过程中，要勇于否定自我，在一次次的否定中提出新思路，从而最终形成最佳创意。

4. 广告创意的关键：符合公众心理

广告创意的成功与否，不是自我认同，而必须在主客体的互动中加以体现，就是说，广告创意必须符合公众心理。

5. 广告创意的重点：挖掘产品个性和寻找“销售难题”

产品的个性是独具特色而不为同业所共同拥有的那些属性，它是一种特殊的标记，是一种风格。广告创意所要表现的产品个性，应是能为公众识别并加以接受和看重的，否则没有任何意义。

找出“销售难题”是至关重要的。销售难题并不是产品本身存在什么缺陷，恰恰是具备了某种特质，而这一特质却没有得到很好地张扬，而是被有意或无意地掩盖了。

6. 广告创意的成果：形成富有吸引力的美好意境

广告创意的成果与文学创意的成果具有一定的相似性，即以构筑意境为目标。不同的是文学创意强调通过意境表达某种思想、观念，而广告创意则通过意境来展示商品信息和品牌特性。

（二）广告创意意境的类型

广告创意的最终成果是设计富有吸引力的美好意境。在广告宣传中，意境的类型比较多，根据不同的标准，可以得出不同的结论。

1. 以意境所蕴涵的现实性成分来划分

根据意境所蕴含的现实性成分进行划分，广告意境包括梦幻意境、诗化意境和写实意境。

（1）梦幻意境就是广告创意人员运用小说创作手法，尤其是神话创作手法，编写出具有浪漫主义情调的情节、剧本，引导公众进入梦幻、仙境世界。

（2）诗化意境是广告创意人员运用诗歌创作手法，基于生活素材，撰写出具有朦胧主义色彩、印象主义色彩的诗词、歌词，然后借助心理暗示效果，使公众产生美好体验的意境。从具体操作上看，营造诗化意境主要有两种策略：一是诗词创作型策略，即根据宣传商品的我和公众文学欣赏心理，自主创作表现商品的诗词；二是诗词包装型策略，即根据宣传需要，借用某些现成的诗词，嵌入商品宣传方案中，营造诗化意境。

（3）写实意境就是广告创意人员运用纯写实主义手法，选择具有典型意义的平凡生活事件作素材而创造出来的意境。这种意境是现实生活的简单再现，但是由于它来源于生活，又表现为生活，因而对公众也颇具影响力。

2. 以意境的功效划分

根据意境的功效来划分，广告意境包括消费意境、感觉意境、联想意境和文化意境。

（1）消费意境就是广告创意人员设计出人们消费某种商品的生活背景、氛围、使用方法等方面的图样，给公众提供一种科学的、理想的消费模式。

（2）感觉意境是指广告创意人员根据人的心理感觉规律，设计相应的宣传词、图景、情节、色彩和音响组合作品，使公众产生“身临其境”之感的意境。这种意境旨在渲染一种氛围，使公众“进入”某种境界，产生良好的心理感觉，对企业及其产品留下深刻的印象。

（3）联想意境是指广告创意人员根据公众心理联想规律和暗示效果，设计具有鼓动色彩的广告作品，策划具有导向意义的宣传活动，引导公众产生美好联想的意境。

（4）文化意境是指广告创意人员根据公众的文化需求和民族文化特点，策划带有鲜明的宣传活动，制作带有文化色彩的广告作品，使公众产生文化认同意识的意境。一般而言，创作广告文化意境的基本模式就是文化演示策略，即根据宣传商品表现需要和公众的文化心理，直接演示社会某种文化的理想境界。

3. 以意境的时间取向划分

根据意境的时间取向来划分，广告意境包括眷恋意境、现实意境和憧憬意境。

（1）眷恋意境是广告创意人员根据人们对过去美好生活的眷恋而创造的，旨在勾起人们美好回忆的意境。

（2）现实意境是广告创意人员根据时代特色、社会时尚和公众生活模式，运用临摹手法、艺术夸张和变形手法而创造出的具有强烈现实性、真实感特征的意境。

（3）憧憬意境是广告创意人员根据人们对未来生活的憧憬和向往而创造出来的、以美好幸福为主旋律的意境。

4. 以意境的形式划分

根据意境的形式来划分，广告意境包括语词意境、情节意境、图画（画面）意境和音响意境。

（1）语词意境就是广告创意人员根据公众的文字符号心理，借助文字创造出来的意境。

（2）情节意境是指广告创意人员根据人们的心理活动规律，设计富有情节性的剧情，展示某种理想化的社会活动，引导公众产生参与欲望和消费欲望的意境。

（3）图画（画面）意境和音响意境以直观、生动、形象的符号系统作用于人的感觉器官，可以直接引导人们进入某种生活境界之中，因而被赋予“入境导向仪”的称号。

（三）广告创意的指标构成

广告创意是多方面的，每个方面又有各自的指标构成，如表 15-4 所示。

表 15-4　广告创意的指标构成

创意项目	指标构成
广告主题	①独特性；②鲜明性；③意境感
广告文案	①立意；②选材角度；③文化品位；④生动性
广告图画	①表现力；②美感；③个性；④布局
广告体裁	①新颖；②适应性；③多元化
表现方法	①自由度；②灵活性；③吸引力
媒体运用	①冲击力；②诉求效果
活动计划	①主题性；②系列性；③周密性；④连贯性
内在风格	①品位；②独特；③稳定；④力度

（四）广告创意的程序

广告创意思维过程也是一个经过发想、扩想、深化着想点、形成创意和发展创意的过程。其创意程序为：①研究产品最突出的利益所在，寻找创意的基点；②研究目标对象利益合成方式和重点，寻找创意的支点；③研究广告环境，特别是竞争品牌的广告创意策略，以确定本广告创意的重点；④确定广告诉求重点，即确定广告创意主题，形成广告创意策略；⑤确定广告的表现手段和表现风格。掌握科学的操作程序是广告创意成功的保证。

（五）广告创意方法

广告创意，强调科学性、艺术性和技巧性。为此，广告从业人员应该具备正确的创意思维，为广告创意提供科学的方法论保障。

1. 感性化创意法

感性化创意法，就是把抽象意义的商品文化意念、社会消费观念和人类理想境界转化为直观化的具体形象的思维过程。有一则保险电视广告，就是较典型的感性化创意法作品：广告一开始，两条金鱼在鱼缸里游动，仿佛这个世界是多么宁静。但天有不测风云，人有旦夕祸福，突然鱼缸从架子上倒下来，摔得粉碎，象征一个企业或家庭的财产遭到意想不到的灾祸；金鱼在地上挣扎，暗示着企业或家庭的主人遭到了某种危险。然而，奇迹出现了，鱼缸复原了，金鱼安然无恙。这又暗喻这个企业或家庭已经参加保险，在遇到不幸后，具有起死回生的作用。最后字幕点出这则广告的主题“参加保险，化险为夷”。这样，抽象化的说教性内容变得形象具体了，公众的印象自然比较深刻。

2. 主题化创意法

主题化创意法，就是根据产品特性和公众情况，进行准确的主题定位和提炼，选择适合的主题内容，在鲜明的主题意识支配下，构思具体的广告情节和宣传用语。

3. 商品本位创意法

商品本位创意法，是指根据消费公众的商品心理以及商品自身特性，以某种商品文化为主题素材，创造理想的商品形象意境、商品生产意境、商品消费意境的创意法。这种创意法以商品为本位，在整个广告中，商品自身就是宣传的主角，无论宣传内容、广告画面还是表现意境，都是商品的艺术化展示。

4. 顾客主体创意法

顾客主体创意法，就是根据消费公众的生活背景和时代特点，以公众形象为主体，以商品为“道具”而进行意境创造的方法。在这种创意思维中，顾客成为广告作品的中心内容和明星角色，而商品则完全退居次要地位，成为“明星顾客”的衬托。

5. 观念倡导创意法

观念倡导创意法，是指通过创造旨在倡导对社会进步、人类发展具有促进意义的意境，来宣传商品的创意思维。例如，一个空调广告称：“良好的风气，从×××开始!”这就具有观念倡导创意法的色彩，既展现了空调的基本效用，又号召人们树立良好的社会风气，一举两得，具有较强的宣传力。

6. 演示生活情景创意法

演示生活情景创意法，是指在广告作品中，有意设置符合商品基本消费途径的日常生活情景，在生活化、真实化的情景中展示商品的特点与功效。

7. 附加形象创意法

在广告创意中，根据公众的社会性消费心理，运用文化融合、强化、装饰、包装等手段，在商品固有形象之外进行人格化、情感化、心理化的形象定位和渲染，使公众获得一种全新的商品形象、企业形象。这种创意法就是附加形象创意法。

8. 时机捕捉创意法

时机捕捉创意法，是指广告人员根据特定时机人们所特有的心理、大众心理，以节日文化或特定热线电话下的生活情景为主题，策划出相应的宣传意境，来开展广告宣传。这种创意方法的成果往往是策划出一个符合社会性时机心理的文化性宣传活动，主题具有很强的文化性。例如，在春节期间，可以制作喜迎新春的贺岁广告片：以对联、红灯笼等物品为载体，以红色为主色调，以喜庆气氛为基调，以拜年为事由。这种广告宣传的气氛与现实生活基本吻合，迎合了公众的欢庆心理，因此能够有效地影响公众。时机捕捉创意法的素材有社会节假日、重大社会活动期间、“公众热点”期。

二、广告表现

一般来说，广告创意主要通过三种方式来表现，即广告文案、平面广告和影视广告。

（一）广告文案

广告文案是指广告作品的文字部分，是广告的字句资讯，是围绕特定品牌核心价值，通过特定媒体向公众介绍和推销商品、报告服务内容的文字。从应用范围来看，广告文案又分为广告语、广告内文和软文三种。

1. 广告语

广告语是品牌传播中的核心载体之一，在与消费者的沟通中起到非常重要的作用。

广告语创作标准包括以下三个方面。

(1) 广告语切合品牌或企业所要传播的定位。因为广告语是品牌主张的一个载体，且是一个核心的载体，因此，它在广告中起到非常关键的作用。事实上，无论做什么类型的广告，包括电视广告、平面广告等，定位是在先的，进而在定位的基础上进行各项表现。而广告语也一样，它必须符合品牌或企业的定位，并在定位的基础上进行创作、提炼，形成一句有效的传播口号。

(2) 广告语必须有感染力。好的广告语能够打动消费者，让人在情感上产生共鸣，从而认同它、接受它，甚至主动传播它！

纵观我们所熟悉的广告语，如“喝了娃哈哈，吃饭就是香”、“人头马一开，好事自然来”，或许你已经好久没有看过或见过它的广告了，但你却依然记得，历历在目、印象深刻。

好的广告语是有销售力的。在市场竞争中能够有效地区隔竞争产品，在同类产品中脱颖而出。

(3) 易读、易记、易于传播。广告语切忌说得太多、太长，要注意信息的单一性，一般以 6～12 个字为宜。卖点太多，语句太长，都不便于记忆和传播。

另外，还需讲究语言文采。好的广告语，能让你回味良久。如“钻石恒久远，一颗永流传”、“滴滴香浓，意犹未尽”、“只溶在口，不溶在手”等，都堪称经典。需要明确的是，广告语不是玩文字游戏。它不是华丽辞藻的堆积，切勿讲求诗一般的意境。但必须注意，要讲究用词、用句、用语，保持结构、语法的正确性。

2. 广告内文

广告内文主要用于对广告语的诠释，一般与广告语搭配使用。一般来说，广告内文主要以平面广告、广告脚本、广播稿等形式呈现。通过对广告语的进一步诠释，让消费者对产品或品牌有更深入的认知。

3. 软文

软文是指企业通过策划在报纸、杂志或网络等宣传载体上刊登的可以提升企业品牌形象和知名度，或可以促进企业销售的一些宣传性、阐释性文章，包括特定的新闻报道、深度文章、付费短文广告、案例分析等。

软文包括以下几种主要形式。

1）悬念式

也可以叫设问式。核心是提出一个问题，然后围绕这个问题自问自答。例如“人类可以长生不老?”“什么使她重获新生?”“牛皮癣，真的可以治愈吗?”等，通过设问引起话题和关注是这种方式的优势。但应用这种方式必须掌握火候，首先提出的问题要有吸引力，答案要符合常识，不能作茧自缚、漏洞百出。

2）故事式

通过讲一个完整的故事带出产品，使产品的“光环效应”和“神秘性”对消费者心理造成强暗示，使销售成为必然。例如“1. 2亿买不走的秘方”、“神奇的植物胰岛素”、“印第安人的秘密”等。讲故事不是目的，故事背后的产品线索是文章的关键。听故事是人类最古老的知识接受方式，所以故事的知识性、趣味性、合理性是软文成功的关键。

3）情感式

情感一直是广告的一个重要媒介，软文的情感表达由于信息传达量大、针对性强，当然更可以使人心灵相通。“老公，烟戒不了，洗洗肺吧”、“女人，你的名字是天使”、“写给那些战‘痘’的青春”等，情感最大的特色就是容易打动人，容易走进消费者的内心，所以“情感营销”一直是营销百试不爽的灵丹妙药。

4）恐吓式

恐吓式软文属于反情感式诉求，情感诉说美好，恐吓直击软肋——“高血脂，瘫痪的前兆!”“天啊，骨质增生害死人!”“洗血洗出一桶油”。实际上，恐吓形成的效果要比赞美和爱更具备记忆力，但是也往往会遭人诟病，所以一定要把握度，不要过火。

5）促销式

促销式软文常常跟进在上述几种软文见效时，或者是直接配合促销使用，或者就是使用“买托”造成产品的供不应求，通过“攀比心理”、“影响力效应”多种因素来促使消费者产生购买欲。

6）新闻式

所谓事件新闻体，就是为宣传寻找一个由头，以新闻事件的手法去写，让读者认为就仿佛是昨天刚刚发生的事件。这样的文体有对企业本身技术力量的体现，但是，告诫文案要结合企业的自身条件，多与策划沟通，不要天马行空地写，否则，多数会造成负面影响。

7）诱惑式

实用性、能受益、占便宜这三种属于诱惑式软文，这种软文对读者是有帮助的。之所以能使访问者主动地点击或是到处寻找，是因为它能给访问者解答一些问题，或者告诉访问者一些对他有帮助的东西。这里面当然也包括一些打折的信息等，这就是抓住了消费者爱占便宜的一个心理。

软文创作必须遵循的基本要求主要有以下五个方面。

(1) 主题的明确化。为了便于公众理解，广告文案必须做到主旨明确，主题鲜明，而不能含含糊糊、模棱两可、隐约其辞。其具体要求是主题单一、定位准确、标题准确、表白显露、内容准确。

(2) 内容的准确化。广告文案内容的准确化，既是宣传商品、展示企业形象的需要，又是提高宣传作品影响力的需要。在具体创作中，内容的准确化主要表现为事实的准确化。

(3) 结构的简明化。广告文案是一种特殊的商业性应用文体，在结构上应力求单纯简明，布局严密。

(4) 语言的科学化。广告主要是通过语言来影响公众的，语言的科学性直接影响到广告作品的冲击力。在广告文案创作中，语言的科学性主要有三个方面的要求：第一，用词的准确性；第二，用词的适应性；第三，媒体语言的特殊性。

(5) 心理的鼓动性。强化广告文案的鼓动性，除了立意准确鲜明以外，尤其要注意以下几点：第一，宣传用语要富有动作色彩，借用祈使句的形式，直接诱发公众的参与心态和动作意识。第二，善于制造意境、梦想。第三，善于运用心理技巧，借助人们的心理、名人效应和社会热点事件等，强化广告文案的鼓动性、有效性。

(二) 平面广告

1. 平面广告的分类

由于每一类广告都具有其不同的侧重点，需要注意的事项及设计的手法也有所差异。因此了解广告的种类，掌握各种广告的设计重点对设计人员来说就显得非常重要。

1) 按目的分

(1) 产品广告：用以促进产品销售的广告。

(2) 非产品广告（或企业形象广告）：专指用于提升企业知名度、外部形象的广告，并非专指某一具体产品。

(3) 公益广告：针对于某一项公益性事业所制作的广告。

(4) 认知广告：指在树立某一产品形象，传播与产品相关的知识，使受众（消费者）熟悉产品的名称和包装的广告。

由于广告的目的不同，则设计侧重点也不一样。产品广告、认知广告要求对于产品的主体有明确的表现。因此许多广告的设计偏于理性；而非产品广告、公益广告则主要以情动人，使读者对广告的内容产生共鸣。

2) 按媒体分

报纸广告：指刊登于各类报纸上的广告。

杂志广告：指刊登于各类杂志上的广告。

宣传单广告：指印刷成为单页的广告。

直邮广告：指通过邮政系统传递的广告。

3) 按目标受众分

消费者广告：针对终端消费者所设计的广告。

企业广告：针对可能发生购买行为的企业所刊登的广告。

贸易招商广告：针对经销产品中间商（批发和零售商）所设计的广告。

2. 平面广告的构成要素及设计流程

1）平面广告的构成要素

（1）标题，标题是表达平面广告主题的短句。标题有主标题和副标题之分，主标题的功能在于吸引受众的视线，并引导平面广告的正文；副标题的功能在于补充和延展主标题的说明，或强调主标题的意义。标题必须配合插图放于广告的显著位置，并有利于广告的视觉流程引导。

（2）标语。标语与标题不同，它的主要功能在于表达企业的目标、主张、政策或商品的内容、特点、功能等，它必须易读、易记并具有强化商品名印象的功能。在创作的过程中，标语必须是意义完整的句子。标语可以放在平面广告版面的任何位置，有时可以取代标题置于平面广告版面最显著的位置。

（3）说明文。说明文即为平面广告方案正文，是针对目标诉求对象的功能或特点所做的具体而真实的阐述。说明文必须能有效地强调平面广告产品或服务的魅力与特点，而且要有趣味性及针对性。

（4）商标。商标不仅是一种单纯的装饰物，它能有效地强化印象，加深记忆，能有效达成引起注意和记忆的平面广告诉求效果。

（5）商品名。商品名是为区别与其他商品而命名的，它的首要功能在于能“有效区别”和“不会混淆”。这能给人印象深刻、容易记忆、意义美好的感觉与联想，而且易读好写，便于传播，使其成为信用的代表。

（6）插图。插图即传达平面广告内容的图像，插图是提高平面广告视觉注意力的重要元素，能够极大地左右平面广告的传播效果。

2）平面广告设计流程

（1）设计准备，包括：①明确平面广告目的；②调查目标市场基本情况；③了解消费者购买平面广告所宣传产品的动机；④准备平面广告制作所需要的多种参考资料，包括产品、商标图形、产品名、企业名和标准色样等；⑤确定制作平面广告所必要的条件，如尺寸大小、制作方式、制作材料和印刷方式等。

（2）设计创意 。创意是现代平面广告设计程序中的重要环节，当今平面广告设计呈现集体创作的趋势，一般由一个设计小组共同完成，因此在此阶段可以集中发挥多种人才的创造力，做出优秀的创意设计。

在创意方案会议中，每个人都有可能产生与众不同的创意，而在彼此不同的创意间相互探讨便有可能互碰撞产生新的创意火花，并因此推翻旧的方案，所以这是一个确定方案、讨论方案和推翻方案的过程。在不断的讨论中，最终找一个新颖独特的最佳创意方案（这个过程往往被称为头脑风暴）。

（3）设计表现 。确定广告的各种表现元素，考虑标题是否具有吸引力、标语与产品的诉求点是否一致、插图是否能够正确反映广告创意、色彩是否悦目等诸多问题。最终确定合适的标题、标语、正文、插图和色彩等。

（4）设计编排 。在确定构成平面广告的元素及表现形式后，即可在电脑上进行编排设计。在大多数情况下，此阶段需要一个主创人员与一个制作人员来完成，由主创人员表达创意并在纸上绘制出广告构成图，而制作人员则负责将设计方案电脑化。此阶段的目标是将广告设计方案完美地表现出来。

（5）审查定稿。将完成设计编排的广告打印出来，并交与客户审定，与客户讨论其提出的修改意见，向设计人员反映最终意见，并由他在电脑中修改广告，再次打出样稿请客户审定。

（三）影视广告

影视广告是非常奏效而且覆盖面较广的广告传播方法之一。影视广告制作上具有即时传达远距离信息的媒体特性——传播上的高精度化，影视广告能使观众自由地发挥对某种商品形象的想象，也能具体而准确地传达吸引顾客的意图。传播的信息容易成为人的共识并得到强化，接受频率高。并且，这种形式各个年龄段的人都容易接受，所以可以说，影视广告是覆盖面最大的大众传播媒体。

1. 影视广告的种类

（1）公益广告。其是一种免费的广告，主要是由电视台根据各个时期的中心任务，制作播出一些具有宣扬社会公德、树立良好的社会风尚的广告片。

（2）普通广告。其是指电视台在每天的播出时间里划定的几个时间段，供客户播放广告的一种广告宣传方式。

（3）直销广告。其是指电视台为客户专门设置的广告时间段。利用这个时间段专门为某一个厂家或企业，向广大观众介绍自己生产或销售的产品和商品。

（4）文字广告。其只是在电视屏幕上打出文字并配上声音的一种最简单的广告播放方式。

2. 影视广告的主要表现形式

（1）时间式。用纪录片或叙事手法，向受众交代时代进展与商品的关系。

（2）印证式。用知名人士或普通人士来引证商品的用途及好处，以达到有口皆碑的效果，但广告的技巧必须高明，否则受众会怀疑被访者言辞的可信度及真实性。

（3）幽默式。用幽默风趣的语言或手法，含蓄地宣传商品的特征，使受众在轻松愉快的气氛中领会与接受广告信息。

（4）比喻式。用浅显易懂、人所共知的比喻，引出广告商品的主题。

（5）名人推荐式。用知名人士来介绍推荐商品，利用他们的聚焦力和号召力，来影响目标受众的态度，刺激购买欲。

（6）故事式。用讲故事的形式来表达商品与受众的关系，使受众产生共鸣。

（7）悬念式。用悬念手法提高受众的注意力及好奇心，然后带出商品。

（8）特殊效果式。在音响、画面、镜头等方面加上特殊效果，营造气氛，使受众在视觉方面产生新刺激，留下难忘的印象。

（9）示范式。用比较或示范的手法，表现出商品过人之处或独特的优点。

（10）解决问题式。将一个难题夸张，然后将商品介绍出来，提供解决难题的答案。

第六节 广告预算编制

一、广告预算的方法

常见的广告费用预算的方法主要有以下几种。

（一）目标达成法

这种方法是根据企业的市场战略和销售目标，具体确定广告的目标，再根据广告目标要求所需采取的广告策略，制订出广告计划，再进行广告预算。

（二）销售额百分比法

销售额百分比法是按一定期限内的销售额的一定比率，计算出广告费总额。由于执行标准不一，又可分为计划销售额百分比法、上年销售额百分比法和两者的综合折中——平均销售额百分比法，以及计划销售增加额百分比法四种。

（三）比较定额法

这种方法根据竞争对手广告宣传的活动经费数额确定本企业的广告费用，使企业在与对手竞争中处于有利地位。其计算公式包括两个：

1. 市场占有率法

$$广告预算=\frac{对手广告预算}{对手市场占有率}\times本企业预期市场占有率$$

2. 增减百分比法

$$广告预算=（1\pm竞争者广告费增减率）\times上年广告费$$

（四）支出余额法

企业把一年度中可支配的资金总额，扣除各项必须支出的总额后，剩下的就是广告宣传经费预算额。

（五）总额包干法

根据广告宣传年度计划一次总额估计经费，报请企业领导审批，一经批准，总额就不再变动。专项开支也不作它用，广告工作人员在这个经费总额中开支全年的广告宣传活动经费，超支不再追加，如有节余可转下年度使用。

（六）项目费用汇总法

对年度计划中的各项广告宣传活动所需的经费进行总额概算，上报领导备案。所需费用在每项广告宣传活动开展之前再提出精确预算，实际花费的总额到年底结算后，才正式确定。

（七）销售单位法

这是以每件产品的广告费摊分来计算的广告预算方法，以计划销售额为基数进行计算，方法简便，特别适合于薄利多销商品。运用这一方法，可掌握各种商品的广告费开支及其变化规律，同时，还可方便地掌握广告效果。

（八）产值抽成法

产值抽成法，即根据企业本年度产值确定一个合适的比例，作为广告宣传活动经费。

（九）利润抽成法

利润抽成法，即按照企业本年度计划利润的一定比例，来确定广告宣传经费。

（十）任意增减法

以上年或前期广告费作为基数，根据财力和市场需要，对其进行增减，以匡算广告预算。小企业适用这种方法。

二、广告预算的内容

广告预算的内容包括市场调研费、广告设计费、广告制作费、广告媒体租金、演员酬金、促销与公关活动费、广告机构办公费与人员工资（服务费）、机动费用、其他杂费开支（如邮电、运输、差旅、劳务费等），如表 15-5 的广告预算书所示。

表 15-5　广告预算书

委托单位：××××××××　　负责人：×××

预算单位：×××××××××　　负责人：×××

广告预算项目：×××××　　期限：××××

广告预算总额：××××　　预算员：×××

日期：×××年××月××日

项目	开支内容	费用	备注
市场调研费 1. 问卷设计 2. 实地调查 3. 资料整理 4. 研究分析 5. 上机费 6. 其他			占广告费总额的 5%
广告设计费 1. 报纸 2. 杂志 3. 电视 4. 广播 5. 网络 6. 张贴作品			占广告费总额的 5%
广告制作费 1. 印刷费 2. 摄制费 3. 工程费 4. 其他			占广告费总额的 5%

续表

项目	开支内容	费用	备注
广告媒体租金 1. 报纸 2. 杂志 3. 电视 4. 电台 5. 网络 6. 其他			占广告费总额的 60%
演员酬金 1. 明星 2. 群众演员			
促销与公关活动费 1. 促销活动 2. 公关活动			
服务费			
机动费用			占广告费总额的 5%
其他杂费开支			
管理费用			
总计			

三、广告预算的分配

按照一定的方法，把广告费用预算的总额确定下来以后，下一步便是在广告预算总额的范围内将其按一定的目的、要求进行合理的分配。这涉及媒体的搭配、广告预算在同一个媒体内的分配，以及根据地域、时间等不同指标进行的分配等。

（一）媒体间的分配

根据广告目标的要求，将广告的预算在不同的媒体中进行分配是广告预算分配的第一步。可以将广告按照媒体的性质进行分配，确定广告的预算比例。例如，报纸广告的投入占总预算的 20%，广播占 5%，电视占 50%，销售点广告占 15%，其他媒体广告占 10%。

（二）媒体内的分配

同一种广告媒体中，不同的具体媒体，在知名度与可信度、辐射的地域范围等方面是不同的。例如，报纸、广播和电视都有全国范围和地区范围之分，即使覆盖的地域范围相同，受众类型、可信度、收听收视的黄金时段也是不同的，在费用标准等方面都有差异。因而，广告预算还要在媒体内进行有效的分配，选择覆盖范围广、可信度高、符合企业目标市场要求的具体媒体。例如，如果一种儿童食品选择了电视广告的方式，在预算分配上还要具体制定在中央电视台的预算、在哪些地方电视台做广告以及广告在地方电视台分配的预算等。

（三）地区分配

在商品销售地区较多的情况下，采用按不同地区分配不同的广告预算的方法。根据各地区的重要性、市场需求状况、竞争状况等因素，来确定不同地区的分配比例。例如，全国性的广告预算是多少，地区性的广告预算是多少，以及广告预算在不同地区的分配等。按地区分配广告预算时，具体到一个地区，可以是不同媒体广告的组合和有效搭配。

（四）时间分配

广告的预算还可以按照时间的序列进行分配，在时间分配中，有宏观的时间分配和微观的时间分配。

宏观的时间分配是指依据产品在使用或生产中的周期性特点，确定广告的发布时间。例如，家用电风扇是一种典型的在使用上有周期性的产品，在消费旺季前和消费旺季中投入广告效果最好，因此，广告的宏观时间安排在每年的 4～8 月，每月的预算分配是：4 月份：30％；5 月份：25％；6 月份 25％；7 月份：10％；8 月份：10％。微观的时间安排是在较短的时间内（如一个月、一个星期等）的广告支出预算，在具体的广告预算的微观时间安排上，有集中式、连续式和间断式等不同的方式。

（五）商品分配

如果企业要为不同类别的产品做广告，就涉及广告在不同产品间的预算问题。分别针对不同的产品做广告，首先要对产品进行分类，产品分类的标准有很多，根据投放市场的时间，可以分为新产品和老产品；根据产品的用途，可以分为 A、B、C 等不同的产品类型。如果依据新产品投放市场的时间情况分配广告预算，可以定出新产品 65％和老产品 35％的广告预算；根据产品的类别，定出 A 类产品广告预算 30％、B 类产品 20％和 C 类产品 50％的广告预算。

（六）广告对象分配

广告的对象不同，采用的媒体方式、时间分配等方面都会有差异，因而企业的广告预算还要针对不同的对象确定预算分配计划。例如，如果广告的受众有儿童、青年人、老年人等不同类型，这时广告预算就要决定在各类群体中的分配。企业可以做出如下决策：针对儿童的广告预算是 45％；针对青年人的广告预算是 20％；针对老年人的广告预算是 30％。

（七）广告活动内容分配

广告活动主要有这样几方面内容，包括调查、策划、设计、制作、发布、效果测定。一般情况下，广告调查、策划、效果测定的费用占预算总额的 5％，设计制作的费用占预算总额的 10％，发布的费用占预算总额的 80％，另有 5％作为机动费用。当然，这种分配并不是一成不变的，企业根据各种变化可灵活调整各项费用的比例。

本章小结

广告策划可通过组建广告策划小组、任务下达、商讨战略战术、具体策划、撰写策划书、客户审核、再修订来完成。当然这些程序环节的划分是相对的，在实际工作中应该灵活掌握，以便提高广告策划活动的艺术性。

广告调查与分析通过系统地收集有关资料，运用科学的研究方法，对其进行分析，提出调研报告，为评价、检测广告效果提供科学依据，以提高广告宣传的促销功能。

广告目标能指明行动方向；可作为判定依据和评估基准。必须坚持可行性、统一性、具体性、集中性、弹性和社会责任等原则。广告任务要求策划人员对广告活动的方式、内容、程度和流程做出选择。广告定位是突出商品的个性特点，确定商品的基本品位及其在竞争中的方位，促使公众树立选购该商品的稳固印象。

媒介的选择与组合是广告策划中的重要工作。选择应遵循效益性、整体性、科学性原则，同时注意选择程序与方法，从媒体运用上提高广告宣传的时效性。

广告创意最终要形成美好的意境。但它不仅仅是顿悟、灵感爆发的过程，其中还有许多实质性的运作环节，关键在于宣传意境能否切中公众关心点。

关键概念

广告策划；广告调查；广告任务；广告创意

问题与应用

1. 请简述广告策划工作程序。
2. 请简述广告调查的基本程序。
3. 广告目标的作用主要有哪些？
4. 请简述广告目标的分类和种类。
5. 请简述广告媒体的特点及选择依据。
6. 请简述媒体的日程安排。
7. 请简述媒体组合原则和方法。
8. 请简述广告的创意思维。
9. 请简述广告创意策略要点。
10. 广告预算有哪些方法？

第十六章

电子商务营销策划

本章学习指引

内容提要

☆电子商务营销的模式

☆电子商务营销策划的内涵

☆电子商务营销策划的内容与程序

☆O2O 电子商务营销专题策划

思路和主线

本章在分析电子商务营销模式和界定电子商务营销策划内涵的基础上，重点对电子商务营销策划的内容与程序进行了介绍；在此基础上，对新型的电子商务营销模式——O2O 电子商务营销的专题策划，进行了系统性的分析。

学习目标

通过对本章的学习，明确电子商务营销的主要模式、电子商务营销策划的内涵、电子商务营销策划的内容与程序，从而掌握电子商务营销策划的理论与方法；并对新型的电子商务营销模式——O2O 电子商务营销专题策划有一个完整的认知和了解。

在 21 世纪经济全球化与竞争国际化的知识经济时代背景下，数字化、信息化和网络化的“无缝隙”对接使得全球经济呈现出“无国界”的信息经济特征。在此背景下，电子商务不但成为企业之间、企业与消费者之间通过信息沟通和进行交易活动的重要方式，而且基于电子商务的各种消费活动已经成为消费者日常生活、工作的一个重要部分。电子商务的快速发展不但催生出阿里巴巴（旗下包括淘宝网、天猫商城等）、当当网、卓越网、京东商城等一大批成功的电子商务企业，而且给人们的生活方式带来了巨大的变化。电子商务模式已经从早期的 B2B、B2C、C2C 发展到现在的 O2O 模式。电子商务之于消费者已经从最初简单的网上购物发展到信息共享、社会交往等功能。“电子商务”将是现在以及未来互联网领域的重要关键词，而社交网络将会成为未来互联网的基础架构。在新的营销环境背景下，任何营销方式都在寻求新的模式和出路，通过关注、分享，使商品信息进入用户的社交网络，并通过社交网络自身的用户来进行进一步扩散传播，将是互联网电子商务进入高速发展期后非常重要的战略组成部分，“电子商务+在线社区”的组合必将是未来电子商务网站的发展趋势（冯敏敏，2012）。

因此，在未来电子商务模式不断革新发展，并且电子商务已经潜入人们生活，成为人们日常生活一个重要组成部分的背景下，无论是新型的电子商务平台型企业，还是传统的生产与生活服务类企业，都需要密切关注电子商务演变和发展的规律，并由此开展电子商务营销活动。而要提升电子商务营销的效率和效益，就需要进行科学性、系统性的电子商务营销策划。

第一节 电子商务营销概述

一、电子商务的含义

尽管电子商务呈现出快速的发展态势并渗透到人们的日常生活与工作之中，但究竟什么是电子商务，目前学者们还没有形成统一的看法。不同的机构和学者基于不同的角度对电子商务的含义进行了界定。

国际商会（1977）认为，电子商务（electronic commerce）是指实现整个贸易过程中各阶段的贸易活动的电子化过程。从技术层面而言，电子商务是一种多技术的集合体，包括交换数据（如电子数据交换、电子邮件）、获得数据（共享数据库、电子公告牌）以及自动捕获数据（条形码）等。从业务领域来看，电子商务包含信息交换、售前售后服务（提供产品和服务的细节、产品使用技术指南、回答顾客意见）、销售、电子支付（使用电子资金转账、信用卡、电子支票、电子现金）、运输（包括商品的发送管理和运输跟踪，以及可以电子化传送的产品的实际发送）、组建虚拟企业（组建一个物理上不存在的企业，集中一批独立的中小公司的权限，提供比任何单独公司多得多的产品和服务）、公司和贸易伙伴可以共同拥有和经营共享的商业方法等。

电子商务研究领域的著名学者 Kalakota 和 Winston 从四个不同的角度对电子商务的含义进行了界定。首先，从通信交流的角度看，电子商务就是通过电话线、计算机网络或其他电子方式实现信息、产品、服务或支付的传送；其次，从业务流程的角度看，电子商务就是面向业务和工作流自动化的技术的应用；再次，从服务的角度看，电子商务是一种工具，帮助厂家、消费者和管理层削减服务成本，同时提升商品和服务的品质；最后，从在线的角度看，电子商务提供了通过 Internet 和其他在线服务进行产品和信息的采购和销售的能力。

本书采用王萍（2009）的观点并加以拓展，认为电子商务是“电子”和“商务”两个概念的有机结合。“电子”应该包含广义的现代化信息技术，包括一切基于电子技术的通信方式（如 Internet、Intranet、Extranet、EDI、E-mail、电话、传真以及一切基于互联网的通信与沟通方式，如微博、博客、微信以及人人网等社交网络平台）；而“商务”也应是广义的商务，应包括商品销售、有偿服务、交易洽谈、采购、推销、广告、结算、市场调查、财务核算、生产计划安排和物流配送等一切贸易活动以及一切基于网络技术、信息技术而产生的交易活动和信息共享活动，如基于网络的团购活动、基于微博平台的信息分享而产生的企业与消费者或消费者之间的交易活动等。

除此之外，在理解电子商务含义的过程中，还需要把电子商务和网络营销区分开来。网络营销是企业整体营销战略的一个组成部分，是为实现企业总体经营目标所进行的以互联网为基本手段营造网上经营环境的各种活动。电子商务最基础的一点就是交易方式的电子化，同时意味着交易活动的发生。因此电子商务与网络营销的主要分界线在于是否有交易行为的发生。电子商务包含网络营销，网络营销是电子商务的重要组成部分，但不能等同于电子商务（王萍，2009）。

二、电子商务营销的主要模式

按照不同的参与对象和交易方式，电子商务营销可以划分为不同的营销模式。早期的电子商务营销模式主要体现为：企业对企业（business to business，简称 B2B）、企业对消费者（business to customer，简称 B2C）、消费者对消费者（customer to customer，简称 C2C）三种类型。近年来，随着电子商务营销模式的演进和人们生活习惯的变化，一种新的线上渠道和线下渠道有机结合的电子商务营销模式 O2O（online to offline，简称 O2O）应运而生。以下主要对这四种电子商务营销模式的含义和基本运作方式进行介绍。

（一）B2B 电子商务模式

B2B 电子商务模式指商业机构（或企业）使用 Internet 或各种商务网络向供应商（或企业）订货和付款的运营模式。B2B 电子商务模式是电子商务中最重要的一种形式，交易额巨大，能够产生直观的经济效益（王萍，2009）。一般而言，B2B 电子商务模式的服务对象主要是中小型企业，各类中小企业通过 B2B 电子商务开展产品采购、信息和销售等方面的工作。

在实际的运作中，企业除了自己的网站能发挥 B2B 电子商务模式的功能外，主要是借助于专业的如阿里巴巴网、慧聪网等第三方 B2B 电子商务平台来完成。因此，B2B 电子商务平台在 B2B 电子商务营销开展的过程中扮演了重要的角色和功能。B2B 电子商务平台使得企业在开展电子商务营销时，无需自己开发电子商务平台，而直接使用第三方电子商务平台。在当今市场急剧变革的背景下，中小型企业要想生存，就必须提高管理效率，提高市场响应速度，就必须同大型公司一样充分利用信息化手段。而中小型公司在利用信息化技术的时候，必须要考虑成本、技术难度、创造的价值等方面的问题。中小企业最主要的特点就是规模小、信息化基础差、资金少和人才缺乏。因此，中小企业如由一家企业来单独建立 B2B 电子商务平台，不但需要一笔相当可观的投资，技术上也有相当大的难度，而且为了建设、维护 B2B 电子商务系统，企业还必须长期聘用大计算机专业人才。所以，综合考虑各方面因素，对于中国众多的中小企业来说，尚没有能力也没必要独立地建立 B2B 电子商务平台。专业的第三方 B2B 电子商务平台不仅能够帮助中小企业实现低成本的网上交易，而且也提供了一个中小企业互相交流的平台，使它们在互相学习中提高服务，更重要的是，平台本身的知名度和号召力能为中小企业带来无限的商机（胡岗岚，2010）。

（二）B2C 电子商务模式

B2C 电子商务模式企业对消费者展开的基于网络销售的营销模式，它为公众消费提供各种商品和服务，并提供相关的电子化付款方式。这种电子商务模式是近年来各类电子商务中发展较快的，主要原因是互联网的发展为企业和消费者之间开辟了新的通信方式和交易平台。随着全球上网人数的不断增多，互联网的使用者已经成为企业进行电子商务的主要对象（王萍，2009）。

当前，中国 B2C 网络购物的产业链主要由商家（企业）、购物网站和买家三个主体组成，由于 B2C 网络购物的特点，购物网站成为三个主体的核心，商家（企业）通过购物网站实现与买家之间的资金流、信息流和物流的交互。随着网络技术的提升和电子商务企业管理水平的不断完善，主体之间的互动日益增强，整个产业链日趋成熟。在 B2C 购物网站中，主要有三种类型的 B2C 网站，即综合 B2C 网站、垂直 B2C 网站和平台式 B2C 网站。综合 B2C 网站和垂直 B2C 网站的销售模式都是企业直接参与销售，但综合 B2C 销售产品种类繁多，如同“网上沃尔玛”，国内综合 B2C 网站的代表网站有当当网、卓越亚马逊等；而垂直 B2C 就犹如现实生活中的专卖店，垂直 B2C 网站将某种产品的不同生产商、批发商和零售商进行整合，成为直接面对客户的单一体系的交易平台。垂直 B2C 网站产品销售领域范围相对狭窄，但针对性强且力求专业，如数码产品、衣服或化妆品等，目前国内著名的垂直 B2C 网站有红孩子和 VANCL 等；平台式 B2C 企业的运作模式是建立网站提供交易平台，该模式只给商家（企业）提供平台，但不参与商家（企业）产品的采购运送等环节，如阿里巴巴旗下的天猫商城就是这种类型的典型代表（陈防，2009）。

（三）C2C 电子商务模式

C2C 电子商务模式是消费者与消费者之间的货物交易或各种服务活动在网络上的具体实现。C2C 电子商务模式为买卖双方提供了一个在线交易平台，充分体现了互联网的优势，买卖双方借助网络的互动性，无障碍地充分沟通信息，同时由于互联网人群的庞大，达成交易的可能性也大大增加（王萍，2009）。

C2C 电子商务平台的服务对象主要是个人用户，通过电子商务网站为个人用户提供一个在线交易平台，使卖方可以主动提供商品上网，而买方则可以自行选购自己中意的商品，买卖双方在网上讨价还价、买卖商品，C2C 平台作为第三方起监督双方买卖、保证公平交易的作用。C2C 电子商务平台的主要代表有 Ebay. com、淘宝网等。当前，C2C 电子商务平台的功能与作用正在发生渐变。C2C 平台最早类似于“二手市场”，个人将自己不需要的二手商品放到网上，而买方通过“拍卖”的形式，价高者得。但随着 C2C 模式的发展，越来越多的卖家以盈利为目的，通过 C2C 平台销售全新的商品，也逐渐出现“一口价”的成交形式。另一个显著趋势是，C2C 平台上出现了大量非单纯个人卖家的商家（企业）群体，这些小企业甚至逐渐成为 C2C 电子商务平台上最重要的卖家用户群，因此 C2C 平台正明显地向 Bs2C 平台过度，即在 C2C 电子商务平台上汇集了大量的商户（Bs）（胡岗岚，2010）。

(四) O2O 电子商务模式

O2O 是线上渠道和线下渠道有机结合的一种电子商务模式。它是指线上营销线上购买、支付带动线下经营和线下消费，即将线下商务机会与互联网技术结合在一起，让互联网成为线下交易的前台。电子商务由信息流、物流、资金流和商流组成。传统的 B2C、C2C 等电子商务是在线购买在线支付，信息流、资金流在线上完成，购买的商品经包装后通过物流配送给消费者。与传统电子商务相比，O2O 的信息流、资金流与它们一样，都在线上完成，而物流和商流放在线下，让消费者亲自去实体店消费。

O2O 的本质是通过线上营销和线下经营来提升服务水平、改善消费体验。O2O 电子商务使信息流和实物流之间、线上和线下之间的联系变得愈加紧密，拓宽电子商务的发展方向，使电子商务发展进入新阶段。它将帮助传统的电子商务企业走出红海，让众多创业者看到电子商务所衍生出的一片新蓝海。Forrester Research 发布的数据显示，2013 年美国直接的线上销售额占零售总额的比重将达到 8%，线下消费的比例高达 92%；而中国的这一比例，分别为 3%和 97%。线上销售的市场前景非常广阔，通过 O2O 电子商务，把消费者引入到线下消费中占比 90%以上的部分中去（吴芝新，2012）。在我国，O2O 电子商务模式已经在众多的服务类企业中得到了广泛引用，并将成为我国未来电子商务发展的主要趋势。

第二节　电子商务营销策划的构成要件

一、电子商务营销策划的内涵界定

目前还没有学者对电子商务策划的含义进行界定。本书基于市场营销策划和管理咨询的内涵，结合电子商务营销活动包含的要素和操作方式，将电子商务营销策划的内涵界定为电子商务营销策划，就是策划者（可以是企业内部的策划部门或者外部的第三方策划咨询机构）在分析消费者特征和开展电子商务营销活动必要性、可行性以及资源评估的基础上，选择电子商务营销模式、选择电子商务营销平台、设计电子商务营销推广方案、实施与完善电子商务营销活动的策略规划与实现的动态过程。

如同电子商务营销与网络营销之间存在区分一样，在理解电子商务营销策划含义的过程中，也需要把电子商务营销策划和网络营销策划区分开来。网络营销策划的手段和核心是选择合适的网络平台进行营销推广，如搜索引擎营销、电子邮件营销、即时通信营销、BBS 营销、病毒式营销、博客营销、播客营销、微博营销等，其本质是将网络作为营销推广的手段来提升营销推广的效果。但电子商务营销策划的本质是基于新的交易方式来选择电子商务营销推广的平台，并构建系统的推广方案，它既包含在平台选择框架下的网络推广，又包含基于电子商务平台的交易方式的设定，因此其含义更为广泛。电子商务营销包含网络营销策划，但网络营销策划仅仅是电子商务营销策划的组成部分。

二、电子商务营销策划的内容与程序

基于电子商务营销策划的内涵，结合本书提出的营销策划八步操作流程，在实际的

电子商务营销策划过程中，需要按照如下内容和步骤来开展电子商务营销策划活动[①]：

（一）电子商务营销环境分析

电子商务营销环境分析是对企业开展电子商务营销活动的内外部环境进行系统性的分析和评估，并由此得出企业开展电子商务营销活动所面临的机会、威胁、优势和劣势。

电子商务营销环境分析的具体内容包括：

（1）对企业所面临的整体电子商务市场进行分析，包括电子商务市场的政策环境、经济环境、技术环境以及文化环境等，从中发现企业开展电子商务营销的市场机会。

（2）对企业开展电子商务营销的消费者环境进行分析，包括对消费者的年龄结构、收入结构、需求偏好、网络购物行为、付款方式等进行分析和评估，从中为企业后续选择电子商务营销模式提供基础。

（3）对企业开展电子商务营销活动的竞争环境进行分析，包括分析直接竞争对手电子商务营销活动的成败、电子商务营销的模式、电子商务营销平台选择等内容，从中明确企业开展电子商务营销的优势、劣势以及可能面临的来自竞争对手的威胁或挑战。

（4）对企业内部环境进行分析，包括对企业信息系统建设、电子商务营销经验、电子商务营销人才、电子商务营销经费等开展电子商务营销的内部资源和能力进行评估，从而明确企业开展电子商务营销活动的能力基础。

（二）选择电子商务营销模式

通过上述营销环境分析，企业要做出是否开展电子商务营销活动的决策。如果企业的决策是要开展电子商务营销并且通过上述环境分析明确企业开展电子商务营销活动所面临的机会、威胁、优势和劣势，那么企业就需要确定开展电子商务营销的模式，即在B2B、B2C、C2C以及O2O电子商务营销模式中，选择一种电子商务营销模式或者几种电子商务营销模式进行组合，从而最终选择企业开展电子商务营销的核心模式。

在选择电子商务营销模式中，企业要根据自身的业务类型、产品类型、消费者购物习惯等条件来科学地选择适合自身的电子商务营销模式。一般而言，可按照如下准则来选择电子商务营销模式：

（1）如果企业的产品只是适用于各种组织（包括营利组织和非营利组织）消费，即客户对象是组织客户，那么主要选择B2B电子商务营销模式。

（2）如果企业产品或服务的客户主要是个人或者家庭消费者，那么主要选择B2C、C2C、O2O三种模式中的一种或者几种进行组合的电子商务营销模式。是选择一种还是两种以上的组合型电子商务营销模式，需要基于企业自身的资源与能力、消费者的购物行为特征来加以考量并最终确定。

（3）如果企业的产品既适用于个体/家庭消费者，也适用于组织消费者，那么企业

---

① 电子商务营销策划的主体主要包括从事产品与服务提供的企业（厂商）或者电子商务平台企业（主要为厂商开展电子商务营销推广提供平台和服务支持）。因此，电子商务营销策划的主体和内容包括从事产品与服务提供的企业（厂商）的电子商务营销策划和电子商务平台企业的电子商务营销策划。本书所界定的电子商务营销策划内容和步骤，主要是以从事产品与服务提供的企业（厂商）为主体来规划其电子商务营销策划的内容和程序。

在选择电子商务营销模式中，就需要综合地从 B2B、B2C、C2C、O2O 四种电子商务模式中来加以组合选择，由此确定其电子商务营销模式。

（三）确定电子商务营销平台运营方式

在从 B2B、B2C、C2C、O2O 中选择一种或者几种组合型电子商务营销模式的基础上，企业就需要选择电子商务营销平台的运营方式。总体而言，企业电子商务营销平台的运营方式选择主要有三种。

（1）第一种：由企业自建电子商务营销平台并负责其平台的运行。采用这种方式首先需要企业具有足够的信息化人才和资金支持；更重要的是企业自建平台有助于企业自身的推广，如企业可以自建一个 B2B 电子商务平台，来开展电子商务营销活动。

（2）第二种：借助于第三方电子商务营销平台来开展电子商务营销活动。这种方式是目前绝大部分企业选择的电子商务营销方式，即通过各种专业的第三方电子商务平台/工具，来开展电子商务营销活动。例如，企业可以将自己的产品通过淘宝商城（B2C 电子商务平台）、淘宝网（C2C 电子商务平台）来进行网络推广与销售。

（3）第三种：自建平台＋第三方专业化平台组合的运营方式。这种方式综合上述两种运营模式，一方面借助于自建的电子商务平台，另一方面也通过专业化的电子商务平台来开展电子商务营销活动。例如，零售企业一方面建立自己的 B2C 网站来进行网络推广，另一方面也加入淘宝商城开展网络推广或者借助于各种社交网络工具来进行 O2O 的电子商务营销活动。

（四）设计电子商务营销推广组合策略

在确定电子商务平台运营模式之后，企业就需要制定出系统性的电子商务营销推广组合策略。电子商务营销推广组合策略的制定，可以依据最基本的 4P 组合理论并根据电子商务营销推广中的特殊性，来加以科学、系统地设计。

（1）产品策略。在产品策略的制定中，企业要明确哪些产品需要通过电子商务平台来进行网络营销推广。对此，企业要通过可展示性、方便运输性以及与线下产品的差异互补性等原则来确定电子商务营销的产品策略。

（2）价格策略。价格策略的制定，包括两方面的内容：一是对新上线产品的定价策略；二是产品的动态调价策略。一般而言，通过电子商务进行网络营销的产品在定价上主要采用低价格策略，同时根据电子商务平台的促销计划、竞争对手的促销、企业自身的竞争促销等对价格进行动态性的调整，如节假日的降价策略等。在企业电子商务营销价格策略的运用过程中，价格策略的运用往往会和捆绑销售等其他促销策略组合使用。

（3）渠道策略。电子商务营销中渠道策略制定的核心是如何构建其产品、如何从网站顺利达到消费者手中的通道机制。在实际的运作中，就是要选择合适的物流配送方式。一般而言，企业可以自建物流配送渠道，如京东商城；也可以委托专业的物流配送方，借助于第三方物流配送方将产品送达给消费者。

（4）促销策略。电子商务营销促销策略的制定，一方面要考虑企业产品与企业竞争的要求；另一方面如果企业借助于第三方电子商务平台运营，还需要结合第三方电子商务平台运营促销的要求给予配合。上述两方面形成了企业电子商务营销促销策略制定的重要依据。

（五）电子商务营销方案的实施与动态调整

制定出系统性的电子商务营销推广策略之后，其核心是要保证上述电子商务营销策划方案按照预定的策划目标不折不扣地执行，以保证电子商务营销策划方案达到预期的目的。在此过程中，一方面，电子商务营销策划方案的制订是基于当时的电子商务营销市场环境，而市场环境是不断变化的，当电子商务营销策划方案付诸实施时，市场环境有可能与电子商务营销策划方案制订时相比又发生了变化，因此，需要在策划方案的实施过程中对方案进行动态调整。另一方面，在电子商务营销策划方案的实施执行过程中，方案本身也会暴露出问题或局限性，这时也需要结合当时的外部环境对方案进行调整与完善。对电子商务营销策划方案的动态调整，使电子商务营销策划方案更贴近市场实际，并优化了电子商务营销策划方案的预期效果。

总结上述内容，电子商务营销策划的内容和程序，如图 16-1 所示。

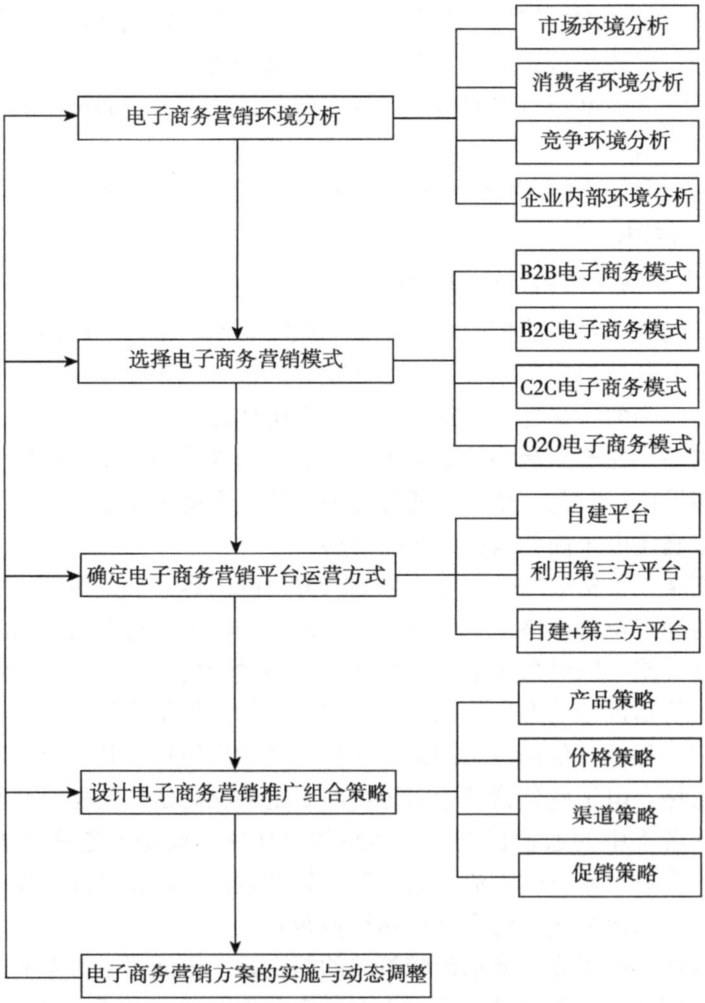

图 16-1 电子商务营销策划的内容与程序

第三节 O2O 电子商务营销专题策划

O2O 电子商务，成为移动互联网背景下新的电子商务营销模式，已经受到大型零售企业、电商企业以及众多中小服务类企业的高度重视，成为一种新的电子商务营销方式。按照主体来划分，O2O 电子商务营销的主体主要有提供产品与服务的企业和为企业提供 O2O 服务的电子商务平台企业。本部分主要是服务行业企业如何借助于 O2O 电子商务平台来开展 O2O 电子商务营销的视角，来对服务行业企业借助于 O2O 电子商务平台来开展 O2O 电子商务营销而进行的相关营销策划进行专题介绍。

基于吴芝新（2012）的研究，在进行 O2O 电子商务营销策划的过程中，主要涉及如下主要内容。

一、明确 O2O 电子商务营销的参与者

企业要完成 O2O 电子商务营销的全过程，需要多种角色参与。因此，策划人在进行 O2O 电子商务营销策划的过程中，首先要明确参与角色及其各自的作用和分工。总体而言，一个系统的 O2O 电子商务营销模式应该能够实现线上的信息流、资金流和线下的物流和商流无缝连接，为消费者、商家（企业）、O2O 运营商、第三方服务提供商等在内的所有利益相关者创造价值，实现持续盈利。

（1）消费者。从消费者角度来看，通过 O2O，消费者能够轻松、及时、全面地获取丰富信息，如优惠券、折扣信息，能够快速筛选及订购适宜的商家（企业）及服务，而且价格非常具有诱惑力，甚至可以通过自己的需求而汇聚好友并影响到商家（企业）的供应。

（2）商家（企业）。从商家（企业）角度看，O2O 为商家（企业）带来了更多的宣传和展示机会，同时可以通过消费者的支付信息掌握用户资料，通过数据挖掘可分析消费者行为，预测购买趋势，便于实现精确营销。

（3）第三方服务提供商。第三方服务提供商是以第三方的角色向消费者、商家（企业）和 O2O 运营商提供专业性服务的厂商。第三方服务商主要包括信任认证提供商、第三方支付服务提供商等。例如，信任认证提供商给商户提供资质认证；第三方支付提供商（如支付宝）作为一个信用中介，为商家（企业）提供平台保证，协助消费者对服务满意后再付款，提升用户对商家（企业）的信任。

（4）O2O 运营商。O2O 运营商成为连接消费者、商家（企业）和第三方服务提供商的纽带，为网上交易各方提供专业的服务。它能带来大量高黏度的用户推荐，能带来各行各业的商家（企业）资源，还能带来充裕的现金流。O2O 运营商打通了线上虚拟渠道与线下实体渠道的消费环节，实现了线上服务与线下服务的对接，使得线上渠道和线下渠道的关系从竞争转变为协同。

二、构建 O2O 电子商务营销的运营模式

根据 O2O 电子商务营销对消费者的渗透程度不同，可以将 O2O 电子商务营销分为

不同层级的不同运营模式，主要包括（李巧丹，2012）：

（1）口碑式O2O模式，如点评模式。平台汇聚起大规模的人气，通过消费者的口碑传播，达到为商家（企业）宣传的目的。平台参与到用户消费链的前两个环节。

（2）预约式O2O模式，如订餐小秘书。平台作为餐馆的预订渠道之一，帮助餐馆分销座位，但只涉及位子的预订，不涉及点菜及支付环节。平台参与到用户消费链的前三个环节。

（3）全消费链式O2O模式，如千品网（http://www.qianpin.com/）模式。平台通过帮助商家（企业）开设网络店铺的模式，将实体店铺全面搬到互联网上，且实现24小时不打烊。

三、设计O2O电子商务营销的交易流程

O2O电子商务交易活动的流程主要包括线上处理流程和线下处理流程两部分。线上处理流程包括线上撮合、线上支付，线下处理流程包括线下消费和消费反馈。具体而言，策划人在进行O2O电子商务营销策划过程中，要按照如下步骤来设计电子商务营销的交易流程：

（1）线上撮合。消费者通过线上获取商品或服务信息，做出选择并进行评估，做出购买决策。

（2）线上支付。经线上撮合后，消费者通过网络银行或第三方支付等在线支付工具进行在线支付或在线预付购买商品或服务，支付成功后，领取数字凭证。

（3）线下消费。消费者凭借数字凭证或优惠券到线下实体店去消费所购买的商品或服务，实现线下消费。

（4）消费反馈。消费完成后，与交易相关的数据进行实时处理，O2O平台把分析的消费数据提供给商家（企业），并把商品信息和消费反馈信息准确推送给消费者，这些准确的信息为消费者再次购买商品或服务提供依据。

基于上述四大步骤，就形成了线上撮合、线上支付、线下消费和消费反馈的一个完整的O2O电子商务营销的闭环交易流程。

四、构建O2O电子商务营销的盈利模式

根据产品及服务流、信息流和资金流的结构，以及对不同参与者的描述和收益分析。一般来说，O2O电子商务企业（平台）主要是通过以下方面盈利的：

（1）网络广告营收入。知名O2O运营商利用自己网站的知名度和影响力，可以在网站的首页及其他页面投放其他企业的广告，从广告中获取收益。

（2）按商家（企业）销售付费。对于不同品类的商品，制定不同的付费比例。只有产生实际订单，带来销售收入，商家（企业）才支出佣金，因此，对商家（企业）相对风险小。

（3）收取会员费。对于面向中间交易市场的O2O商户参与电子商务交易，必须注册为O2O网站的会员，通过每年交纳一定的会员费的形式来享受网站提供的各种服务。

（4）其他收入来源。可通过价值链的其他环节实现盈利，如为业内厂商提供咨询服务收取服务费，向消费者提供增值服务，并收取一定的订阅费。

在上述O2O电子商务企业（平台）的盈利模式中，对借助于O2O电子商务企业（平台）的商家（企业）而言，还不能构成直接的盈利。但企业借助于O2O电子商务平台开展营销，其盈利方式主要体现为有形的盈利和无形的盈利，主要体现为：第一，对于企业的实体产品来说，通过O2O平台，减少了中间交易环节、省去了物流费用、大大降低了管理成本等多方面成本，从整体上提升了企业的利润。第二，对于无形的服务产品来说，O2O平台主要向消费者提供线下服务，提高了客户体验，增加了消费者对品牌的认知度和忠诚度。

本章小结

本章在分析电子商务营销模式和界定电子商务营销策划内涵的基础上，重点对电子商务营销策划的内容与程序进行了介绍；在此基础上，对新型的电子商务营销模式——O2O电子商务营销的专题策划，进行了系统性的分析。

早期的电子商务营销模式主要体现为B2B、B2C、C2C三种类型。近年来，随着电子商务营销模式的演进和人们生活习惯的变化，一种新的线上渠道和线下渠道有机结合的电子商务营销模式——O2O应运而生。

电子商务营销策划是策划者（可以是企业内部的策划部门或者外部的第三方策划咨询机构）在分析消费者特征和开展电子商务营销活动必要性、可行性以及资源评估的基础上，选择电子商务营销模式、选择电子商务营销平台、设计电子商务营销推广方案、实施与完善电子商务营销活动的策略规划与实现的动态过程。

电子商务营销策划的内容与程序主要包括电子商务营销环境分析、选择电子商务营销模式、确定电子商务营销平台运营方式、设计电子商务营销推广组合策略、电子商务营销方案的实施与动态调整。

关键概念

电子商务营销；电子商务营销策划；电子商务营销策划程序；O2O电子商务营销策划

问题与应用

1. 电子商务营销主要包括哪些模式？
2. 电子商务营销策划的内涵是什么？
3. 请简述电子商务营销策划的内容与程序。
4. O2O电子商务营销策划包括哪些基本内容？

第五篇

策划书与策划人

第十七章

营销策划书

本章学习指引

内容提要

☆营销策划书的基本构成
☆营销策划书的表现技法
☆营销策划书的完善
☆营销策划书的介绍技巧

思路和主线

本章在介绍市场营销策划书的含义、种类的基础上，阐述了市场营销策划书的基本构成、表现技法，并对市场营销策划书的完善方法和介绍技巧做了详细介绍。

学习目标

通过对本章的学习，了解市场营销策划书的基本构成、表现技法，能结合市场营销策划的相关理论和技术制定完整的营销策划书，并懂得运用语言、外观等技巧介绍营销策划书。

策划者的最终劳动成果将通过营销策划书的形式得以体现。营销策划书是策划者辛勤工作的结晶，是自策划活动开展以来所有创意结果的书面表达，是对所有策划工作的最后归纳。同时，营销策划书又是下一步策划思路执行的指导依据，成为企业未来营销操作的依据。因此，有了一流的策划，还要形成一流的策划书，否则优秀的策划就得不到完整的反映，也会使营销策划的内容难以被人理解。它是策划者的剧本，是策划人思想与思路的客观反映，需要策划人的精雕细刻。

第一节　对营销策划书的基本界定

一、营销策划书的作用

从整个策划过程上看，撰写营销策划书是达到营销策划目的的关键步骤，是营销策划能否成功的保证。其具体作用表现为以下几个方面。

（一）准确、完整地反映营销策划的内容

策划人要在策划书中记录下自己思考的结果。当然，策划书不是简单地记录下策划人的思考，而是在策划书的形成过程中，策划人要根据策划书的结构将所有的资料进行整理、组合和归纳，形成系统的、条理清晰的书面方案，准确完整地反映营销策划的内容。

（二）充分、有效地说服决策者

通过营销策划书的文字表述，首先使企业决策者信服并认同营销策划的内容，说服企业决策者采纳营销策划中的意见，并按营销策划的内容去实施。因此，如何通过营销策划书的文字表述魅力以及视觉效果，去打动及说服企业决策者也就自然而然地成了策划者所追求的目标。

（三）作为实施、控制和测评的依据

营销策划书中不但包括营销战略和营销策略，而且还包括落实这些战略和策略的具体行动方案，企业营销活动的具体安排并指导其活动。因此，营销策划书作为企业实施营销策划方案的依据，能使营销职能部门在操作过程中增强行动的准确性和可控制性。同时，策划书中的营销目标，还是策划方案实施以后测评策划实施效果的依据。

二、营销策划书的种类

按照策划书呈报对象的不同，可分为内部营销策划书和外部营销策划书两大类。其中，每一大类中又可按照具体内容细分出许多不同主题的策划书。例如，市场调研策划书、新产品开发策划书、产品促销策划书等。

内部营销策划书是指呈报给企业的各级领导，供其作为决策依据的策划书。内部营销策划书是绝密级的，要求在以下七个方面有详细的说明，并对外严格保密：①策划实施上的人际关系对策；②策划实施上的相关组织与团体对策；③策划实施中的资金对策；④策划实施中的传播媒介关系对策；⑤策划实施的障碍因素及消除对策；⑥与策划实施有关的政府机构对策；⑦与策划实施有关的法律问题。

外部营销策划书是指呈报给企业的顾客或经营伙伴等与企业经营相关的个人、组织或机构的策划书。外部营销策划书是非绝密文件（但对一般公众仍旧保密）。在外部营销策划书中，应该：①把握好保密的“度”。在外部策划书中不能透露策划的核心机密，但又必须让外围参与者对策划产生兴趣，明确自己在这项活动中的职责与行动方案。②站在对方的立场上，使语言、思路都让对方满意。③强调策划给接受方带来的利益。

三、营销策划书的撰写原则

为了提高策划书撰写的准确性与科学性，应把握其撰写的几个主要原则：

（1）逻辑性原则。一方面，策划的目的在于解决企业营销中出现的问题，而如何解决问题，需要有一定的逻辑要求；另一方面，作为提交给决策方审阅的方案，本身在写作思路、谋篇布局等方面就必须有一定的逻辑要求。因此，营销策划书的撰写首先必须

坚持逻辑性的原则，按照逻辑性思维的构思和要求来编制营销策划书。

（2）简洁性原则。营销策划书针对要解决的问题，要注意突出重点，抓住营销问题中所要解决的核心问题，深入分析，提出具有可行性的相应对策和创意，因此，要求简洁明了，针对性强。

（3）可操作原则。编制提交后的营销策划书，作为操作的指导性文件，最终要用于实际的营销操作活动，能有效地指导策划方案执行过程中每个人的工作及各环节关系的处理，因此其可操作性非常重要。不能操作的方案或创意再好也没有任何价值，也必然要耗费大量人、财、物。

（4）新颖性原则。尽管策划不等于点子，但和整个策划方向有机融合的、内容新颖、表现手法新颖的创意，必然会给人以全新的感受，给消费者带来全新的冲击，从而取得理想的策划效果，实现策划的预期目标。

第二节 营销策划书的构成与写法

营销策划书没有一成不变的格式，它依据产品或营销活动的不同要求，在策划的内容与编制格式上也有变化。一般情况下，营销策划书的结构与营销策划项目的构成要素保持一致。但是，从营销策划活动的一般规律来看，营销策划书中的有些要素是共同的。结构框架比较合理的营销策划书，一般由以下几个部分构成，如表 17-1 所示。

表 17-1 营销策划书的结构与内容

结构	内容
1. 封面	策划书及客户名称、策划机构或策划人名称、策划完成日期、策划适用时间段、密级及编号、页数
2. 前言	委托情况、策划原因、策划目的、策划及策划书特色
3. 目录	策划内容标题及页码
4. 概要提示	策划内容要点
5. 环境分析	市场状况、竞争状况、分销状况、宏观环境状况
6. SWOT 分析	对外部环境的机会与威胁、内部环境的优势与劣势分析
7. 营销目标	财务目标、销售目标、市场目标等
8. 营销战略	市场细分、目标市场、市场定位
9. 营销组合策略	产品策略、价格策略、渠道策略、促销策略
10. 行动方案	组织机构、营销活动程序安排、营销预算和技术设备
11. 策划方案控制	营销控制办法
12. 结束语	突出策划内容要点
13. 附录	数据资料、问卷样本、座谈记录

一、“封面”的内容及写法

封面可以起到美化、装饰策划书整体，清晰标明策划的标题，传达策划的内容，表述在正文中不宜表述的内容等作用。封面设计的原则是醒目、整洁，切忌花哨，至于字体、字号、颜色则应根据视觉效果具体考虑。策划书的封面可提供以下信息：策划书的名称、委托方（客户）的名称、策划机构或策划人的名称、策划完成日期、本策划适用时间段、策划书的密级及编号、策划书的页数。

二、“前言”的内容及写法

前言一方面是对策划内容的高度概括性表述，另一方面在于引起阅读者的注意和兴趣。当阅读者看过前言后，要使其产生急于看正文的强烈欲望。前言篇幅较短，字数控制在1000字以内，以不超过一页为宜。前言的信息密度大，因此要字斟句酌，语言精练准确，做到简明扼要。前言的具体内容包括：

（1）简单交代接受营销策划委托的情况，如A营销策划公司接受B公司的委托，承担××年度营销策划工作。

（2）进行策划的原因，即把这个营销策划的重要性和必要性表达清楚，以能吸引阅读者进一步去阅读正文。

（3）策划的目的以及策划实施后要达到的理想状态。

（4）策划及策划书的特色、策划过程的概略介绍、参加人员的情况、致谢等。

三、“目录”的内容及写法

目录是为了方便阅读者对营销策划书的阅读，通过目录使营销策划书的结构一目了然，可以方便地查找营销策划书的内容。一般来说营销策划书的目录是必须要有的。但如果营销策划书的内容篇幅比较少的话，目录可以和前言同列。

列目录时要注意目录中所标页数与实际页数必须一致，否则会损害营销策划书的形象。

四、“概要”的内容及写法

概要是对营销策划书的总结性陈述，使阅读者对营销策划内容及策划结论有一个非常清晰的概念，便于阅读者理解策划者的思路、意图与观点。通过概要提示可以大致理解策划内容的要点。概要提示的撰写同样要求简明扼要，篇幅不能过长，但概要提示不是简单地把策划内容予以列举。

概要提示的写作要点为：

（1）选择适合自己的写作顺序。有的概要在撰写策划书正文前写就，这样可以使策划内容的正文撰写有条不紊地进行，从而能有效防止正文撰写的离题或无中心化。有的概要是在营销策划书正文结束后写就，这样简便易行，只要把策划内容归纳提炼就行了。

（2）提纲挈领，勾画出策划的骨架。

（3）巧妙利用框图。

五、“环境分析”的内容及写法

环境分析的内容包括市场状况、竞争状况、分销状况、宏观环境状况等。

（1）市场状况。列出目标市场近3～4年的数据，通过年度相对指标对比，得出分析结果。例如，某产品2002～2005年的历史数据如表17-2所示。

表17-2 产品的历史数据

变量	栏目	2002年	2003年	2004年	2005年
1. 行业销量（单位计数）		2 000 000	2 100 000	2 205 000	2 200 000
2. 公司市场份额		0.03	0.03	0.04	0.03
3. 每单位平均价格（美元）		200	220	240	250
4. 每单位变动成本（美元）		120	125	140	150
5. 每单位贡献毛利（美元）	(3－4)	80	95	100	100
6. 单位销售量（单位计数）	(1×2)	60 000	63 000	88 200	66 000
7. 销售收入（美元）	(3×6)	12 000 000	13 860 000	21 168 000	16 500 000
8. 总贡献毛利（美元）	(5×6)	4 800 000	5 985 000	8 820 000	6 600 000
9. 管理费（美元）		2 000 000	2 000 000	3 500 000	3 500 000
10. 贡献毛利净额（美元）	(8－9)	2 800 000	3 985 000	5 320 000	3 100 000
11. 广告和促销（美元）		800 000	1 000 000	1 000 000	900 000
12. 销售人员和分销费用		700 000	1 000 000	1 100 000	1 000 000
13. 市场调研（美元）		100 000	120 000	150 000	100 000
14. 营业净利润（美元）	(10－11－12)	1 200 000	1 865 000	3 070 000	1 100 000

通过对表17-2进行数据的趋势分析：第1行显示在2004年以前，行业总销售单位数量每年递增5%，在2004年略有下降。以此类推，逐行分析，得出分析结论。

(2) 竞争状况。对主要的竞争者进行辨认，并逐项描述他们的规模、目标、市场份额、产品质量、营销战略和其他特征，从而恰如其分地了解他们的意图和行为。

(3) 分销状况。列出在各个分销渠道上的销售数量资料和重要程度。

(4) 宏观环境状况。描述宏观环境的主要趋势（如人文的、经济的、技术的、政治法律的、社会文化的），阐述它们与本企业产品或策划项目的某种联系。

六、"SWOT分析"的内容及写法

对企业内部环境的优势、劣势，外部环境的机会、威胁的全面评估称为SWOT分析。SWOT分析是环境分析的结果。

(1) 机会/威胁分析。根据以上的分析归纳出企业所面临的主要机会和威胁。

(2) 优势/劣势分析。根据以上的分析归纳出企业所具有的优势和劣势。

(3) 问题分析。应用上述优势和劣势分析，确定企业必须注意的主要问题。

(4) 组合策略设计：根据上机会/威胁分析和优势/劣势分析的结果，结合策划目标，设计出如何有效利用机会、发扬优势和规避威胁、降低劣势的SO、WO、WT、ST策略，并将这些策略作为下一步策略设计和创意形成的重要依据。

七、"营销目标"的内容及写法

通过SWOT分析得出分析结果后，即可根据分析的结果来设定营销目标。营销目标通常是几个目标的组合，包括利润率、销售增长率、市场份额提高、分销网点增加、风险分散、创新和声誉等。营销目标必须满足四个条件：

第一，目标必须按轻重缓急有层次地安排。例如，策划方案的一个关键的营销目标是提高利润。这衍生出增加收入和/或减少费用。增加收入又可转化为提高市场份额和/或价格……通过这种方法，就能把抽象的营销目标变为企业部门和个人能够执行的特定的目标。

第二，在可能的条件下，目标应该用数量表示。

第三，目标必须切实可行。

第四，各项营销目标之间应该协调一致。例如，销售最大化和利润最大化要同时达到是不可能的。

八、“营销战略”的内容及写法

营销目标说明企业在营销方面欲向何处发展，营销战略则说明如何达到营销目标。营销战略包括目标市场战略、产品开发战略、产品生命周期战略、竞争战略、多角化战略、国际市场营销战略。策划人要根据策划项目的具体策划目标和策划内容来选择与拟定符合其要求的营销战略。

九、“市场营销组合策略”的内容及写法

确定营销目标、目标市场和市场定位之后，就必须准备在各个细分市场所采取的具体营销策略，以及确定相关的营销组合策略。

所谓营销组合，就是企业的综合营销方案，即企业根据自己的营销目标与资源状况，针对目标市场的需要，对自己可控制的各种营销因素（产品、价格、渠道、促销）进行优化组合和合理的综合运用。其中的促销又包括广告、人员销售、营业推广和公共关系。

（1）产品策略。阐述产品体系、品牌体系、品牌管理、包装体系、包装形式、包装设计等内容。

（2）价格策略。阐述定价原则、定价方法、价格体系、调价体系等内容。

（3）渠道策略。阐述渠道建设指导方针、渠道开发步骤、渠道网络架构、渠道激励措施等内容。

（4）促销策略。阐述人员推销、广告、营销推广、公共关系的方式方法。

十、“行动方案”的内容及写法

要实施营销策划，各项营销策略还要转化成具体的活动程序。为此，必须设计详细的策略行动方案。在行动方案中，需确定以下内容：

- 行动计划都应该包括哪些任务？
- 何时开始？何时完成？个别任务为多少天？任务之间的关联性怎样？
- 在何地？需要何种方式的协助？需要什么样的布置？
- 要建立什么样的组织机构？由谁来负责？
- 实施怎样的奖酬制度？
- 需要哪些资源？各项作业收支预算为多少？

以上内容可以划分为三类计划，即组织机构、营销行动程序安排和营销预算。

这些内容使策划活动由单纯的构想一步一步地付诸实施，并作为检验策划活动的标准。这是营销策划进一步具体化的表现，也是营销策划活动得以实施的必要保证。

1. 组织机构

在此应列明实施策划的组织机构及其相应的职责。对于专项的营销活动，企业一般要建立临时的专门机构来实施营销方案，临时机构的人员在企业的正式组织中抽调相关人员组成。对于常规的营销活动，一般不建立临时的组织机构，而是指定组织相关部门的人员负责专项活动。

2. 营销行动程序安排

对于常规的营销活动，一般把行动的程序、负责人、预算及行动方案评估和控制方法等内容集中在一起，用图表列出。营销行动的程序安排一般用甘特图和前头线图表示，这样既能够使行动安排一目了然，又能明确各项作业之间的关联性（表 17-3）。

表 17-3 营销行动程序表

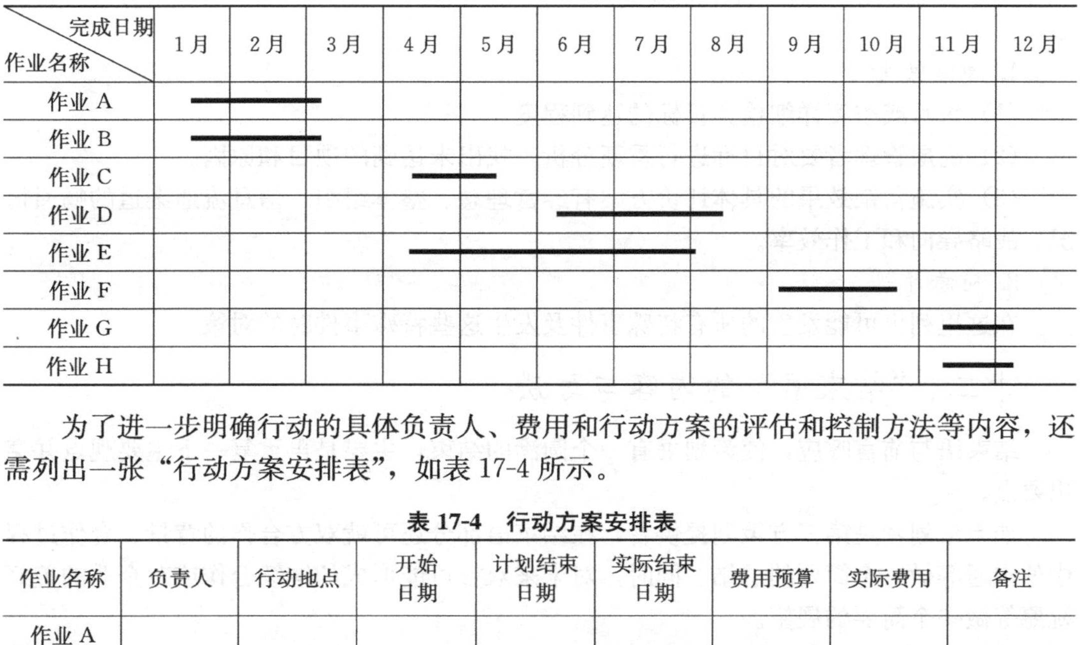

为了进一步明确行动的具体负责人、费用和行动方案的评估和控制方法等内容，还需列出一张“行动方案安排表”，如表 17-4 所示。

表 17-4 行动方案安排表

作业名称	负责人	行动地点	开始日期	计划结束日期	实际结束日期	费用预算	实际费用	备注
作业 A								
作业 B								
……								

3. 营销预算

营销预算最常用的是“作业项目估计法”，即按策划确定的作业项目列出细目，计算出所需经费。这种办法，计划性强，开支项目清晰。

在营销预算费用时，最好列出表格，列出总目和分目的支出内容，并计算出费用总额（表 17-5）。这样既方便核算，又便于以后查对。需要注意的是，有的营销预算方案还列出估算的收入及利润金额。

表 17-5 营销预算表

营销预算 作业名称	1月	2月	3月	4月	5月	6月	7月	8月	9月	10月	11月	12月	合计
作业 A													
作业 B													
作业 C													
……													
机动													
合计													

十一、“策划方案控制”的内容及写法

这里阐述营销控制的通常做法和应急计划，即一般程序和例外管理两个方面的工作。

1. 通常做法

(1) 每月或季度详细检查目标的达到程度。

(2) 高层管理者要对目标进行重新分析，找出未达到的项目和原因。

(3) 实施营销效果的具体评价方案有经营理念、整体组织、信息流通渠道的畅通情况、战略导向和工作效率。

2. 应急计划

在这里列出可能发生的所有特殊事件及发生这些特殊事件时的对策。

十二、“结束语”的内容与写法

结束语与前言呼应，使策划书有一个圆满的结束，主要是再重复一下主要观点并突出要点。

如果策划者是第三方策划提供者，在结束语部分还可就双方合作的背景、合作过程中的沟通等做一个简要的总结。同时，对未来双方可能形成的继续合作或对企业的美好祝愿等做一个简要的展望。

十三、“附录”的内容与写法

附录是策划方案的附件，附录的内容对策划方案起着补充说明的作用，便于策划方案的实施者了解有关问题的来龙去脉，为营销策划提供有力的佐证。

凡是有助于阅读者理解策划内容和增强阅读者对营销策划信任的资料都可以考虑列入附录之中。例如，引用的权威数据资料、消费者问卷的样本、座谈会记录等。在策划书中列出附录，既能补充说明一些正文内容的问题，又显示了策划者负责任的态度，同时也能增加策划方案的可信度。作为附录也要标明顺序，以便查找。

第三节 营销策划书的写作与表现技巧

一、一份优秀营销策划书的基本特征

一份优秀的营销策划书一般具以下特征：

(1) 粗略过目就能了解策划的大致内容；

(2) 使用浅显易懂的语言，充分体现对方的利益与要求；

(3) 策划书展现的内容与同类策划书相比，有相当明显的差异性与优越性；

(4) 图文并茂，加强策划书的表现效果；

(5) 全文条理清晰，逻辑分明，令阅读者看完策划书后，能够按照策划书的内容有计划、有步骤地执行下去；

(6) 策划书能够充分体现企业的勃勃生机和企业的基本特征。

优秀营销策划书的以上特征，看似简单，然后要完全做到却并非易事。为此，策划者必须注意以下几点：

(1) 策划者事前必须做好充分的准备。这包括策划者应在日常不断学习，全面掌握制定营销策划书的技术、知识，如收集、分析、处理信息的能力，并富有想象力。优秀的策划制定者应是充满梦想并令梦想实现的人，同时还应是优秀的战略制定者、优秀的剧作者以及优秀的务实者。

(2) 营销策划书的制定程序应该实施标准化，以提高营销策划的整体创造力。这就要求策划主体遵循用明确的文字制定策划书的原则，并对策划人员进行富有成效的培训。

(3) 从事策划工作的企业或策划主体应努力追求工作的标准化，建立自动强化与提高企业工作能力的系统和结构。这就要求企业或策划主体建立、健全自己的信息系统，并有效地实施计算机管理系统。

二、营销策划书的写作程序

一般情况下，市场营销策划书的写作程序为：

第一步，列出大纲；

第二步，细化大纲，列出大纲中各部分具体内容范围；

第三步，检查大纲框架结构及各部分的具体内容是否合理得当；

第四步，调整、确定各部分内容；

第五步，撰写 SWOT 分析，列出分析结果（即机会与威胁、优势与劣势的要点）；

第六步，依据分析结果从构思要点出发，写作策划核心部分的个别策划，即营销目标、战略和策略的策划；

第七步，写出策划书的概要提示，从而决定策划书的整体构成；

第八步，写出策划的实施计划，策划方案控制措施；

第九步，补足其他部分；

第十步，统撰全篇，润色定稿。

三、营销策划书的表现技巧

市场营销策划书并非仅仅采用文字的方式来表现其内容。在一般情况下，为了更形象、更直观地表现策划内容，通常采用文字、框图、数据及视觉图片四种方式来表现营销策划的内容。

（一）恰当使用文字表现

文字表现是营销策划书最基本的表现手法，比较适用于对概念、状况、策略等进行说明。它是框图、图表表现手法的支柱，是数据表现及视觉图片表现的补充。在撰写策划书时，应避免使用令人难以理解的措辞，要使用通俗易懂的文字、词汇和语句。

文字表现的具体要求是：

（1）文体统一。在整个策划书中前后问题必须统一，避免使用口语化的文体及过于书面化的文体，同时要求策划用语统一、数字使用方法统一。

（2）文字简洁、准确。简洁在文字表现中是非常重要的，它要求：第一，一段文字最好掌握在40～50字；第二，最好能将文字内容分条列出。将文字条理化的最大好处在于即使不擅长写文章的人也能比较容易写作，而且这种方式能够明确文章主题，加深阅读者的印象。

（3）结论明确。营销策划书中应避免出现内容含糊、态度模糊的表现。例如，在文中出现“也许”、“我想”、“大概”等，容易给人留下策划者缺乏自信或过于主观的印象。

（二）运用框图、表格、图形、图片来帮助理解

框图是将图形与文字二者结合到一起的表现形式，利用框图能够更好地表现策划的整体结构与策划内容相互间的逻辑关系，从而使阅读者更好地理解策划内容。

表格的类型有普通二维表、横道表、网络工程推进表等。

（1）横道表（甘特图）。横道表是一种用线条表示在一个时期内各项活动的关系和时间安排的表格，主要用于对各项工作进度计划的管理，其优点是简单明了。

（2）网络工程推进表（箭头线图）。网络工程推进表是一种用网络图来表达策划的进度安排的手段，它反映了各项活动之间的相互关系，能把千头万绪、错综复杂的活动，在确定它们的先后次序所需的时间和相互衔接的关系之后用网络图表示出来，并通过数字计算，找出活动过程中存在的主要矛盾，再通过调整、平衡，使整个策划达到统筹兼顾、合理安排，以收到预期效果。

图形的类型及其作用有：

（1）柱形图。比较数值的大小，发现随时间推移的数值变化规律。

（2）饼图。表现构成比例。

（3）面积图。同时表现时间变化及构成比例变化。

（4）散点图。表现分析对象的整体分布，发现其规律性。

（5）条形图。表现构成比例，比较随时间变化的数值关系。

（6）雷达图。变数较多时，表现各变数间的相关关系。

图片的种类有插图、设计图或透视图、照片、拼贴图等。通过图片能够表现出用文字及其他方式难以表现的微妙差异，强化策划内容的现实感。

在策划书中运用框图、表格、图形、图片，不仅能够使策划书美观、大方，更重要的是，通过它们有助于策划方案的决策者与执行者对数据的理解，使数据特征一目了然。所以，策划人在撰写策划书时应尽量使用这些工具。

（三）合理使用理论依据和实践例证

要提高营销策划书的可信性，更好地说服阅读者，就要为策划书中的观点寻找理论依据，理论依据可以是专家学者的经典理论，也可以是通过调研获得的统计数据。其中的数据资料不应是简单的数据罗列，而应是使用上面提到的表格和图形来表现数据。在策划书中适当加入一些成功与失败的案例，也是印证策划书中所倡导观点的有效方法，在具体使用时一般以多举国内外成功的案例为宜。

（四）合理设计策划书的版面

策划书视觉效果的优劣在一定程度上影响着策划效果的发挥。有效利用版面安排也是策划书撰写的技巧之一。策划书的版面风格要统一，层次分明，重点突出，严谨而不失活泼，以便使阅读者从视觉上比较容易接受，具体设计要点如下：

（1）统一设定页面纸张规格、页边距大小、页眉和页脚的大小、页眉名称、页码位置。

（2）统一设定章节标题的位置，字体、字形及字号。

（3）统一设定各级标题的位置，字体、字形及字号，标题号的体例。

（4）统一设定正文的字体、字形及字号。

（5）统一设定行间距及每行的字数。

（6）统一设定表格和图形的字体、字形和字号，表标题和图标题的位置、字体、字形和字号；统一设定表标题号和图标题号的编号。

第四节　营销策划书的完善

市场营销策划书的完善，就是对营销策划书进行通篇复查，对重点内容进行审核，以修正错误与不妥之处，提高市场营销策划书的质量。

一、营销策划书的校正

市场营销策划书的写作完成以后，要进行全面的校正。所谓校正，就是要对营销策划的内容、结构、逻辑以及文字等进行检查与修改。

对市场营销策划书进行校正工作时，最好能让与本次策划无关的第三者加入，并且注意以下要点：

（1）有没有错别字？数值是不是正确、可靠？

（2）文字的大小、字体以及开始、结束的位置是否恰当？

（3）各种直线的粗细、长短以及开始、终结的位置是否合适？对网线及阴影的修饰是否适当统一？

（4）页码是否连贯？标题、页码是否与目录对应一致？标记符号是否全篇统一？

（5）营销策划书的版面设计是否合理？

二、营销策划书的最后确认

对营销策划书校正完毕以后，要将营销策划书从头读到尾，进行最后的确认。通过这种方式来确认营销策划内容及其表现是否真正合适、营销策划书文字是否有错误。此时，策划者应与营销策划书保持距离，要没有任何感情色彩地看待营销策划书。要进行角色换位，站在营销策划委托者的立场，确认营销策划书是否有疑点，是否有不清楚的地方。最后，还要对营销策划书的提出者或委托者、标题、提出时间、封面等进行最后的确认。

三、营销策划书的装订

营销策划书的写作、校正工作完成以后，还涉及营销策划书的装订问题。一份装订整齐得体的营销策划书同样是营销策划工作顺利推进的重要内容之一。

（一）市场营销策划书装订式样

在进行市场营销策划的装订工作时，要根据不同的需要选择不同的装订式样。市场营销策划书的装订式样主要有以下几种：

（1）用订书钉装订。此种装订比较简单，一般在商谈或初稿往来时使用。而最后正式提交的市场营销策划书最好避免使用这种装订方法。

（2）用铁夹子装订。此种方法整理及折合比较容易。因此，以数据为中心的营销策划书常常采用此种装订方法。但此种方法一般只在商谈阶段使用。

（3）用胶带装订。首先，将营销策划书用订书钉订好。然后，再用胶带将策划书的边沿包好，胶带颜色一般较封面颜色更深。此种方法，不用专门的装订机，因此，装订成本较低。

（4）简易装订。用简易装订机钉好，然后套上透明的套子。此种装订方法使营销策划书的外观较好看，且容易保存。

（5）活页装订。此法适用于营销策划书页数特别多的情况。采用活页装订，当添加或削减策划内容时比较自由、方便。因此，处于反复商谈阶段的大型营销策划书使用此法非常便利。此时，要选择厚度适中的活页夹，且活页夹的颜色及材质应为上品。

（6）正式装订。当营销策划书页数过多自己无法完成装订工作或由自己装订无法满足客户的要求时，往往请专门的装订企业来装订成册。

（二）装订营销策划书需注意的问题

装订营销策划书时，需要注意以下问题：

（1）营销策划书是否要分成若干册？即要考虑是否需要将营销策划书的正文与资料或附件分开装订成册。通常情况是，当资料或附件的页数不超过营销策划书的正文页数时，则不需要分开装订；当资料或附件的页数超过营销策划书的正文页数时，则需要将二者分开装订。

（2）各个大部分之间是否要插分隔页？一般分隔页用带颜色的纸，并且在分隔页上要写上标题。营销策划书的封面、封底以及分隔页可使用与正文不同颜色的纸，这有助于提高营销策划书的品质。

（3）如果营销策划书内含彩色图片，则应灵活应用彩色复印。当营销策划书内使用彩色照片和插图时，最好进行彩色复印。当营销策划书要准备实物模型时，最好预先将实物摄下，然后将其彩色复印下来使用。

（4）确定营销策划书的复印或印刷册数。若提交的营销策划书册数要求不多，则可进行复印；若提交册数较多则采用印刷方式。

第五节　营销策划书的推介

策划者完成策划书并非策划设计工作的结束，之后还有一项很重要的工作，那就是向上司、同仁或委托方推介营销策划书。其成功与否决定了营销策划书能否被接受、采纳，决定了策划方案能否付诸实施。

一、营销策划书推介的特点

营销策划书的推介一般是通过召开营销策划书介绍会或交接大会的方式来进行的。营销策划书介绍会与一般的讲座、演讲等有很大的不同，主要表现在：

（1）推介对象的人数较少。讲座、演讲一般参加者人数众多，而营销策划书的推介会参加者人数一般不会超过百人。

（2）推介对象主要是策划委托者、上司或同事。营销策划书推介的对象一般是自己的上司、同事或营销策划者的委托者，策划者与他们是利害共存、谋求共赢的伙伴关系，这与讲座、演讲中的大众沟通有很大的差异。

（3）推介营销策划书往往使用视觉化的工具。要在有限的时间内使策划书的内容很清晰地表达出来，必须使用投影机、幻灯片等视觉化的工具。代表性的视觉工具有幻灯机、黑板、挂图、投影机、计算机模拟、样品展示、模型等。

（4）推介营销策划书的目的是为了说服对方接受策划方案并将方案付诸实施，而讲座或演讲的目的只是为了使参加者了解而进行的说明。

二、营销策划书推介的程序

营销策划书推介的程序如图 17-1 所示。

从图 17-1 可以看出，营销策划书推介包括实施前的准备和实施介绍两大部分内容，其中，推介实施前的准备工作显得尤为重要。其工作步骤和工作内容为：

（1）明确推介目的。首先要明确营销策划书推介的目的是什么？必须达到的最低目标是什么？是否要预先将此目的传递给对方？

（2）准备会场与熟悉对象。要确定会场的大小，所需要使用的装置和工具，以及达

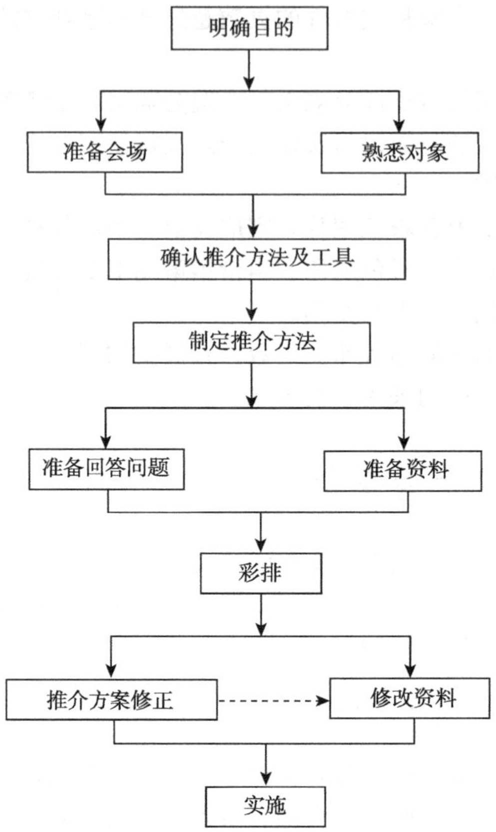

图 17-1　营销策划书推广的程序

到会场的交通如何安排。同时，要对推介对象的知识水平、人员构成情况等有所了解。

(3) 确定推介方法和工具。要明确在推介营销策划书时应用什么样的视觉工具和用什么样的方法推介营销策划书的各部分内容。

(4) 资料准备。要明确资料是否易懂且印象深刻？资料是否过多？提供证据的数据是否已经准备充分？可能会出现哪些问题且资料是否准备充分？

(5) 彩排。要了解方案及时间安排是否可行，是否能获得通过？

三、营销策划书推介的技巧

(一) 语言表达的技巧

推介营销策划书的中心是使用语言。在营销策划书的推介中，表达的方法很重要，同样的内容若表达不当，结果会差异很大。认真的态度、充满自信的语言表达是必要的。对于营销策划书推介时运用语言表达要注意以下几点：

(1) 声音洪亮，应使最后一排的人也能听见。

(2) 声调的高低以及说话的速度应有变化。声调的单一很容易使听众厌烦，对于重要的策划内容要大声表达并放慢速度。

(3) 应适当地提出结论。策划的倾听者往往都是企业的决策者，他们时间安排较紧。因此，在阐述营销策划书的内容时，可先将结论提出，使他们心中有数，能够耐心听下去。当全文叙述完毕以后，再重复一遍结论。

（4）重要的内容应当反复强调。重要的内容仅提一次，一方面听众不能完全理解，另一方面也没有突出重点，因此对重要的内容要反复强调。

（二）外观技巧

外观表现主要是给人印象并加强记忆。因此，外观表现技巧的正确运用对营销策划书介绍的成功同样具有重要作用。

外观表现包含以下基本要素：

（1）视线。介绍者凝视对方，抓住对方的视线，吸引对方加入到交流之中。

（2）手的动作。说话时辅之以相应的手的动作，将会增加说服力。例如，使用手指表示数字、用手比拟销售额的提高等动作都能给倾听者强烈的印象。但要注意动作一定要自然，过多的动作有时反而会起到反作用。

（3）表情及站立姿势。表情应该是温和的，站姿要舒展，不要东摇西晃。要注意必要的身体移动，要面对对方，不要背对对方说话。

（4）服装。服装也是交流的手段之一，着装不合适，也会令对方不快。因此，介绍者一般应穿整洁的正式套装。

（三）回答问题的技巧

推介完营销策划书以后，接受者可能就策划内容中的重点、难点、疑点等进行提问。因此，正确的回答对说服对方接受策划方案、快速做出决策能起到有效的促进作用。

（1）事前要做好充分的准备。在营销策划书介绍之前，就必须考虑可能出现的问题，并将答案预备好。

（2）始终抱着欢迎提问的态度。应充满自信地要求大家提出问题。策划者应当了解，提出疑问是接受者在寻求正面的证据。

（3）回答中要反复强调自己的主要主张。实际上，回答问题是反复强调策划者自己主张的最好机会。

本章小结

本章系统地介绍了市场营销策划书的含义、作用；市场营销策划书的基本构成、表现技法；市场营销策划书的完善和介绍技巧。

市场营销策划书由封面、前言、目录、概要提示、环境分析、SWOT 分析、营销目标、营销战略、营销组合策略、行动方案、策划方案控制等 13 个方面构成。

营销策划书的表现技法主要体现在：恰当使用文字表现；运用框图、表格、图形、图片来帮助理解；合理使用理论依据和实践例证；合理设计策划书的版面。

营销策划书的完善包括对营销策划书的校正和对营销策划书的装订两个方面的内容。同时，还有通过正确的语言运用、外观表现、回答问题等技巧对营销策划书进行富有成效的介绍。

关键概念

市场营销策划书；市场营销策划书的基本构成；市场营销策划书的写作程序

问题与应用

1. 市场营销策划书的主要作用是什么？
2. 市场营销策划书由哪些主要方面构成？
3. 市场营销策划书的一般写作程序是什么？
4. 应从哪些方面完善市场营销策划书？
5. 怎样巧妙地向听众介绍市场营销策划书？

第十八章

营销策划人

本章学习指引

内容提要

☆营销策划人应具备的基本素质

☆营销策划人应具备的主要能力

☆营销策划人的职业规划与自我策划

思路和主线

本章在介绍当前营销策划人构成的基础上，比较系统地分析了营销策划人应具备的基本素质和主要能力，并对营销策划人的职业生涯规划和自我策划方式做了详细的阐述。

学习目标

通过对本章的学习，明确一个优秀的营销策划人应该具备哪些基本素质和主要能力，并能够依据营销策划人职业规划与自我策划的方法，正确规划自己的策划人生，实现营销策划人的自我价值。

正如本书开始时所阐述的，在21世纪经济全球化和竞争国际化的知识经济时代背景下，作为“智业”的策划行业，正在得到越来越多企业的重视。从本书从营销策划理论到方法再到具体的策划模型，我们知道了科学营销策划对企业营销活动开展并顺利实现营销目标的重要性。然而，能否制订科学的营销策划方案与顺利推进营销策划活动的执行，又取决于营销策划人是否能够在实际的营销策划过程中根据企业的实际特点和营销环境，推动营销活动的顺利开展。同时，策划是一门复合性的交叉学科，需要策划人掌握营销学、商品学、管理学、传播学、教育学、心理学等多门学科知识，需要策划人能运用不同的思维方式，将单线思维转变为复合思维，将封闭思维转变为发散思维，将静态思维转变为动态思维，整合多种资源，创造出一个个商业奇迹。

第一节 营销策划人应具备的基本素质

一、当前营销策划人的构成

“凡事预则立，不预则废”。策划从本质而言，就是一个谋划达成目标或事情的成功而先发的设想及其创造性思维的过程，也是确保实现社会管理活动决策和计划而进行有科学运作程序的谋划、构思和设计的过程，是运用脑力的理性行为。策划已成为当今社会非常时髦的词语，与此产生的策划人也成为市场的高薪群体和受关注程度较高的人物。

当前的营销策划公司或营销策划人员，主要由以下几个方面的群体构成：

（1）来自媒体、记者行业。这类营销策划人员由于长期在社会各行各业的市场一线，拥有广泛的接触和见识，拥有前沿性的信息，具有敏锐的洞察与思考能力，能够快速分析和把握事物的本质，通过自己长期从事媒体、记者行业的经验与锐利的眼光，并善于整合利用各种相关社会资源，做出一些非常成功的策划案例。例如，目前在国内从事战略策划、政府规划策划的著名策划人王志纲先生在进入策划行业前，就在新华社从事过十多年的记者行业，并积累了大量的经验，使其能够将从事记者时的经验、意识、眼光、思考力等策划所需要的素质与能力，融入其策划生涯，并取得了很大的成功。

（2）来自“海龟”，在国外接触了较新的理念和模式，并在一些比较著名的管理咨询公司或营销策划公司从事过策划工作或担任过与策划相关的某些职务，回国后从事营销策划行业。

（3）从国内知名企业或国外跨国公司出来，创办策划公司或进入策划行业从事策划工作。目前，有一大批人从国内知名企业或国外大公司出来，宣称自己在某些跨国公司或国内知名企业，具有了比较系统的管理理念和实际经验，可以在策划中模仿创新运用，指导企业的实践行为。

（4）来自高校和研究机构，将研究成果、理论与实际有机结合起来，对企业提供策划或咨询帮助。例如，国内比较著名的北大纵横咨询公司，就是依靠北京大学并充分整合了北京大学等相关高校和科研机构而成长起来的策划公司。

实际上，了解目前营销策划企业和营销策划人的构成群体，有助于我们有志于从事策划行业，明确自己以后的从业方向和从业领域。

二、营销策划人的素质要求

从以上营销策划人群的构成可知，由于背景、经历和学识各有不同，造成市场营销策划人士风格间的差异性，那么，是不是谁都可以成为策划人呢？营销策划人凭什么从事策划工作？显然，要成为一个优秀的营销策划人，还需要具备一些基本的素质。

具体而言，营销策划人应具备的基本素质主要包括以下几个方面。

（一）要有深厚的理论基础知识

策划要根据现实的情况和信息进行谋划，具有明确的目的性，具有选择性和弹性，是按程序运作的系统工程，研究的根本是了解和掌握人的消费行为特征和消费心理特征，目的是通过了解和掌握人的消费行为特征和消费心理特征，预测和设计符合企业目标的营销战略与策略。

因此，要做好营销策划，策划人员首先就必须具备深厚的理论基础知识。具体而言，营销策划人要系统地掌握营销学、管理学、经济学以及财务、会计等方面的基础知识。同时，策划是一门复合性的交叉学科，还需要策划人掌握商品学、传播学、教育学、消费者心理学等多门学科基本知识，并在策划实践中加以灵活运用。因此，真才实学的策划人其实是一个通才，他能运用不同的思维方式，将单线思维转变为复合思维，将封闭思维转变为发散思维，将静态思维转变为动态思维，他能灵活转变多种思维、整合多种有利资源，创造出一个个商业奇迹。

为此，除了学习好本书所讲述的营销策划知识体系和掌握各种工具（如PEST环境扫描、SWOT分析、五力模型分析、产业分析、价值链分析、雷达图等）以外，还要广泛涉猎各种新的知识体系，不断学习，不断更新自己的知识体系。只有这样，营销策划人才能在不断更新知识的“知本”时代，创造出优秀的营销策划作品。

（二）要有一定的实践操作经验

对于营销策划人，在策划过程中需要系统思考，全程运作，要设定目标、测定现状、为明确的活动设计计划；需要了解消费者的内在需求和企业的实际情况，以实现营销策划的价值关联；需要具备敏锐的市场嗅觉以迅速抓住市场机会；需制订出从实践中来到实践中去的可操作性和可执行的策划方案。

要完成这些目标，营销策划人除了要具备基本的理论基础知识以外，还需要具有一定的实践操作经验。当然，策划家不等于企业家，也不必是企业家，更不必自己亲自做完做好一个企业后才开始从事策划职业，但策划家必须是半个企业家。为此，营销策划人要迈动双脚，深入到市场中去，深入到企业中去，认认真真调查研究，或者干脆到企业做它几年，磨刀不误砍柴工。如果过去没干过，现在又不去研究，不去实践，那就不懂企业到底是怎么运作的，就不懂企业的思维方式和行为方式，就不会真正明白企业是什么，企业需要什么，那么策划人的方案就有可能写成“散文”，写成“小说”，企业看不明白，也用不上。

（三）要有链接理论与市场的良好“悟性”

营销策划人既不同于理论研究者“坐穿冷板凳式”的完全理论研究，也不同于企业一线营销人员天天泡市场的营销全过程，营销策划人员需要来源于理论和实践的指导，同时又要为企业营销提供超脱于纯理论和纯操作的策划方案、创意与执行路线，需要比企业站得更高、看得更远。因此，一个优秀的营销策划人员，还需要具备链接理论与市场的良好悟性，具备东方式哲学的悟性思维与智慧，这也同样是一个优秀营销策划人员必须具备的重要素质之一。

“悟性”简单而言，就是对市场的感悟能力、对市场的敏感度。俗话说：“师傅领进门，修行在个人”，其中也就有悟性的含义。就营销策划人的悟性而言，它不仅仅是一种天赋，而更多的是一种意识，一种学习的意识、洞察的意识、总结的意识、竞争的意识、创新的意识，一种勇者胜的意识。

具体而言，在实际的营销策划过程中，营销策划人的悟性既有“实”的内容，又包含有“虚”的、“灵”的成分。其在营销人的策划活动中的表现多种多样，主要包括：

(1) 预知性。营销策划人要在复杂动态的营销环境中具有先知先觉、未卜先知的预知悟性。对未来行业走向、市场发展趋势的预见，对相应问题提前做出判断，是营销策划人“悟性”培养的基本条件。

(2) 领悟性。营销策划人善听“弦外之音”。做到“心有灵犀一点通”。营销策划人要善于从新闻事件、媒体报道、社会见闻中领悟出市场的机会、行业的趋势，从领导、同事、客户或他人的谈话话中洞察出更深的含义，悟出许多不经意间明白的事理并为策划所用。

(3) 鉴别性。营销策划人要学会从纷繁复杂的环境中发现事情的根源，看透表象之后的本质，抓住最本质的内容。例如，营销策划人在与策划委托方的谈话中要善于鉴别有多少信息是可信的，又有哪些东西是可用的。营销策划人的鉴别性，是经历与经验的总结，需要策划人有意识的日积月累。

除此之外，一名优秀的营销策划人，还要有良好的思想道德素质、吃苦耐劳的精神、要有良好的口才、良好的心理承受能力、永远不言的坚定自信心、善于同他人合作的团队精神等基本素质。

第二节 营销策划人应具备的主要能力

营销策划人除了具备符合营销策划要求的基本素质以外，还要具备制订营销策划方案、推动营销策划方案执行的策划能力。具体而言，营销策划人应具备以下主要能力。

一、敏锐的市场洞察能力

做营销策划，营销策划人必须了解市场，不但要了解一个地区的经济、文化、消费习惯，还要时刻关注所在市场发生的重大政治、经济、文化事件，以及这些事件将给人们的世界观、价值观带来怎样的影响，给消费者的消费心理与消费行为带来怎样的影响。营销策划人要具备鹰一般的洞察力，随时窥视着整个市场的动态和其中蕴涵的市场机会。

营销策划人具备敏锐的市场洞察力，除了必须深度敏锐地把握营销大环境以外，还必须重点关注行业动态、消费者群体动态、企业竞争对手动态等，对这些直接关系到企业和品牌命运的关键者反应要更敏捷、眼光要更独到。要善于从行业变迁中寻求市场的波峰与波谷，并判断行业的生命周期，从消费者的消费行为中洞察消费者内在的消费心态，并运用有效的策划迎合与引导消费者的消费需求，创造新的消费潮流与消费文化；从竞争对手的变化中窥视其行为规律并采取有针对性的竞争战略等。因为国家相关行业新规、目标群体的微妙变化、竞争对手的举手投足都会牵一发而动全身，如果营销策划人反应迟钝，或置之不理，企业轻则会停滞不前，重则会被竞争对手逐出市场。

二、敏捷的思维分析能力

营销策划师操作市场，对市场的关注与洞察仅仅是最基本的要求。在洞察市场的基础上，还要具备敏捷的思维分析能力，通过思维分析，迅速抓住市场机会，并做出规避法律风险、超越竞争对手、抢占市场份额的高质量的营销策划。

具体而言，对行业的思维分析，营销策划人要从国家法律法规、上下游行业动态、目标群体消费趋势等入手，分析出各种因素对消费者的影响，做出正确的策略调整。对竞争对手的思维分析，营销策划人要从行业规定对竞争对手的影响是什么？竞争对手将会做出什么样的反应？目标消费群对竞争对手的做法认可吗？企业如何更有效地击败竞争对手？如果竞争对手再进行反超越会从哪几个方面入手？我们应如何防止竞争对手的反超越？等方面入手，深刻透析竞争对手的竞争战略与策略，并根据竞争对手的竞争战略与策略，制订具有针对性的营销策划方案。对目标消费群的思维分析，营销策划人要站在消费者的角度理解所要策划推广的产品和品牌。在目前买方市场的条件下，只有充分满足消费者需求的产品才是最有市场推广价值的产品，为此，企业的产品在投放市之前，品牌策略在计划以前，促销方案在实施伊始，营销策划人都要把产品或品牌融入市场设身处地地想一想，它是消费者最需要的吗？这种方式消费者接受吗？唯有如此，营销策划人所策划推广的产品与品牌才能获得消费者的青睐。

三、深度的机会挖掘能力

一方面，在信息泛滥成灾的今天，在扑朔迷离的复合经济形式下，市场被各种各样的假象蒙蔽着，消费者的消费心态和消费行为越来越难把握，市场越来越难操作。营销策划人如果没有深度的机会挖掘能力，是很难找到市场的软肋、竞争对手的弱点，很难做出成功有效的营销方案的。另一方面，在中国经济从改革开放初期的机会型市场向21世纪战略型市场转变的背景下，企业成长、发展的显性市场机会越来越少，企业很难直接找到竞争对手没有关注的机会，这就需要营销策划人具备寻求挖掘各种隐形机会的能力，需要具备创造机会的能力。

基于此，在未来的市场竞争中，营销策划人具备深度的机会挖掘能力，不但是营销策划人自身能力与素质提高的必备要素，而且也是任何从事营销工作的有志之士所必须具备的重要素质之一。

具体而言，营销策划人培养深度机会挖掘的能力，要从三方面入手：

一是从市场本身入手，通过对市场综合信息的整理、分析、判断，对目标群体的消费心理、消费习惯的把握，找到消费者真正的需求，找到市场的空白点，找到市场操作的切入点。二是从竞争对手入手，通过对同行业竞争对手及关联行业竞争对手在战略方针、市场策略、促销手段、竞争方式、市场布局等方面的分析，从而找到竞争对手的弱点，竞争对手基于市场的空白点，然后有的放失地实施针对性的营销策略。三是从自身产品与品牌入手，根据消费者的需求、竞争对手的产品特点、竞争对手的市场策略来调整自身产品及市场方面的策略，不断挖掘出自身产品及品牌优势；在挖掘出与众不同的竞争性潜力后，再根据这些特点制定出不同于竞争对手的各方面策略。

四、巧妙的营销创新能力

市场竞争是永恒的，要想不被竞争对手击败或主动去击败竞争对手，就必须要有比较优势或改变原有优势，要想实现比竞争对手强或比自己从前强，则必须不断进行创新。为此，营销策划必须要有创新、具有创意，如策划方案的非常规思路、策划活动的非常规的资源整合能力。营销策划人要善于在不同层面开展创新，如设计方面、事件营销方面、消费行为的洞察与了解方面、潜在需求的激发与引导方面等；要能够运用各种创新方法、创新策略做出创新性的策划方案；重要的是，营销策划人要具备创新意识，养成创新的职业素养和职业习惯。

创新是克服劣势因素，发挥优势因素，塑造新优势因素的过程。创新可以从物质性、利益性、信息性、时间性方面切入，根据政治、经济、科技、文化等线索开拓创新。创新的主要方法除了在营销策划创意部分所讲述的方法外，还有移植法、重点法、组合法、分解法、实证法、回避法、伏笔法、逆向法、背景转换法、捆绑连接法等方法，营销策划人要学习并加以灵活运用。同时，创新的方法不是一成不变的，只要根据自身产品、市场环境、消费需求推出与众不同的市场策略，就是成功的营销创新策略。

五、出色的文案写作能力

一个优秀的营销策划师必定是一个出色的文案写作师。营销策划方案要说服决策者或客户，必须具有极强的说服力。营销策划方案的结构、论述的技巧性、语言的表达能力都起着至关重要的作用。你的点子再多、创意再好，如果不能巧妙而有效地传达给你的客户，或者不能顺畅地说服你的决策者，必然会令你的策划方案大打折扣。相反，具有说服力的表达方式和表达技巧会令你的创新思维熠熠生辉，不但语言技巧会让客户或者决策者跟着你的思路前进，进而有效地说服他，而且在创新思路的阐述上，也会给人思路明晰、清新爽朗、有条不紊的感觉。假如你的营销策划方案是用于竞标，出色的文案表达就显得更加重要了。

同时，在一个营销策划方案中，一般都包含了广告策略，推广活动主题的提出、宣传的重点等，这都需要营销策划者提出纲领性的思路；有的营销策划方案内还包含平面创意的主题、软性文章宣传主题、户外媒体宣传主题等，这时就更需要营销策划人具备高于一般文案水平的能力，其方案对于实施过程中创意、文案、设计才具有指导性的意义。

第三节　营销策划人的职业规划与自我策划

21 世纪市场的竞争归根结底是人才的竞争，人才竞争力是构成企业核心竞争力的最核心部分，优秀的营销策划人才是企业最宝贵的人才资源，也是社会的精华人才。营销策划人对此既应该感到骄傲和自豪，同时又应该感到肩上的责任重大。为此，有志于从事营销策划行业的营销策划人，要承担起自己的责任，并为做一个优秀的营销策划人而不断成长，不断锤炼，在市场营销策划活动的实战中实现自身的人生价值，并在成就自己精彩人生的同时，为促进我国营销策划理论与方法的创新，促进营销策划行业的发展做出积极贡献。

具体而言，营销策划人要演绎出精彩、经典的人生并实现自我价值，必须做好以下几方面的规划。

一、规划职业生涯，定位个人目标

要做事，先立志，确定自己奋斗的目标。对营销策划人而言，确定好自己的个人目标定位，有利于找准自己的方向，明确自己的奋斗路径和成长途径，避免自我成长过程中的随意性和盲目性，缩短成功的时间。为此，有志于从事营销策划人的你首先要明确，你是想成为一名优秀的营销策划文案师，还是一名优秀的营销策划创意师，还是一个全方位的综合型策划人才，还是一个企业的策划总监或企业总经理？不同的职业定位对策划人的素质和能力要求是有一定区别的，不同的时期人的目标是不同的，这就需要提早对自己的职业生涯进行战略设计，确定自己短、中、长期的奋斗目标。只有树立远大的理想、正确的人生观和价值观，确定自己长远的人生目标，才能调动自己最大的主观能动性，才能在竞争激烈、工作节奏紧张的策划人职业生涯中不失去奋斗的激情。

二、评估现实资源，诊断个人价值

营销策划人的个人目标定位确定好了就得有效的实施。为此，首先要对目标资源进行深入分析，即实现营销策划人个人目标定位都需要哪些外部资源等。其次要对自己的内在资源和价值体系进行有效评估，也就是对自己进行全面深入的剖析，了解自己所具备的优势资源是什么；为实现自己的个人目标定位，最欠缺的资源又是什么；需要不断补充和提高的资源又是什么。只有对自身的资源和价值要素进行了准确有效的评估，制定的个人目标才能更切合实际、更有效。如果通过评估发现自己的资源不能满足实现自我的个人目标定位，则需要调整自己的个人目标定位，使自己的个人目标定位与自身资源要素相匹配。

三、制订学习计划，素质内外兼修

在确定好自己的个人目标以后，就要制订详细、可行的学习计划，为实现自己的目标迈进。营销策划人个人目标的实现需要一个长期的过程，所以在学习计划的制订上要有阶段性、层次性，在什么时间应该达到什么样的阶段目标，为实现这一阶段目标，又该做哪些努力，使自己的目标由低到高阶梯式发展，做到循序渐进。学习的内容要先急后缓，先易后难。要不断地丰富自己的营销理论知识、相关的行业发展知识、竞争对手情报知识、自己所在营销策划行业、策划对象以及营销策划相关理论与技术的相关知识等，不断扩大自己的知识面、提高自身理论修养，提高自己的境界和层次，提高自己制定解决问题措施的战略性、全面性、绩效性。

为此，营销策划人首先要阅读理论基础知识、营销策划方法与技术等必备基础知识；还要了解与阅读市场行业信息、营销发展动态等市场方面的知识并始终站在营销学、策划学以及市场发展的前沿；同时，对艺术、文学、美术、音乐等方面的内容也要有所了解，提高自己的修养与文化底蕴，以为策划所用。

同时，优秀的营销策划人不是空想家，而是实战家，营销策划人还要不断学习和提高自己的专业技能，不断提高自己的市场分析与判断能力、沟通与谈判能力、市场策划能力、促销活动设计能力、营销终端管理能力、账务规划能力等。

四、策划自我，实现个人价值

能成功的策划好一场活动，却策划不好自己的生活；能策划好一个企业，却策划不了自己的前程与命运；能策划好一个产品，却策划不了自己的人际关系，往往是许多营销策划人面临的尴尬局面。因此，正如营销策划是为企业成功营销提供科学基础上的捷径之道一样，营销策划人在发展职业生涯，成就自己人生价值的过程中，同样也要善于策划人生，通过人生的策划，实现自我价值的不断提升，促进个人目标的顺利实现和个人价值的最大化。

为此，营销策划人可从以下方面，策划自我以实现自我价值。

1. 打破思维习惯，扩大知名度和影响力

营销策划人要经常采取逆向思维、发散思维，这样可以让你对同一件事有不同的想法和感受。营销策划人要在一些如《销售与市场》、《商界》等有影响力的销售期刊上发表营销策划相关文章，多与大中企业的“高层管理人才”和多年从事营销工作的实战派（职业经理人）人物接触。或传播西方成熟管理营销理念，或分析本土市场失利案例，或探讨热点话题，或提出新的营销策略等，常在杂志报纸等媒体上亮相，发表一系列标杆性的观点文章等将有助于营销策划人扩大自己的知名度和影响力。

2. 要有独创性，开设“派系先河”

营销策划人不仅仅对自己感兴趣的事物有独创性，而且对于一些理论和观点以及流派也要有自己独创的见解。同时自己还要开创一些理论流派和新颖观点。西方发达国家的不少企业都经历了上百年的历史沉淀和管理创新，其成熟的营销策略能够适合中国的企业、产品和策划的并不是非常多，这还需要本土的营销理论与实践观点来开创。

当然，开创具有创新性的策划理论，并不是一件容易的事情，这需要营销策划人不断的自我学习和自我实践。更重要的是，营销策划人不能人云亦云，随便用一套借用来的理论，就宣称为自己独创。目前，本土的不少营销策划人在拥有多年的市场经验之后，纷纷发表心得领悟，独创营销观点和理论，提出了“某某营销第一人”、“某某营销理念的提倡者”、“某某策划概念的实践者”、或成“派”或“家”，但其实质上还是某些营销观点与营销方法的翻版，并没有任何的创新价值。

3. 开展论战，推广成功案例

营销策划人的许多优秀理论和观点一旦提出，或多或少会招致不同的声音，有褒有贬。展开一定的论战来维护自己的观点、主张和见解是必要的，捍卫营销策划人的劳动成果更是必要的。在讨论中不但可以吸收他人好的观点和观念，还可以提高自己说服客户的能力。同时，营销策划人用自己的案例说话则更会对自己的理论起到推动作用。一个成功营销策划案例的背后，有诸多因素，同一个案例参与的团队有很多，如策划、执行、广告、人员培训和当地市场的天时、地利、人和等因素都能够促成案例由纸上向利润转变。

五、增强危机感，不断创新和升华

时代在发展，环境在变化，消费者需求更加多样化、个性化，社会和企业对营销策划人的需求层次将越来越高。为此，走在时代前列的营销策划人要具有强烈的危机意识、竞争意识和学习意识，树立起强烈的创新意识，加强观念和思维的创新、思路和方法的创新。不断学习，不断总结，不断研究外部环境的变化，不断对自己提出新挑战，紧跟时代的发展，在创新中提升，在提升中创新，在创新中发展，在发展中创新。

本章小结

本章在介绍当前营销策划人构成的基础上，比较系统地分析了营销策划人应具备的基本素质和主要能力，并对营销策划人的职业生涯规划和自我策划方式做了详细的阐述。

营销策划人应具备的基本素质包括：要有深厚的理论基础知识，要有一定的实践操作经验，要有链接理论与市场的良好"悟性"。

营销策划人应具备的主要能力包括：敏锐的市场洞察能力，敏捷的思维分析能力，深度的机会挖掘能力，巧妙的营销创新能力，出色的文案写作能力等。

营销策划人要演绎出精彩、经典的人生并实现自我价值，必须做好以下几个方面的规划：规划职业生涯，定位个人目标；评估现实资源，诊断个人价值；制订学习计划，素质内外兼修；策划自我，实现个人价值；增强危机感，不断创新和升华。

关键概念

营销策划人；营销策划人的职业生涯规划；营销策划人的自我策划

问题与应用

1. 当前市场营销策划人都由哪几类人构成？
2. 一个优秀的营销策划人应具备哪些基本素质？
3. 一个优秀的营销策划人应具备哪些主要能力？
4. 要成为一个优秀的营销策划人，应从哪些方面入手规划自己的职业生涯？

参考文献

波特 M. 1997a. 竞争优势［M］. 陈小悦译. 北京：华夏出版社

波特 M. 1997b. 竞争战略［M］. 陈小悦译. 北京：华夏出版社

波特 M. 2003. 竞争论［M］. 陈小悦译. 北京：中信出版社

才书训. 2007. 网络营销［M］. 大连：东北大学出版社

陈防. 2009. 基于体验营销的 B2C 网络购物网站浅析——以卓越亚马逊网站为例［D］. 厦门大学硕士学位论文

陈放. 2005. 策划学［M］. 北京：蓝天出版社

陈火金. 1999. 策划方法学［M］. 北京：中国经济出版社

陈建平，杨勇，张健. 2000. 企划与企划书设计［M］. 北京：中国人民大学出版社

陈思. 2001. 现代实用推销学［M］. 广州：中山大学出版社

陈晓剑. 2007. 企业管理创新图解［M］. 合肥：中国科学技术大学出版社

范云峰. 2004. 策划人，你要有服人的资本［J］. 中国广告人，(11)：12～15

冯健民. 1999. 营销八段·营销策划操典［M］. 广州：广东经济出版社

冯建民. 2000. 营销策划训练营［M］. 深圳：海天出版社

冯敏敏. 2012. 基于 SNS 模式的电子商务营销方式研究——以淘宝网为例［D］. 上海师范大学硕士学位论文

傅云新. 2006. 服务营销实务［M］. 广州：广东经济出版社

傅浙铭. 1999. 营销八段·营销诊断实务［M］. 广州：广东经济出版社

甘世雄，吴育华，史英杰. 2003. 国外管理咨询业的发展特点和强势领域分析［J］. 科学管理研究，(6)：113～116

甘忠泽. 1999a. 商务促销策划［M］. 上海：复旦大学出版社

甘忠泽. 1999b. 现代广告策划［M］. 上海：复旦大学出版社

郭辉勤. 2007. 创意经济学［M］. 重庆：重庆出版社

郭毅，梅清豪. 2001. 营销渠道管理［M］. 北京：电子工业出版社

国际商会. 1997. 世界电子商务会议［C］. 法国，巴黎

何军. 2005. 管理咨询的 35 种经典工具［M］. 北京：中国经济出版社

何修猛. 1998. 公关实务教程（第 2 版）［M］. 上海：复旦大学出版社

何修猛. 2002. 现代广告学（第 4 版）［M］. 上海：复旦大学出版社

何燕芳. 2012. 基于 SCP 范式的我国管理咨询业发展研究［D］. 武汉理工大学硕士学位论文

胡岗岚. 2010. 平台型电子商务生态系统及其自组织机理研究［D］. 复旦大学硕士学位论文

胡其辉. 2006. 市场营销策划［M］. 大连：东北财经大学出版社

胡屹. 1999. 策划学全书［M］. 北京：中国社会出版社

黄敏学. 2000. 网络营销［M］. 武汉：武汉大学出版社

黄翔，韩勇. 1996. 现代促销策划［M］. 成都：四川大学出版社

姜奇平. 2006. 创意经济的内在边疆［J］. 互联网周刊，(8)：64～65

科特勒 P. 2003. 市场营销原理（第 9 版）［M］. 赵平，王霞等译. 北京：清华大学出版社

科特勒 P. 2007. 营销管理［M］. 梅汝和，梅清豪，周安柱译. 北京：中国人民大学出版社

科特勒 P，洪瑞云，梁绍明等. 1997. 市场营销管理（亚洲版）［M］. 北京：中国人民大学出版社

雷万里. 2004. 策划［M］. 北京：中华工商联合出版社

李巧丹.2012. O2O体验式营销模式探索［J］. 电子商务，(9)：28～29
李蔚.2004. 营销流管理［M］. 成都：四川出版集团，天地出版社
历智.2008. 管理咨询业知识管理系统构建研究［D］. 东北大学硕士学位论文
梁幸平，任君庆.2006. 知识营销［M］. 北京：经济管理出版社
林艳新，王姣.2005. 营销企划的误区［M］. 哈尔滨：黑龙江科学技术出版社
刘保孚，欧阳松，张汉麟.1995. 策划实务全书［M］. 北京：中国经济出版社
刘春雄.2006. 中国营销，告别潮流［J］. 销售与市场，(2)：15～18
罗龙保.2003. 外资管理咨询公司在中国的管理咨询业务分析［D］. 电子科技大学硕士学位论文
马龙龙.2000. 服务营销与管理［M］. 北京：首都经济贸易大学出版社
马荣霞.2011. SNS网站发展现状及盈利趋势研究［D］. 苏州大学硕士学位论文
迈克丹尼尔 C，盖兹 R. 2000. 当代市场调研［M］. 范秀成等译. 北京：机械工业出版社
默菲菲.2006. 欧美管理咨询业协会：功能、运行机制、成功经验及其启示——以AMCF，IMC，MCA，ICMCI，FEACO为考察对象［D］. 苏州大学硕士学位论文
宁昌会.2004. 整合营销［M］. 武汉：湖北人民出版社
屈云波.1998. 营销企划实务（第2版）［M］. 北京：企业管理出版社
屈云波.2006a. 网络营销［M］. 北京：企业管理出版社
屈云波.2006b. 中国营销未来十年的十大趋势［M］. 北京：企业管理出版社
尚晓春.2000. 市场营销策划［M］. 北京：高等教育出版社
沈根荣.2000. 绿色营销管理［M］. 上海：复旦大学出版社
史蒂文斯 R E. 2004. 营销规划［M］. 王琦译. 北京：机械工业出版社
史虹.2007. 管理咨询企业的成长要素研究［D］. 河海大学硕士学位论文
史宪文.2001. OK策划决策模式［M］. 大连：世界策联大连工作室
舒尔茨 D E. 2008. 整合行销传播［M］. 黄鹂，何西军译. 北京：中国物价出版社
覃礼刚.2001. 现代全能策划［M］. 北京：中国经济出版社
涂山青，程天荃.1999. 营销策划与营销实战［M］. 武汉：华中师范大学出版社
万后芬.2008. 绿色营销［M］. 武汉：湖北人民出版社
王方华.2004. 服务营销［M］. 武汉：湖北人民出版社
王萍.2009. 我国购物网站的营销组合策略研究［D］. 天津财经大学硕士学位论文
王荣奎.2006. 成功企业市场营销管理制度范本［M］. 北京：中国经济出版社
王运启.2007. 策划人，还需要哪些修炼［J］. 中国广告人，(11)：18～20
王志纲.2005. 第三种生存［M］. 成都：四川美术出版社
文天成，李兆.2004. 成功策划第1书［M］. 海口：海南出版社
吴健安.2000. 市场营销学［M］. 北京：高等教育出版社
吴晓波.2006. 中国消费者变与不变中的市场契机［J］. 销售与市场，(2)：48～52
吴芝新.2012. 简析O2O电子商务模式［J］. 重庆科技学院学报（社会科学版），(13)：73～74
武杰.2006. 管理咨询程序及评价［D］. 沈阳工业大学硕士学位论文
熊和平.2001. 关系营销实战操典［M］. 广州：广东经济出版社
徐育斐.2002. 市场营销策划［M］. 大连：东北财经大学出版社
杨明刚.2001. 市场营销100：个案与点析［M］. 上海：华东理工大学出版社
杨明刚.2002. 成功营销策划与案例［M］. 上海：华东理工大学出版社
杨岳全.2000. 市场营销策划［M］. 北京：中国人民大学出版社
叶万春.2001. 企业营销策划［M］. 广州：广东经济出版社

曾国安 . 2001. 战略市场营销［M］. 大连：东北财经大学出版社
张利庠 . 2004. 论企业策划的四大原则［J］. 生产力研究，(3)：46～50
张文贤 . 2006. 市场营销创新［M］. 上海：复旦大学出版社
张新国 . 2000. 关系营销［M］. 北京：经济管理出版社
张志刚 . 2004. 业务代表推销技巧指引［M］. 北京：中华联合工商出版社
赵康 . 2001. 国际视野中的管理咨询：概念与内涵界定［J］. 科学学研究，(12)：60～66
赵兴元 . 2002. 广告原理与实务［M］. 大连：东北财经大学出版社
朱延琴 . 2007. 在华跨国管理咨询公司战略行为特征研究［D］. 河海大学硕士学位论文